[北齊]魏收撰

點校本
二十四史
修訂本

魏書

第六册
卷八九至卷一〇四

中華書局

2018年8月北京第1版　2018年8月北京第1次印刷

ISBN 978-7-101-13362-2

魏書卷八十九〔一〕

列傳酷吏第七十七

于洛侯　胡泥　李洪之　高遵　張赦提　羊祉　崔暹　酈道元　谷楷

淳風既喪，姦黠萌生；法令滋章，刑禁多設。爲吏罕仁恕之誠，當官以威猛爲濟。魏氏以戎馬定王業，武功平海內，治任刑罰，肅厲爲本，猛酷之倫，所以列之今史。

于洛侯，代人也。以勞舊爲秦州刺史，而貪酷安忍。州人富熾奪民呂勝脛纏一具，洛侯輒鞭富熾一百，截其右腕。百姓王隴客刺殺民王羌奴、王愈二人，依律罪死而已，洛侯生拔隴客舌，刺其本，并刺胸腹二十餘瘡。隴客不堪苦痛，隨刀戰動。乃立四柱磔其手足，命將絶，始斬其首，支解四體，分懸道路。見之者無不傷楚，闔州驚震，人懷怨憤。百姓王元壽等一時反叛。有司糾劾。高祖詔使者於州刑人處宣告兵民，然後斬洛侯以謝百姓。

胡泥，代人也。歷官至司衛監，賜爵永城侯。泥率勒禁中，不憚豪貴。殿中尚書叔孫侯頭應内直而闕於一時，泥以法繩之。侯頭恃寵，遂與口諍。高祖聞而嘉焉，賜泥衣服一襲。出爲幽州刺史，假范陽公。以北平陽尼碩學，遂表薦之。遷平東將軍、定州刺史。以暴虐，刑罰酷濫，受納貨賄，徵還戮之。將就法也，高祖臨太華殿引見，遣侍臣宣詔責之，遂就家賜自盡。

李洪之，本名文通，恒農人。少爲沙門，晚乃還俗。真君中，爲狄道護軍，賜爵安陽男。會永昌王仁隨世祖南征，得元后姊妹二人。洪之以宗人潛相餉遺，結爲兄弟，遂便如親。頗得元后在南兄弟名字，乃改名洪之。及仁坐事誅，元后入宮，得幸於高宗，生顯祖。元后臨崩，昭太后問其親，因言洪之爲兄。與相訣經日，具條列南方諸兄珍之等，手以付洪之。遂號爲顯祖親舅。太安中，珍之等兄弟至都，與洪之相見，敍元后平生故事，計長幼爲昆季。

以外戚爲河內太守，進爵任城侯，威儀一同刺史。河內北連上黨，南接武牢，地險人悍，數爲劫害，長吏不能禁。洪之至郡，嚴設科防，募斬賊者便加重賞，勸農務本，盜賊止息。誅鋤姦黨，過爲酷虐。

後爲懷州刺史，封汲郡公，徵拜內都大官。河西羌胡領部落反叛，顯祖親征，命洪之與侍中、東郡王陸定總統諸軍〔二〕。輿駕至并州，詔洪之爲河西都將討山胡。皆保險拒戰。洪之築壘於石樓南白鷄原以對之。諸將悉欲進攻，洪之乃開以大信，聽其復業，胡人遂降。顯祖嘉之，遷拜尚書外都大官。

後爲使持節、安南將軍、秦益二州刺史。至治，設禁姦之制，有帶刃行者，罪與劫同，輕重品格，各有條章。於是大饗州中豪傑長老，示之法制。乃夜密遣騎分部覆諸要路，有犯禁者，輒捉送州，宣告斬決。其中枉見殺害者百數。赤葩渴郎羌深居山谷，雖相羈縻，王人罕到。洪之芟山爲道，廣十餘步，示以軍行之勢，乃興軍臨其境。山人驚駭。洪之將數十騎至其里閭，撫其妻子，問所疾苦，因資遺之。衆羌喜悅，求編課調，所入十倍於常。洪之善御戎夷，頗有威惠，而刻害之聲聞於朝野。

初，洪之微時，妻張氏助洪之經營資産，自貧至貴，多所補益，有男女幾十人。洪之後得劉氏，劉芳從妹。洪之欽重，而疏薄張氏，爲兩宅別居，偏厚劉室。由是二妻妬競，互相訟詛，兩宅母子，往來如讎。及莅西州，以劉自隨。

洪之素非廉清，每多受納。時高祖始建祿制，法禁嚴峻，司察所聞，無不窮糾。遂鏁洪之赴京。高祖臨太華〔三〕，庭集羣官，有司奏洪之受贓狼藉，又以酷暴。高祖親臨數之，以其大臣，聽在家自裁。洪之志性慷慨，多所堪忍，疹疾灸療，艾炷圍將二寸，首足十餘處，一時俱下，而言笑自若，接賓不輟。及臨自盡，沐浴换衣。防卒扶持，將出却入，遍遶家庭，如是再三，泣歎良久，乃卧而引藥。

始洪之託爲元后兄，公私自同外戚。至此罪後，高祖乃稍對百官辨其誣假，而諸李猶善相視，恩紀如親。洪之始見元后，計年爲兄。及珍之等至，洪之以元后素定長幼，其呼拜坐皆如家人。暮年數延攜之宴飲，醉酣之後，攜之時或言及本末〔四〕，洪之則起而加敬，笑語自若。富貴赫弈，當舅戚之家，遂棄宗專附珍之等。後頗存振本屬，而猶不顯然。劉氏四子，長子神自有傳。

高遵，字世禮，勃海蓨人。父濟，滄水太守。遵賤出，兄矯等常欺侮之。及父亡，不令在喪位。遵遂馳赴平城，歸從祖兄中書令允。允乃爲遵父舉哀，以遵爲喪主，京邑無不弔集，朝貴咸識之。徐歸奔赴。免喪，允爲營宦路，得補樂浪王侍郎。遵感成益之恩，事允如諸父。

涉歷文史，頗有筆札，進中書侍郎。詣長安，刊燕宣王廟碑，進爵安昌子。及新製衣冠，高祖恭薦宗廟，遵形貌莊潔，音氣雄暢，常兼太祝令，跪贊禮事，爲俯仰之節，粗合儀矩。由是高祖識待之。後與游明根、高閭、李沖入議律令，親對御坐，時有陳奏。以積年之勞，賜粟帛牛馬。出爲立忠將軍、齊州刺史。建節歷本州，宗鄉改觀，而矯等彌妬毁之。

遵性不廉清，在中書時，每假歸山東，必借備騾馬，將從百餘。屯逼民家求絲縑，不滿意則詬罵不去，彊相徵求。旬月之間，縑布千數。邦邑苦之。遵既臨州，本意未弭，選召寮吏，多所取納。又其妻明氏家在齊州，母弟舅甥共相憑屬，爭求貨利，嚴暴非理，殺害甚多。貪酷之響，帝頗聞之。及車駕幸鄴，遵自州來朝，會有赦宥。遵臨還州，請辭，帝於行宮，引見誚讓之。遵自陳無負，帝厲聲曰：「若無遷都赦，必無高遵矣！又卿非惟貪惏，又虐於刑法，謂何如濟陰王，猶不免於法。卿何人，而爲此行！自今宜自謹約。」還州，仍不悛革。齊州人孟僧振至洛訟遵。詔廷尉少卿劉述窮鞫，皆如所訴。先是，沙門道登過遵，遵以道登荷寵於高祖，多奉以貨，深託仗之。道登屢因言次申啓救遵，帝不省納，遂詔述賜遵死。時遵子元榮詣洛訟冤，猶恃道登，不時還赴。道登知事決，方乃遣之。遵恨其妻，不與訣，別處沐浴，引椒而死。

元榮，學尚有文才，長於几案。位兼尚書右丞，爲西道行臺，至高平鎮，遇城翻被害。

遵弟次文，雖無位官而貲産巨萬。遵每責其財，又結憾於遵，吉凶不相往反。時論責之。

張赦提，中山安喜人也。性雄武，有規畫。初爲虎賁中郎。時京畿盜魁自稱豹子、虎子，並善弓馬，遂領逃連及諸畜牧者〔五〕，各爲部帥，於靈丘、雁門間聚爲劫害。至乃斬人首，射其口，刺人臍，引腸遶樹而共射之，以爲戲笑。其爲暴酷如此。軍騎掩捸，久弗能獲，行者患焉。赦提設防遏追窮之計，宰司善之，以赦提爲逐賊軍將。乃求驍勇追之，未幾而獲虎子、豹子及其黨與。盡送京師，斬於闕下，自是清靜。其靈丘羅思祖宗門豪溢，家處隘險，多止亡命，與之爲劫。顯祖怒之，孥戮其家。而思祖家黨，相率寇盜。敕提應募求捕逐，乃以敕提爲游徼軍將，前後禽獲，殺之略盡。因而濫有屠害，尤爲忍酷。既資前稱，又藉此功，除冠軍將軍、幽州刺史，假安喜侯。

敕提克己厲約，遂有清稱。後頗縱妻段氏，多有受納，令僧尼因事通請，貪虐流聞。中散李真香出使幽州，採訪牧守政績。真香驗案其罪，敕提懼死欲逃。其妻姑爲太尉、東陽王丕妻，恃丕親貴，自許詣丕申訴求助，謂敕提曰：「當爲訴理，幸得申雪，願且寬憂，不爲異計。」敕提以此差自解慰。段乃陳列真香昔嘗因假而過幽州，知敕提有好牛，從索不果。今臺使心協前事，故威逼部下，拷楚過極，橫以無辜，證成誣罪。執事恐有不盡，使駕部令趙秦州重往究訊。事伏如前〔六〕，處敕提大辟。高祖詔賜死於第。將就盡，召妻而責之曰：「貪濁穢吾者卿也，又安吾而不得免禍，九泉之下當爲仇讎矣。」

又有華山太守趙霸，酷暴非理。大使崔光奏霸云：「不遵憲度，威虐任情，至乃手擊吏人，寮屬奔走。不可以君人字下，納之軌物，輒禁止在州。」詔免所居官。

羊祉，字靈祐，太山鉅平人，晉太僕卿琇之六世孫也。父規之，宋任城令。世祖南討至鄒山，規之與魯郡太守崔邪利及其屬縣徐通、愛猛之等俱降，賜爵鉅平子，拜雁門太守。

祉性剛愎，好刑名，爲司空令輔國長史〔七〕，襲爵鉅平子。侵盜公資，私營居宅，有司案之抵死，高祖特恕遠徙。後還。景明初，爲將作都將，加左軍將軍。四年，持節爲梁州軍司，討叛氐。正始二年，王師伐蜀，以祉假節、龍驤將軍、益州刺史，出劍閣而還。又以本將軍爲秦梁二州刺史，加征虜將軍。天性酷忍，又不清潔。坐掠人爲奴婢，爲御史中尉王顯所彈免。高肇南征，祉復被起爲光禄大夫、假平南將軍，持節領步騎三萬先驅趣涪。未至，世宗崩，班師。夜中引軍，山有二徑，軍人迷而失路。祉便斬隊副楊明達，梟首路側。爲中尉元昭所劾，會赦免。後加平北將軍，未拜而卒。贈安東將軍、兗州刺史。

太常少卿元端、博士劉臺龍議謚曰：「祉志存埋輪，不避彊禦。及贊戎律，熊武斯裁，仗節撫藩，邊夷識德，化沾殊類，襁負懷仁。謹依謚法，布德行剛曰『景』，宜謚爲景。」侍中侯剛、給事黄門侍郎元纂等駮曰：「臣聞惟名與器，弗可妄假，定謚準行，必當其迹。案祉志性急酷，所在過威，布德罕聞，暴聲屢發。而禮官虚述，謚之爲『景』，非直失於一人，實毁朝則。請還付外準行，更量虚實。」靈太后令曰：「依駮更議。」元端、臺龍上言：「竊惟謚者行之迹，狀者迹之稱。然尚書銓衡是司，釐品庶物，若狀與跡乖，應抑而不受，録其實狀，然後下寺，依謚法準狀科上。豈有捨其行迹，外有所求，去狀去稱，將何所準？檢祉以母老辭藩，乃降手詔云：『卿綏撫有年，聲實兼著，安邊寧境，實稱朝望。』及其歿也，又加顯贈，言祉誠著累朝，效彰内外〔八〕，作牧岷區，字萌之績驟聞。詔册褒美，無替倫望。然君子使人器之義，無求備德。有數德優劣不同，剛而能剋，亦爲德焉。謹依謚法，布德行剛曰『景』，謂前議爲允。」司徒右長史張烈、主簿李瑒刺稱：「案祉歷宦累朝，當官允稱〔九〕。委捍西南，邊隅靖遏。準行易名，奬誡攸在。竊謂無虧體例。」尚書李韶又述奏以府寺爲允，靈太后可其奏。

祉自當官，不憚彊禦，朝廷以爲剛斷，時有檢覆，每令出使。好慕名利，頗爲深文，所經之處，人號天狗下。及出將臨州，並無恩潤，兵民患其嚴虐焉。

崔暹，字元欽，本云清河東武城人也。世家于滎陽、潁川之間。性猛酷，少仁恕，姧猾好利，能事勢家。初以秀才累遷南兖州刺史，盜用官瓦，贓汚狼藉，爲御史中尉李平所糾，免官。後行豫州事，尋即真。坐遣子析户，分隸三縣，廣占田宅，藏匿官奴，障吝陂葦，侵盜公私，爲御史中尉王顯所彈，免官。後累遷平北將軍、瀛州刺史。貪暴安忍，民庶患之。嘗出獵州北，單騎至於民村。井有汲水婦人，暹令飲馬，因問曰：「崔瀛州何如？」婦人不知其暹也，答曰：「百姓何罪，得如此癩兒刺史！」暹默然而去。以不稱職被解還京。武川鎮反，詔暹爲都督，隸大都督李崇討之。違崇節度，爲賊所敗，單騎潛還。禁於廷尉。以女妓園田貨元叉，獲免。建義初遇害於河陰。贈司徒公、冀州刺史，追封武津縣公。

子瓚，字紹珍。位兼尚書左丞，卒。瓚妻，莊帝妹也，後封襄城長公主，故特贈瓚冀州刺史。子茂，字祖昂，襲祖爵。

酈道元，字善長，范陽人也。青州刺史範之子。太和中，爲尚書主客郎。御史中尉李彪以道元秉法清勤，引爲治書侍御史。累遷輔國將軍、東荊州刺史。威猛爲治，蠻民詣闕訟其刻峻，坐免官。久之，行河南尹，尋即真。肅宗以沃野、懷朔、薄骨律、武川、撫冥、柔玄、懷荒、禦夷諸鎮並改爲州，其郡縣戍名令準古城邑。詔道元持節兼黃門侍郎，與都督李崇籌宜置立，裁減去留，儲兵積粟，以爲邊備。未幾，除安南將軍、御史中尉。

道元素有嚴猛之稱。司州牧、汝南王悅嬖近左右丘念，常與臥起。及選州官，多由於念。念匿於悅第，時還其家，道元收念付獄。悅啓靈太后請全之，敕赦之。道元遂盡其命，因以劾悅。是時雍州刺史蕭寶夤反狀稍露，悅等諷朝廷遣爲關右大使，遂爲寶夤所害，死於陰盤驛亭。

道元好學，歷覽奇書。撰注水經四十卷、本志十三篇，又爲七聘及諸文，皆行於世。然兄弟不能篤穆，又多嫌忌，時論薄之。

谷楷，昌黎人，濮陽公渾曾孫。稍遷奉車都尉。時沙門法慶反於冀州，雖大軍討破，而妖帥尚未梟除。詔楷詣冀州追捕，皆擒獲之。楷眇一目而性甚嚴忍，前後奉使皆以酷暴爲名。時人號曰「瞎虎」。尋爲城門校尉，卒。

史臣曰：士之立名，其途不一，或以循良進，或以嚴酷顯。故寬猛相資，德刑互設，然不嚴而化，君子所先。于洛侯等爲惡不同，同歸於酷。肆其毒螫，多行殘忍。賤人肌膚，同諸木石；輕人性命，甚於芻狗。長惡不悛，鮮有不及。故或身嬰罪戮，或憂恚顛隕〔一〇〕。異途皆斃，各其宜焉。凡百君子，以爲有天道矣。

校勘記

〔一〕魏書卷八十九　目録注「闕」，卷後無宋人校語。殿本考證云「魏收書亡，後人所補」，乃據目録而言。今按傳序甚簡短，與北史卷八七酷吏傳序不同，諸傳也多出入。高遵傳，北史附卷三一高允傳；酈道元傳，北史附卷二七酈範傳；谷楷傳，北史附卷二七谷渾傳。三傳敍事均較北史簡略，此卷非以北史補甚明。但傳論全同北史，北史實本隋書卷七四酷吏傳論，不過稍加改易而已，則此卷必非魏書原文，卷末校語或是脱去。

〔二〕東郡王陸定　「陸定」，本書卷四〇陸俟傳附陸定國傳及卷六顯祖紀、卷七上高祖紀上記其人，並作「陸定國」。

〔三〕高祖臨太華　「太華」，原作「大華」。按魏都平城太華殿，建於文成帝太安四年七月，孝文帝於太和十六年二月毁之以建太極殿，見本書卷五高宗紀、卷七上高祖紀上，其名亦歷見本書紀、傳，宫殿專名不通假，今改正。

〔四〕攜之時或言及本末　「攜之」二字，北史卷八七酷吏李洪之傳、通志卷一七一無。按據本書卷八三上外戚傳上李峻傳，文成元皇后李氏兄弟，有峻、誕、嶷、雅、白、永六人，唯記峻字珍之，不見有名或字「攜之」者，本傳上文「珍之」凡三見，下文亦見「珍之」，忽於此及於「攜之」。疑補傳者誤讀前「暮年數延攜之」一句中「攜之」爲人名，又於此句前，妄加「攜之」二字。「暮年數延攜之」「時或言及本末」及下「富貴赫弈，當舅戚之家」，所述俱是珍之，否則李洪之無需「起而加敬」，又「棄宗專附珍之等」。如是，疑此句上下文當句讀作「暮年數延攜之，宴飲醉酣之後，時或言及本末，洪之則起而加敬，笑語自若」。

〔五〕遂領逃連及諸畜牧者　張森楷云：「『逃連』字不可解，疑有誤。」按「連」疑是「逋」字形訛，並與「逃」字誤倒。

〔六〕事伏如前　「伏」，北史卷八七酷吏張赦提傳、册府卷七〇〇作「狀」。

〔七〕爲司空令輔國長史　「令」，疑爲「公」之訛。按熙平元年羊祉墓誌，脱漏過甚，敍其太和中仕履，先是「襲爵鉅平子，加振武將軍」，後又加「建威將軍」，其間夾「開輔國大將軍府」一句，仍清晰可識。檢本書卷一一三官氏志太和前官品令，祉乃是自第四品下階之振武將軍，升爲第四品中階之建威將軍，其間「開輔國大將軍府」者自是他人。據卷五三李沖傳，太和十七年南伐遷都之際，「加沖輔國大將軍，統衆翼從」。沖卒贈司空公，本傳載孝文帝詔書即稱之爲「司空文穆公」而不名，可證。

〔八〕效彰内外　「内外」，北史卷三九羊祉傳作「出内」。按熙平元年羊祉墓誌全引册文，正作「出内」。「出内」乃當時習用語，本書常見。補此傳者或後來傳刻者改作「内外」，雖通，然已失原貌。

〔九〕當官允稱　「允」，原作「之」，據他本及北史卷三九羊祉傳、册府卷五九五改。

〔一〇〕或憂恚顛隕　「顛」，原作「值」，北史卷八七酷吏傳論作「俱」，隋書卷七四酷吏傳論作「顛」。

按「值」顯是「俱」字之訛，「俱」字雖可通，然「顛隕」與上句「罪戮」對文，且北史此卷傳論本自隋書，今據改。

魏書卷九十〔一〕

列傳逸士第七十八

眭夸　馮亮　李謐　鄭脩

蓋兼濟獨善，顯晦之殊，其事不同，由來久矣。昔夷齊獲全於周武，華矞不容於太公，何哉？求其心者，許以激貪之用；督其迹者，以爲束教之風。而肥遁不反，代有人矣。夷情得喪，忘懷累有。比夫邁德弘道，匡俗庇民，可得而小，不可得而忽也。自叔世澆浮，淳風殆盡，錐刀之末，競入成羣，而能冥心物表，介然離俗，望古獨適，求友千齡，亦異人矣。何必御霞乘雲而追日月，窮極天地，始爲超遠哉。今録眭夸等爲逸士傳。

眭夸，一名昶，趙郡高邑人也。祖邁，晉東海王越軍謀掾，後没石勒爲徐州刺史。父邃，字懷道，慕容寶中書令。夸少有大度，不拘小節，耽志書傳，未曾以世務經心。好飲酒，浩然物表。年二十遭父喪〔二〕，鬚鬢致白，每一悲哭，聞者爲之流涕。高尚不仕，寄情丘壑。同郡李順願與之交，夸拒而不許。邦國少長莫不憚之。

少與崔浩爲莫逆之交。浩爲司徒，奏徵爲其中郎，辭疾不赴。州郡逼遣，不得已，入京都。與浩相見，延留數日，惟飲酒談敍平生，不及世利。浩每欲論屈之，竟不能發言。其見敬憚如此。浩後遂投詔書於夸懷，亦不開口。夸曰：「桃簡，卿已爲司徒，何足以此勞國士也。吾便於此將别。」桃簡，浩小名也。浩慮夸即還。時乘一騾，更無兼騎，浩乃以夸騾内之廄中，冀相維縶。夸遂託鄉人輸租者，謬爲御車，乃得出關。浩知而歎曰：「眭夸獨行士，本不應以小職辱之。又使其人仗策復路，吾當何辭以謝也。」時朝法甚峻，夸既私還，將有私歸之咎。浩仍相左右，始得無坐。經年，送夸本騾，兼遺以所乘馬，爲書謝之。夸更不受其騾馬，亦不復書。及浩誅，爲之素服，受鄉人弔唁，經一時乃止。歎曰：「崔公既死，誰能更容眭夸！」遂作朋友篇，辭義爲時人所稱。

婦父鉅鹿魏攀，當時名達之士。未嘗備壻之禮，情同朋好。或人謂夸曰：「吾聞有大才者必居貴仕，子何獨在桑榆乎？」遂著知命論以釋之。年七十五卒。葬日，赴會者如市。無子。

馮亮，字靈通，南陽人，蕭衍平北將軍蔡道恭之甥也。少博覽諸書，又篤好佛理。隨道恭至義陽，會中山王英平義陽而獲焉。英素聞其名，以禮待接。亮性清淨，至洛，隱居崧高，感英之德，以時展覲〔三〕。及英亡，亮奔赴，盡其哀慟。

世宗嘗召以爲羽林監，領中書舍人，將令侍講十地諸經，固辭不拜。又欲使衣幘入見，亮苦求以幅巾就朝，遂不彊逼。還山數年，與僧徒禮誦爲業，蔬食飲水，有終焉之志。會逆人王敞事發，連山中沙門，而亮被執赴尚書省，十餘日，詔特免雪。亮不敢還山，遂寓居景明寺。敕給衣食及其從者數人。後思其舊居，復還山室。亮既雅愛山水，又兼巧思，結架巖林，甚得栖游之適，頗以此聞。世宗給其工力〔四〕，令與沙門統僧暹、河南尹甄琛等，周視崧高形勝之處，遂造閑居佛寺。林泉既奇，營製又美，曲盡山居之妙。亮時出京師。延昌二年冬，因遇篤疾，世宗敕以馬輿送令還山，居崧高道場寺。數日而卒。詔贈帛二百匹，以供凶事。遺誡兄子綜，斂以衣幍，左手持板，右手執孝經一卷，置尸盤石上，去人數里外。積十餘日，乃焚於山。以灰燼處，起佛塔經藏。

初，亮以盛冬喪，時連日驟雪，窮山荒澗，鳥獸飢窘，僵尸山野，無所防護。時壽春道人惠需，每旦往看其屍，拂去塵霰。禽蟲之迹，交橫左右，而初無侵毁，衣服如本，惟風吹幍巾〔五〕。又以亮識舊南方法師信大栗十枚〔六〕，言期之將來十地果報，開亮手以置把中。經宿，乃爲蟲鳥盜食，皮殼在地，而亦不傷肌體。焚燎之日，有素霧蓊鬱，迴繞其傍，自地屬天，彌朝不絕。山中道俗營助者百餘人，莫不異焉。

李謐，字永和，趙郡人〔七〕，相州刺史安世之子。少好學，博通諸經，周覽百氏。初師事小學博士孔璠。數年後，璠還就謐請業。同門生爲之語曰：「青成藍，藍謝青，師何常，在明經。」謐以公子徵拜著作佐郎，辭以授弟郁，詔許之。州再舉秀才，公府二辟，並不就。惟以琴書爲業，有絕世之心。覽考工記、大戴禮盛德篇，以明堂之制不同，遂著明堂制度論曰：

余謂論事辨物，當取正於經典之真文；援證定疑，必有驗於周孔之遺訓。然後可以稱準的矣。今禮文殘缺，聖言靡存，明堂之制，誰使正之。是以後人紛糾，競興異論，五九之說，各信其習。是非無準，得失相半。故歷代紛紜，靡所取正。乃使裴頠云：「今羣儒紛糾，互相掎摭，就令其象可得而圖，其所以居用之禮莫能通也，爲設虚器耳。況漢氏所作，四維之个，復不能令各處其辰。愚以爲尊祖配天，其義明著〔八〕；廟宇之制，理據未分。直可爲殿屋以崇嚴父之祀，其餘雜碎一皆除之。」斯豈不以羣儒舛互，並乖其實，據義求衷，莫適可從哉？但恨典文殘滅，求之靡據而已矣。乃復遂去室牖諸制。施之於教，未知其所隆政；求之於情，未可喻其所以必須。惜哉言乎！仲尼有言曰：「賜也，爾愛其羊，我愛其禮。」余以爲隆政必須其禮，豈彼一羊哉！推此而論，則聖人之於禮〔九〕，殷勤而重之，裴頠之於禮，任意而忽之。是則頠賢於仲尼矣。以斯觀之，裴氏之子以不達而失禮之旨也。余竊不自量，頗有鄙意，據理尋義，以求其真，貴合雅衷，不苟偏信。乃藉之以禮傳，考之以訓注，博採先賢之言，廣搜通儒之說，量其當否，參其同異，棄其所短，收其所長，推義察圖，以折厥衷。豈敢必善，聊亦合其言志矣。

凡論明堂之制者雖衆，然校其大略，則二途而已。言五室者，則據周禮考工之記以爲本，是康成之徒所執；言九室者，則案大戴盛德之篇以爲源，是伯喈之倫所持〔一〇〕。此之二書，雖非聖言，然是先賢之中博見洽通者也。但各記所聞，未能全正，可謂既盡美矣，未盡善也。而先儒不能考其當否，便各是所習，卒相非毁，豈達士之確論哉？小戴氏傳禮事四十九篇，號曰禮記，雖未能全當，然多得其衷，方之前賢，亦無愧矣。而月令、玉藻、明堂三篇，頗有明堂之義，余故採掇二家，參之月令，以爲明堂五室，古今通則。其室居中者謂之太室〔一一〕，太室之東者謂之青陽，當太室之南者謂之明堂，當太室之西者謂之總章，當太室之北者謂之玄堂；四面之室，各有俠房，謂之左右个，三十六户七十二牖矣。室个之形，今之殿前，是其遺像耳。个者，即寢之房也。但明堂與寢，施用既殊，故房、个之名亦隨事而遷耳。今粗書其像，以見鄙意，案圖察義，略可驗矣。故檢之五室，則義明於考工；校之户牖，則數協於盛德；考之施用，則事著於月令；求之閏也，合周禮與玉藻。既同夏殷，又符周秦，雖乖衆儒，儻或在斯矣。

考工記曰：「周人明堂，度以九尺之筵，東西九筵，南北七筵，堂崇一筵。五室，凡室二筵。室中度以几，堂上度以筵。」余謂記得之於五室，而謬於堂之脩廣。何者？當以理推之，令愜古今之情也。夫明堂者，蓋所以告月朔、布時令、宗文王、祀五帝者也。然營構之範，自當因宜創制耳。故五室者合於五帝各居一室之義〔一二〕。且四時之祀，皆據其方之正。又聽朔布令，咸得其月之辰。可謂施政及祀〔一三〕，二三俱允，求之古義，竊爲當矣。

鄭康成漢末之通儒，後學所宗正，釋五室之位，謂土居中，木火金水各居四維。然四維之室既乖其正，施令聽朔各失厥衷。左右之个，棄而不顧，乃反文之以美説，飾之以巧辭，言水木用事交於東北，木火用事交於東南，火土用事交於西南，金水用事交於西北。既依五行，當從其方，用事之交〔一四〕，出何經典？可謂攻於異端，言非而博，疑誤後學，非所望於先儒也！禮記玉藻曰，天子「聽朔於南門之外，閏月則闔門左扉，立於其中」。鄭玄注曰：「天子之廟及露寢，皆如明堂制。明堂在國之陽，每月就其時之堂而聽朔焉。卒事，反宿露寢亦如之。閏月非常月，聽其朔於明堂門下，還處路寢門終月也。」而考工記「周人明堂」，玄注曰：「或舉王寢，或舉明堂，互言之以明其制同也。」其同制之言皆出鄭注。然則明堂與寢不得異矣。而尚書顧命篇曰：「迎子釗南門之外，延入翼室。」此之翼室，即露寢矣。其下曰「大貝賁鼓在西房」，「垂之竹矢在東房」，此則露寢有左右房見於經史者也。禮記喪大記曰，「君夫人卒於露寢」，小斂，「婦人髽帶麻於房中」。鄭玄注曰：「此蓋諸侯禮，帶麻於房中，則西房〔一五〕。」天子諸侯左右房見於注者也〔一六〕。論露寢則明其左右房〔一七〕，言明堂則闕其左右个，同制之説還相矛盾，通儒之注，何其然乎？使九室之徒奮筆而爭鋒者，豈不由處室之不當哉？

王爾營度，則不能令三室不居其南北也。然則三室之間，便居六筵之地，而室壁之外裁有四尺五寸之堂焉。豈有天子布政施令之所，宗祀文王以配上帝之堂，周公負扆以朝諸侯之處，而室戶之外僅餘四尺而已哉？假在儉約，爲陋過矣。論其堂宇則偏而非制，求之道理則未愜人情，其不然一也。

余恐爲鄭學者，苟求必勝，競生異端以相訾抑。云二筵者，乃室之東西耳，南北則狹焉。余故備論之曰：若東西二筵，則室戶之外爲丈三尺五寸矣。南北戶外復如此，則三室之中南北裁各丈二尺耳。記云：「四旁兩夾窗〔一八〕。」若爲三尺之戶，二尺之窗，窗戶之間，裁盈一尺。繩樞甕牖之室，蓽門圭竇之堂，尚不然矣。假令復欲小廣之，則四面之外闊狹不齊，東西既深，南北更淺，屋宇之制，不爲通矣。驗之衆塗，略無算焉。且凡室二筵，丈八地耳，然則戶牖之間不踰二尺也。禮記明堂：「天子負斧扆南向而立。」鄭玄注曰：「設斧於戶牖之間。」而鄭氏禮圖說扆制曰：「縱廣八尺，畫斧文於其上，今之屏風也。」以八尺扆置二尺之間，此之叵通，不待智者，較然可見矣。且若二筵之室爲四尺之戶，則戶之兩頰裁各七尺耳，全以置之，猶自不容，矧復戶牖之間哉？其不然二也。

又復以世代檢之〔一九〕，即虞夏尚朴，殷周稍文，制造之差，每加崇飾。而夏后世室，堂脩二七，周人之制，反更促狹，豈是夏禹卑宮之意，周監郁郁之美哉？以斯察之，其不然三也。又云「堂崇一筵」，便基高九尺，而壁户之外裁四尺五寸，於營制之法自不相稱。其不然四也。又云「室中度以几，堂上度以筵」，而復云「凡室二筵」，而不以几。還自相違，其不然五也。以此驗之，記者之謬，抑可見矣。

盛德篇云〔二〇〕：「明堂凡九室，三十六户，七十二牖，上員下方，東西九仞，南北七筵，堂高三尺也。」余謂盛德篇得之於户牖，失之於九室。何者？五室之制，傍有夾房，面各有户，户有兩牖。此乃因事立則，非拘異術，户牖之數，固自然矣。九室者，論之五帝，事既不合，施之時令，又失其辰。左右之个，重置一隅，兩辰同處，參差出入，斯乃義無所據，未足稱也。且又堂之脩廣，裁六十三尺耳。假使四尺五寸爲外之基，其中五十四尺便是五室之地。計其一室之中，僅可一丈，置其户牖，則於何容之哉？若必小而爲之，以容其數，則令帝王側身出入，斯爲怪矣。此匪直不合典制，抑亦可哂之甚也。余謂其九室之言，誠亦有由。然竊以爲戴氏聞三十六户、七十二牖，弗見其制，靡知所置，便謂一室有四户之窗，計其户牖之數，即以爲九室耳。或未之思也。蔡伯喈漢末之時學士，而見重於當時，即識其脩廣之不當，而必未思其九室之爲謬，更修而廣之，假其法像。可謂因僞飾辭，順非而澤，諒可歎矣。

余今省彼衆家，委心從善，庶探其衷，不爲苟異。但是古非今，俗間之常情；愛遠惡近，世中之恒事。而千載之下，獨論古制，驚俗之談，固延多誚。脱有深賞君子者，覽而揣之，儻或在焉〔二〕。

謐不飲酒，好音律，愛樂山水，高尚之情，長而彌固，一遇其賞，悠爾忘歸。乃作神士賦，歌曰：「周孔重儒教，莊老貴無爲。二途雖如異，一是買聲兒。生乎意不愜，死名用何施。可心聊自樂，終不爲人移。脱尋余志者，陶然正若斯。」延昌四年卒，年三十二，遐邇悼惜之。

其年，四門小學博士孔璠等學官四十五人上書曰：「竊見故處士趙郡李謐：十歲喪父，哀號罷隣人之相；幼事兄瑒，恭順盡友于之誠。十三通孝經、論語、毛詩、尚書，歷數之術尤盡其長，州閭鄉黨有神童之號。年十八，詣學受業，時博士即孔璠也。覽始要終，論端究緒，授者無不欣其言矣。於是鳩集諸經，廣校同異，比三傳事例，名春秋叢林，十有二卷。爲璠等判析隱伏，垂盈百條。滯無常滯，纖毫必舉；通不長通，有枉斯屈。不苟言以違經，弗飾辭而背理。辭氣磊落，觀者忘疲。每曰：『丈夫擁書萬卷，何假南面百城。』遂絶跡下幃，杜門却掃，棄産營書，手自删削，卷無重複者四千有餘矣。猶括次專家，搜比讜議，隆冬達曙，盛暑通宵。雖仲舒不闚園，君伯之閉户，高氏之遺漂，張生之忘食，方之斯人，未足爲喻。謐嘗詣故太常卿劉芳推問音義，語及中代興廢之由，芳乃歎曰：『君若遇高祖，侍中、太常非僕有也。』前河南尹、黄門侍郎甄琛内贊近機，朝野傾目，于時親識求官者，答云：『趙郡李謐，耽學守道，不悶于時，常欲致言，但未有次耳。諸君何爲輕自媒衒？』謂其子曰：『昔鄭玄、盧植不遠數千里詣扶風馬融，今汝明師甚邇，何不就業也？』又謂朝士曰：『甄琛行不媿時，但未薦李謐，以此負朝廷耳。』又結宇依巖，憑崖鑿室，方欲訓彼青衿，宣揚墳典，冀西河之教重興、北海之風不墜。而祐善空聞，暴疾而卒。邦國銜殄悴之哀，儒生結摧梁之慕。况璠等或服議下風，或親承音旨，師儒之義，其可默乎！」事奏，詔曰：「謐屢辭徵辟，志守沖素，儒隱之操，深可嘉美。可遠傍惠、康，近準玄晏，謚曰貞靜處士，并表其門閭，以旌高節。」遣謁者奉册，於是表其門曰文德，里曰孝義云。

鄭脩，北海人也。少隱於岐南几谷中，依巖結宇，獨處淡然，屏迹人事，不交世俗，耕食水飲，皮冠草服，雅好經史，專意玄門。前後州將，每徵不至。岐州刺史魏蘭根頻遣致命，脩不得已，暫出見蘭根，尋還山舍。蘭根申表薦脩，肅宗詔付雍州刺史蕭寶夤訪實以聞。會寶黃作逆，事不行。

史臣曰：古之所謂隱逸者，非伏其身而不見也，非閉其言而不出也〔三〕，非藏其智而不發也。蓋以恬淡爲心，不皦不昧，安時處順，與物無私者也。眭夸輩忘懷纓冕，畢志丘園。或隱不違親，貞不絶俗；或不教而勸，虚往實歸。非有自然純德，其孰能至於此哉？

校勘記

〔一〕魏書卷九十　卷末有宋人校語云：「魏收書逸士傳亡，史臣論全用隋書隱逸傳論。」按傳序删節北史卷八八隱逸傳序，論也全同北史，唯删去後數語。宋人以爲論全用隋書，其實北史傳論删節隋書，此卷又襲北史。諸傳與北史卷八八隱逸傳相同，李謐則北史附卷三三李孝伯傳，除傳首數語外也無不同。此卷應是以北史補。唯眭夸傳有溢出語，當採之他書。

〔二〕年二十遭父喪　「年二十」，他本及北史卷八八隱逸眭夸傳並作「年三十」。然御覽卷五〇四引後魏書亦作「年二十」。

〔三〕以時展覲　「展覲」，原作「展勤」，據南監本、北史卷八八隱逸馮亮傳、册府卷二九二及卷八〇三改。

〔四〕世宗給其工力 「世宗」，原作「世祖」，據北史卷八八隱逸馮亮傳，御覽卷五〇四引後魏書改。按北史作「宣武」，即世宗，上文已見世宗。

〔五〕惟風吹帽巾 按此句語義不完，通志卷一七八作「惟風吹帽巾少側」，御覽卷五〇四引後魏書作「惟風吹帽落耳」。

〔六〕又以亮識舊南方法師信大栗十枚 「信」上通志卷一七八有「遺」字，按文義當有。

〔七〕趙郡人 「趙郡」，原作「涿郡」。洪頤煊諸史考異卷一〇據本書卷五三李孝伯傳、李安世傳和下文兩言趙郡李謐，以爲「涿」字訛。按李安世一族出於趙郡，歷見紀載，洪說是，今據改。

〔八〕其義明著 「義」，原作「儀」，據他本及北史卷三三李孝伯傳附李謐傳、册府卷五七二改。按宋書卷一六禮志三、隋書卷六八宇文愷傳引晉起居注裴頠語俱作「其義明著」。

〔九〕聖人之於禮 「於」字原闕，據他本補。按文義當有其字。

〔一〇〕伯喈之倫所持 「倫」，原作「論」，據三朝本、南監本、北監本、殿本、北史卷三三李孝伯傳附李謐傳改。按「伯喈之倫」與上「康成之徒」對文。

〔一一〕其室居中者謂之太室 「太室」，原作「太廟」，據册府卷五七二改。按下文即言「太室」四方之布局。

〔一二〕五帝各居一室 「居」，原作「屋」，據他本及北史卷三三李孝伯傳附李謐傳、册府卷五七二改。

〔三〕可謂施政及祀　「謂」，原作「請」，據北史卷三三李孝伯傳附李謐傳、册府卷五七二、通志卷一七八改。「祀」，原作「記」，據通志改。按上文云明堂「祀五帝者也」，又云「且四時之祀，皆據其方之正」。

〔四〕當從其方用事之交　「方」字原闕，語不可解，據通志卷一七八補。

〔五〕帶麻於房中則西房　「西房」，原作「西南」，據册府卷五七二改。按禮記玉藻鄭注本文即作「西房」，李謐引鄭注意在指出鄭説路寢有左右房。「南」字訛。

〔六〕天子諸侯左右房見於注者也　李慈銘云：「按鄭注云『天子、諸侯有左右房』，此處當重一句云：『此則天子諸侯有左右房見於注者也。』」按文義，李説重一句也不可通，當是上脱鄭注「天子諸侯有左右房此則」十字。

〔七〕論露寢則明其左右房　「房」字原闕，據册府卷五七二補。按上文一再引鄭注證明鄭説路寢有左右房，此句「左右房」和下「左右个」爲對文。

〔八〕記云四旁兩夾窗　「旁」，原作「房」，據周禮考工記原文及北史卷三三李孝伯傳附李謐傳改。

〔九〕又復以世代檢之　「檢」，三朝本、南監本、北監本、殿本、北史卷三三李孝伯傳附李謐傳並作「驗」。

〔一〇〕盛德篇云　按下引文傳本大戴禮在第六十七明堂篇。

〔一一〕儻或在焉　「在」，他本作「存」，於文義爲長。然册府卷五七二作「有」，亦通。

〔三〕非閉其言而不出也　「非」字原闕，據北監本、汲本、殿本、局本、北史卷八八隱逸傳論及隋書卷七七隱逸張文詡傳補。

魏書卷九十一〔一〕

列傳術藝第七十九

晁崇 張淵 殷紹 王早 耿玄 劉靈助 江式 周澹 李脩 徐謇 王顯 崔彧 蔣少游

蓋小道必有可觀，況往聖標曆數之術，先王垂卜筮之典，論察有法，占候相傳，觸類長之，其流遂廣。工藝紛綸，理非抑止，今列於篇，亦所以廣聞見也。

晁崇，字子業，遼東襄平人也。家世史官。崇善天文術數，知名於時。爲慕容垂太史郎。從慕容寶敗於參合，獲崇，後乃赦之。太祖愛其伎術，甚見親待。從平中原，拜太史令，詔崇造渾儀，歷象日月星辰。遷中書侍郎，令如故。天興五年，月暈，左角蝕將盡，崇奏曰：「占爲角蟲將死。」時太祖既剋姚平於柴壁，以崇言之徵，遂命諸軍焚車而反。牛果大疫，輿駕所乘巨犗數百頭亦同日斃於路側，自餘首尾相繼。是歲，天下之牛死者十七八，麋鹿亦多死。

崇弟懿，明辯而才不及崇也。以善北人語内侍左右，爲黄門侍郎，兄弟並顯。懿好矜容儀，被服僭度，言音類太祖。左右每聞其聲，莫不驚竦。太祖知而惡之。後其家奴告崇與懿叛，又與□臣王次多潛通〔二〕，招引姚興，太祖銜之。及興寇平陽，車駕擊破之。太祖以奴言爲實，還次晉陽，執崇兄弟並賜死。

崇兄子暉。太祖時給事諸曹，稍遷給事中，賜爵長平侯。征虜將軍、濟州刺史，假寧東將軍、潁川公。劉駿鎮東平郡，徙戍近境，暉上表求擊之，高宗不許。暉乃爲書以大義責之。卒。

子林，襲爵。林卒，子清襲。事在節義傳。

暉從弟繼，太祖時稍遷中書侍郎、給事中、中堅將軍，賜爵襄平子。除魏郡太守。卒。

子世宗，襲爵。卒，子元和襲。卒。

張淵，不知何許人。明占候，曉内外星分。自云嘗事苻堅，堅欲南征司馬昌明，淵勸不行，堅不從，果敗。又仕姚興父子，爲靈臺令。姚泓滅，入赫連昌，昌復以淵及徐辯對爲太史令。世祖平統萬，淵與辯俱見獲。世祖以淵爲太史令，數見訪問。神䴥二年，世祖將討蠕蠕，淵與徐辯皆謂不宜行，與崔浩爭於世祖前，語在浩傳。淵專守常占，而不能鈎深致遠，故不及浩。後爲驃騎軍謀祭酒，嘗著觀象賦曰：

易曰：「天垂象見吉凶，聖人則之。」又曰：「觀乎天文以察時變，觀乎人文以化成天下。」然則三極雖殊，妙本同一；顯昧雖遐，契齊影響。尋其應感之符，測乎冥通之數，天人之際，可見明矣。夫機象冥緬，至理幽玄，豈伊管智所能究暢。然歌咏之來，偶同風人，目閲羣宿，能不歌吟？是時也，歲次析木之津，日在翼星之分，閶闔晨鼓而蕭瑟，流火夕㬫以摧頹，游氣眇其高搴，辰宿焕焉華布。覩時逝懷川上之感，步秋林同宋生之戚，歎巨艱之未終，抱殷憂而不寐，遂彷徨於窮谷之裏，杖策陟神巖之側。乃仰觀太虛，縱目遠覽，吟嘯之頃，懔然增懷。不覽至理，拔自近情。常韻發於宵夜，不任咏歌之末，遂援管而爲賦。其辭曰：

陟秀峯以遐眺，望靈象於九霄。陟，昇。遐，遠。九霄，九天也。覩紫宫之環周，嘉帝坐之獨標。紫宫垣十五星在北斗北，天皇大帝一星在紫宫中，天帝位尊，故言獨標也。瞻華蓋之蔭藹，何虚中之迢迢。華蓋七星，杠九星，合十六星，在大帝上。迢迢，高遠之貌。觀閣道之穹隆，想靈駕之電飄。閣道六星在王良東北，天帝之所乘躡，靈駕之所由從。電飄，疾也。爾乃縱目遠覽，傍極四維，北鑒機衡，南覩太微，四維，四方之維。機衡，謂北斗星。太微宫十星在翼軫北。三台皦皦以雙列，皇座冏冏以垂暉，三台凡六星，兩兩而居，起文昌，極太微。皇座一星在太微星中。皦皦、冏冏，皆星光明之貌也。虎賁執鋭於前階，常陳屯聚於後闈。三台謂之太階，虎賁一星在下台南，故言前階。常陳七星，如畢狀，在皇座北，皆宿衛天帝前後，備非常。闈門，宫中之門也。遂回情旋首，次目文昌，文昌七星，在北斗魁前，别一宫之名，皆相位次也。仰見造父，爰及王良。造父五星在傳舍河中。造父，周穆王御，死，精上爲星。王良五星在奎北。王良者，晉大夫，善御，九方湮之子。良一名郵無正，爲趙簡子御。死，精託於星，爲天帝之馭官。傳説登天而乘尾，奚仲託精於津陽。傳説一星在尾後。傳説，殷時隱於巖中，殷王武丁夢得賢人，圖畫其象，求而得之，即立爲相。死，精上爲星。乘尾，在龍駟之間。奚仲四星在天津北，近河傍。太古時造車輿者，死而精上爲星。水北曰陽，在河北，故曰津陽也。織女朗列於河湄，牽牛焕然而舒光。織女三星在紀星東端，牽牛六星在河鼓南。

世人復以河鼓爲牽牛。**五車亭柱於畢陰，兩河俠井而相望。**五車三柱，都十四星，在畢東北。在宿北，故謂之陰。兩河，南河、北河。六星俠東井，東西遥相對，故曰相望也。**灼灼羣位，落落幽紀，設官分職，罔不悉置。**灼灼、落落，皆星光明希疎之貌。羣位，謂天設三公九卿之官，皇后嬪御之位。分，謂分其所司，而各有所典。罔，無。悉，盡。言無不盡備，官職亦有之也。**論道納言，各有攸司。**論道，謂三公坐而論道。納言，謂尚書獻可替不。**將相次序以衞守，九卿珠連而内侍。**太微宫十星皆有上將、上相、次將、次相之位。九卿三星在太微庭中，行列似珠之相連而内侍。**儲貳副天，庭延三吏。**儲貳，謂太子一星，在帝座北。三吏，三公星，在太微宫中也。**天街分中外之境，四七列九土之異。**天街二星，昴畢間，近月星，陰陽之所分，中國之境界。天街以西屬外國，旄頭氈褐，引弓之民皆屬焉。天街以東屬中國，縉紳之士，冠帶之倫皆屬焉。四七二十八宿，角、亢，鄭國兖州；氐、房、心，陳國豫州；尾、箕，燕國幽州；斗、牛，吴國揚州；女、虚、危，齊國青州；營室、東壁，衞國并州；奎、婁，魯國徐州；胃、昴、畢，趙國冀州；觜、參，魏國益州；井、鬼，秦國雍州；柳、星、張，周國洛陽、三河；翼、軫，楚國荆州。天有十二次，日月之所經歷；地有十二州，王侯之所國。方土所出之物，各有殊異不同者。**左則天紀、槍、棓、攝提、大角，二咸防奢，七公理獄。**天紀九星在貫索東，天槍三星在北斗杓東，天棓五星在女牀東北。攝提六星俠大角，大角一星在攝提間。二咸：東咸四星在房東北，西咸四星在房西北，此星主防奢淫諂佞之事。七公七星，在招搖東，接近貫索。貫索爲天獄。刑獄失中，則七公評議，理其冤枉。庫樓炯炯以灼明，騎官騰驤而奮足。庫樓十星在大角南。騎官二十七星在氐南。騎官典乘，故曰騰驤也。天市建肆於房、心，帝座磥落而電燭。天市二十四星在房、心北，帝座一星在天市中心。於前則老人、天社，清廟所居。老人一星在弧南，常以春秋分候之。天社六星亦在弧南。清廟十四星在張南。明堂配帝，靈臺考符。明堂三星在太微西南角外，靈臺三星在明堂西。丈人極陽而慌忽，子、孫嘒嘒於參嵎。丈人二星在軍市西南。星在南方，故稱極陽。慌忽，謂星細小，遠邈難見。老子曰：「忽兮慌兮，其中有象；慌兮忽兮，其中有物。」子二星，在丈人東。嘒，小貌。孫二星，在子東。詩云：「嘒彼小星，三五在東。」此之謂乎？天狗接狼以吠守，野鷄伺晨於參墟。天狗七星在狼北，野鷄一星在參東南。天市中街主警怖，故曰吠守。鷄能候時，故曰伺晨。右則少微、軒轅，皇后之位，嬪御相次，尊卑有秩。少微四星在太微西，南北列，白衣處士之位。軒轅十七星在七星北，有皇后嬪御之位，尊卑相次，皆秩序之也。御宫典儀，女史執筆。御宫四星在鈎陳左傍，此星主典司禮儀、威容步趨之事。女史一星在柱下史北。女史記識晝夜昏明，節漏省時，在勾陳右傍。内平秉禮以伺邪，天牢禁愆而察失。内平四星在中宫南，有邪媚之事，以禮正之。天牢六星在北斗魁下，有過失則懲其愆也。於後則有車府、傳舍，匏瓜、天津，車府七星在天津東，傳舍五星在華蓋上，匏瓜五星在麗珠北，天津九星在匏瓜北。扶匡照曜，麗珠珮珍。扶匡七星在天津東，麗珠五星在須女北。麗桂、衣珠、珮珍，后夫人之盛飾。其星主皇后之服也。人星麗玄以閑逸，哭、泣連屬而趨墳。人星五星在車府南。麗，附；玄，天。言人星近於閑逸。易曰：「日月星辰麗於天。」石氏經曰：「人星優游，人乃安寧。」哭二星在虛南，泣三星在哭東。墳墓四星在危南。哭、泣星行列趣向墳墓，故曰連屬。河鼓震雷以硠磕，騰蛇蟠縈而輪菌。河鼓十二星在南斗北，此星昏中南方而震雷。易曰：「鼓之以雷霆。」此之謂也。此星主聲音，故曰硠磕。騰蛇二十二星在營室北，形狀似虵，故曰輪菌。於是周章高眄，還旋辰極。辰極，北極。既覲鉤陳中禁，復覩天帝休息。鉤陳六星在紫宮中，天皇大帝之所居。諸宮別館及天牀星，皆是休息寢臥而游也。漸臺可昇，離宮可即。漸臺、離宮皆天宮臺之名。漸臺四星在織女東足下。離宮六星與營室相連。言天帝或升漸臺而觀，或就離宮而游。即，就也，禮記曰「即宮于宗周」也。酒旗建醇醪之旌，女牀列窈窕之色。酒旗三星在軒轅左角，天設置酒官爲飲燕之事，故建牙旗爲標。女牀三星在紀星東北端，奉侍天王之女。侍衞天王，必有關雎窈窕之美，無妬忌之心，乃可侍衞天王左右，故言列窈窕之色也。輦道屈曲以微煥，附路立于雲閣之側。輦道五星在織女西足，屈曲而細小，故言微煥也。附路一星在閣道傍，言天帝出入由閣道附路。豫防敗傷，故言立於雲閣之側。其列星之表，五車之間，乃有咸池、鴻沼、玉井、天淵、建樹、百果、竹林在焉。列宿之外謂之表。咸池三星在天潢東，鴻沼二十三星在須女北，玉井四星在參左足下，天淵十星在黿星東南，建樹、百果星在胃南，竹林二十五星在園西南。江河炳著於上穹，素氣霏霏其帶天。江，天江星。天江四星在尾北，言天江星乃炳然著見於天上。素氣者，天河白氣。素，白。霏霏然，帶著於天也。神黿曜甲於清泠，龍魚摛光以暎漣。神黿，黿星也，有五星在尾南。黿知來事，故稱神。在河中，故言清泠。龍魚，謂魚一星，在尾後河中。尾爲龍宿，故言龍魚。此星在河中，以魚星之映，水有光曜也。又有南門、鼓吹，器府之官，奏彼絲竹，爲帝娛懽。南門、鼓吹二星在庫樓南，翼西南。器府三十二星在軫南。器府典掌絲竹之事，以娛樂天帝也。熊、羆綿絡於天際，虎、豹儵煜而暉爛。虎、豹、熊、羆四星在狼星傍。弧精引弓以持滿，狼星摇動於霄端。狼一星在參東南，弧九星在狼東南。星傳云：「天下兵起，則弧弓張天。」其外則有燕、秦、齊、趙，列國之名。外，謂列宿之外，復有諸國之名。齊一星在九坎東，趙二星在齊北，鄭一星在趙北，越一星在鄭北，周二星在越東，秦二星在周東，代二星在秦南，晉一星在代南，韓一星在晉西，魏一星在韓北，楚一星在韓西，燕一星在楚南。諸列國之名，凡有十二星也。雷電霹靂，雨落雲征。征，行也。雷電六星在營室南，霹靂五星在上公西南，雲雨四星在霹靂南。陳車策駕於氐南，天駟騁步於太清。陳車三星在氐南。房星一名天駟。園、苑周回以曲列，倉、廩區别而殊形。天園十四星在苑南，天苑十六星在昴、畢南，天倉六星在婁南，天廩四星在昴南，言形象殊别不同也。**内則尚書、大理、太一、天一之宫，**尚書五星在紫微宫門内東南維。大理二星在紫微宫中。太一、天一各一星，相近，在紫宫門南。**柱下著術，傳示無窮。**柱下史一星，在北極東。**六甲候大帝之所須，内厨進御膳於皇躬。**六甲在華蓋下，内厨二星在紫宫西南角外。**天船横漢以普濟，積水候災于其中。**天船九星在大陵北，積水一星在天船中。**陰德播洪施以恤不足，四輔翼皇極而闡玄風。**陰德二星在尚書西，四輔四星俠北極。播，布；洪，大；玄，天也。陰德之官必有陽報。夫陰施陽報，自然之常數；貧窮困死，生民之極艱。以至困乏□死，遭陰德之終。故窮者不希周恤而惠與自至，施者無求於報而酬答自來。斯乃冥中之理，大象豈虚構其曜哉？四輔星既翼佐北極之樞，又能闡揚天帝之風教，故言闡玄風也。**恢恢太虚，寥寥帝庭。**恢恢、寥寥，皆廣大清虚之貌。老子曰：「天網恢恢，疏而不失。」帝謂太微宫也。**五座並設，爰集神靈。**五座，謂太微宫中五帝座也。蒼帝靈威仰位東方〔三〕，赤帝赤熛怒位南方，白帝白招矩位西方，黑帝汁光紀位北方，黄帝含樞紐位中央。五帝各異，並集諸神之宫，與之謀國事。孝經援神契曰：「並設神靈集謀。」此之謂也。**執法刺舉於南端，五侯議疑於水衡。**太微南門，謂之執法。刺舉者，刺姦惡，舉有功。五侯五星在東北。東井爲水衡，辨疑獄，五侯議而評之也。**乃命熒惑，伺彼憍盈。**熒惑常以十月、十一月入太微，受制伺無道之國，故曰伺彼憍盈也。**金、火時出以成緯，七宿匡衞而爲經。**

金、火，熒惑、太白也。七宿，謂一方七宿。天文謂五星爲緯，二十八宿爲經，故舉金火七宿爲言，則五星二十八宿可知也。言五星出入，伏見有時，不常出也。**暐曄昱其並曜，粲若三春之榮。**言星辰布曜，若春日之榮華也。

覩夫天官之羅布，故作則於華京。言天官羅布於上，王者法效於下。論語曰「惟天爲大，惟堯則之」也。**及其災異之興，出無常所。**言災異出無常宿，隨其善惡而處之。假使鄭國有事，則變見角、亢也。**歸邪繽紛，飛、流電舉。**如星非星，如雲非雲，謂之歸邪。夾以微氣，故稱繽紛。飛，飛星也。流，流星也。飛星與流星各異，飛星焱去而迹絶，流星迹存而不滅。電舉者，似焱電長。**妖星起則殃及晉平，虵乘龍則禍連周楚。**春秋魯襄公十年春正月戊子，妖星出於婺女，見於申維。婺女屬齊，申爲晉分。梓慎見妖星出，知晉侯以戊子日死。虵乘龍，謂襄公二十八年，歲星次天津，於玄枵十五度，在虚下。歲星主木，位在東，體合房、心，故名龍。虚在坎，坎子位，次玄枵，龜蛇之類。歲星失次，行虚之外，出其下，故曰虵乘龍。龍位壽星，宋鄭之分。梓慎見虵乘龍，知飢在宋鄭。然裨竈以爲周王及楚子皆死。二人推變不同，所見各異。梓慎、裨竈，古之良史也。**或取證於逢公，或推變於衡午。**逢公，齊邑姜之先。言逢公死時，亦有此星見，梓慎推星，以此方之，知晉平公將死。衡午，謂虚宿對午。午爲張、翼，張、翼周楚之分，裨竈占知周王、楚子死，故言推變於衡午。**乃有欽明光被，填逆水府。**昔堯遭洪水，填星逆行入水府。書曰：「欽明文思，光被萬邦。」洪波滔天，功隆大禹。言洪水既出，堯命鮌治之而功不成，乃復命禹治而平之，禹有濟世之難，治水之功。書曰：「洪水滔天。」又曰：「禹錫玄圭，告厥成功。」此則冥數之大運，非治綱之失緒。言先遭洪水，致填星逆行之異，非不德所致，此乃運數應爾也。蓋象外之妙，不可以毚理尋；重玄之內，難以熒燎覩。言玄理微妙，不可知見也。至於精靈所感，迅踰駭嚮。荆軻慕丹，則白虹貫日而不徹；昔荆軻慕燕太子丹之義，入秦爲刺客，雖至精感上而事竟不捷。衞生畫策，則太白食昴而摛朗。昔衞先生爲秦畫策於長平，昭王疑而不信，太白有食昴之變。魯陽指麾，而曜靈爲之回駕；魯陽，古之賢人，以手麾日〔四〕，能再回也。嚴陵來游，而客氣著於乾象。昔光武爲白衣時，與嚴陵相厚善。及登帝位，陵來入見，太史奏曰：「客星犯帝座。」光武詔曰：「乃嚴子陵，非客。」斯皆至感動於神祇，誠應效於既往。爾乃四氣鱗次，斗建辰移。雖無聲言，三光是知。言四時代謝不常，每月斗移建一辰，天無聲言語，止以星辰見變譴以示人也。星中定於昏明，影度以之不差。測水旱於未然，占方來之安危。孟春正月，昏參中，旦尾中；仲春之月，昏弧中，旦建星中；季春之月，昏七星中，旦牽牛中；孟夏之月，昏翼中，旦婺女中；仲夏之月，昏亢中，旦危中；季夏之月，昏心中，旦奎中；孟秋之月，昏建星中，旦畢中；仲秋之月，昏牽牛中，旦觜觿中；季秋之月，昏虛中，旦柳中；孟冬之月，昏危中，旦七星中；仲冬之月，昏東壁中，旦軫中；季冬之月，昏婁中，旦氐中。冬至之日，建八尺之標，影長一丈三尺五寸也，夏至之日影長一尺六寸也。影長爲水，影短爲旱也。陰精乘箕，則大飆暮鼓；西南入畢，則淫雨滂沲。陰精，月也。東北失道入箕，則多風。移而西南，失道入畢，則多雨。雨三日爲淫雨。詩云：「月麗于畢，俾滂沲矣。」書曰：「星有好風，星有好雨。」此之謂也。譬猶晉鍾之應銅山，風雲之從班螭。言雲從龍，風從虎，同氣相求，同類相應，蜀山崩而晉鍾鳴也。若夫冥車潛駕，時乘六虬。大儀回運，萬象俱流。六虬，六龍。易曰：「時乘六龍以御天。」此皆是天回運轉。北斗俄其西傾，羣星忽以匿幽。幽，暗也。望舒縱轡以騁度，靈輪浹旦而過周。望舒，月也。月，日行十三度十九分度之七，周天凡三百六十五度四分度之一。天一日一夜運轉過周一度。浹，匝也，至旦曉而過匝，故曰浹旦而過周也。

爾乃凝神遠矚，矖目八荒。察之無象，視之眇茫。狀若渾元之未判別，又似浮海而覩滄浪。幽遐迥以希夷，寸眸焉能究其傍。凝神，精不動也。言極遠傍視，茫然若造化之始，元氣未分，似浮海遠望而不見其邊。論語曰：「乘桴浮於海。」老子曰：聽之不聞其聲，名曰希；視之不見其形，名曰夷。於是乎夜對山水，栖心高鏡。遠尋終古，攸然獨詠。美景星之繼晝，大唐堯之德盛。瑞應圖曰：「景星大如半月，生於晦朔，助月光明。」當堯之時，有此星見，故美堯之德能致之也。嘉黃星之靡鋒，明虞舜之不競。昔舜將受禪於堯，先有星見，員而無鋒芒。言舜當用土德王天下。星見而無芒角者，示揖讓而受，不以兵事爭競也。疇呂尚之宵夢，善登輔而翼聖。昔太公未遇文王時，釣魚於磻溪，夜夢得北斗輔星神告尚以伐紂之意。事見尚書中候篇也。欽管仲之察微，見虛、危而知命。昔管仲與鮑叔牙商賈於南陽，見三星聚虛、危之分，知齊將有霸主，遂共戮力，來投齊地也。歎熒惑之舍心，高宋景之守政。當春秋時，熒惑守心，景公不從史韋之言，熒惑退舍〔五〕，而延二十年。壯漢祖之入秦，奇五緯之聚映。昔漢祖入秦，五星聚於東井，秦之分。爾乃歷象既周，相佯巖際。相佯，倘佯也。尚書曰：「歷象日月星辰。」尋圖籍之所記，著星變乎書契。覽前代之將淪，咸譴告於昏世。言先代之君將淪亡，天必告災異之徵也。桀斬諫以星孛，紂酖荒而致彗。夫景星見則太平應，彗、孛作而禍亂興，天之常也。昔夏桀無道，斬關龍逄而極惡，孛星見，湯伐之，放於鳴條之野。殷紂設炮烙之形，彗星出，武王懸之白旗也。恒不見以周衰，枉虵行而秦滅。昔魯莊公十年夏四月，恒星不見〔六〕，自是以後周室衰微。枉矢出，虵行而無尾，自昔項羽入關，有此變。見漢書。諒人事之有由，豈妖災之虛設。言天以冥應，玄象爲變，要由人事，豈妖災而已。誠庸主之難悛，故明君之所察。言庸君闇主，玄象譴告，不能改行自新以答天變；賢君明主則不然，見天災異，懼而脩德也。堯無爲猶觀象，而況德非乎先哲。夫唐堯至治，猶歷象琁璣，闚七政，況德不及古，而不觀之乎。

先是太祖、太宗時太史令王亮、蘇坦，世祖後破和龍，得馮文通太史令閔盛，高祖時太史令趙樊生，並知天文。後太史趙勝、趙翼、趙洪慶、胡世榮、胡法通等二族，世業天官者。又有容城令徐路善占候。世宗時坐事繫冀州獄，別駕崔隆宗就禁慰問，路曰：「昨夜驛馬星流，計赦即時應至。」隆宗先信之，遂遣人試出城候焉，俄而赦至。時人重之。永安中，詔以恒州民高崇祖善天文，每占吉凶有驗，特除中散大夫。永熙中，詔通直散騎常侍孫僧化與太史令胡世榮、張龍、趙洪慶及中書舍人孫子良等，在門下外省校比天文書。集甘、石二家星經及漢魏以來二十三家經占，集爲五十五卷。後集諸家撮要，前後所上雜占，以類相從，日月五星、二十八宿、中外官圖〔七〕，合爲七十五卷。

僧化者，東莞人。識星分，案天占以言災異〔八〕，時有所中。普泰中，尒朱世隆惡其多言，遂繫於廷尉，免官。永熙中，出帝召僧化與中散大夫孫安都共撰兵法，未就而帝入關，遂罷。元象中死於晉陽。

時有河間信都芳，字王琳〔九〕，好學善天文筭數，甚爲安豐王延明所知。延明家有羣書，欲抄集五經筭事爲五經宗及古今樂事爲樂書；又聚渾天、欹器、地動、銅烏、漏刻、候風諸巧事，并圖畫爲器準。並令芳筭之。會延明南奔，芳乃自撰注。後隱於并州樂平之東山。太守慕容保樂聞而召之，芳不得已而見焉。於是保樂弟紹宗薦之於齊獻武王，以爲中外府田曹參軍。芳性清儉質樸，不與物和。紹宗給其騾馬，不肯乘騎；夜遣婢侍以試之，芳忿呼毆擊，不聽近己。狷介自守，無求於物。後亦注重差、勾股，復撰史宗，仍自注之，合數十卷。武定中卒。

殷紹，長樂人也。少聰敏，好陰陽術數，游學諸方，達九章、七曜。世祖時爲筭生博士，給事東宫西曹，以藝術爲恭宗所知。太安四年夏，上四序堪輿，表曰：「臣以姚氏之世，行學伊川，時遇游遁大儒成公興，從求九章要術。興字廣明，自云膠東人也。山居隱跡，希在人間。興時將臣南到陽翟九崖巖沙門釋曇影間。興即北還，臣獨留住，依止影所，求請九章。影復將臣向長廣東山見道人法穆。法穆時共影爲臣開述九章數家雜要，披釋章次意況大旨。又演隱審五藏六府心髓血脉，商功大筭端部，變化玄象，土圭、周髀。練精鋭思，蘊習四年，從穆所聞，粗皆髣髴。穆等仁矜，特垂憂閔，復以先師和公所注黄帝四序經文三十六卷，合有三百二十四章，專説天地陰陽之本。其第一孟序，九卷八十一章，説陰陽配合之原；第二仲序，九卷八十一章，解四時氣王休殺吉凶；第三叔序，九卷八十一章，明日月辰宿交會相生爲表裏；第四季序，九卷八十一章，具釋六甲刑禍福德；以此等文傳授於臣。山神禁嚴，不得齎出，尋究經年，粗舉綱要。山居險難，無以自供，不堪窘迫，心生懈怠。以甲寅之年，日維鶉火，月吕林鍾，景氣鬱盛，感物懷歸，奉辭影等。自爾至今，四十五載。歷觀時俗堪輿八會，逕世已久，傳寫謬誤，吉凶禁忌，不能備悉。或考良日而值惡會，舉吉用凶，多逢殃咎。又史遷、郝振，中古大儒〔一〇〕，亦各撰注，流行於世。配會大小，序述陰陽，依如本經，猶有所闕。臣前在東宫，以狀奏聞，奉被景穆皇帝聖詔，敕臣撰録，集其要最。仰奉明旨，謹審先所見四序經文，抄撮要略，當世所須吉凶舉動，集成一卷。上至天子，下及庶人，又貴賤階級、尊卑差别、吉凶所用，罔不畢備。未及内呈，先帝晏駕。臣時狼狽，幾至不測。停廢以來，逕由八載，思欲上聞，莫能自徹。加年夕齒頽，餘齡旦暮，每懼殂殞，填仆溝壑，先帝遺志，不得宣行。夙夜悲憤，理難違匿，依先撰録奏，謹以上聞。請付中祕通儒達士，定其得失。事若可施，乞即班用。」其四序堪輿遂大行於世。

王早，勃海南皮人也。明陰陽、九宫及兵法〔一一〕，尤善風角。太宗時，喪亂之後，多相殺害。有人詣早求問勝術，早爲設法，令各無咎。由是州里稱之。時有東莞鄭氏，因爲同縣趙氏所殺。其後鄭氏執得讎人趙氏，又剋明晨會宗族，當就墓所刑之。趙氏求救於早，早爲占候，并授以一符，曰：「君今且還，選壯士七人，令一人爲主者，佩此符，於雞鳴時伏在仇家宅東南二里許。平旦，當有十人相隨〔一二〕，向西北行，中有二人乘黑牛，一黑牛最在前，一黑牛應第七。但捉取第七者將還，事必無他。」趙氏從之，果如其言，乃是鄭氏五男父也。諸子並爲其族所宗敬，故和解二家，趙氏竟免。

後早與客清晨立於門內，遇有卒風振樹。早語客曰：「依法當有千里外急使。日中，將有兩匹馬，一白一赤，從西南來。至即取我，逼我，不聽與妻子別。」語訖便入，召家人隣里辭別。語訖，浴，帶書囊，日中出門候使。如期，果有二馬，一白一赤，從涼州而至，即促早上馬〔一三〕，遂詣行宮。時世祖圍涼州未拔，故許彥薦之。早，彥師也。及至，詔問何時當得此城。早對曰：「陛下但移據西北角，三日內必剋。」世祖從之，如期而剋。輿駕還都，時久不雨。世祖問早曰：「何時當雨？」早曰：「今日申時必大雨。」比至未時，猶無片雲，世祖召早詰之。早曰：「願更少時。」至申時，雲氣四合，遂大雨滂淹。世祖甚善之，而早苦以疾辭，乞歸鄉里，詔許之。遂終於家。或言許彥以其術勝，恐終妨己，故譎令歸耳。

耿玄，鉅鹿宋子人也。善卜占。坐於室内，有客扣門，玄已知其姓字并所齎持及來問之意。其所卜筮，十中八九。别有林占，世或傳之。而性不和俗，時有王公欲求其筮者，玄則拒而不許，每云：「今既貴矣，更何所求而復卜也，欲望意外乎？」代京法禁嚴切，王公聞之，莫不驚悚而退。故玄多見憎忿，不爲貴勝所親。官至鉅鹿太守。

顯祖、高祖時有勃海高道誕、清河趙法湜並有名於世。世宗、肅宗時奉車都尉清河魏道虔、奉車都尉周恃、魏郡太守章武高月光、月光弟明月、任玄智、雍州人潘捺，並長於陰陽卜筮。故玄於日者之中最爲優洽。冠軍將軍濮陽賈元紹、章武吕肫、濟北馮道安、河内馮懷、海東郡李文殊並工於法術，而道虔、月光、文殊爲優，其餘不及。浮陽孟剛、饒安王領郡善銓録風角，章武顏惡頭善卜筮，亦用耿玄林占，當時最知名。范陽人劉弁亦有名於世。

劉靈助，燕郡人。師事劉弁，好陰陽占卜，而麤疎無賴，常去來燕恒之界，或時負販，或復劫盜，賣術於市。後自代至秀容，因事尒朱榮。榮性信卜筮，靈助所占屢中，遂被親待，爲榮府功曹參軍。

建義初，榮於河陰王公卿士悉見屠害。時奉車都尉盧道虔兄弟亦相率朝於行宮，靈助以其州里，衛護之，由是朝士與諸盧相隨免害者數十人。榮入京師，超拜光禄大夫，封長子縣開國伯，食邑七百户，尋進爵爲公，增邑通前千户。後從榮討擒葛榮，特除散騎常侍、撫軍將軍、幽州刺史。又從大將軍、上黨王天穆討邢杲。時幽州流民盧城人最爲兇捍，遂令靈助兼尚書，軍前慰勞之。事平而元顥入洛，天穆渡河。靈助先會尒朱榮於太行。及將攻河内，令靈助筮之。靈助曰：「未時必剋。」時已向中，士衆疲怠，靈助曰：「時至矣。」榮鼓之，將士騰躍，即便剋陷。及至北中，榮攻城不獲，以時盛暑，議欲且還，以待秋涼。莊帝詔靈助筮之。靈助曰：「必當破賊。」詔曰：「何日？」靈助曰：「十八、十九間。」果如其言。車駕還宮，領幽州大中正，尋加征東將軍，增邑五百户，進爵爲燕郡公，詔贈其父僧安爲幽州刺史。尋兼尚書左僕射，慰勞幽州流民於濮陽、頓丘，因率民北還。與都督侯淵等討葛榮餘黨韓婁，滅之於薊。仍釐州務，加車騎將軍，又爲幽平營安四州行臺。

及尒朱榮死，莊帝幽崩。靈助本寒微，一朝至此，自謂方術堪能動衆。又以尒朱有誅滅之兆，靈助遂自號燕王、車騎大將軍、開府儀同三司、大行臺，爲莊帝舉義兵。靈助馴養大鳥，稱爲己瑞，妄説圖讖，言劉氏當王，又云「欲知避世入鳥村」。遂刻氈爲人象，畫桃木爲符書，作詭道厭祝之法。民多信之。於時河西人紇豆陵步藩舉兵逼晉陽，尒朱兆頻戰不利，故靈助唱言：「尒朱自然當滅，不須我兵。」由是幽、瀛、滄、冀之民悉從之。從之者夜悉舉火爲號，不舉火者諸村共屠之。以普泰元年三月，率衆至博陵之安國城，與叱列延慶、侯淵、尒朱羽生等戰，戰敗被擒，斬於定州，傳首洛陽，支分其體。初，靈助每云：「三月末，我必入定州，尒朱亦必滅。」及將戰，靈助自筮之，卦成不吉，以手折蓍，棄之於地，云「此何知也」。尋見擒，果以三月入定州，而齊獻武王以明年閏三月破四胡於韓陵山〔一四〕，遂滅兆等。永熙二年，贈使持節、散騎常侍、都督幽瀛冀三州諸軍事、驃騎大將軍、尚書左僕射、開府儀同三司、幽州刺史，謚曰恭。

子宗輝，襲。興和中開府，屬齊受禪，例降。

江式，字法安，陳留濟陽人。六世祖瓊，字孟琚，晉馮翊太守，善蟲篆、詁訓。永嘉大亂，瓊棄官西投張軌，子孫因居涼土，世傳家業。祖彊，字文威，太延五年，涼州平，内徙代京。上書三十餘法，各有體例，又獻經史諸子千餘卷，由是擢拜中書博士。卒，贈敦煌太守。父紹興，高允奏爲祕書郎，掌國史二十餘年，以謹厚稱。卒於趙郡太守。

式少專家學。數年之中，常夢兩人時相教授，及寤，每有記識。初拜司徒長兼行參軍、檢校御史，尋除殄寇將軍、符節令。以書文昭太后尊號謚册，特除奉朝請，仍符節令。式篆體尤工，洛京宮殿諸門板題，皆式書也。

延昌三年三月，式上表曰：

臣聞庖羲氏作而八卦列其畫，軒轅氏興而龜策彰其彩。古史倉頡覽二象之爻，觀鳥獸之跡，别創文字，以代結繩，用書契以維事。宣之王庭，則百工以敍；載之方册，則萬品以明。迄于三代，厥體頗異，雖依類取制，未能悉殊倉氏矣。故周禮八歲入小學，保氏教國子以六書：一曰指事，二曰象形，三曰形聲，四曰會意，五曰轉注，六曰假借。蓋是史頡之遺法也。及宣王太史史籀著大篆十五篇，與古文或同或異，時人即謂之「籀書」。至孔子定六經，左丘明述春秋，皆以古文，厥意可得而言。

其後七國殊軌，文字乖别，暨秦兼天下，丞相李斯乃奏蠲罷不合秦文者。斯作倉頡篇，中車府令趙高作爰歷篇，太史令胡毋敬作博學篇，皆取史籀大篆，或頗省改，所謂小篆者也。於是秦燒經書，滌除舊典，官獄繁多，以趣約易，始用隸書。古文由此息矣。隸書者，始皇使下杜人程邈附於小篆所作也，以邈徒隸，即謂之隸書。故秦有八體：一曰大篆，二曰小篆，三曰刻符書，四曰蟲書，五曰摹印，六曰署書，七曰殳書，八曰隸書。

漢興，有尉律學，復教以籀書，又習八體，試之，課最，以爲尚書史。吏民上書，省字不正，輒舉劾焉。又有草書，莫知誰始，考其書形，雖無厥誼，亦是一時之變通也。孝宣時，召通倉頡讀者，獨張敞從之受。涼州刺史杜鄴、沛人爰禮、講學大夫秦近亦能言之。孝平時，徵禮等百餘人説文字於未央宫中，以禮爲小學元士。黄門侍郎揚雄採以作訓纂篇。及亡新居攝，自以應運制作，使大司空甄豐校文字之部，頗改定古文。時有六書：一曰古文，孔子壁中書也；二曰奇字，即古文而異者；三曰篆書，云小篆也；四曰佐書，秦隸書也；五曰繆篆，所以摹印也；六曰鳥蟲，所以幡信也。壁中書者，魯恭王壞孔子宅而得禮、尚書、春秋、論語、孝經也。又北平侯張倉獻春秋左氏傳，書體與孔氏相類，即前代之古文矣。

後漢郎中扶風曹喜號曰工篆，小異斯法，而甚精巧，自是後學皆其法也。又詔侍中賈逵修理舊文。殊藝異術，王教一端，苟有可以加於國者，靡不悉集。逵即汝南許慎古文學之師也。後慎嗟時人之好奇，歎儒俗之穿鑿，惋文毁於譽，痛字敗於訾，更詭任情，變亂於世，故撰説文解字十五篇，首一終亥，各有部屬，包括六藝羣書之詁，評釋百氏諸子之訓，天地、山川、草木、鳥獸、昆蟲、雜物、奇怪珍異、王制禮儀、世間人事莫不畢載。可謂類聚羣分，雜而不越，文質彬彬，最可得而論也。左中郎將陳留蔡邕採李斯、曹喜之法爲古今雜形，詔於太學立石碑，刊載五經，題書楷法，多是邕書也。後開鴻都，書畫奇能莫不雲集，于時諸方獻篆無出邕者。

魏初博士清河張揖著埤倉、廣雅、古今字詁〔一五〕，究諸埤、廣，綴拾遺漏，增長事類，抑亦於文爲益者。然其字詁，方之許慎篇，古今體用，或得或失矣。陳留邯鄲淳亦與揖同時，博古開藝〔一六〕，特善倉、雅，許氏字指，八體六書，精究閑理，有名於揖，以書教諸皇子。又建三字石經於漢碑之西，其文蔚炳，三體復宣。校之說文，篆隸大同，而古字少異。又有京兆韋誕、河東衞覬二家，並號能篆。當時臺觀榜題、寶器之銘，悉是誕書，咸傳之子孫，世稱其妙。

晉世義陽王典祠令任城呂忱表上字林六卷，尋其況趣，附託許慎說文，而案偶章句，隱別古籀奇惑之字，文得正隸，不差篆意也。忱弟靜別放故左校令李登聲類之法，作韻集五卷，宮商龣徵羽各爲一篇，而文字與兄便是魯衞，音讀楚、夏，時有不同。

皇魏承百王之季，紹五運之緒，世易風移，文字改變，篆形謬錯，隸體失真。俗學鄙習，復加虛巧，談辯之士，又以意說，炫惑於時，難以釐改。故傳曰，以衆非，非行正。信哉得之於斯情矣。乃曰追來爲歸，巧言爲辯，小免爲䨲〔一七〕，神虫爲蠶，如斯甚衆，皆不合孔氏古書、史籀大篆、許氏說文、石經三字也。凡所關古，莫不惆悵焉。嗟夫！文字者六藝之宗，王教之始，前人所以垂今，今人所以識古，故曰「本立而道生」。孔子曰：「必也正名乎。」又曰：「述而不作。」書曰：「予欲觀古人之象。」皆言遵修舊史而不敢穿鑿也。

臣六世祖瓊家世陳留，往晉之初，與從父兄應元俱受學於衞覬，古篆之法，倉、雅、方言、說文之誼，當時並收善譽。而祖官至太子洗馬，出爲馮翊郡，值洛陽之亂，避地河西，數世傳習，斯業所以不墜也。世祖太延中皇威西被，牧犍内附，臣亡祖文威杖策歸國，奉獻五世傳掌之書，古篆八體之法，時蒙襃録，敍列於儒林，官班文省，家號世業。暨臣闇短，識學庸薄，漸漬家風，有忝無顯。但逢時來，恩出願外，每承澤雲津，厠霑漏潤，驅馳文閣，參預史官，題篆宮禁，猥同上哲。既竭愚短，欲罷不能，是以敢藉六世之資，奉遵祖考之訓，竊慕古人之軌，企踐儒門之轍，輒求撰集古來文字，以許慎說文爲主，爰採孔氏尚書、五經音注、籀篇、爾雅、三倉、凡將、方言、通俗文祖文宗、埤倉、廣雅〔一八〕、古今字詁、三字石經、字林、韻集、諸賦文字有六書之誼者，皆以次類編聯，文無復重，糾爲一部。其古籀、奇惑、俗隸諸體，咸使班於篆下，各有區別。

詁訓假借之誼，僉隨文而解；音讀楚、夏之聲，並逐字而注。其所不知者則闕如也。脱蒙遂許，冀省百氏之觀，而同文字之域，典書祕書。所須之書，乞垂敕給；并學士五人嘗習文字者，助臣披覽；書生五人，專令抄寫。侍中、黄門、國子祭酒一月一監，評議疑隱，庶無紕繆。所撰名目，伏聽明旨。」

詔曰：「可如所請，并就太常，冀兼教八書史也。其有所須，依請給之。名目待書成重聞。」

式於是撰集字書，號曰古今文字，凡四十卷，大體依許氏説文爲本，上篆下隸。又除宣威將軍、符璽郎，尋加輕車將軍。正光中，除驍騎將軍、兼著作佐郎，正史中字〔一九〕。四年卒，贈右將軍、巴州刺史。其書竟未能成。

式兄子征虜將軍順和，亦工篆書。先是太和中，兖州人沈法會能隸書，世宗之在東宮，敕法會侍書。已後隸迹見知於閭里者甚衆，未有如崔浩之妙。

周澹，京兆鄠人也。爲人多方術，尤善醫藥，爲太醫令。太宗嘗苦風頭眩，澹治得愈，由此見寵，位至特進，賜爵成德侯。神瑞二年，京師飢，朝議將遷都於鄴。澹與博士祭酒崔浩進計，論不可之意，太宗大然之，曰：「唯此二人，與朕意同也。」詔賜澹、浩妾各一人，御衣一襲，絹五十匹、綿五十斤。泰常四年卒，謚曰恭。

時有河南人陰貞，家世爲醫，與澹並受封爵。清河李潭亦以善鍼見知。子驢駒，襲，傳術。延興中，位至散令。

李脩，字思祖，本陽平館陶人。父亮，少學醫術，未能精究。世祖時，奔劉義隆於彭城，又就沙門僧坦研習衆方，略盡其術，針灸授藥，莫不有效。徐兗之間，多所救恤，四方疾苦，不遠千里，竟往從之。亮大爲聽事以舍病人，停車輿於下，時有死者，則就而棺殯，親往弔視。其仁厚若此。累遷府參軍，督護本郡，士門宿官，咸相交昵，車馬金帛，酬賚無貲。脩兄元孫隨畢衆敬赴平城，亦遵父業而不及。以功賜爵義平子，拜奉朝請。

脩略與兄同。晚入代京，歷位中散令，以功賜爵下蔡子，遷給事中。太和中，常在禁内。高祖、文明太后時有不豫，脩侍鍼藥，治多有效。賞賜累加，車服第宅，號爲鮮麗。集諸學士及工書者百餘人，在東宮撰諸藥方百餘卷，皆行於世。先是咸陽公高允雖年且百歲，而氣力尚康，高祖、文明太后時令脩診視之。一旦奏言，允脉竭氣微，大命無遠。未幾果亡。還洛，爲前軍將軍，領太醫令。後數年，卒，贈威遠將軍、青州刺史。

子天授，襲。汶陽令。醫術又不逮父。

徐謇，字成伯，丹陽人。家本東莞，與兄文伯等皆善醫藥。謇因至青州，慕容白曜平東陽，獲之，表送京師。顯祖欲驗其所能，乃置諸病人於幕中，使謇隔而脉之，深得病形，兼知色候。遂被寵遇。爲中散，稍遷内侍長。文明太后時問治方，而不及李脩之見任用也。謇合和藥劑，攻救之驗，精妙於脩，而性甚祕忌，承奉不得其意者，雖貴爲王公，不爲措療也。高祖後知其能，及遷洛，稍加眷幸。體小不平，及所寵馮昭儀有疾，皆令處治。又除中散大夫，轉右軍將軍、侍御師。謇欲爲高祖合金丹，致延年之法。乃入居崧高，採營其物，歷歲無所成，遂罷。

二十二年，高祖幸懸瓠，其疾大漸，乃馳驲召謇，令水路赴行所，一日一夜行數百里。至，診省下治，果有大驗。高祖體少瘳，内外稱慶。九月，車駕發豫州，次于汝濱。乃大爲謇設太官珍膳，因集百官，特坐謇于上席，遍陳餚觴于前，命左右宣謇救攝危篤振濟之功，宜加酬賚。乃下詔曰：「夫神出無方，形稟有礙，憂喜乖適，理必傷生。朕覽萬機，長鍾革運，思芒芒而無怠，身忽忽以興勞。仲秋動痾，心容頓竭，氣體羸瘠，玉几在慮。侍御師、右軍將軍徐成伯馳輪太室，進療汝蕃，方窮丹英，藥盡芝石，誠術兩輸，忠妙俱至，乃令沈勞勝愈，篤瘵克痊，論勤語效，實宜褒録。昔晉武暴疾，程和應增封；辛疢數朝，錢爵大墜〔二〇〕。況疾深於曩辰，業難於疇日，得不重加陟賞乎？宜順羣望，錫以山河。且其舊遷高秩，中暫解退，比雖銓用，猶未□□，準舊量今，事合顯進。可鴻臚卿，金鄉縣開國伯，食邑五百户，賜錢一萬貫。」又詔曰：「錢府未充，須以雜物：絹二千匹、雜物一百匹，四十匹出御府；穀二千斛；奴婢十口；馬十匹，一匹出驊騮；牛十頭。」所賜雜物、奴婢、牛馬皆經内呈。諸親王咸陽王禧等各有别賚，並至千匹。從行至鄴，高祖猶自發動，謇日夕左右。明年，從詣馬圈，高祖疾勢遂甚，戚戚不怡，每加切誚，又欲加之鞭捶，幸而獲免。高祖崩，謇隨梓宫還洛。

謇常有藥餌及吞服道符，年垂八十，鬢髮不白，力未多衰。正始元年，以老爲光禄大夫，加平北將軍，卒。延昌初，贈安東將軍、齊州刺史，謚曰靖。

子踐，字景升，小名靈寶，襲爵。歷官兗州平東府長史、右中郎將、建興太守。

踐弟知遠，給事中。

成伯孫之才〔二一〕，孝昌初，爲蕭衍豫章王蕭綜北府主簿，從綜鎮彭城。綜降，其下僚屬並奔散，之才因入國。武定中，大將軍、金紫光禄大夫、昌安縣開國侯。

王顯，字世榮，陽平樂平人，自言本東海郯人，王朗之後也。祖父延和中南奔，居于魯郊，又居彭城。伯父安上，劉義隆時板行館陶縣。世祖南討，安上棄縣歸命，與父母俱徙平城，例敍陽都子，除廣寧太守。顯父安道，少與李亮同師〔三〕，俱學醫藥，粗究其術，而不及亮也。安上還家樂平，頗參士流。

顯少歷本州從事，雖以醫術自通，而明敏有決斷才用。初文昭皇太后之懷世宗也，夢爲日所逐，化而爲龍而繞后，后寤而驚悸，遂成心疾。文明太后敕召徐謇及顯等爲后診脉。謇云是微風入藏，宜進湯加針。顯云：「案三部脉非有心疾，將是懷孕生男之象。」果如顯言。久之，召補侍御師、尚書儀曹郎，號稱幹事。世宗自幼有微疾，久未差愈，顯攝療有效，因是稍蒙眄識。

又罷六輔之初，顯爲領軍于烈間通規策，頗有密功。累遷游擊將軍，拜廷尉少卿，仍在侍御，營進御藥，出入禁内。乞臨本州，世宗曾許之，積年未授，因是聲問傳于遠近。顯每語人，言時旨已決，必爲刺史。遂除平北將軍、相州刺史。尋詔馳驲還京，復掌藥，又遣還州。元愉作逆，顯討之不利。入除太府卿、御史中尉。顯前後歷職，所在著稱，糾折庶獄，究其姦回，出內惜慎，憂國如家。及領憲臺，多所彈劾，百寮肅然。又以中尉屬官不悉稱職，諷求更換。詔委改選，務盡才能，而顯所舉或有請屬，未皆得人，於是衆口喧譁，聲望致損。後世宗詔顯撰藥方三十五卷，班布天下，以療諸疾。東宮既建，以爲太子詹事，委任甚厚。世宗每幸東宮，顯常迎侍〔一三〕。出入禁中，仍奉醫藥。賞賜累加，爲立館宇，寵振當時。延昌二年秋，以營療之功，封衞南伯〔一四〕。四年正月，世宗夜崩，肅宗踐祚。顯參奉璽策，隨從臨哭，微爲憂懼。顯既蒙任遇，兼爲法官，恃勢使威，爲時所疾。朝宰託以侍療無效，執之禁中，詔削爵位。臨執呼寃，直閤以刀鐶撞其腋下，傷中吐血，至右衞府一宿死。始顯布衣爲諸生，有沙門相顯後當富貴，誡其勿爲吏官，吏官必敗。由是世宗時或欲令其遂攝吏部，每殷勤避之。及世宗崩，肅宗夜即位，受璽册，於儀須兼太尉及吏部，倉卒百官不具，以顯兼吏部行事矣。

崔彧，字文若，清河東武城人。父勳之，字寧國，位大司馬外兵郎，贈通直郎。彧與兄相如俱自南入國。相如以才學知名，早卒。彧少嘗詣青州，逢隱逸沙門，教以素問九卷及甲乙，遂善醫術。中山王英子略曾病，王顯等不能療，彧針之，抽針即愈。後位冀州別駕，累遷寧遠將軍。性仁恕，見疾苦，好與治之。廣教門生，令多救療。其弟子清河趙約、勃海郝文法之徒咸亦有名。

彧子景哲，豪率，亦以醫術知名。爲太中大夫、司徒長史。

蔣少游，樂安博昌人也。慕容白曜之平東陽，見俘入於平城，充平齊户，後配雲中爲兵。性機巧，頗能畫刻。有文思，吟咏之際，時有短篇。遂留寄平城，以傭寫書爲業，而名猶在鎮。

後被召爲中書寫書生，與高聰俱依高允。允愛其文用，遂並薦之，與聰俱補中書博士。自在中書，恒庇於李沖兄弟子姪之門〔二五〕。始北方不悉青州蔣族，或謂少游本非人士，又少游微因工藝自達，是以公私人望不至相重。唯高允、李沖曲爲體練，由少游舅氏崔光與李沖從叔衍對門婚姻也。高祖、文明太后常因密宴，謂百官曰：「本謂少游作師耳，高允老公乃言其人士。」眷識如此。然猶驟被引命，屑屑禁闥，以規矩刻繢爲務，因此大蒙恩錫，超等備位，而亦不遷陟也。

及詔尚書李沖與馮誕、游明根、高閭等議定衣冠於禁中，少游巧思，令主其事，亦訪於劉昶。二意相乖，時致諍競，積六載乃成，始班賜百官。冠服之成，少游有效焉。後於平城將營太廟、太極殿，遣少游乘傳詣洛，量準魏晉基趾。後爲散騎侍郎，副李彪使江南。高祖脩船乘，以其多有思力，除都水使者，遷前將軍、兼將作大匠，仍領水池湖泛戲舟檝之具。及華林殿、沼修舊增新，改作金墉門樓，皆所措意，號爲妍美。

雖有文藻，而不得伸其才用，恒以剞劂繩尺，碎劇怱怱，徙倚園湖城殿之側，識者爲之歎慨。而乃坦爾爲己任，不告疲恥。又兼太常少卿，都水如故。景明二年卒，贈龍驤將軍、青州刺史，謚曰質。有文集十卷餘。少游又爲太極立模範，與董尒、王遇等參建之，皆未成而卒。

初，高宗時，郭善明甚機巧，北京宮殿，多其製作。高祖時，青州刺史侯文和亦以巧聞，爲要舟，水中立射。滑稽多智，辭説無端，尤善淺俗委巷之語，至可翫笑。位樂陵、濟南二郡太守〔二六〕。

世宗、肅宗時，豫州人柳儉、殿中將軍關文備、郭安興並機巧〔二七〕。洛中製永寧寺九層佛圖，安興爲匠也。

高祖時，有范寧兒者善圍碁。曾與李彪使蕭賾，賾令江南上品王抗與寧兒。制勝而還。又有浮陽高光宗善樗蒲。趙國李幼序、洛陽丘何奴並工握槊。此蓋胡戲，近入中國，云胡王有弟一人遇罪，將殺之，弟從獄中爲此戲以上之，意言孤則易死也。世宗以後，大盛於時。

史臣曰：陰陽卜祝之事，聖哲之教存焉。雖不可以專，亦不可得而廢也。徇於是者不能無非，厚於利者必有其害。詩書禮樂，所失也鮮，故先王重其德；方術伎巧，所失也深，故往哲輕其藝。夫能通方術而不詭於俗，習伎巧而必蹈於禮者，幾于大雅君子。故昔之通賢，所以戒乎妄作。晁崇、張淵、王早、殷紹、耿玄、劉靈助皆術藝之士也。觀其占候卜筮，推步盈虛，通幽洞微，近知鬼神之情狀。周澹、李脩、徐謇、王顯、崔彧方藥特妙，各一時之美也。蔣少游以剞劂見知，没其學思，藝成爲下，其近是乎？

校勘記

〔一〕魏書卷九十一　目録注「不全」，卷末有宋人校語云：「此卷王顯以前魏收舊書，崔彧、蔣少游傳全出北史及小史，史臣論亦全出北史藝術傳論，而北史全用周、隋書藝術傳論云。」

〔二〕□臣王次多　「□」，疑當作「亡」。本書卷二太祖紀天興五年十月，敗姚興衆於蒙坑，「獲先亡臣王次多、靳懃，並斬以徇」。

〔三〕蒼帝靈威仰位東方　「蒼帝」，原作「黄帝」，據南監本改。按下文稱「黄帝含樞紐位中央」，史記卷二七天官書、晉書卷一一天文志上、隋書卷一九天文志上均記東方爲蒼帝，蒼帝亦常作青帝。

〔四〕以手麾日　「手」，疑爲「戈」字之訛。按淮南子覽冥訓：「魯陽公與韓構難，戰酣日暮，援戈而撝之，日爲之反三舍。」

〔五〕熒惑退舍　「退」，原作一字空格，據他本補。

〔六〕昔魯莊公十年夏四月恒星不見　「十年」，疑爲「七年」之訛。按左傳莊公七年經文：「夏四月辛卯，夜，恒星不見。夜中，星隕如雨。」

〔七〕中外官圖　北史卷八九藝術傳上張深傳作「中外官及圖」。

〔八〕案天占以言災異　「天占」，北史卷八九藝術傳上張深傳附張僧化傳作「文占」。隋書卷三四經籍志三子部天文類著録天文集占、天文占、雜天文横占、天文外官占等書，疑此處「天占」原當作「天文占」，此傳及北史各脱一字。

〔九〕字王琳　「王琳」，北史卷八九藝術傳上信都芳傳作「玉琳」。

〔一〇〕中古大儒　「古」，原作「吉」，據册府卷八六九改。

〔一一〕九宫　原作「九官」，據北史卷八九藝術傳上王早傳改。按後漢書卷五九張衡傳，衡上疏有云

「重之以卜筮，雜之以九宫」。隋書卷三四經籍志三子部五行類著録以「九宫」爲名的黄帝九宫經等占卜書多種。

〔三〕十人相隨　「相」，原作「根」，據北史卷八九藝術傳上王早傳、册府卷八七六改。按北監本、汲本、殿本、局本作「跟」，當屬意改，中古未見「跟隨」語例。

〔三〕促早上馬　「促」，原作「捉」，據三朝本、南監本、北監本、殿本、北史卷八九藝術傳上王早傳改。

〔四〕齊獻武王以明年閏三月破四胡於韓陵山　「三月」，原作「二月」；「四胡」，原作「西胡」。據本書卷一一後廢帝紀中興二年閏三月「齊獻武王大破尒朱天光等四胡於韓陵」改。按是年閏三月，不閏二月，「四胡」屢見紀傳，指尒朱兆、天光、度律、仲遠四人。

〔五〕古今字詁　原作「古今字訓」，據北監本、殿本及北史卷三四江式傳改。按下文兩稱「古今字詁」，隋書卷三二經籍志一經部小學類有張揖撰古今字詁三卷。

〔六〕博古開藝　北史卷三四江式傳作「博開古藝」，册府卷六〇八作「博聞古藝」。疑此處「古開」互倒，「開」是「聞」字之訛。

〔七〕小兔爲䨲　「兔」，原作「兒」，北史卷三四江式傳作「免」。按廣韻卷二侯韻，「䨲，兔子」，故俗寫作「㲋」。「兒」字訛，今姑據改。

〔八〕通俗文祖文宗埤倉廣雅　唐張彦遠法書要録卷二録江式論書表作「通俗文字埤倉廣雅」。按

「祖文宗」不見於隋書經籍志等，疑有訛誤。

〔一九〕正史中字　「字」下原旁注「疑」字，今刪。按江式兼著作佐郎，掌修史，訂正史書文字，用其所長，並無可疑。

〔二〇〕昔晉武暴疾程和應增封辛疢數朝錢爵大墜　按語不可解，當有訛誤。册府卷八五九作「昔晉武暴疾程和進藥增封賜錢恩獎屢至」，程和事亦不見晉書，疑亦是意改。

〔二一〕成伯孫之才　「成伯」，疑當作「文伯」，或「孫」當作「從孫」。按北史卷九〇藝術傳下徐謇傳及所附徐之才傳，謇字成伯，兄文伯，文伯子雄，雄子之才。北齊書卷三三徐之才傳亦稱，之才父名雄，及孝昌中之才入洛，「從祖謇子踐啓求之才還宅」。

〔二二〕李亮　原作「季亮」，據北史卷九〇藝術傳下王顯傳改。按李亮亦見本卷李脩傳。

〔二三〕顯常迎侍　「迎侍」，三朝本、南監本、北監本、殿本、北史卷九〇藝術傳下王顯傳作「近侍」。

〔二四〕封衛南伯　「衛南伯」，北史卷九〇藝術傳下王顯傳作「衛國縣伯」，疑是。按本書卷一〇六上地形志上司州頓丘郡有衛國縣。衛南縣，隋大業中始置，見隋書卷三〇地理志中豫州東郡條。

〔二五〕恒庇於李沖兄弟子姪之門　「於」字原闕，據北史卷九〇藝術傳下蔣少游傳補。按無「於」字，似李沖兄弟子姪受其庇護，與文義正相反。

〔二六〕位樂陵濟南二郡太守　唐張彥遠歷代名畫記卷八記：「楊乞德，封新鄉侯。歸心釋門，施身入寺。善畫佛像，價凌曇度。」又記：「王由，字茂道，善書畫。摹畫佛像，爲時所服。官至東萊太守。」云此二人「見後魏書」。按楊乞德不見本書。王由見本書卷四七盧玄傳附盧元明傳，傳謂王由爲元明友人，永熙末見害。歷代名畫記所記未必本書原文，然此二人事迹疑本附見蔣少游傳，北史未録，補此傳者因而失補。

〔三七〕殿中將軍關文備郭安興並機巧　按唐張彥遠歷代名畫記卷八云，後魏「閔文和、郭道興，並以巧思稱」。「關文備」作「閔文和」，「郭安興」作「郭道興」。

魏書卷九十二〔一〕

列傳列女第八十

夫婦人之事，存於織紝組紃、酒漿醯醢而已。至如嫫訓軒宮，娥成舜業，塗山三母，克昌二邦，殆非匹婦之謂也。若乃明識列操，文辯兼該，聲自閨庭，號顯列國，子政集之於前，元凱編之於後，隨時綴録，代不乏人。今書魏世可知者爲列女傳。

中書侍郎清河崔覽妻封氏，勃海人，散騎常侍愷女也。有才識，聰辯彊記，多所究知，於時婦人莫能及。李敷、公孫文叔雖已貴重，近世故事有所不達，皆就而諮請焉。

勃海封卓妻，彭城劉氏女也。成婚一夕，卓官於京師，後以事伏法。劉氏在家，忽然夢想，知卓已死，哀泣不輟。諸嫂喻之不止，經旬，凶問果至，遂憤歎而死。時人比之秦嘉妻。中書令高允念其義高而名不著，爲之詩曰：「兩儀正位，人倫肇甄。爰制夫婦，統業承先。雖曰異族，氣猶自然。生則同室，終契黃泉。其一封生令達，卓爲時彥。內協黃中，外兼三變。誰能作配，克應其選。實有華宗，挺生淑媛。其二京野勢殊，山川乖互。乃奉王命，載馳在路。公務既弘，私義獲著。因媒致幣，遘止一暮。其三率我初冠，眷彼弱笄。形由禮比，情以趣諧。忻願難常，影跡易乖。悠悠言邁，戚戚長懷。其四時值險屯，横離塵網。伏鑕就刑，身分土壤。千里雖遐，應如影響。良嬪洞感，發於夢想。其五仰惟親命，俯尋嘉好。誰謂會淺，義深情到。畢志守窮，誓不二醮。何以驗之？殞身是効。其六人之處世，孰不厚生。必存於義，所重則輕。結忿鍾心，甘就幽冥。永捐堂宇，長辭母兄。其七茫茫中野，翳翳孤丘。葛藟冥蒙，荆棘四周。理苟不昧，神必俱游。異哉貞婦，曠世靡疇。其八」

鉅鹿魏溥妻，常山房氏女也。父堪，慕容垂貴鄉太守。房氏婉順高明，幼有烈操。年十六而溥遇病且卒，顧謂之曰：「人生如白駒過隙，死不足恨，但夙心往志，不聞於没世矣。良痛母老家貧，供奉無寄；赤子矇眇，血祀孤危。所以抱怨於黄墟耳〔四〕。」房垂泣而對曰：「幸承先人餘訓，出事君子，義在自畢。有志不從，命也。夫人在堂，稚子襁褓，顧當以身少，相感長往之恨〔五〕。」俄而溥卒。及大斂，房氏操刀割左耳，投之棺中，仍曰：「鬼神有知，相期泉壤。」流血滂然，助喪者咸皆哀懼。姑劉氏輟哭而謂曰：「新婦何至於此！」房對曰：「新婦少年不幸〔六〕，實慮父母未量至情，覬持此自誓耳。」聞知者莫不感愴。於時子緝生未十旬，鞠育於後房之内，未曾出門。遂終身不聽絲竹，不預座席。緝年十二，房父母仍存，於是歸寧。父兄尚有異議，緝竊聞之，以啓母。房命駕紿云他行，因而遂歸，其家弗知之也。行數十里方覺，兄弟來追，房哀歎而不反。其執意如此。訓導一子，有母儀法度。緝所交游有名勝者，則身具酒飯；有不及己者，輒屏卧不餐，須其悔謝乃食。善誘嚴訓，類皆如是。年六十五而終。緝事在序傳。緝子悅爲濟陰太守，吏民立碑頌德。金紫光禄大夫高閭爲其文，序云：「祖母房年在弱笄，艱貞守志，秉恭妻之操，著自毁之誠。」又頌曰：「爰及處士，遘疾夙凋。伉儷秉志，識茂行高。殘形顯操，誓敦久要。誕兹令胤，幽感乃昭。」溥未仕而卒，故云處士焉。

樂部郎胡長命妻張氏，事姑王氏甚謹。太安中，京師禁酒，張以姑老且患，私爲醞之，爲有司所糾。王氏詣曹自告曰：「老病須酒，在家私釀，王所爲也。」張氏曰：「姑老抱患，張主家事，姑不知釀，其罪在張。」主司疑其罪，不知所處。平原王陸麗以狀奏，高宗義而赦之。

平原鄃縣女子孫氏男玉者，夫爲靈縣民所殺。追執讎人，男玉欲自殺之，其弟止而不聽。男玉曰：「女人出適，以夫爲天，當親自復雪，云何假人之手！」遂以杖毆殺之。有司處死以聞。顯祖詔曰：「男玉重節輕身，以義犯法，緣情定罪，理在可原，其特恕之。」

清河房愛親妻崔氏者，同郡崔元孫之女。性嚴明高尚，歷覽書傳，多所聞知。子景伯、景先，崔氏親授經義〔七〕，學行脩明，並爲當世名士。景伯爲清河太守，每有疑獄，常先請焉。貝丘民列子不孝，吏欲案之。景伯爲之悲傷，入白其母。母曰：「吾聞聞不如見，山民未見禮教，何足責哉？但呼其母來，吾與之同居。其子置汝左右，令其見汝事吾，或應自改。」景伯遂召其母，崔氏處之於榻，與之共食。景伯之温清，其子侍立堂下。未及旬日，悔過求還。崔氏曰：「此雖顔慚，未知心愧，且可置之。」凡經二十餘日，其子叩頭流血，其母涕泣乞還，然後聽之，終以孝聞。其識度厲物如此，竟以壽終。

涇州貞女兕先氏，許嫁彭老生爲妻，娉幣既畢，未及成禮。兕先率行貞淑，居貧常自春汲，以養父母。老生輒往逼之，女曰：「與君禮命雖畢，二門多故，未及相見。何由不稟父母，擅見陵辱！若苟行非禮，正可身死耳。」遂不肯從。老生怒而刺殺之，取其衣服。女尚能言，臨死謂老生曰：「生身何罪，與君相遇。我所以執節自固者，寧更有所邀？正欲奉給君耳。今反爲君所殺，若魂靈有知，自當相報。」言終而絕。老生持女珠瓔至其叔宅，以告叔。叔曰：「此是汝婦，奈何殺之，天不祐汝！」遂執送官。太和七年，有司劾以死罪。詔曰：「老生不仁，侵陵貞淑，原其強暴，便可戮之。而女守禮履節，没身不改，雖處草萊，行合古跡，宜賜美名，以顯風操。其標墓旌善，號曰『貞女』。」

姚氏婦楊氏者，閹人苻承祖姨也。家貧無産業。及承祖爲文明太后所寵貴，親姻皆求利潤，唯楊獨不欲。常謂其姊曰：「姊雖有一時之榮，不若妹有無憂之樂。」姊每遺其衣服，多不受，彊與之，則云：「我夫家世貧，好衣美服，則使人不安。」與之奴婢，則云：「我家無食，不能供給。」終不肯受。常著破衣，自執勞事。時受其衣服，多不著，密埋之，設有著者，污之而後服。承祖每見其寒悴，深恨其母，謂不供給之。乃啓其母曰：「今承祖一身何所乏少，而使姨如是？」母具以語之。承祖乃遣人乘車往迎之，則厲志不起，遣人彊舁於車上，則大哭，言：「爾欲殺我也！」由是苻家内外皆號爲癡姨。及承祖敗，有司執其二姨至殿庭。一姨致法，以姚氏婦衣裳弊陋，特免其罪。其識機雖吕嬃亦不過也。

滎陽京縣人張洪初妻劉氏，年十七，夫亡，遺腹生子，三歲又没。其舅姑年老，朝夕奉養，率禮無違。兄矜其少寡，欲奪而嫁之。劉氏自誓弗許，以終其身。

陳留董景起妻張氏。景起早亡，張時年十六，痛夫少喪，哀傷過禮。形容毁頓，永不沐浴，蔬食長齋。又無兒息，獨守貞操，期以闔棺。鄉曲高之，終見標異。

漁陽太守陽尼妻高氏，勃海人。學識有文才，高祖敕令入侍後宫。幽后表啓，悉其辭也。

滎陽史映周妻，同郡耿氏女，年十七，適於映周。太和二十三年，映周卒。耿氏恐父母奪其志，因葬映周，哀哭而殞。見者莫不悲歎。屬大使觀風，以狀具上，詔標牓門閭。

任城國太妃孟氏，鉅鹿人，尚書令、任城王澄之母。澄爲揚州之日，率衆出討。於後賊帥姜慶真陰結逆黨，襲陷羅城。長史韋纘倉卒失圖，計無所出。孟乃勒兵登陴，先守要便。激厲文武，安慰新舊，勸以賞罰，喻之逆順，於是咸有奮志。親自巡守，不避矢石。賊不能尅，卒以全城。澄以狀表聞，屬世宗崩〔八〕，事寢。靈太后後令曰：「鴻功盛美，實宜垂之永年。」乃敕有司樹碑旌美。

苟金龍妻劉氏，平原人也。廷尉少卿劉叔宗之姊。世宗時，金龍爲梓潼太守，郡帶關城戍主〔九〕。蕭衍遣衆攻圍，值金龍疾病，不堪部分，衆甚危懼。劉遂率厲城民，脩理戰具，一夜悉成。拒戰百有餘日，兵士死傷過半。戍副高景陰圖叛逆，劉斬之，及其黨與數十人。自餘將士，分衣減食，勞逸必同，莫不畏而懷之。井在外城，尋爲賊陷，城中絶水，渴死者多。劉乃集諸長幼，喻以忠節，遂相率告訴於天，俱時號叫，俄而澍雨。劉命出公私布絹及至衣服，懸之城中，絞而取水，所有雜器悉儲之。於是人心益固。會益州刺史傅豎眼將至，賊乃退散。豎眼歎異，具狀奏聞，世宗嘉之。正光中，賞平昌縣開國子，邑二百户，授子慶珍，又得二子出身。慶珍卒，子純陀襲。齊受禪，爵例降。

慶珍弟孚，武定末，儀同開府司馬。

貞孝女宗者，趙郡栢仁人，趙郡太守李叔胤之女，范陽盧元禮之妻。性至孝，聞於州里。父卒，號慟幾絶者數四，賴母崔氏慰勉之，得全。三年之中，形骸銷瘠，非人扶不起。及歸夫氏，與母分隔，便飲食日損，涕泣不絶，日就羸篤。盧氏合家慰喻，不解，乃遣歸寧。還家乃復故，如此者八九焉。後元禮卒，李追亡撫存，禮無違者，事姑以孝謹著。母崔，以神龜元年終於洛陽，凶問初到，舉聲慟絶，一宿乃蘇，水漿不入口者六日。其姑慮其不濟，親送奔喪。而氣力危殆，自范陽向洛，八旬方達，攀櫬號踴，遂卒。有司以狀聞。詔曰：「孔子稱毁不滅性，蓋爲其廢養絶類也。李既非嫡子，而孝不勝哀，雖乖俯就，而志厲義遠，若不加旌異，則無以勸引澆浮。可追號曰『貞孝女宗』，易其里爲孝德里，標李盧二門，以惇風俗。」

河東姚氏女字女勝，少喪父，無兄弟，母憐而守養。年六七歲，便有孝性，人言其父者，聞輒垂泣。隣伍異之。正光中，母死，女勝年十五，哭泣不絕聲，水漿不入口者數日，不勝哀，遂死。太守崔游申請爲營墓立碑，自爲製文，表其門閭，比之曹娥，改其里曰上虞里。墓在郡城東六里大道北，至今名爲孝女冢。

滎陽刁思遵妻，魯氏女也。始筓，爲思遵所娉，未踰月而思遵亡。其家矜其少寡，許嫁已定，魯聞之，以死自誓。父母不達其志，遂經郡訴，稱刁氏吝護寡女，不使歸寧。魯乃與老姑徒步詣司徒府，自告情狀。普泰初，有司聞奏，廢帝詔曰：「貞夫節婦，古今同尚，可令本司依式標牓。」

史臣曰。闕

校勘記

〔一〕魏書卷九十二　目録此卷注「不全」，卷末有宋人校語云：「此傳雖差多於北史、小史，然亦不完。」殿本考證云：「魏收書不全。」

〔二〕兒先氏　北史卷九一列女涇州貞女兒氏傳傳目及傳文並作「兒氏」。

〔三〕張洪初　殿本、局本、北史卷九一列女張洪祁妻劉氏傳傳目及傳文並作「張洪祁」。

〔四〕黄墟　北史卷九一列女魏溥妻房氏傳作「黄壚」。

〔五〕顧當以身少相感長往之恨　「長往」上北史卷九一列女魏溥妻房氏傳有「永深」二字，疑此脱去，但「相感」屬下讀亦可通。

〔六〕新婦少年不幸　「不幸」下北史卷九一列女魏溥妻房氏傳有「早寡」二字，疑此脱去。

〔七〕子景伯景先崔氏親授經義　「景先」，原作「景光」，據北史卷九一列女房愛親妻崔氏傳改。按景伯、景先附本書卷四三房法壽傳，傳云：「其母自授毛詩、曲禮。」與此傳合。

〔八〕世宗　原作「世祖」。按本書卷八世宗紀，事在正始元年二月，今據改。

〔九〕爲梓潼太守郡帶關城戍主　張森楷云：「『郡』字衍。」按北史卷九一列女苟金龍妻劉氏傳首稱「梓潼太守苟金龍妻劉氏」，下云「金龍爲郡，帶關城戍主」。「爲郡」即「爲太守」。本書諸傳凡其夫有官者，大都首標官位，如「中書侍郎清河崔覽妻」，「樂部郎胡長命妻」等。疑此傳本同北史，首稱「梓潼太守苟金龍妻」，「梓潼太守」四字錯簡在此，或後人移易而忘删「郡」字。

魏書卷九十三

列傳恩倖第八十一

王叡　王仲興　寇猛　趙脩　茹皓　趙邕　侯剛　鄭儼　徐紇

夫令色巧言，矯情飾貌，邀眄睞之利，射咳唾之私，此蓋苟進之常也。故甚者刑身淪子，其次舐痔嘗癰，況乃散金秦貨，輸錢漢爵，又何怪哉？若夫地窮尊貴，嗜欲所攻，聖達其猶病諸，中庸固不能免。男女性態，其揆斯一，二代之亡，皆是物也。據天下之圖，持海內之命，顧指如意，高下在心，此乃夏桀、殷紂喪二邦，秦母、呂雉穢兩國也。魏世，王叡幸太和之初，鄭儼寵孝昌之季，主幼於前，君稚於後，乘間宣淫，殆無忌畏，樹列朋黨，蔽塞天聰。高祖明聖外彰，人神繫仰，御之有術，宗社弗墜。肅宗不言垂拱，潛濟罕方，六合淆然，至於隕覆。且承顔色，竊光寵，勢等秋風，氣同夏日，亦何世而不有哉？此周旦所以誡其朋，詩人是爲疾羣小也。太宗時，王、車之徒，雖云幸念，皆宣力夷險，誠效兼存，未如趙脩等出於近習趨走之地，坐擅威刑，勢傾都鄙，得之非道，君子所以賤之。書其變態，備禍福之由焉。

王叡，字洛誠，自云太原晉陽人也。六世祖横，張軌參軍。晉亂，子孫因居於武威姑臧。父橋，字法生，解天文卜筮。涼州平，入京，家貧，以術自給。歷仕終於侍御中散。天安初卒，贈平遠將軍、涼州刺史、顯美侯，謚曰敬。

叡少傳父業，而姿貌偉麗。恭宗之在東宫，見而奇之。興安初，擢爲太卜中散，稍遷爲令，領太史。承明元年，文明太后臨朝，叡因緣見幸，超遷給事中。俄而爲散騎常侍、侍中、吏部尚書，賜爵太原公。於是内參機密，外豫政事，愛寵日隆，朝士懾憚焉。太和二年，高祖及文明太后率百僚與諸方客臨虎圈，有逸虎登門閣道，幾至御座。左右侍御皆驚靡，叡獨執戟禦之，虎乃退去，故親任轉重。三年春，詔叡與東陽王丕同入八議，永受復除。四年，遷尚書令，封爵中山王，加鎮東大將軍。置王官二十二人，中書侍郎鄭羲爲傅，郎中令以下皆當時名士。又拜叡妻丁氏爲妃。及沙門法秀謀逆，事發，多所牽引。叡曰：「與其殺不辜，寧赦有罪。宜梟斬首惡，餘從疑赦，不亦善乎？」高祖從之，得免者千餘人。

叡出入帷幄，太后密賜珍玩繒綵，人莫能知，率常以夜帷車載往，閹官防致，前後巨萬，不可勝數，加以田園、奴婢、牛馬、雜畜，並盡良美。大臣及左右因是以受賚錫，外示不私，所費又以萬計。及疾病，高祖、太后每親視疾，侍官省問，相望於道。及疾篤，上疏曰：

臣聞忠於事君者，節義著於臨終；孝於奉親者，淳誠表於垂没。故孔明卒軍，不忘全蜀之計；曾參疾甚，情存善言之益。雖則庸昧，敢忘景行。臣荷天地覆載之恩，蒙大造生成之德，漸風訓於華年，服道教於弱冠。濯纓清朝，垂周三紀，受先帝非分之眷，叨陛下殊常之寵。遂乃齊跡功舊，内侍幃幄，爵列諸王，位班上等，從容聞道，與知國政。誠思竭盡力命，以報所受，不謂事與心違，忽嬰重疾。今所病遂篤，慮必不起，延首闕庭，觝之，榮洽生平，惠流身後，犬馬之誠，銜佩罔極。每屈輿駕親臨問戀終日。仰恃皇造宿眷之隆，敢陳愚昧管窺之見。

臣聞爲治之要，其略有五：一者慎刑罰，二者任賢能，三者親忠信，四者遠讒佞，五者行黜陟。夫刑罰明則姦宄息，賢能用則功績著，親忠信則視聽審，遠讒佞則疑間絶，黜陟行則貪叨改。是以欽恤惟刑，載在唐典；知人則哲，唯帝所難。周書垂好德之文，漢史列防姦之論，考省幽明，先王大典。又八表既廣，遠近事殊，撫荒裔宜待之以寬信，綏華甸宜惠之以明簡。哀恤孤獨，賑施困窮，録功舊，赦小罪，輕徭役，薄賦斂，脩福業，禁淫祀。願聽政餘暇，賜垂覽察。使子囊之誠，重申於當世；將墜之志，獲用於明時。

尋薨，時年四十八。高祖、文明太后親臨哀慟，賜温明祕器，宕昌公王遇監護喪事。贈衞大將軍、太宰、并州牧，謚曰宣王。内侍長董醜奴營墳墓，將葬於城東，高祖登城樓以望之。京都文士爲作哀詩及誄者百餘人。乃詔爲叡立祀於都南二十里大道右，起廟以時祭薦，并立碑銘，置守祀五家。又詔褒叡，圖其捍虎狀於諸殿，命高允爲之讚。京都士女謟稱叡美，造新聲而絃歌之，名曰中山王樂。詔班樂府，合樂奏之。

初，叡女妻李沖兄子延賓，次女又適趙國李恢子華。女之將行也，先入宫中，其禮略如公主、王女之儀。太后親御太華殿，寢其女於別帳，叡與張祐侍坐，叡所親及兩李家丈夫婦人列於東西廊下。及車引，太后送過中路。時人竊謂天子、太后嫁女。叡之葬也，假親姻義舊，衰絰縞冠送喪者千餘人，皆舉聲慟泣以要榮利，時謂之義孝。叡既貴，乃言家本太原晉陽，遂移屬焉，故其兄弟封爵多以并州郡縣〔一〕。薨後，重贈叡父橋侍中、征西將軍、左光禄大夫、儀同三司、武威王，謚曰定，追策叡母賈氏爲妃，立碑於墓左。父子並葬城東，相去里餘，遷洛後，更徙葬太原晉陽。

子襲，字元孫。年十四，以父任擢爲中散，仍總中部。叡薨，高祖詔襲代領都曹，爲尚書令，領吏部曹、中部，如其品職，依典承襲。文明太后令曰：「都曹尚書曹百寮之首〔二〕，民所具瞻。襲年少，智思未周，其都曹尚書令可權記，使閑習政事，後用不晚。」終太后世，寵念如初。襲王爵，例降爲公。太后崩後，襲仍在高祖左右，然禮遇稍薄，不復關與時事。久之，出爲鎮西將軍、秦州刺史，又轉并州刺史。十七年，輿駕詣洛，路幸其治，供帳粗辦，境内清靜，高祖頗嘉之。而民庶多爲立銘，置于大路，虚相稱美，或曰襲所教也。高祖聞而問之，對不以實，因是面被責讓。尚書奏免其官，詔唯降號二等。二十年，以事爲中尉所糾，會赦免，語在常景傳〔三〕。景明二年卒，贈平南將軍、豫州刺史，謚曰質。

子忻，襲爵，爲太尉、汝南王悦記室參軍。建義初，河陰遇害，贈散騎常侍、安北將軍、肆州刺史，謚曰穆。

子子暄，襲爵。武定末，齊州驃騎府功曹參軍。齊受禪，例降。

忻弟誕，字永安。龍驤將軍、正平太守。亦於河陰遇害，贈撫軍將軍、并州刺史。

子希雲，舉秀才，早亡。

誕弟殖，字永興。司空城局參軍。

子祖幹，司徒行參軍，并州刺史。

殖弟永業，司空參軍事。

襲弟椿，字元壽。少以父任拜祕書中散，尋以父憂去職。後除羽林監、謁者僕射，母喪解任。正始初，拜中散，出爲太原太守，加鎮遠將軍，坐事免。椿僮僕千餘，園宅華廣，聲妓自適，無乏於時。或有勸椿仕者，椿笑而不答。雅有巧思，凡所營製，可爲後法。由是正光中，元叉將營明堂、辟雍，欲徵椿爲將作大匠，椿聞而以疾固辭。

孝昌中，尒朱榮既據并肆，以汾州胡逆，表加椿征虜將軍、都督，慰勞汾胡。汾胡與椿比州，服其聲望，所在降下。事寧，授右將軍、太原太守。以預立莊帝之勞，封遼陽縣開國子，食邑三百户，尋轉封真定縣開國侯，食邑七百户。除持節、本將軍、華州刺史。尋轉使持節、散騎常侍、殷州刺史。元曄立，除都官尚書，固辭不拜。永熙中，行冀州事。尋除使持節、散騎常侍、車騎將軍、瀛州刺史。

時有風雹之變，詔書廣訪讜言，椿乃上疏曰：「伏奉詔書，以風雹厲威，上動天睠，訪讜辭於百辟，詔輿誦於四海〔四〕。宸衷懇切，備在絲綸，祇承兢感，心焉靡厝。伏惟陛下啓籙應期，馭育萬物，承綴旒之艱運，纂纖絲之危緒，忘餐日昃，求衣未明，俾上帝下臨，愍茲荼蓼，永濟溝壑。而滄浪降戾，作害中秋。上帝照臨，義不虚變。竊惟風爲號令，皇天所以示威；雹者氣激，陰陽有所交諍。殆行令殊節，舒急失中之所致也。昔澍雨千里，寔緣教祀之誠；炎精三舍，寧非善言之力。譴不空發，徵豈謬應，誰謂蓋高，實符人事。伏願陛下留心曲覽，垂神遠察，禮賢登士，博舉審官，擢申滯怨，振窮省役。使夫滋水没川之彦〔五〕，畢居朝右；儀表丹青之位，未或虚加。圜土絶五毒之民，揆日息千門之費。巖巖廊署，無不遇之士；忪忪惸獨，荷酒帛之恩。則物見昭蘇，人知休泰，徐奏薰風之曲，無論鴻雁之歌，豈不天人幸甚，鬼神咸抃？」

椿性嚴察，下不容姦，所在吏民，畏之重足。天平末，更滿還鄉。初，椿於宅構起聽事，極爲高壯。時人忽云：「此乃太原王宅，豈是王太原宅。」椿往爲本郡，世皆呼爲王太原。未幾，尒朱榮居椿之宅，榮封太原王焉。至於齊獻武王之居晉陽，霸朝所在，人士輻湊。椿禮敬親知，多所拯接。後以老病，遂辭疾客居趙郡之西鯉魚祠山。興和二年春卒，時年六十二。贈使持節、都督冀瀛二州軍事、驃騎大將軍、尚書左僕射、太尉公、冀州刺史，謚曰文恭。及葬，齊獻武王親自弔送。

椿妻，鉅鹿魏悦之次女，明達有遠操，多識往行前言。隨夫在華州，兄子建在洛遇患，聞而星夜馳赴，膚容虧損，親類歎尚之。永安中，詔以爲南和縣君。内足於財，不以華飾爲意。撫兄子收情同己子，存拯親類，所在周洽。椿名位終始，魏有力焉。元象中卒，贈鉅鹿郡君。椿無子，以兄孫叔明爲後。

叔明，太尉參軍事、儀同開府祭酒。死於晉陽，無子，以弟子暄子爲後。

叡弟諶，字厚誠。爲給事中、安南將軍、祠部尚書，賜爵上黨公。加散騎常侍，領太史事。例降爲侯。遷太常卿。出爲持節、安東將軍、兗州刺史。還，除光禄大夫，卒於官。贈帛五十匹。

子翔，字元鳳。少以聰敏循良，詔充内侍。自太和初，與李沖等奏決庶事，迄于十六年，賞賜前後累千萬。是時政事多決於文明太后，后好細察，而翔恭謹慎密，甚被知任。遷洛，兼給事黄門侍郎、尚書左丞。襲爵，遷輔國將軍、太府少卿。出爲濟州刺史。卒，贈大將軍、肆州刺史。

子超，襲。超，字和善。奉朝請、并州治中。超愛好人物，輕財重義。性豪華，能自奉養，每食必窮水陸之味。年三十四卒。

子景覽，襲。武定中，衛將軍、右光禄大夫。齊受禪，例降。

景覽弟景招，開府集曹參軍。

超弟穆，字思泰。元象中，上黨太守。卒。

穆弟綽，字思和，員外散騎侍郎。上黨王天穆以爲北道行臺郎中。尒朱榮代天穆爲大行臺，仍爲吏部郎。以預奉莊帝之勳，封猗氏縣開國侯，邑五百户。永安末，除征西將軍、豳州刺史，不之任。元曄立，轉除驃騎大將軍、并州刺史。興和中卒。

綽弟爽，司徒中兵參軍。

諶弟魏誠，爲東宫學生，拜給事中，賜爵中都侯，加龍驤將軍。卒，贈安南將軍、冀州刺史，謚曰恭。

子靜，字元安，少有公幹。拜中散，襲爵，例降爲伯。除員外郎、羽林監、兼尚書郎。以明法除廷尉評。轉游擊將軍，加冠軍將軍、岐州刺史。趙郡王謐虐害，城民怨叛，詔靜以駬慰喻，咸即降下。以奉使稱旨，賜帛五百匹。除趙郡太守，以母老固辭不拜。又授征虜將軍、廷尉少卿，有當官之稱。坐公事左遷中散大夫，以母憂去職。孝昌初，詔兼廷尉卿，尋行定州事，並固辭不起。二年夏，除長兼廷尉卿，尋行定州事。至冬病卒，年五十七。贈撫軍將軍、并州刺史，謚曰貞。無子，以從子伯豫爲後。伯豫，襲爵。武定中，冀州開府録事參軍。齊受禪，例降。

魏誠弟亮，字平誠。承明初，擢爲中散。告沙門法秀反，遷冠軍將軍，賜爵永寧侯，加給事中。出爲安西將軍、泰州刺史。後轉陝州刺史，坐事免。卒於家。

亮子洪壽，早卒。

子元景，正光中許復先爵，降爲伯。卒，無子。

洪壽弟嶷，字安壽。除奉朝請，稍遷中散大夫。以疾歸鄉里，遂移居上黨。年七十一卒。

叡叔隆保，冠軍將軍、姑臧侯。卒，追贈安東將軍、并州刺史，鉅鹿公，謚曰靖。

子夷，字景預。有文才，少工詩詠，知名於世。未官而卒。

王仲興，趙郡南欒人也〔六〕。父天德，起自細微，至殿中尚書。仲興幼而端謹，以父任早給事左右。太和中，殿内侍御中散、武騎侍郎、給事中。出入禁内十餘年，轉冗從僕射，猶參密近，爲齋帥。從駕征新野有功，除折衝將軍、屯騎校尉。又命率千餘騎破賊於鄧城。除振威將軍、越騎校尉，賜帛千匹。

高祖於馬圈，自不豫、大漸迄於崩，仲興頗預侍護。達魯陽，世宗即位，轉左中郎將，仍齋帥。及帝親政，與趙脩並見寵任，遷光禄大夫，領武衞將軍。仲興雖與脩並，而畏慎自退，不若脩之倨傲無禮。咸陽王禧之出奔也，當時上下微爲駭震。世宗於乾脯山追仲興馳入金墉城安慰〔七〕。後與領軍于勁共參機要，因自理馬圈侍疾及入金墉之功，乞同元賞，遂封上黨郡開國公，食邑二千户。自拜武衞及受封之日，車駕每臨饗其宅。世宗游幸，仲興常侍從，不離左右，外事得徑以聞，百寮亦聳體而承望焉。兄可久，以仲興故自散爵爲徐州征虜府長史，帶彭城太守。仲興世居趙郡，自以寒微，云舊出京兆霸城，故爲雍州大中正。

尚書後以仲興開國公，賞報過優。北海王詳嘗面啓奏請降減，事久不決。可久在徐州，恃仲興寵勢，輕侮司馬、梁郡太守李長壽，遂至忿諍。彭城諸沙門共相和解，未幾，復有所競。可久乃令僮僕邀毆長壽，遂折其脅。州以表聞。北海王詳因百僚朝集，厲色大言曰：「徐州名藩，先帝所重，朝廷云何簡用上佐，遂令致此紛紜，以徹荒外，豈不爲國醜辱也！」衆亦莫有應者。仲興是後漸疎，不得徑入左右。世宗乃下詔奪其封邑，出除平北將軍、并州刺史。卒，贈安東將軍、青州刺史。

寇猛，上谷人也。祖父平城。猛少以姿幹充虎賁，稍遷羽林中郎。從高祖征南陽，以擊賊不進免官。世宗踐位，復敍用，愛其膂力，置之左右，爲千牛備身，歷轉遂至武衞將軍。出入禁中，無所拘忌。自以上谷寇氏，得補燕州大中正，而不能甄别士庶也。家漸富侈，宅宇高華，妾隸充溢。微榮弟姪，然不及茹皓、仲興也。卒，贈平北將軍、燕州刺史。

趙脩，字景業，趙郡房子人。父惠安，後名謐，都曹史，積勞補陽武令。脩貴，追贈威烈將軍、本郡太守，及葬，復贈龍驤將軍、定州刺史。脩本給事東宫，爲白衣左右，頗有膂力。世宗踐阼，仍充禁侍，愛遇日隆。然天性闇塞，不閑書疏，是故不參文墨。世宗親政，旬月之間，頻有轉授，歷員外通直散騎常侍、鎮東將軍、光禄卿。每受除設宴，世宗親幸其宅，諸王公卿士百寮悉從，世宗親見其母。脩能劇飲，至於逼勸觴爵，雖北海王詳、廣陽王嘉等皆亦不免，必致困亂。每適郊廟，脩常驂陪。出入華林，恒乘馬至于禁内。咸陽王禧誅，其家財貨多賜高肇及脩。

脩之葬父也，百寮自王公以下無不弔祭，酒犢祭奠之具，填塞門街。於京師爲制碑銘，石獸、石柱皆發民車牛，傳致本縣。財用之費，悉自公家。凶吉車乘將百兩，道路供給，亦皆出官。時將馬射，世宗留脩過之。帝如射宮，脩又驂乘，輅車旒竿觸東門而折。脩恐不逮葬日，驛赴窆期，左右求從及特遣者數十人。脩道路嬉戲，殆無戚容，或與賓客姧掠婦女倮觀，從者噂喈喧譁，詬詈無節，莫不畏而惡之。是年，又爲脩廣增宅舍，多所并兼，洞門高堂，房廡周博，崇麗擬於諸王。其四面隣居，賂入其地者侯天盛兄弟，越次出補長史、大郡。

脩起自賤伍，暴致富貴，奢傲無禮，物情所疾。因其在外，左右或諷糾其罪。自其葬父還也，舊寵小薄。初，王顯祇附於脩，後因忿鬩，密伺其過，規陷戮之，而脩過短，都不悛防。顯積其前後愆咎，列脩葬父時路中淫亂不軌，又云與長安人趙僧擣謀匿玉印事。高肇、甄琛等構成其罪，乃密以聞。始琛及李憑等曲事於脩，無所不至，懼相連及，爭共糾擿，助攻治之。遂乃詔曰：「小人難育，朽棘不彫，長惡不悛，豈容撫養。散騎常侍、鎮東將軍、領扈左右趙脩，昔在東朝，選充臺皁，幼所經見，長難遺之。故纂業之初，仍引西禁。雖地微器陋，非所宜採；然識早念生，遂陞名級。自蒙洗濯，兇昏日甚，驟佞荐憍，恩加輕慢。不識人倫之體，不悟深淺之方，陵獵王侯，輕觸卿相，門賓巷士，拜叩不接，囂氣豪心，仍懷鄙塞。比聽葬父，侈暴繼聞。居京造宅，殘虐徒旅。又廣張形勢，妄生矯託，與雍州人趙僧擿等陰相傳納，許受玉印。不軌不物，日月滋甚。朕猶愍其宿隸，每加覆護，而擅威弄勢，侏張不已。法家耳目，並求憲網，雖欲捨之，辟實難爽。然楚履既墜，江君徘徊；鍾牛一聲，東向改釁。倫雖小人，承侍在昔，極辟之奏，欲加未忍。可鞭之一百，徙敦煌爲兵。其家宅作徒即仰停罷。所親在內者悉令出禁。朕昧於處物，育茲豺虎，顧尋往謬，有愧臣民，便可時敕申沒，以謝朝野。」

是日倫詣領軍于勁第與之樗蒲，籌未及畢，而羽林數人相續而至，稱詔呼之。倫驚起隨出，路中執引倫馬詣領軍府。琛與顯監決其罰，先具問事有力者五人更迭鞭之，占令必死。旨決百鞭，其實三百。倫素肥壯，腰背博碩，堪忍楚毒，了不轉動。鞭訖，即召驛馬，促之令發。出城西門，不自勝舉，縛置鞍中，急驅馳之。其母妻追隨，不得與語。行八十里乃死。

初，于后之入，倫之力也。倫死後，領軍于勁猶追感舊意，經恤其家，自餘朝士昔相宗承者，悉棄絶之，示己之疎遠焉。

茹皓，字禽奇，舊吴人也。父讓之，本名要，隨劉駿巴陵王休若爲將，至彭城。是時南土飢亂，遂寓居淮陽上黨。皓年十五六，爲縣金曹吏，有姿貌，謹惠。南徐州刺史沈陵見而善之，自隨入洛陽，舉充高祖白衣左右。

世宗踐祚，皓侍直禁中，稍被寵接。世宗嘗拜山陵，路中欲引與同車，皓奮衣將昇，黄門侍郎元匡切諫乃止。及世宗親政，皓眷賚日隆。又以馬圈之勞，當擬補員外將軍。時趙脩亦被幸，妬害之，求出皓爲外守。皓亦慮見危禍，不樂内官，遂超授濮陽太守，加厲威將軍。其父因皓訟理舊勳，先除兖州陽平太守，賜以子爵。父子剖符名邦，郡境相接，皓忻然於去内，不以疎外爲戚。及趙脩等敗，竟獲全免。雖起微細，爲守乃清簡寡事。世宗幸鄴講武，皓啓求朝趨，解郡，授左中郎將，領直閤。寵待如前。皓既官達，自云本出雁門，雁門人諂附者乃因薦皓於司徒，請爲肆州大中正。府、省以聞，詔特依許。遷驍騎將軍，領華林諸作〔八〕。皓性微工巧，多所興立。爲山於天淵池西，採掘北邙及南山佳石。徙竹汝潁，羅蒔其間；經構樓館，列於上下。樹草栽木，頗有野致。世宗心悦之，以時臨幸。遷冠軍將軍，仍驍騎將軍。

皓貴寵日升，闕與政事。太傅、北海王詳以下咸祗憚附之。皓弟年尚二十，擢補員外郎。皓娶僕射高肇從妹，於世宗爲從母。迎納之日，詳親詣之，禮以馬物。皓又爲弟聘安豐王延明妹，延明恥非舊流，不許。詳勸彊之云：「欲覓官職，如何不與茹皓婚姻也？」延明乃從焉。皓頗敏慧，折節下人。而潛自經營，陰有納受，貨産盈積。起宅宮西，朝貴弗之及也。是時世宗雖親萬務，皓率常居内，留宿不還，傳可門下奏事。未幾，轉光禄少卿，意殊不已，方欲陳馬圈從先帝之勞，更希進舉。

初，脩、皓之寵，北海王詳皆附納之。又直閤將軍劉胄本爲詳所薦，常感詳恩，密相承望，並共來往。高肇素疾諸王，常規陷害，既知詳與皓等交關相昵，乃構之世宗，云皓等將有異謀。世宗乃召中尉崔亮令奏皓、胄、常季賢、陳掃靜四人擅勢納賄及私亂諸事，即日執皓等皆詣南臺。翌日，奏處罪，其晚就家殺之。皓妻被髪出堂，哭而迎皓。皓徑入哭別，食椒而死。

皓子懷朗，仕至南青州刺史。興和初，以罪賜死，子姪徙邊。

胄，字元孫，河間人。始爲北海王詳所舉。六輔時，出守本郡，與皓俱赴鄴宮講武，亦自乞留。至洛，久不敍用。詳又爲啓，晚乃拜將軍直閤。

季賢起於主馬，世宗初好騎乘，因是獲寵。位至殿中將軍、司藥丞，仍主廄閑。與茹皓通知庶事，勢望漸隆。引其兄爲朝請、直寢，娶武昌王鑒妹。季賢又將娶洛州刺史元拔女，並結託帝戚以爲榮援云。

掃靜、徐義恭，並彭城舊營人。掃靜能爲世宗典櫛梳，義恭善執衣服，並以巧便，旦夕居中，愛幸相侔，官敍不異。掃靜妻，義恭姊也，情相遺薄，室家不諧。義恭恒忿恨之，親經世宗，訴其欺侮。世宗以其左右，兩護之。二人皆承奉茹皓，亦並加接眷，而掃靜偏爲親密，與皓常在左右，略不歸休。皓敗，掃靜亦死於家。義恭小心謹慎，謙退少語。皓等死後，彌見幸信，長侍左右，典掌祕密。世宗不豫，義恭晝夜扶侍，崩于懷中。靈太后臨政，義恭諂附元叉，又有淫宴〔九〕，多在其宅。爲嘗藥次御，出爲東秦州刺史。建義後，歷内外顯職。武定初，卒於驃騎大將軍、左光禄大夫。

趙邕，字令和，自云南陽人。潔白明鬚眉，曉了恭敏。司空李沖之貴寵也，邕以少年端謹，出入其家，頗給按磨奔走之役。沖亦深加接念，令與諸子游處。人有束帶謁於沖者，時託之以自通。高祖太和中，給事左右，至殿中監。世宗即位及親政，猶居本任。微與趙脩結爲宗援，然亦不甚相附也。邕稍遷至殿中將軍，猶帶監職。

邕父怡，太和中歷郢州刺史，停家久之，以邕寵召拜太常少卿。尋爲荆州大中正，出除征虜將軍、荆州刺史。怡乃致其母喪，葬於宛城之南，趙氏舊墟。以老乞解州任，還拜光禄大夫，轉金紫光禄。卒，贈鎮東將軍、相州刺史。

世宗每出入郊廟，脩恒以常侍、侍中陪乘，而邕兼奉車都尉，執轡同載。時人竊論，號爲「二趙」。以趙出南陽，徙屬荆，邕轉給事中、南陽中正，以父爲荆州大中正，乃罷。轉長兼散騎侍郎，領左右、直長，出入禁中。復爲荆州大中正。邕弟尚，中書舍人，出除南陽太守。怡辭荆州也，尚求解郡，與父俱還。未至京師，逆除步兵校尉。邕祖嶽舊葬代京，喪自平城還葬南陽，贈平遠將軍、青州刺史。

世宗崩，邕兼給事黄門，俄轉太府卿。出除平北將軍、幽州刺史。在州貪縱。與范陽盧氏爲婚，女父早亡，其叔許之，而母不從。母北平陽氏攜女至家藏避規免，邕乃拷掠陽叔，遂至於死。陽氏訴冤，臺遣中散大夫孫景安研檢事狀，邕坐處死，會赦得免，猶當除名。自理經年，臨淮王彧時爲廷尉，久不斷決。孝昌初卒。

侯剛，字乾之，河南洛陽人，其先代人也。本出寒微，少以善於鼎俎，進飪出入。久之，拜中散，累遷冗從僕射、嘗食典御。世宗以其質直，賜名剛焉。稍遷奉車都尉、右中郎將、領刀劍左右，加游擊將軍、城門校尉。遷武衞將軍，仍領典御，又加通直散騎常侍。詔曰：「太和之季，蟻寇侵疆，先皇於不豫之中，命師出討。撫戎暴露，觸御乖和，朕屬當監國，弗獲隨侍，而左右服事，唯藉忠勤。剛於違和之中，辛勤行飦。追遠録誠，宜先推敍。其以剛爲右衞大將軍〔一〇〕。」後領太子中庶子。

世宗崩，剛與侍中崔光迎肅宗於東宫。尋除衞尉卿，封武陽縣開國侯，邑千二百户。俄爲侍中、撫軍將軍、恒州大中正。遷衞將軍，表讓侍中，詔不許。進爵爲公，以給侍之勞，加賞散伯。熙平初，除左衞將軍，餘官如故。侍中游肇出爲相州。剛言於靈太后曰：「昔高氏擅權，游肇抗衡不屈，先帝所知，四海同見，而出牧一藩，未盡其美，宜還引入，以輔聖主。」太后善之。剛寵任既隆，江陽王繼、尚書長孫稚皆以女妻其子。司空、任城王澄以其起由膳宰，頗竊侮之，云：「此近爲我舉食。」然公坐對集，敬遇不虧。

後剛坐掠殺試射羽林，爲御史中尉元匡所彈，廷尉處剛大辟。尚書令、任城王澄爲之言於靈太后，侯剛歷仕前朝，事有可取，纖芥之疵，未宜便致於法。靈太后乃引見廷尉卿裴延儁、少卿袁翻於宣光殿，問曰：「剛因公事掠人，邂逅致死，律文不坐。卿處其大辟，竟何所依？」翻對曰：「案律邂逅不坐者，謂情理已露，而隱避不引，必須箠撻，取其款言，謂撾撻以理之類。至於此人，問則具首，正宜依犯結案，不應橫加箠扑。兼剛口唱打殺，撾築非理，本有殺心，事非邂逅。處之大辟，未乖憲典。」太后曰：「卿等且還，當別有判。」於是令曰：「廷尉執處侯剛，於法如猛。剛既意在爲公，未宜便依所執。但輕勦民命，理無全捨，可削封三百户，解尚食典御〔一〕。」剛於是頗爲失意。剛自太和進食，遂爲典御，歷兩都、三帝、二太后，將三十年，至此始解。未幾，加散騎常侍。御史中尉元匡之廢也，太后訪代匡者，剛爲太傅、清河王懌所舉，遂除車騎將軍，領御史中尉，常侍、衞尉如故。

及領軍元叉執政擅權，樹結親黨，剛長子，叉之妹夫，乃引剛爲侍中、左衞將軍，還領尚食典御，以爲枝援。俄加車騎大將軍、領左右，復前削之封。尋加儀同，復領御史中尉。剛啓軍旅稍興，國用不足，求以封邑俸粟賑給征人，肅宗許之。孝昌元年，除領軍，餘官如故。初，元叉之解領軍也，靈太后以叉腹心尚多，恐難卒制，故權以剛代之，示安其意。尋出爲散騎常侍、冀州刺史、將軍、儀同三司〔二〕。剛行在道，詔曰：「剛因緣時會，恩隆自久，擢於凡品，越昇顯爵。往以微勤，賞同利建，寵靈之極，超絶夷等。曾無犬馬識主之誠，方懷梟鏡返噬之志。與權臣元叉婚姻朋黨，虧違典制，長直禁中，一出一入，迭爲姦防。又與劉騰共爲心膂，間隔二宮，逼脅內外。且位居繩憲，糾察是司，宜立格言，勢同鷹隼。方嚴楚撻，枉服貞良，專任凶威，以直爲曲。不忠不道，深暴民聽，附下罔上，事彰幽顯。莫大之罪，難從宥原，封爵之科，理宜貶奪。可征虜將軍，餘悉削黜。」剛終于家。永安中，贈司徒公。

剛長子詳，自奉朝請稍遷通直散騎侍郎、冠軍將軍、主衣都統。剛以上谷先有侯氏，於是始家焉。正光中，又請以詳爲燕州刺史，將軍如故，欲爲家世之基。尋進後將軍。五年，拜司徒左長史，領嘗藥典御、燕州大中正。興和中，驃騎將軍、殷州刺史。還朝，久而卒。

鄭儼，字季然，滎陽人。容貌壯麗。初爲司徒胡國珍行參軍，因緣爲靈太后所幸，時人未之知也。遷員外散騎侍郎、直後。靈太后廢，蕭寶夤西征，以儼爲開府屬。孝昌初，太后反政，儼請使還朝，復見寵待。拜諫議大夫、中書舍人，領嘗食典御。晝夜禁中，寵愛尤甚。儼每休沐，太后常遣閹童隨侍，儼見其妻，唯得言家事而已。與徐紇俱爲舍人。儼以紇有智數，仗爲謀主；紇以儼寵幸既盛，傾身承接。共相表裏，勢動内外。城陽王徽微與之合，當時政令歸於儼等。遷通直郎、散騎常侍、平東將軍、武衞將軍、華林都將、右衞將軍、散騎常侍、中軍將軍、中書令、車騎將軍，舍人、常侍如故。肅宗崩，事出倉卒，天下咸言儼計也。尒朱榮舉兵向洛，以儼、紇爲辭。榮逼京師，儼走歸鄉里。儼從兄仲明先爲滎陽太守，至是，儼與仲明欲據郡起衆。尋爲其部下所殺，與仲明俱傳首洛陽。子文寬，從出帝歿關西。

徐紇，字武伯，樂安博昌人也。家世寒微。紇少好學，有名理，頗以文詞見稱。察孝廉，對策上第，高祖拔爲主書。世宗初，除中書舍人。諂附趙脩，遷通直散騎侍郎。及脩誅，坐黨徙枹罕。雖在徒役，志氣不撓。故事，捉逃役流兵五人，流者聽免，紇以此得還。久之，復除中書舍人。太傅、清河王懌又以文翰待之。及領軍元叉之害懌也，出爲雁門太守。紇稱母老，解郡還鄉。至家未幾，尋入洛，飾貌事叉，大得叉意。及叉父繼西鎮潼關，以紇爲從事中郎。尋以母憂歸鄉里。

靈太后反政，以紇曾爲懌所顧待，復起爲中書舍人。紇又曲事鄭儼，是以特被信任。俄遷給事黄門侍郎，仍領舍人，總攝中書門下之事，軍國詔命，莫不由之。時有急速，令數友執筆[一三]，或行或臥，人别占之，造次俱成，不失事理，雖無雅裁，亦可通情。時黄門侍郎太原王遵業、琅邪王誦並稱文學，亦不免爲紇秉筆，求其指授。尋加鎮南將軍、金紫光禄大夫，黄門、舍人如故。

紇機辯有智數。當公斷決，終日不以爲勞。長直禁中，略無休息。時復與沙門講論，或分宵達曙，而心力無怠，道俗歎服之。然性浮動，慕權利，外似謇正，內實諂諛。時豪勝己，必相陵駕；書生貧士，矯意禮之。其詭態若此，有識鄙薄焉。

紇既處腹心，參斷機密，勢傾一時，遠近填湊。與鄭儼、李神軌寵任相亞，時稱徐鄭焉。然無經國大體，好行小數，說靈太后以鐵券間尒朱榮左右，榮知，深以爲憾，啓求誅之。榮將入洛，既剋河梁，紇矯詔夜開殿門，取驊騮御馬十匹，東走兗州。紇弟獻伯爲北海太守，獻伯弟季彥先爲青州長史，紇使人告之，亦將家南走。羊侃時爲太山太守，紇往投之，說侃令舉兵。侃從之，遂聚兵反，共紇圍兗州。孝莊初，遣侍中于暉爲行臺，與齊獻武王督諸軍討之。紇慮不免，說侃請乞師於蕭衍。侃信之，遂奔衍。文筆駮論數十卷，多有遺落，時或存於世焉。

史臣曰。闕

校勘記

〔一〕封爵多以并州郡縣　「多」，原作「移」，據三朝本、南監本、殿本及北史卷九二恩幸王叡傳改。

〔二〕都曹尚書曹百寮之首　「尚書曹」，疑爲「尚書令」之誤。按上稱「領都曹，爲尚書令」，下稱「都曹尚書令可權記」。

〔三〕語在常景傳　按本書卷八二常景傳以北史補，不載其事。

〔四〕詔輿誦於四海　「詔」，册府卷五三〇作「詢」，疑是。「詢輿誦」與「訪讜辭」對文。

〔五〕滋水没川之彦　「滋水没川」，册府卷五三〇作「丘樊林藪」。按「滋水没川」未詳，或有訛字，疑册府亦以意改。

〔六〕趙郡南欒人　「趙郡」上疑脱「南」字。按本書卷一〇六上地形志上，南欒屬南趙郡。

〔七〕世宗於乾脯山追仲興馳入金墉城　「追」，北史卷九二恩幸王仲興傳、册府卷七七、卷一八〇並作「遣」。

〔八〕遷驍騎將軍領華林諸作　「驍騎」，原作「驃騎」，據三朝本、南監本、北監本、殿本、北史卷九二恩幸茹皓傳改。按下文稱「遷冠軍將軍，仍驍騎將軍」，據本書卷一一三官氏志所載太和後官品令，驍騎將軍第四品上階，冠軍將軍從第三品，故稱「遷」，若皓已是第二品之驃騎將軍，則不得稱遷。

〔九〕又有淫宴　「又」，北史卷九二恩幸茹皓傳附徐義恭傳作「叉」，疑是。

〔一〇〕以剛爲右衛大將軍　「右衛大將軍」，疑衍「大」字。孝昌二年侯剛墓誌稱「延昌元年，進右衛將軍」。時左、右衛將軍不見加「大」之例。

〔二〕解尚食典御　「尚食」，原作「尚衣」，北史卷九二恩幸侯剛傳作「嘗食」。張森楷云：「按前文剛只爲嘗食典御，未嘗爲尚衣，疑『尚衣』訛。」按侯剛本以善於烹調進用，下文稱其「自太和進食，遂爲典御」，至此已近三十年「始解」。又云元叉當政，引剛爲助，「還領尚食典御」，此處「衣」字誤，今據改。「尚食」，前文作「嘗食」，侯剛墓誌亦稱所任爲「嘗食典御」，然「尚食典御」亦見本書卷三二高湖傳附高貫傳、卷五八楊播傳附楊暐傳，實一職二名。

〔三〕將軍儀同三司　按「將軍」上無軍號。孝昌二年侯剛墓誌記作「本將軍冀州刺史儀同開國如故」。據上文稱「俄加車騎大將軍」，又云「尋加儀同」，疑本作「將軍儀同如故」，後人改「如故」爲「三司」，或「將軍」上脱「車騎大」三字。

〔三〕令數友執筆　「友」，他本及北史卷九二恩幸徐紇傳、册府卷五五一並作「吏」。

魏書卷九十四

列傳閹官第八十二

宗愛 仇洛齊 段霸 王琚 趙黑〔一〕 孫小 張宗之
劇鵬 張祐 抱嶷 王遇 苻承祖 王質 李堅 秦松
白整 劉騰 賈粲 楊範 成軌 王溫 孟鸞〔二〕 平季
封津 劉思逸

夫宮腐之族，置於閹寺，取則天象，事歷百王。身乖全品，任事宮掖，親由褻狎，恩生趨走，便僻俯仰，當寵擅權。斯則伊戾、豎刁因而禍兩國，石顯、張讓所以翦二京也。豈非形質既虧，生命易忽，譬之胥靡，不懼登高。此亦苟且之事，由變不已也。王者殷鑒，宜改往轍，而後庭婉孌遊宴之地，椒壼留連，終見任使。巧佞由之而自達，權幸俄然而復歸。

斯蓋其由來遠矣，非一朝一世也。魏氏則宗愛殺帝害王，劉騰廢后戮相，其間竊官爵，盜財賄，乘勢使氣爲朝野之患者，何可勝舉。今謹録其尤顯焉。

宗愛，不知其所由來，以罪爲閹人，歷碎職至中常侍。正平元年正月，世祖大會於江上，班賞羣臣，以愛爲秦郡公。

恭宗之監國也，每事精察。愛天性險暴，行多非法，恭宗每銜之。給事仇尼道盛、侍郎任平城等任事東宫，微爲權勢，世祖頗聞之。二人與愛並不睦。爲懼道盛等案其事，遂構告其罪。詔斬道盛等於都街。時世祖震怒，恭宗遂以憂薨。

是後，世祖追悼恭宗，愛懼誅，遂謀逆。二年春，世祖暴崩，愛所爲也。尚書左僕射蘭延、侍中吴興公和疋、侍中太原公薛提等祕不發喪。延、疋二人議以高宗沖幼，欲立長子，徵秦王翰置之祕室。提以高宗有世嫡之重，不可廢所宜立而更求君。延等猶豫未決。愛知其謀。始愛負罪於東宫，而與吴王余素協，乃密迎余自中宫便門入，矯皇后令徵延等。愛延等以愛素賤，弗之疑，皆隨之入。愛先使閹豎三十人持仗於宫内，及延等入，以次收縛，斬於殿堂。執秦王翰，殺之於永巷而立余。余以愛爲大司馬、大將軍、太師、都督中外諸軍事，領中祕書，封馮翊王。

愛既立余，位居元輔，録三省，兼總戎禁，坐召公卿，權恣日甚，内外憚之。羣情咸以爲愛必有趙高、閻樂之禍，余疑之，遂謀奪其權。愛憤怒，使小黄門賈周等夜殺余，事在余傳。高宗立，誅愛、周等，皆具五刑，夷三族。

仇洛齊，中山人，本姓侯氏。外祖父仇款，始出馮翊重泉。款，石虎末徙鄴南枋頭，仕慕容暐爲烏丸護軍、長水校尉。生二子，長曰嵩，小曰騰。嵩仕慕容垂，遷居中山，位殿中侍御史。嵩有二子，長曰廣，小曰盆。嵩妹子洛齊生而非男〔三〕，嵩養爲子，因爲之姓仇。初，嵩長女有姿色，充冉閔宫闈，閔破，入慕容儁，又轉賜盧豚。生子魯元，有寵於世祖，而知外祖嵩已死，唯有三舅，每言於世祖，世祖爲訪其舅。是時東方罕有仕者，廣、盆皆不樂入平城，洛齊獨請行，曰：「我養子，兼人道不全，當爲兄弟試禍福也。」乃乘驢赴京。魯元候知將至，結從者百餘騎，迎于桑乾河，見而下拜，從者亦同致敬。入言于世祖，世祖問其才用所宜，將授之以官。魯元曰：「臣舅不幸生爲閹人，唯合與陛下守宫闈耳。」

而不言其養子。世祖矜焉，賜以奴馬，引見。尋拜武衞將軍，俄而賜爵文安子，稍遷給事黄門侍郎。

魏初禁網疏闊，民户隱匿漏脱者多。東州既平，綾羅户民樂葵因是請採漏户，供爲綸綿。自後逃户占爲細繭羅縠者非一〔四〕。於是雜、營户帥遍於天下，不屬守宰，發賦輕易，民多私附，户口錯亂，不可檢括。洛齊奏議罷之，一屬郡縣。

從平涼州，以功超遷散騎常侍，又加中書令、寧南將軍、進爵零陵公。拜侍中、平遠將軍、冀州刺史，爲内都大官。興安二年卒，謚曰康。

養子儼，襲。柔和敦敏，有長者風。太和中，爲虎牢鎮將。初，洛齊貴盛之後，廣、盆坐他事誅，世祖以其非仇氏子，不與焉。還取侯家近屬，以儼爲子。後欲還本。而廣有女孫配南安王楨，生章武王彬，即中山王英弟也。仇妃聞而請儼曰：「由我仇家富貴至此，奈何一旦孤背恩養也！」楨時在内都，主司品臣，儼隸於楨，畏憚之，遂不敢。九年卒，謚曰靜。子振襲。稍遷至中堅將軍、長水校尉。

廣、盆並善營産業，家于中山，號爲巨富，子孫仕進至州主簿。

騰曾孫儁，位至龍驤將軍、驍騎將軍、樂平男。

段霸，雁門原平人。父乾，慕容垂廣武令。太祖初遣騎略地至雁門，霸年幼見執，因被宮刑。乾尋率鄉部歸化雲中。

霸少以謹敏見知，稍遷至中常侍、中護軍將軍、殿中尚書，領壽安少府，賜爵武陵公。出爲安東將軍、定州刺史。世祖親考内外，大明黜陟。前定州治中張渾屯告霸前在定州濁貨貪穢，便道致財，歸之鄉里。召霸定對，霸不首引。世祖以霸近臣而不盡實，由此益怒，欲斬之。恭宗進請，遂免霸爲庶人。

霸從弟榮，雍州别駕。兄弟諸從遂世居廣武城，修飾有士風。

王琚，高平人，自云本太原人。高祖始，晉豫州刺史。

琚以泰常中被刑入宫禁，小心守節，久乃見敍用。稍遷爲禮部尚書，賜爵廣平公，加寧南將軍。高祖以琚歷奉先朝，志在公正，授散騎常侍。後爲侍中、征南將軍、冀州刺史，假廣平王。徵還，進爲征南將軍，進爵高平王，侍中如故，遣還冀州。高祖、文明太后東巡冀州，親幸其家，存問周至。還京，以其年老，拜散騎常侍，養老於家。前後賜以車馬衣服雜物不可稱計。後降爵爲公，扶老自平城從遷洛邑。高祖以其朝舊，遣左右勞問之。琚附表自陳初至家多乏，蒙賜帛二百匹。常飲牛乳，色如處子。太和二十年冬卒，時年九十。贈征南將軍、冀州刺史，謚曰靖。

養子寄生，未襲而亡。

子蓋海，襲祖琚爵。初，琚年七十餘，賜得世祖時宫人郭氏，本鍾離人，明嚴有母德，内外婦孫百口，奉之肅若嚴君，家内以治。蓋海官至青州樂陵太守。

趙黑，字文靜，初名海，本涼州隸户。自云其先河内温人也，五世祖術，晉末爲平遠將軍、西夷校尉，因居酒泉安彌縣。

海生而涼州平，没入爲閹人，因改名爲黑。有容貌，恭謹小心。世祖使進御膳，出入承奉，初無過行。遷侍御，典監藏，拜安遠將軍，賜爵睢陽侯。轉選部尚書，能自謹厲，當官任舉，頗得其人。加侍中，進爵河内公。

顯祖將傳位京兆王子推，訪諸羣臣，百官唯唯，莫敢先言者，唯源賀等詞義正直，不肯奉詔。顯祖怒，變色，復以問黑。黑曰：「臣愚無識，信情率意。伏惟陛下春秋始富，如日方中，天下説其盛明，萬物懷其光景，元元之心，願終萬歲。若聖性淵遠，欲頤神味道者，臣黑以死奉戴皇太子，不知其他。」顯祖默然良久，遂傳祚于高祖。

黑得幸兩宮，禄賜優厚。是時尚書李訢亦有寵於顯祖，與黑對綰選部。訢奏中書侍郎崔鑒爲東徐州，北部主書郎公孫處顯爲荆州，選部監公孫蘧爲幽州，皆曰有能也，實有私焉。黑疾其虧亂選體，遂爭於殿庭曰：「以功授官，因爵與禄，國之常典。中書侍郎、尚書主書郎、諸曹監，勳能俱立，不過列郡，今訢皆用爲方州，臣實爲惑。」顯祖疑之，曰：「公孫蘧且止。」蘧最爲訢厚，於是黑與訢遂爲深隙。訢竟列黑爲監藏時多所截没。先是法禁寬緩，百司所典，與官並食，故多所損折。遂黜爲門士。黑自以爲訢所陷，歎恨終日，廢寢忘食，規報前怨。踰年，還入爲侍御、散騎常侍、侍中、尚書左僕射，復兼選部如昔。黑告訢專恣，訢遂出爲徐州。及其將獲罪也，黑構成以誅之。然後食甘寢安，志在於職事。

出爲假節、鎮南大將軍、儀同三司、定州刺史，進爵爲王。克己清儉，憂濟公私。時有人欲行私賂，黑曰：「高官禄厚，足以自給，賣公營私，本非情願。」終無所納。高祖、文明太后幸中山，聞之，賜帛五百匹、穀一千五百石。轉冀州刺史。太和六年秋薨於官。詔賜絹四百五十匹、穀一千斛、車牛二十乘，致柩至都。追贈司空公，謚曰康。黑養族弟趙奴第四子熾爲後。

熾，字貴樂。初爲中散，襲黑爵，後降爲公。官至揚州安南府長史，加平遠將軍。元嵩之死壽春也，熾處分安輯，微有聲稱。神龜中卒，贈光州刺史。黑爲定州，與熾納鉅鹿魏幹女，有二子。

長子揆，字景則。襲父侯爵，官至樂陵太守。卒，贈左將軍、滄州刺史。

揆弟儁之，字仲彥，輕薄無行。爲給事中，轉謁者僕射，爲劉騰養息。猶以閹官餘資，賂遺權門，頻歷顯官而卒。

孫小，字茂翹，咸陽石安人。父瓚，姚泓安定護軍，爲赫連屈丏所侵，人懷危懼，亡奔者相屬，瓚獨率衆拒守，見殺。小没入宮刑。會魏平統萬，遂徙平城，内侍東宮。以聰識有智略稱。

未幾，轉西臺中散，每從征伐，屢有戰功，多獲賞賜。世祖幸瓜步，慮有北寇之虞，乃加小左衛將軍，賜爵泥陽子，除留臺將軍。車駕還都，遷給事中，綰太僕曹。乃請父瓚贈謚，求更改葬，詔贈振威將軍、秦州刺史、石安縣子，謚曰戴。轉小領駕部，課理有方，畜牧蕃息。出爲冠軍將軍、并州刺史，進爵中都侯，州内四郡百餘人詣闕頌其政化。後還冀州刺史，聲稱微少於前。然所在清約，當時牧伯無能及也。性頗忍酷，所養子息，驅馳鞭撻，視如仇讎。小之爲并州，以郭祚爲主簿，重祚門才，兼任之以書記，時人多之。

張宗之，字益宗，河南鞏人，家世寒微。父孟舒，劉裕西征，假洛陽令。及宗之貴幸，高宗贈孟舒平南將軍、洛州刺史、鞏縣侯，謚曰貞。

初，緱氏宗文邕聚黨於伊闕謀反，逼脅孟舒等。文邕敗，孟舒走免，宗之被執入京，充腐刑。以忠厚謹慎，擢爲侍御中散，賜爵鞏縣侯，遂歷右將軍，中常侍〔五〕，儀曹、庫部二曹尚書，領中祕書，進爵彭城公。出爲散騎常侍、寧西將軍、東雍州刺史。以在官有稱，入爲內都大官。出除散騎常侍、鎮東將軍、冀州刺史。又例降爲侯。太和二十年卒，年六十九，贈建節將軍、懷州刺史，謚曰敬。

宗之兄鸞旗，中書侍郎、東宮中庶子，兼宿衞給事。加寧遠將軍，賜爵洛陽男。轉殿中給事。出爲散騎常侍、冠軍將軍、涇州刺史，進爵爲侯。復爲殿中給事、中常侍。卒，贈洛州刺史，謚曰靖。

始宗之納南來殷孝祖妻蕭氏，劉義隆儀同三司思話弟思度女也，多悉婦人儀飾故事。

太和中，初制六宫服章，蕭被命在内預見訪採，數蒙賜賚。蕭兄子超業，後名彦，幼隨姑入國。娶李洪之女，賴其給贍以自濟。歷位太尉長史、武衛將軍、齊州刺史、散騎常侍、中軍將軍、金紫光禄大夫。彦時來往蕭實僉，致敬稱名，呼之爲尊。彦於河陰遇害，贈車騎將軍、儀同三司、徐州刺史。子百年，西河太守。

宗之養兄子襲紹爵。襲，字子業。高祖初，除主文中散，稍遷員外郎，京兆王大農。久之，除義陽太守，爲司空劉騰諮議參軍、散騎常侍、平東將軍、光禄大夫。太昌初卒，年七十七。贈驃騎大將軍、儀同三司、冀州刺史。

子顥，邵郡太守。卒，贈荆州刺史。

顥弟璟，中散大夫。

璟弟瑋，武定中，豫州征西府長史。諸中官皆世衰，唯趙黑及宗之後，家僮數百，通於士流。

劇鵬，高陽人。粗覽經史，閑曉吏事。與王質等俱充宦官，性通率，不以閹閹爲恥。文明太后時，亦見眷遇，爲給事中。高祖遷洛，常爲宫官，事幽后。后之惑薩菩薩也〔六〕，鵬密諫止之，不從，遂發憤而卒。

兄買奴，亦爲宦者。歷位幽州刺史。才志遠不及鵬。

是時有李豐之徒數人〔七〕，皆被眷寵，出入禁闈，並致名位，積貲巨萬，第宅華壯。文明太后崩後，乃漸衰矣。

張祐，字安福，安定石唐人。父成，扶風太守。世祖末，坐事誅，祐充腐刑。積勞至曹監、中給事，賜爵黎陽男。稍遷散騎常侍，都綰内藏曹。時文明太后臨朝，中官用事。祐以左右供承合旨，寵幸冠諸閹官，特遷爲尚書，加安南將軍，進爵隴東公〔八〕，仍綰内藏曹。未幾，監都曹，加侍中，與王叡等俱入八議。太后嘉其忠誠，爲造甲宅。宅成，高祖、太后親率文武往燕會焉。拜散騎常侍、鎮南將軍、尚書左僕射，進爵新平王，受職于太華庭，備威儀於宮城之南，觀者以爲榮。高祖、太后親幸其宅，饗會百官。祐性恭密，出入機禁二十餘年，未曾有過。由是特被恩寵，歲月賞賜，家累巨萬。與王質等十七人俱賜金券，許以不死。太和十年薨，時年四十九。高祖親臨之，詔鴻臚典護喪事。賜帛千匹，贈征南大將軍、司空公，謚曰恭。葬日，車駕親送出郊。

祐養子顯明，後名慶，少歷内職。有姿貌，江陽王繼以女妻之。襲爵，降爲隴東公，又降爲侯。遷洛，廢替二十餘年，虚爵而已。

熙平初，爲員外常侍、兼衛尉少卿。以元叉姊壻，故越次而授焉。神龜二年冬，靈太后爲肅宗采名家女，慶女入充世婦，未幾爲嬪，即叉甥也。正光三年，正少卿，尋出爲將軍、高平鎮將。卒，子迥洛襲。

抱嶷，字道德，安定石唐人，居於直谷。自言其先姓杞，漢靈帝時杞匡爲安定太守，董卓時，懼誅，由是易氏，即家焉。無得而知也。幼時，隴東人張乾王反叛，家染其逆。及乾王敗，父睹生逃逸得免，嶷獨與母没内京都，遂爲宦人。小心慎密，恭以奉上，沉跡冗散，經十九年。後以忠謹被擢，累遷爲中常侍、安西將軍、中曹侍御、尚書，賜爵安定公。

自總納言，職當機近，諸所奏議，必致抗直。高祖、文明太后嘉之，以爲殿中侍御，尚書領中曹如故，以統宿衛。俄加散騎常侍。高祖、太后每出遊幸，嶷多驂乘，入則後宫導引。太后既寵之，乃徵其父睹生，拜太中大夫，賞賜衣馬。睹生將還，見於皇信堂。高祖執手謂之曰：「老人歸途，幾日可達，好慎行路。」太和十二年，遷都曹，加侍中、祭酒，尚書領中曹侍御〔九〕。後降爵爲侯。睹生卒，贈秦州刺史，謚曰靖。賜黄金八十斤、繒綵及絹八百匹，以供喪用，并别使勞慰。加嶷大長秋卿。嶷老疾，請乞外禄，乃以爲鎮西將軍、涇州刺史，特加右光禄大夫。將之州，高祖餞於西郊樂陽殿，以御白羽扇賜之。十九年，被詔赴洛，以刺史從駕南征，常參侍左右。以嶷耆舊，每見勞問，數追稱嶷之正直〔一〇〕。命乘馬出入行禁之間，與司徒馮誕同例。軍回還州。

自以故老前宦，爲政多守往法，不能遵用新制。侮慢舊族，簡於接禮。天性酷薄，雖弟姪甥壻，略無存潤。後數年，卒於州。先以從弟老壽爲後，又養太師馮熙子次興。嶷死後，二人爭立。嶷妻張氏致訟經年，得以熙子爲後。老壽亦仍陳訴，終獲紹爵。次興還於本族，給奴婢三十口。嶷前後賜賞奴婢牛馬蓋數百千，他物稱是。

老壽凡薄，酒色肆情。御史中尉王顯奏言：「風聞前洛州刺史陰平子石榮、積射將軍抱老壽恣蕩非軌，易室而姦，臊聲布於朝野，醜音被於行路，即攝鞫問，皆與風聞無差。犯禮傷化，老壽等即主。謹案：石榮籍貫兵伍，地隔宦流，處世無入朝之期，在生絶冠冕之望。遭時之運，逢非次之擢，以犬馬延慈，簪履恩念，自微至貴，位階方岳。不能懷恩感德，上酬天施，迺砮彰遐邇，穢京墟。老壽種類無聞，氏姓莫紀，丐乞刑餘之家，覆養閹人之室。蒙國殊澤，預班爵序，正宜治家假内，疑教誡閨庭。方恣其淫姦，換妻易妾。榮前在洛州，遠迎老壽妻常氏，兵人千里，疲於道路。老壽同敝笱之在梁，若其原疑之無別，男女三人，莫知誰子。人理所未聞，鳥獸之不若。請以見事，免官付廷尉理罪，鴻臚削爵。」詔可。老壽妻常氏，萬㪈弟女也。老壽死後，收紀家業，稍復其舊，奴婢尚六七百人。三女並嬪貴室。爲老壽祖父皆造碑銘，自洛就鄉而建之。西方云，直谷出二貴人。

石榮者，從主書稍進爲州。自被劾後，遂便廢頓。子長宣，武定中，南兖州刺史，與侯景反，伏法。

王遇，字慶時，本名他惡，馮翊李潤鎮羌也。與雷、党、不蒙俱爲羌中彊族〔一〕。自云其先姓王，後改氏鉗耳，世宗時復改爲王焉。自晉世已來，恒爲渠長。父守貴，爲郡功曹，卒。遇既貴，追贈安西將軍、秦州刺史、澄城公。

遇坐事腐刑，爲中散，遷内行令、中曹給事中，加員外散騎常侍、右將軍，賜爵富平子。遷散騎常侍、安西將軍，進爵宕昌公。拜尚書，轉吏部尚書，仍常侍。例降爲侯。出爲安西將軍、華州刺史，加散騎常侍。幽后之前廢也，遇頗言其過。及後進幸，高祖對李沖等申后無咎，而稱遇謗議之罪。沖言：「果爾，遇合死也。」高祖曰：「遇舊人，未忍盡之，當止黜廢耳。」遂遣御史馳駟免遇官，奪其爵，收衣冠，以民還私第。世宗初，兼將作大匠。未幾，拜光祿大夫，復奪爵[三]。

廢后馮氏之爲尼也，公私罕相供恤。遇自以常更奉接，往來祇謁，不替舊敬，衣食雜物，每有薦奉。后皆受而不讓。又至其館，遇夫妻迎送謁伏，侍立執臣妾之禮。

遇性巧，彊於部分。北都方山、靈泉道俗居宇及文明太后陵廟，洛京東郊馬射壇殿，脩廣文昭太后墓園，太極殿及東西兩堂、內外諸門制度，皆遇監作。雖年在耆老，朝夕不倦，跨鞍驅馳，與少壯者均其勞逸。又長於人事，留意酒食之間，每逢寮舊，具設餚果，觴膳精豐。然競於榮利，趨求勢門。趙脩之寵也，遇往還宗承，受敕爲之監作第宅，增於本旨，笞擊作人，莫不嗟怨。卒于官。初，遇之疾也，太傅、北海王與太妃俱往臨問，視其危惙，爲之泣下。其善奉諸貴，致相悲悼如此。贈使持節、鎮西將軍、雍州刺史，侯如故。始遇與抱嶷並爲文明太后所寵，前後賜以奴婢數百人，馬牛羊他物稱是，二人俱號富室。

遇養弟子厲，本郡太守。稍遷至右軍將軍，襲爵宕昌侯。產業有過于遇時。

苻承祖，略陽氐人也。因事爲閹人，爲文明太后所寵，自御厩令遷中部給事中、散騎常侍、輔國將軍，賜爵略陽侯，兼典選部事，中部如故。轉吏部尚書，仍領中部。高祖爲造甲第，數臨幸之。進爵略陽公，安南將軍，加侍中，知都曹事。初，太后以承祖居腹心之任，許以不死之詔。後承祖坐贓應死，高祖原之，削職禁錮在家，授悖義將軍、佞濁子，月餘遂死。

王質，字紹奴，高陽易人也。其家坐事，幼下蠶室。頗解書學，爲中曹吏、内典監。稍遷祕書中散，加寧朔將軍，賜爵永昌子，領監御。遷爲侍御給事，又領選部、監御二曹事，復特加前將軍，進爵魏昌侯。轉選部尚書，加員外散騎常侍。

出爲鎮遠將軍、瀛州刺史。質在州十年，風化粗行，察姦糾慝，究其情狀，民庶畏服之。而刑政刻峻，多所笞戮，號爲威酷。高祖頗念其忠勤宿舊，每行留大故，馮司徒亡，廢馮后，陸叡、穆泰等事，皆賜質以璽書，手筆莫不委至，同之戚貴。質皆寶掌以爲榮。入爲大長秋卿，未幾而卒。

李堅，字次壽，高陽易人也。高宗初，因事爲閹人。文明太后臨朝，稍遷至中給事中，賜爵魏昌伯。小心謹慎，常在左右，雖不及王遇、王質等，而亦見任用。高祖遷洛，轉被委授，爲太僕卿，檢課牧産，多有滋息。世宗初，出爲安東將軍、瀛州刺史，本州之榮，同於王質。所在受納，家産巨萬。值京兆王愉反於冀州，堅勒衆征愉，爲愉所破。代還，遇風疾，拜光禄大夫，數年卒。贈撫軍將軍、相州刺史，賵帛五百匹。以弟子曇景爲後，襲爵魏昌伯，爲羽林監、直後。

秦松，不知其所由。太和末，爲中尹，遷長秋卿，賜爵高都子。有罪免。世宗復其爵，起爲光禄大夫，領中常侍。遷平北將軍，領長秋卿。出爲散騎常侍、安北將軍、并州刺史。卒，贈大將軍、肆州刺史，謚曰定。

白整者，亦因事腐刑。少掌宫掖碎職，以恭敏著稱，稍遷至中常侍。

并州刺史。

太和末，爲長秋卿，賜爵雲陽男。世宗封其妻王氏爲□□縣君〔三〕。卒，贈平北將軍、

劉騰，字青龍，本平原城民，徙屬南兗州之譙郡。幼時坐事受刑，補小黄門，轉中黄門。高祖之在懸瓠，騰使詣行所。高祖問其中事，騰具言幽后私隱，與陳留公主所告符協，由是進冗從僕射，仍中黄門。

後與茹皓使徐兗，采召民女。及還，遷中給事，稍遷中尹、中常侍，特加龍驤將軍。後爲大長秋卿、金紫光禄大夫、太府卿。

肅宗踐極之始，以騰預在宫衛，封開國子，食邑三百户。是年，靈太后臨朝，以與于忠保護之勳，除崇訓太僕，加中侍中，改封長樂縣開國公，食邑一千五百户。拜其妻魏氏爲鉅鹿郡君〔四〕，每引入内，受賞賚亞於諸主外戚。所養二子，爲郡守、尚書郎。騰曾疾篤，靈太后慮或不救，遷衛將軍、儀同三司，餘官仍舊。後疾瘳。騰之拜命，肅宗當爲臨軒，會其日大風寒甚而罷，乃遣使持節授之。騰幼充宫役，手不解書，裁知署名而已。姦謀有餘，善射人意。靈太后臨朝，特蒙進寵，多所干託，内外碎密，栖栖不倦。洛北永橋，太上

公、太上君及城東三寺，皆主脩營。

吏部嘗望騰意，奏其弟爲郡帶戍，人資乖越，清河王懌抑而不與。騰以爲恨，遂與領軍元叉害懌。廢靈太后於宣光殿，宮門晝夜長閉，内外斷絶。騰自執管鑰，肅宗亦不得見，裁聽傳食而已。太后服膳俱廢，不免飢寒。又使中常侍賈粲假言侍肅宗書，密令防察。叉以騰爲司空公，表裏擅權，共相樹置。叉爲外禦，騰爲内防，迭直禁闥，共裁刑賞。騰遂與崔光同受詔乘步挽出入殿門。四年之中，生殺之威，決於叉、騰之手。八坐、九卿，旦造騰宅，參其顔色，然後方赴省府，亦有歷日不能見者。公私屬請，唯在財貨。舟車之利，水陸無遺；山澤之饒，所在固護；剥削六鎮，交通互市。歲入利息以巨萬計。又頗役嬪御，時有徵求；婦女器物，公然受納。逼奪隣居，廣開室宇。天下咸患苦之。

正光四年三月，薨于位，年六十。賵帛七百匹、錢四十萬、蠟二百斤。鴻臚少卿護喪事。中官爲義息，衰絰者四十餘人。

騰之初治宅也，奉車都尉周特爲之筮，不吉，深諫止之，騰怒而不用。特告人曰：「必困於三月、四月之交。」至是果死，廳事甫成，陳屍其下。追贈使持節、驃騎大將軍、太尉公、冀州刺史。騰之葬日，閹官爲義服，杖絰衰縞者以百數，朝貴皆從，軒蓋填塞，相屬郊野。魏初以來，權閹存亡之盛莫及焉。

靈太后反政，追奪爵位，發其家，散露骸骨，没入財産。後騰所養一子叛入蕭衍，太后大怒，因徙騰餘養於北裔，尋遣密使追殺之於汲郡。

賈粲，字季宣，酒泉人也。太和中，坐事腐刑。頗涉書記。世宗末，漸被知識，得充内侍。自崇訓丞爲長兼中給事中、中嘗藥典御，轉長兼中常侍〔一五〕。遷光禄少卿、光禄大夫。

靈太后之廢，粲與元叉、劉騰等伺帝動静。右衛奚康生之謀殺叉也，靈太后、肅宗同升於宣光殿，左右侍臣俱立西階下。康生既被囚執，粲紿太后曰：「侍官懷恐不安，陛下宜親安慰。」太后信之，適下殿，粲便扶肅宗於東序，前御顯陽，還閉太后於宣光殿。粲既叉黨，威福亦震於京邑。自云本出武威，魏太尉文和之後，遂移家屬焉。時武威太守韋景承粲意，以其兄緒爲功曹。緒時年向七十。未幾，又以緒爲西平太守，比景代下，已轉武威太守。

靈太后反政，欲誅粲，以叉、騰黨與不一，恐驚動内外，乃止。出粲爲濟州刺史，未幾，遣武衛將軍刁宣馳駟殺之，資財没於縣官。

楊範，字法僧，長樂廣宗人也。高宗時，坐宗人劫賊被誅，範宮刑，爲王琚所養，恩若父子，往來出入其家。範爲中謁者，轉黄門、中謁者僕射、中給事中、射聲校尉，加寧遠將軍，爲中尹。世宗崩，高陽王雍總政，出爲白水太守，加龍驤將軍。

靈太后臨朝，徵爲常侍、崇訓太僕卿，領中嘗藥典御，賜爵華陰子。爲平西將軍、華州刺史。中官内侍貴者〔一六〕，靈太后皆許其方岳，以範年長，拜跪爲難，所司非要，故得早遂其請。父子納貨，勞役兵民，爲御史所糾。子遂逃竄，範事得散。赴京師，遂廢於家。

後靈太后念範勤舊。乃以範爲中侍中、安南將軍，尋進鎮南將軍、崇訓太僕、華州大中正。卒，贈征西將軍、秦州刺史。

成軌，字洪義，上谷居庸人。少以罪刑，入事宮掖，以謹厚稱。除中謁者僕射。高祖意有所欲，軌瞻候容色，時有奏發，輒合帝心。從駕南征，專進御食。于時高祖不豫，常居禁中，晝夜無懈。車駕還，賜帛百匹。

景明中，嘗食典御丞，僕射如故。轉中給事中、步兵校尉，敕侍東宫。延昌末，遷中常侍、中嘗食典御、光禄大夫，賜始平伯，統京染都將，轉崇訓太僕少卿。遭母憂，詔遣主書常顯景弔慰。又起爲本官，進安東將軍、崇訓衛尉卿。久之，超遷中侍中、撫軍將軍，典御、崇訓如故。尋除中軍將軍、燕州大中正。孝昌二年，以勤舊封始平縣開國伯，食邑三百户。肅宗所幸潘嬪，以軌爲假父，頗爲中官之所敬憚。建義初，軌迎於河陰，詔令安慰宫内，進爵爲侯，增户三百，并前六百户，遷衞將軍。其年八月卒，贈車騎大將軍、雍州刺史，謚曰孝惠。

養弟子仲慶，襲。歷位鎮軍將軍、光禄大夫。卒。子朏，襲。齊受禪，例降。

王温，字桃湯，趙郡欒城人。父冀，高邑令，坐事被誅。温與兄繼叔俱充宦者。高祖以其謹慎，補中謁者、小黄門，轉中黄門、鉤盾令。稍遷中嘗食典御、中給事中，給事東宫，加左中郎將。

世宗之崩，羣官迎肅宗於東宫。温於卧中起肅宗，與保母扶抱肅宗，入踐帝位。高陽王雍既居冢宰，慮中人朋黨，出爲鉅鹿太守，加龍驤將軍。

靈太后臨朝，徵還爲中常侍、光禄大夫，賜爵樂城伯，安東將軍，領崇訓太僕少卿。特除使持節、散騎常侍、撫軍將軍、瀛州刺史。還，除中侍中，進號鎮東將軍、金紫光禄大夫。遷車騎將軍、左光禄大夫、光禄勳卿，侍中如故。孝昌二年，封樂城縣開國侯，邑六百户。温後自陳本陽平武陽人，於是改封武陽縣開國侯，邑如故。建義初，於河陰遇害，年六十六。永安初，贈驃騎大將軍、儀同三司、雍州刺史。

養子冏哲，襲。齊受禪，例降。

孟鸞，字龍兒，不知何許人。坐事充閹人。文明太后時，王遇有寵，鸞以謹敏爲遇左右，往來方山，營諸寺舍。由是漸見眷識。

靈太后臨朝，爲左中郎將、中給事中。素被病，面常黯黑，於九龍殿下暴疾，半身不攝，扶載歸家，其夜亡。鸞初出，靈太后聞之，曰：「鸞必不濟，我爲之憂。」及奏其死，爲之下淚，曰：「其事我如此，不見我一日忻樂時也。」遂賜帛三百匹、黄絹十匹以供喪用〔一七〕。七日，靈太后爲設二百僧齋，賜助施五十匹。同類榮焉。

平季，字稚穆，燕國薊人。祖濟，武威太守。父雅，州秀才〔一八〕，與沙門法秀謀反，伏誅。季坐腐刑，入事宮掖。久之，除小黄門，以忤旨出爲潞縣令，不拜。仍除奉朝請。靈太后反政，授寧朔將軍、長水校尉，領黄門令。轉前軍將軍、中給事中。時四方多事，太后每令季出使於外。

後慰勞西軍，還至潼關，華州羌人舜明等據嶮作逆，都督姜道明不能進討。會舜明遣十餘人詐降入道明軍。闕遂散。

出爲新興太守。肅宗崩，與尒朱榮等議立莊帝。莊帝即位，起拜平北將軍、肆州刺史〔一九〕。尋除撫軍將軍、中侍中。以參謀之勳，封元城縣開國侯，食邑七百户。仍加金紫光禄大夫、幽州大中正，尋攝燕、安、平、營中正。前廢帝以爲車騎將軍、右光禄大夫，中侍中如故。永熙中，加驃騎將軍。季遇疾，詔遣使存問。三年九月卒。天平初，贈使持節、都督幽燕安平四州諸軍事、儀同三司、幽州刺史，中侍中、將軍、侯如故。初季以兄□□□□□叔良爲襲季爵〔二〇〕。卒。

子世胄，襲。齊受禪，例降。

封津，字醜漢，勃海蓨人也。祖羽，真君中爲薄骨律鎮副將，以貪汙賜死。父令德，娶党寶女〔二二〕，寶伏誅，令德以連坐從法。津受刑，給事宮掖。

積官久之，除中謁者僕射，遷奉車都尉。肅宗初，冀州大乘賊起，詔津慰勞。津世不居桑梓，故不爲州鄉所歸。靈太后令津侍肅宗書。遷常山太守。孝昌初，除中侍中，加征虜將軍，仍除崇訓太僕，領宮室都將，冀州大中正。超拜金紫光禄大夫。二年，封東光縣開國子，食邑二百户，鎮南將軍，兼中關右慰勞大傳〔二三〕。出爲散騎常侍、征東將軍、濟州刺史。永安初，中侍中、衞將軍，尋轉大長秋、左光禄大夫。太昌初，驃騎大將軍、儀同三司。津少長宮闈，給事左右，善候時情，號爲機悟。

天平初，除開府儀同三司、本將軍、懷州刺史。元象初，復爲中侍中、大長秋卿，仍開府儀同。夏薨，年六十二。贈都督冀瀛幽安四州諸軍事、本將軍、司徒公、冀州刺史，謚曰孝惠。

養兄子長業，襲爵。齊受禪，例降。

津兄憑，字元寄。當時逃竄，後會赦免。太和中，奉朝請，冀州趙郡王幹田曹參軍、定州彭城王勰水曹參軍、給事中、越騎校尉。以討大乘功，除左中郎將，遷龍驤將軍、中散大夫。孝昌中，歷恒農、武邑二郡太守。尋除征虜將軍、光州刺史。還，爲平東將軍、光禄大夫，轉鎮南將軍、金紫光禄大夫。除衞將軍、右光禄大夫。初，津被敕營出帝父廣平王陵。永熙中，以營陵功，封津城陽縣開國子，邑三百户。津自有封，乃啓轉於憑。後除衞大將軍、左光禄大夫。興和三年夏卒，年六十七。憑無他才伎，始終資歷，皆由於津。津卒之後，憑亦無贈。

子靈素，襲。齊受禪，例降。

津從兄苔，光禄大夫。

子宗顯，司徒掾。

劉思逸，平原人。父直，武邑太守。與元愉反於信都，伏誅。思逸少充腐刑。初爲中小史，轉寺人。久之，除小黄門，拜奉朝請，坐事免。後除東莞太守。思逸雖身在閹寺，而性頗豪率，輕薄無行，好結朋遊。又除左將軍、大長秋卿，遷中侍中、平東將軍。武定中，與元瑾等謀反，伏誅。

又有張景嵩、毛暢者，咸以閹寺在肅宗左右，而並黠了，甚見知遇。俱爲小黄門，每承間陳元叉之惡於肅宗。元叉之出，景嵩、暢頗有力焉。靈太后反政，未即戮叉。時内外喧喧，云「叉還入知政事」。暢等恐禍及己，乃啓肅宗，欲詔右衛將軍楊津密往殺叉。詔書已成，未及出。叉妻知之，告太后云：「景嵩、暢與清河王息弨欲廢太后。」太后信之，責暢，暢出詔書草，以呈太后。太后讀之，知無廢己狀，意爲小解。然叉妻構之不已，遂致疑惑。未幾，出暢爲頓丘太守。後復出景嵩爲魯郡太守。乃密令御史掩暢，暢走免，尋捕殺之。景嵩因入都，太后數其與暢同計之事，大致嫌責。後爲陽城、滎陽二郡太守。孝靜時，位至中侍中，坐事死。

史臣曰。闕

校勘記

〔一〕趙黑　北史卷九二恩幸趙默傳傳目及傳文並作「趙默」。

〔二〕孟鸞　北史卷九二恩幸孟欒傳傳目及傳文並作「孟欒」。

〔三〕嵩妹子洛齊生而非男　「嵩妹子」三字原闕，據北監本、殿本、北史卷九二恩幸仇洛齊傳補。

〔四〕細繭　册府卷五〇四、卷六六七及通鑑卷一二〇宋紀二元嘉三年十二月並作「紬繭」，北史卷九二恩幸仇洛齊傳作「紬綾」。按本書卷一一〇食貨志也作「細繭」，册府二處即採本書此傳和食貨志，「細」並作「紬」，與北史合。疑「紬」是。「繭」「綾」音形皆殊，「綾」字疑是北史所改。

〔五〕遂歷右將軍中常侍　「歷右將軍中」，原作空格，三朝本、北監本、汲本、殿本、局本注「闕四字」，據册府卷六六五補。

〔六〕后之惑薩菩薩也　「薩菩薩」，南監本、北監本、殿本、局本、北史卷九二恩幸劇鵬傳、册府卷六六六並作「薛菩薩」。按本書卷一三皇后幽皇后馮氏傳、北史卷一三后妃傳上幽皇后馮氏傳作「高菩薩」。疑其人本姓高，「薩」或「薛」乃涉下「菩薩」而訛。

〔七〕李豐　原作「季豐」，據册府卷六六五改。按本書卷五五劉芳傳見「中官李豐」，馮太后時人，與此傳「季豐」時代、身份俱合。

〔八〕隴東公　原作「龍東公」。按下文稱祐養子顯明「襲爵，降爲隴東公」。即因祐由隴東公進封新平王，降爵仍因舊封。北魏不見有郡名「龍東」者，本書卷一〇六下地形志下涇州有隴東郡。今據改。

〔九〕遷都曹加侍中祭酒尚書領中曹侍御　按祭酒以上是新遷官，尚書、領中曹侍御是原官，上文已云「尚書領中曹如故」，此處「侍御」下疑脱「如故」二字。

〔一〇〕數追稱嶷之正直　「追稱」，北史卷九二恩幸抱嶷傳作「道稱」。

〔一一〕與雷党不蒙俱爲羌中彊族　「党」，原作「光」，據三朝本、南監本、北監本、殿本改。按党是羌大姓，本書卷三太宗紀泰常四年六月見「羌酋党道子」。姓纂卷七党氏：「本出西羌。」

〔一二〕復奪爵　北史卷九二恩幸王遇傳作「復舊爵」。

〔一三〕世宗封其妻王氏爲□□縣君　「□□」，原作二字墨釘，他本並作「雲陽」，册府卷六六五「爲縣君」連文，中不闕字。按下文劉騰封長樂縣公，其妻封鉅鹿郡君；本書卷八三下外戚傳下胡國珍傳，國珍封安定郡公，妻皇甫氏封京兆郡君，繼妻梁氏封趙平郡君，知北魏加於婦人之郡君、縣君，自爲爵號，與夫之封爵無關。白整封雲陽男，其妻未必也封雲陽。此處本闕縣名，他本作「雲陽」疑是後人以爲婦人必以夫之封邑爲號，以意補闕，册府徑連上文，亦誤。

〔一四〕拜其妻魏氏爲鉅鹿郡君　「魏氏」，原作「時」，據三朝本、南監本、北監本、殿本、局本、北史卷九二恩幸劉騰傳改。按册府卷六六五徑作「時氏」。

〔一五〕轉長兼中常侍　「侍」字原闕，今補。按「中常侍」不得省稱「中常」，亦非他官之訛，上劉騰傳稱「中常侍賈粲」可證。

〔一六〕中官内侍貴者　「内」字原闕，據北史卷九二恩幸楊範傳補。

〔一七〕黄絹十匹　「絹」字原闕，據北史卷九二恩幸孟欒傳補。

〔一八〕父雅州秀才　「秀才」，原作「季才」，據北監本、汲本、殿本、局本改。

〔一九〕起拜平北將軍肆州刺史　「起拜」，北史卷九二恩幸平季傳、册府卷六六五、六六八並作「超拜」，疑是。按平季時已爲新興太守，不得言「起拜」。

〔二〇〕初季以兄□□□□□叔良爲襲季爵　「兄」下所空五格，三朝本、南監本同，北監本、汲本、殿本、局本注「闕」。諸本除南監本外，皆自「叔」字提行。按弟名季，兄名叔，疑「叔」本與上「兄」字相接，原文疑作「初季以兄叔子良爲後襲季爵」，脱「子」「後」二字。

〔二一〕党寶　北史卷九二恩幸封津傳作「常寶」，疑是。按「党寶」別無所見，本書卷八三上外戚傳上常英傳有云「伏、寶、泰等，州刺史」。党寶「伏誅」，與太和初常氏遇禍「誅及五族」，事亦合。惟外戚傳有脱訛，不知寶爲常英何人。

〔二二〕兼中關右慰勞大傳　「大傳」，三朝本作「大傅」，南監本、北監本、汲本、殿本、局本作「太傅」，疑並是「大使」之訛。按「慰勞大使」例見本書卷五八楊播傳附楊侃傳、卷六八甄琛傳附張纂傳、卷七七辛雄傳。加「中」字，當因封津是宦官。

魏書卷九十五

列傳第八十三

匈奴劉聰　羯胡石勒　鐵弗劉虎　徒何慕容廆　臨渭氏苻健　羌姚萇　略陽氏呂光

夫帝皇者，配德兩儀，家有四海，所謂天無二日，土無二王者也。三代以往，守在海外，秦吞列國，漢并天下。逮桓靈失政，九州瓦裂，曹武削平寇難，魏文奄有中原，於是僞孫假命於江吳，僭劉盜名於岷蜀。何則？戎方椎髻之帥，夷俗斷髮之魁，世崇凶德，罕聞王道，扇以跋扈，忻從放命。加以中州避地，華士違讎，思託號令之聲，念邀風塵之際。因虞候隙，仍相君長，偷名竊位，脅息一隅。至乃指言井絡，假上帝之祉；妄説黄旗，云人君之氣。論土不出江漢，語地僅接褒斜，而謂握皇符，秉帝籍，三分鼎立，比蹤王者。溺人必笑，其在茲乎？若是鼇靈可擬於周王，夫差容比於漢祖，尉他定黄屋之尊，子陽成縮璽之貴，豈其然哉？及鍾會一將之威，士治偏師之勢，而使騾車西至，侯蓋北首，天人弗許，斷可知焉。

晉年不永，時逢喪亂，異類羣飛，姦凶角逐，内難興於戚屬，外禍結於藩維。劉淵一唱，石勒繼響，二帝沉淪，兩都傾覆。徒何仍釁，氐羌襲梗，夷楚喧聒於江淮，胡虜叛換於瓜涼，兼有張赫山河之間，顧恃遼海之曲。各言應曆數，人謂遷圖鼎。或更相吞噬，迭爲驅除；或狼戾未馴，俟我斧鉞。

太祖奮風霜於參合，鼓雷電於中山，黄河以北，靡然歸順矣。世祖叡略潛舉，靈武獨斷，以夫僭僞未夷，九域尚阻，慨然有混一之志。既而戎車歲駕，神兵四出，全國克敵，伐罪弔民，遂使專制令、擅威福者，西自流沙，東極滄海，莫不授館於東門，懸首於北闕矣。唯夫窮髮遺虜，未拔根株；徼垂殘狡，尚餘栽蘖。而北踰翰漠，折其肩髀；南極江湖，抽其腸胃。雖骸骨僅存，脂膏咸盡；視息纔舉，魂魄久遊。高祖聖敬時乘，遷居改作，日轉雲移，風行電掃。辮髮之渠，非逃則附；卉服之長，琛賮繼入。猶以侍子不至，取亂乘機，五牛一指，六師騁路，馘其武臣驍帥，傾其湯池石城。向使時無穀塘之禍，民無鼎湖之思；北可焚穹廬，收服匿，削引弓之左衽，苑龍荒以牧馬；南則羣黿鼉，暴鯨鯢，變水處之文身，化鳥言於人俗矣。尋以壽春内款，華陽稽服，蕞彼江陰，戛於繫頸。肅宗以沖年踐祚，俄則母后當陽，務崇寬政，取和朝野，置荒遐於度外，譬蠻夷於雞肋。而黠狄淪胥，種落離貳，虜帥飄然，窮而歸我，矜其眼目，愍厥顛亡，反之於故庭，復之以保塞。

魏道將虧，禍出權幸，事僻於中，民驚於外，疆埸崩騰，藩籬傾駭，陰朔委命之倫，雲蒸霧合。上失其道，下極其難，政亂如風草，師亡猶彈丸，十數年間，中區殄悴。而江湄巨狡，窺覦上國，虵虺肆毒，竊我邊鄙。氈裘相率，馬首南向，白山、溼水，狐鼠羣遊。魏德雖衰，天命未改，援墜扶危，齊武電發，屈身宰世，大濟橫流。和戎略遠，用謀急病，輶軒四指，喻以德音。爾乃舟車接次，駝驢銜尾，烽柝不警，尉候空設。而水鄉大猾，好利忘信，納我逋叛，共爲舉斧，遂有寒山之戰，渦陽。闕〔一一〕糾合傖楚，覆其巢穴，衍以餧卒，綱實鴆死。獯虜那瓌，尋亦殲殪。

自二百許年，僭盜多矣，天道人事，卒有歸焉，猶衆星環於斗極，百川之赴溟海。今總其僭僞，列於國籍，俾後之好事，知僭盜之終始焉。

匈奴劉聰，字玄明，一名載，冒頓之後也。漢高祖以宗女妻冒頓，故其子孫以母姓爲氏。祖豹，爲左賢王。及魏分匈奴之衆爲五部，以豹爲左部帥。豹雖分屬五部，然皆家于晉陽汾澗之濱。

父淵，形容偉壯，膂力過人。晉初爲任子，在洛陽。豹卒，淵代之。後改帥爲都尉，以淵爲北部都尉。楊駿輔政，以淵爲建威將軍、五部大都督，封漢光鄉侯。後坐部民叛出塞，免官。永寧初，成都王穎表淵行寧朔將軍，監五部軍事。

及齊王冏、長沙王乂與穎等自相誅滅，北部都督劉宣等竊議反叛，謀推淵爲大單于。時淵在鄴，乃使呼延攸以此謀告之。淵請歸會葬，穎不許。穎爲皇太弟，以淵爲太弟屯騎校尉。晉惠帝之伐穎也，以淵爲輔國將軍、都督北城守事。及惠帝敗，以淵爲冠軍將軍，封盧奴伯。既而并州刺史司馬騰、幽州刺史王浚，起兵伐穎，穎師戰敗。淵謂穎曰：「今二鎮跋扈，衆踰十萬，恐非宿衛及近郡士民所能禦之。淵當爲殿下還説五部，鳩合義衆以赴國難。」穎悦，拜淵爲北單于，參丞相軍事。

淵至左國城，劉宣等上大單于之號，二旬之間，衆便五萬，都於離石。淵謂宣等曰：「帝王豈有常哉，當上爲漢高，下爲魏武。然晉人未必同我，漢有天下世長，恩德結於民心，吾又漢氏之甥，約爲兄弟，兄亡弟紹，不亦可乎？今且可稱漢，追尊後主，以懷民望。」乃遷於左國城，自稱漢王，置百官，年號元熙，追尊劉禪爲孝懷皇帝。攻擊郡縣。

桓帝十一年，晉并州刺史司馬騰來乞師，桓帝親率萬騎救騰，斬淵將綦毋豚，淵南走蒲子。語在序紀。

晉光熙元年，淵進據河東，剋平陽、蒲坂，遂都平陽。晉永嘉二年，淵稱帝，年號永鳳。後汾水中得玉璽，文曰「有新保之」，蓋王莽之璽也。得者因增「淵海光」三字而獻之，淵以爲己瑞，號年爲河瑞。以聰爲大司馬、大單于、録尚書事，置單于臺於平陽西。淵死，子和僭立。聰即和第四弟也，殺和而自立。

聰猨臂善射，彎弓三百斤。晉新興太守郭頤辟爲主簿，任以郡事。舉良將，爲驍騎別部司馬。齊王冏以爲國中尉。出爲左部司馬，尋遷右部尉。太宰、河間王顒表爲赤沙中郎將。以淵在鄴，懼爲成都王穎所害，亡奔穎，穎甚悦，拜右積弩將軍，參前鋒戰事。隨還左國。淵稱大號，拜大司馬，封楚王。及僭位，年號光興。聰遣王彌、劉曜攻陷洛陽，執晉懷帝，改年爲嘉平。

聰於是慉奢淫暴，殺戮無已，誅翦公卿，旬日相繼。納其太保劉殷二女爲左右貴嬪，又納殷孫女四人爲貴人，六劉之寵，傾於後宫。聰希復出外，事皆中黄門納奏，左貴嬪決之。其都水使者襄陵王攄以魚蟹不供，將作大匠望都公靳陵以營作遲晚，並斬於東市。聰遊獵無度，晨出暮歸，觀魚於汾，以燭繼晝。其弟乂及子粲輿櫬切諫，聰怒曰：「吾豈桀紂幽厲乎，而汝等生來哭人也！」

先是，劉琨來告難，穆帝親率大衆，令長子六脩擊粲等，大破之。語在序紀。聰與羣臣飲讌，逼晉帝行酒。晉光禄大夫庾珉等謀以平陽應劉琨，於是害晉帝，誅珉等。改嘉平爲建元。平陽地震，聰崇明觀陷爲池，水赤如血，赤氣至天，有赤龍奮迅而去。流星起于牽牛，入紫微，龍形委蛇，其光照地，落於平陽北十里。視之則肉，長三十步，廣二十七步，臭達於平陽。肉旁常有哭聲，晝夜不止。聰惡之。劉后産一蛇一虎，各害人而走，尋之不得，頃之見在隕肉之旁。

聰遣劉曜攻陷長安，執晉愍帝，改建元爲麟嘉。其武庫陷，入地一丈五尺。聰自去冬至是，遂不受朝賀，立市於後庭，與宫人讌戲，積日不醒。立上皇后樊氏，樊氏是聰張后之侍婢也。時稱后者四人，佩皇后璽綬者七人。阿諛日進，貨賄公行，後宫賞賜，動至千萬。有豕著進賢冠，犬冠武弁帶綬，並昇聰座，俄而鬭死，宿衞之人無見入者。平文二年，聰死。

子粲，襲位，號年漢昌。粲荒耽酒色，遊蕩後庭，軍國之事，決於大將軍靳準[二]。準勒兵誅粲，劉氏男女無少長皆殺之。準自號漢王，置百官。尋爲靳明所殺，衆降淵族子曜。

曜，字永明。少孤，見養於淵。頗知書計，志性不恒。拳勇有膂力，鐵厚一寸，射而洞之。坐事當誅，亡匿朝鮮，客爲縣卒，會赦得還。聰之末年，位至相國，鎮長安。靳準之誅粲也，曜來赴之，次於赤壁。遂僭尊號，改年光初。靳明既降於曜，曜還都長安，自稱大趙。

曜西通張駿，南服仇池，窮兵極武，無復寧歲。又發六百萬功，營其父及妻二冢，下洞三泉，上崇百尺，積石爲基，周回二里，發掘古冢以千百數，迫督役徒，繼以脂燭，百姓嗥哭，盈於道路。又更增九十尺。冢前石人有聲言「慎」。封其子胤爲南陽王，以漢陽十三郡爲國。立單于臺於渭城，置左右賢王已下〔三〕，皆以雜種爲之。曜得黑兔，改年爲太和。

石虎伐曜，曜擊破之，遂攻石生於洛陽。曜不撫士衆，專與嬖臣飲博，左右或諫，曜怒斬之。石勒進據石門，曜甫知之，解金墉之圍，陳于洛西，將與勒戰。至西陽門〔四〕，麾軍就平，師遂大潰。曜墜于冰，爲石勒將石堪所擒。勒囚之襄國，尋殺之。烈帝元年，曜子毗率百官棄長安西走秦州〔五〕。尋爲石勒所滅。

羯胡石勒，字世龍，小字匐勒〔六〕。其先匈奴別部，分散居於上黨武鄉羯室，因號羯胡。祖邪奕于，父周曷朱，一字乞翼加，並爲部落小帥。周曷朱性凶麤，不爲羣胡所附。勒壯健，有膽略，好騎射，周曷朱每使代己督攝部胡，部胡愛信之。

并州刺史司馬騰執諸胡，於山東賣充軍實，兩胡一枷，勒亦在中。至平原，賣與師氏爲奴。師家隣於馬牧，勒與牧帥汲桑往來相託，遂招集王陽、夔安、支雄、冀保、吴豫、劉膺、姚豹〔七〕、逯明、郭敖、劉徵、劉寶、張曀僕、呼延莫、郭黑略、張越、孔豚、趙鹿、支屈六等，東如赤龍、騄驥諸苑，乘苑馬還掠繒寶以賂汲桑〔八〕。成都王穎之廢也，穎故將陽平人公師藩等自稱將軍，起兵趙魏，衆至數萬，勒與汲桑率牧人，乘苑馬數百騎以赴之。於是桑始命勒以石爲姓，以勒爲名。藩拜爲前隊督。藩戰敗身死，勒與汲桑亡潛苑中。穎之將如河北也，汲桑以勒爲伏夜牙門，率牧人劫掠郡縣繫囚，合軍以應之，屯于平石。桑自號大將軍，進軍攻鄴，以勒爲前鋒都尉。攻鄴，剋之。尋爲晉將苟晞所敗。勒往從劉淵，拜爲輔漢將軍、平晉王。劉聰立，以勒爲征東大將軍、并州刺史、汲郡公。劉粲攻洛陽，勒留長史刁膺統步卒九萬，徙輜重于重門，率輕騎二萬會粲於太陽，大敗晉監軍裴邈于澠池，遂至洛川。勒出成皋，圍晉陳留太守王讚於倉垣，爲讚所敗。屯文石津，將北攻晉幽州刺史王浚。會浚將王甲始率遼西鮮卑萬餘騎敗劉聰安北大將軍趙固于津北，勒乃燒船棄營，引軍向柏門，迎重門輜重，合于石門而濟。南攻晉豫州刺史馮嵩于陳郡，不剋，進攻襄城太守崔曠於繁昌〔九〕，斬之。

先是，雍州流民王如、侯脫、嚴嶷等，起兵江淮間，受劉淵官位。聞勒之來也，懼，遣衆一萬拒於襄城，勒擊敗之，盡俘其衆。勒至南陽，屯于宛之北山。王如遣使通好。勒進攻宛，剋之，斬侯脫，降嚴嶷，盡并其衆。南至襄陽，攻剋江西三十餘壘，有據江漢之志。勒右長史張賓以爲不可，引軍而北。

晉太傅、東海王越率洛陽之衆二十餘萬討勒。越薨於軍，軍人推太尉王衍爲主，率衆而東。勒追擊，破之於苦縣。勒分騎圍而射之，相登如山，殺王衍及晉襄陽王範等十餘萬人。越世子毗聞越薨，出自洛陽，從者傾城。勒逆毗於洧倉，破之，執毗及晉宗室二十六王并諸卿士，皆殺之。與王彌、劉曜攻陷洛陽，歸功彌、曜。遂出轘轅，執晉大將軍苟晞於蒙城，以爲左司馬。劉聰授勒鎮軍大將軍、幽州牧，領并州刺史。用張賓之計，自汝南葛陂北都襄國。襲幽州，擒王浚，殺之。劉聰加勒陝東伯，得專征伐，封拜刺史、將軍、守宰、列侯，歲盡集上。

及劉粲爲靳準所殺，勒率衆赴平陽。曜稱尊號，授勒大司馬、大將軍，加九錫，增封十郡，并前十三郡，進爲趙公。勒至平陽，斬明出與勒戰，勒大破之，遣兼左長史王脩、主簿劉茂獻捷於曜。明率平陽之衆奔曜，曜西如粟邑。勒焚平陽宮室，置戍而歸，徙渾儀樂器於襄國。曜遣使授勒太宰，領大將軍，進爵趙王，增封七郡，并前二十郡，出入警蹕，冕十有二旒，乘金根車，駕六馬，如魏武輔漢故事。王脩舍人曹平樂留仕曜朝，言於曜曰：「大司馬遣脩等來，外表至虔，內覘彊弱。」曜實殘弊，懼脩宣之，大怒，追還策命而斬王脩。劉茂逃歸，言脩死狀。勒大怒，誅曹平樂父兄，夷其三族。又知追停太宰、趙王之授，怒曰：「帝王之起，復何常也？趙王、趙帝，孤自取之，名號大小，豈爾所節乎！」勒乃自稱大都督、大將軍、大單于、趙王，以二十四郡爲趙國，號爲趙王元年，平文三年也。

勒遣使求和，請爲兄弟，斬其使以絕之。自是朝會，常僭天子禮樂，以饗羣臣。烈帝元年，勒又遣使求和，帝許之。

二年，勒僭稱皇帝，置百官，年號建平。雖都襄國，又營鄴宮，作者數十萬人，兼以晝夜。五年，勒死，子大雅僭立。

大雅，名犯顯祖廟諱。大雅立，號年延熙。石虎廢大雅爲海陽王而僭立，尋殺之。

虎，字季龍，勒之從子也。祖曰匐邪，父曰寇覓。寇覓有七子，虎第四。勒父幼而子之，故或謂之爲勒弟也。晉永興中，與勒相失。永嘉五年，劉琨送勒母王氏及虎於葛陂，時年十七矣。性殘忍，遊獵無度，能左右射，好以彈彈人，軍中甚患之。勒白母曰：「此兒凶暴無賴，使軍人殺之，聲名可惜，宜自除也。」母曰：「快牛爲犢子時，多能破車。爲復小忍，勿却之。」至年十八，身長七尺五寸，弓馬迅捷，勇冠當時。將佐親戚，莫不敬憚，勒深嘉之。而酷害過差，軍中有壯健與己齊者，因獵戲謔，輒殺之。至於降城陷壘，不復斷别善惡，坑斬士女，尠有遺類。御衆嚴整，莫敢犯者，指授攻討，所向無前。故勒寵信彌隆，仗以專征之任。

劉聰以虎爲魏郡太守，鎮鄴三臺；又封繁陽侯，食邑三千户。勒爲趙王，以虎爲車騎將軍，加侍中、開府，進封中山公。勒稱尊號，爲太尉、守尚書令，封中山王，食邑萬户。勒死，虎擅誅右光禄大夫程遐、中書令徐光，遣子邃率兵入大雅宫，直衛文武皆奔散。大雅大懼，自陳弱劣，讓位于虎。虎曰：「若其不堪，天下自當有大義，何足豫論。」遂逼立之。虎自爲丞相、魏王。虎以勒文武舊臣，皆補丞相閑任，其府寮舊昵，悉居臺省禁要。改勒太子宫曰崇訓宫，徙勒妻劉氏已下居之，簡其美淑及車馬服御，皆歸虎第。劉氏謂其彭城王石堪曰：「丞相便相凌蹈，恐國祚之滅不復久矣。真可謂養虎自殘者也。王將何以圖之？」堪曰：「先帝舊臣，皆以斥外，衆旅不復由人，宫殿之中，亡所厝計。臣請出奔兗州，據廩丘，扶南陽王恢爲盟主，宣太后詔於諸牧守、征鎮，令各率義兵同討惡逆，蔑不濟也。」劉氏然之。既而，堪計不果，虎炙而殺之，又殺劉氏。石生先鎮長安，石朗鎮洛陽，並起兵討虎，爲虎所滅。

虎遂自立爲大趙王，號年建武，自襄國徙居於鄴。乃殺大雅及其母程氏，并大雅諸弟。初，虎衣袞冕，將祀南郊，照鏡無首，大恐怖，不敢稱皇帝，乃自貶爲王。使其太子邃省可尚書奏事，唯選牧守、祀郊廟、征伐、刑斷，乃親覽之。虎又改稱大趙天王。邃以事呈之，恚曰：「此小事，何足呈也！」時有所問〔一〇〕，復怒曰：「何以不呈！」誚責杖捶，月至再三。邃甚愠恨，私謂中庶子李顏等曰：「官家難稱，吾欲行冒頓之事，卿從我乎？」顏等伏不敢對。虎聞而大怒，殺邃及其男女二十六人，一棺埋之，誅其宫臣支黨二百餘人。立次子宣爲太子。

虎於鄴起臺觀四十餘所，營長安、洛陽二宫，作者四十餘萬人。又欲自鄴起閣道，至于襄國。敕河南四州具南師之備，并、朔、秦、雍嚴西討之資，青、冀、幽州三五發卒。諸州造甲者五十萬人。擾役黎元，民庶失業，得農桑者十室而三。船夫十七萬人，爲水所没，爲虎所害，三分而一。課責征士，五人車一乘、牛二頭、米各十五斛、絹十匹。諸役調有不辦者，皆以斬論。窮民率多鬻子以充軍制，而猶不足者，乃自經于道路。死者相望，猶求發無已。太武殿成，圖畫忠臣、孝子、烈士、貞女，皆變爲胡狀，頭縮入肩。虎大惡之。

遣司虞中郎將賈霸率工匠四千，於東平岡山造獵車千乘，轅長三丈，高一丈八尺，置高一丈七尺；格虎車四十乘，立行樓二層於其上。南至滎陽，東極陽都，使御史監司。其中禽獸，民有犯者罪至大辟。御史因之，擅作威福，民有美女、好牛馬，求之不得，便誣以犯獸論，民死者相繼，海岱、河濟之間，民無寧志矣。又發民牛二萬餘頭，配朔州牧官。增内官二十四等〔一一〕，東宮十二等，諸公侯七十餘國，皆爲置女官九等。先是，大發民女二十已下、十三已上三萬餘人，爲三等之第，以分配之。郡縣有希旨，務於美淑，奪人婦者九千餘人。民妻有美色，豪勢因而脅之，率多自殺。太子、諸公私令採發者，亦垂一萬。

建國九年，虎遣使朝貢。

虎使其太子宣及宣弟秦公韜遞日省可尚書奏事。宣惡韜侔己，謂嬖人楊柯〔一二〕、牟成等曰：「汝等殺韜，吾入西宮，當以韜之國邑分封汝等。韜既死，上必親臨，因行大事，亡不濟矣。」柯等許諾，乃夜入韜第而殺之。虎將出臨韜喪，其司空李農諫，乃止。翌日，有人告之，虎大怒，以鐵鐶穿宣頷而鏁之，作數斗木槽，和以羹飯，以猪狗法食之。取害韜刀仗，舐其上血，號叫之聲，震動宮殿。積柴城北，樹標其上，標末置鹿盧，穿之以繩。送宣於標所，使韜所親宦者郝雅、劉靈拔其髮〔一三〕，抽其舌，以繩貫其頷，鹿盧絞上之。劉霸斷其手足，斫眼潰腹，如韜之傷。四面縱火，煙焰際天，虎從昭儀已下數千人，登中臺以觀之。火滅，取灰分置諸門交道中。殺其妻子二十九人〔一四〕，誅其四率已下三百人、宦者五十人，皆車裂、節解，棄之漳水。洿其東宮，以養豬牛。

十二年，虎自稱皇帝，號年太寧。

虎死，少子世僭立。虎養孫閔殺世，以世兄遵爲主。遵以閔爲大將軍輔政。遵立七日，大風、雷震、晝昏，火水俱下，災其太武殿，延及宮內府庫，至于閶闔門。火月餘乃滅。遵兄鑒，又殺遵而自立，號年青龍。鑒弟苞與胡張才、孫伏都等謀殺閔，不剋而死。自鳳陽門至琨華殿，積屍如丘，流血成池。閔知胡人不爲己用，乃閉鄴城四門，盡殺諸胡，晉人貌似胡者多亦濫死。閔乃殺鑒而自立，盡滅石氏。

閔本姓冉，乃復其姓。自稱大魏，號年永興。尋爲慕容儁所擒。

鐵弗劉虎，南單于之苗裔，左賢王去卑之孫，北部帥劉猛之從子，居於新興慮虒之北。北人謂胡父鮮卑母爲「鐵弗」，因以爲號。猛死，子副崙來奔。虎父誥升爰代領部落。誥升爰一名訓兜。誥升爰死，虎代焉。虎一名烏路孤。始臣附於國，自以衆落稍多，舉兵外叛。平文與晉并州刺史劉琨共討之，虎走據朔方，歸附劉聰，聰以虎宗室，拜安北將軍、監鮮卑諸軍事、丁零中郎將。復渡河侵西部，平文逆擊，大破之，虎退走出塞。昭成初，虎又寇西部，帝遣軍逆討，又大破之。虎死，子務桓代領部落，遣使歸順。

務桓，一名豹子。招集種落，爲諸部雄。潛通石虎，虎拜爲平北將軍、左賢王。

務桓死，弟閼陋頭代立〔一五〕。密謀反叛，語在序紀。後務桓子悉勿祈逐閼陋頭而自立。悉勿祈死，弟衞辰代立。

衞辰，務桓之第三子也。既立之後，遣子朝獻，昭成以女妻衞辰。衞辰潛通苻堅，堅以爲左賢王。遣使請堅，求田内地，春來秋去，堅許之。後掠堅邊民五十餘口爲奴婢以獻於堅，堅讓歸之。乃背堅，專心歸國，舉兵伐堅，堅遣其建節將軍鄧羌討擒之。

堅自至朔方，以衞辰爲夏陽公，統其部落。衞辰以堅還復其國，復附於堅，雖於國貢使不絶，而誠敬有乖。帝討衞辰，大破之，收其部落十六七焉。衞辰奔苻堅，堅送還朔方，遣兵戍之。昭成末，衞辰導苻堅來寇南境，王師敗績。堅遂分國民爲二部，自河以西屬之衞辰，自河以東屬之劉庫仁。語在燕鳳傳。堅後以衞辰爲西單于，督攝河西雜類，屯代來城。

寇害。

慕容永之據長子，拜衞辰使持節、都督河西諸軍事、大將軍、朔州牧，居朔方。姚萇亦遣使結好，拜衞辰使持節、都督北朔雜夷諸軍事、大將軍、大單于、河西王、幽州牧。累爲

登國中，衞辰遣子直力鞮寇南部，其衆八九萬，太祖軍五六千人，爲其所圍。太祖乃以車爲方營，並戰並前，大破之於鐵岐山南，直力鞮單騎而走，獲牛羊二十餘萬。乘勝追之，自五原金津南渡，逕入其國，居民駭亂，部落奔潰，遂至衞辰所居悅跋城。衞辰父子驚遁，乃分遣諸將輕騎追之。陳留公元虔南至白鹽池，虜衞辰家屬；將軍伊謂至木根山，禽直力鞮，盡并其衆。衞辰單騎遁走，爲其部下所殺，傳首行宮，獲馬牛羊四百餘萬頭〔六〕。

先是，河水赤如血，衞辰惡之，及衞辰之亡，誅其族類，並投之於河。衞辰第三子屈孑，亡奔薛干部帥太悉伏。

屈孑，本名勃勃，太宗改其名曰屈孑，屈孑者，卑下也〔七〕。太悉伏送之姚興，興高平公破多羅没弈干妻之以女。屈孑身長八尺五寸，興見而奇之，拜驍騎將軍，加奉車都尉，常參軍國大議，寵遇踰於勳舊。興弟濟南公邕言於興曰：「屈孑天性不仁，難以親育，寵之太甚，臣竊惑之。」興曰：「屈孑有濟世之才，吾方收其藝用，與之共平天下，有何不

可？」乃以屈孑爲安遠將軍，封陽川侯，使助没弈干鎮高平，議以義城、朔方雜夷及衞辰部衆三萬配之〔八〕，以候邊隙。邕固諫以爲不可，興曰：「卿何以知其氣性？」邕曰：「屈孑奉上慢，御衆殘，貪暴無親，輕爲去就，寵之踰分，終爲邊害。」興乃止，以屈孑爲持節、安北將軍、五原公，配以三交五部鮮卑二萬餘落，鎮朔方。

太祖末，屈孑襲殺没弈干而并其衆，僭稱大夏天王，號年龍昇，置百官。興乃悔之。屈孑恥姓鐵弗，遂改爲赫連氏，自云徽赫與天連；又號其支庶爲鐵伐氏，云其宗族剛鋭如鐵，皆堪伐人。

劉裕攻長安，屈孑聞而喜曰：「姚泓豈能拒裕，裕必滅之。待裕去後，吾取之如拾遺耳。」於是秣馬厲兵，休養士卒。及裕擒泓，留子義真守長安，屈孑伐之，大破義真，積人頭爲京觀，號曰「髑髏臺」。遂僭稱皇帝於灞上，號年爲昌武，定都統萬。勒銘城南，頌其功德。以長安爲南都。

性憍虐，視民如草芥。蒸土以築都城，鐵錐刺入一寸，即殺作人而并築之。所造兵器，匠呈必死，射甲不入即斬弓人，如其入也便斬鎧匠，凡殺工匠數千人。常居城上，置弓劍於側，有所嫌忿，手自殺之。羣臣忤視者，鑿其目；笑者，決其脣；諫者，謂之誹謗，先截其舌，而後斬之。

議廢其長子璝，璝自長安起兵攻屈孑，屈孑中子太原公昌破璝，殺之。屈孑以昌爲太子。始光二年，屈孑死，昌僭立。

昌，字還國，一名折，屈孑之第三子也。既僭位，改年永光〔一九〕。世祖聞屈孑死，諸子相攻，關中大亂，於是西伐。乃以輕騎一萬八千濟河襲昌。時冬至之日，昌方宴饗，王師奄到，上下驚擾。車駕次於黑水，去城三十餘里，昌乃出戰。世祖馳往擊之，昌退走入城，未及閉門，軍士乘勝入其西宮，焚其西門。夜宿城北。明日，分軍四出，略居民，殺獲數萬，生口牛馬十數萬，徙萬餘家而還。

後昌遣弟定與司空奚斤相持於長安，世祖乘虛西伐，濟君子津，輕騎三萬，倍道兼行。羣臣咸諫曰：「統萬城堅，非十日可拔，今輕軍討之，進不可克，退無所資，不若步軍攻具，一時俱往。」世祖曰：「夫用兵之術，攻城最下，不得已而用之。如其攻具一時俱往，賊必懼而堅守，若攻不時拔，則食盡兵疲，外無所掠，非上策也。朕以輕騎至其城下，彼先聞有步軍而徒見騎至，必當心閑，朕且羸師以誘之，若得一戰，擒之必矣。所以然者，軍士去家二千里，復有黄河之難，所謂置之死地而後生也。以是決戰則有餘，攻城則不足。」遂行。次于黑水，分軍伏於深谷，而以少衆至其城下。

昌將狄子玉來降，說：「昌使人追其弟定，定曰：『城既堅峻，未可攻拔，待擒斤等，然後徐往，內外擊之，何有不濟。』昌以爲然。」世祖惡之，退軍城北，示昌以弱。遣永昌王健及娥清等分騎五千，西掠居民。會軍士負罪，亡入昌城，言官軍糧盡，士卒食菜，輜重在後，步兵未至，擊之爲便。昌信其言，引衆出城，步騎三萬。司徒長孫翰等言：「昌步陳難陷，宜避其鋒，且待步兵〔二〇〕，一時奮擊。」世祖曰：「不然。遠來求賊，恐其不出，今避而不擊，彼奮我弱，非計也。」遂收軍僞北，引而疲之。昌以爲退，鼓譟而前，舒陳爲翼。行五六里，世祖衝之，賊陳不動，稍復前行。會有風起，方術宦者趙倪勸世祖更待後日，崔浩叱之。世祖乃分騎爲左右以掎之。世祖墜馬，賊已逼接，世祖騰馬，刺殺其尚書斛黎，又殺騎賊十餘人〔二一〕，流矢中掌，奮擊不輟。昌軍大潰，不及入城，奔於上邽，遂克其城。

初，屈孑性奢，好治宮室。城高十仞，基厚三十步，上廣十步，宮牆五仞，其堅可以礪刀斧。臺榭高大，飛閣相連，皆彫鏤圖畫，被以綺繡，飾以丹青，窮極文采。世祖顧謂左右曰：「蕞爾小國，而用民如此，雖欲不亡，其可得乎？」

後侍御史安頡擒昌，世祖使侍中古弼迎昌至京師，舍之西宮門內，給以乘輿之副，又詔昌尚始平公主，假常忠將軍、會稽公，封爲秦王。坐謀反，伏誅。

昌弟定，小字直獚。屈孑之第五子，凶暴無賴。昌敗，定奔於平涼，自稱尊號，改年勝光。定登陰槃山，望其本國，泣曰：「先帝以朕承大業者，豈有今日之事乎！使天假朕年，當與諸卿建季興之業。」俄而有羣狐百數鳴於其側，定命射之，無所獲。定惡之，曰：「此亦大不臧，咄咄天道，復何言哉！」與劉義隆連和，遥分河北，自恒山以東屬義隆，恒山以西屬定。遣其將寇鄜城〔三〕，始平公隗歸討破之。定又將數萬人東擊歸。世祖親率輕騎襲平涼，定救平涼，方陳自固。世祖四面圍之，斷其水草。定不得水，引衆下原。詔武衞將軍丘眷擊之，衆潰。定被創，單騎遁走，收其餘衆，乃西保上邽。神䴥四年，爲吐谷渾慕璝所襲，擒定，送京師，伏誅。

徒何慕容廆，字弈洛瓌，其本出於昌黎。曾祖莫護跋，魏初率諸部落入居遼西，從司馬宣王討平公孫淵，拜率義王，始建國於棘城之北。祖木延，從毌丘儉征高麗有功，加號左賢王。父涉歸，以勳進拜鮮卑單于，遷邑遼東。涉歸死，廆代領部落。以遼東僻遠，徙於徒何之青山。穆帝之世，頗爲東部之患，左賢王普根擊走之，乃脩和親。晉愍帝拜廆鎮軍將軍，昌黎、遼東二國公。平文之末，廆復侵東部，擊破之。王浚稱制，以廆爲散騎常侍、冠軍將軍、前鋒大都督、大單于。廆以非王命所授，拒之。廆死，子元真代立。

元真，小字萬年，名犯恭宗廟諱。元真既襲，弟仁叛於遼東之平郭，與元真相攻，元真討斬之。乃號年爲元年，自稱燕王，置官如魏武輔漢故事。石虎率衆伐元真，元真擊走之。建國二年，帝納元真妹爲后〔二三〕。元真襲石虎，至於高陽，掠徙幽冀二州三萬户而還。四年，元真遣使朝貢，城和龍城而都焉。元真征高麗，大破之，遂入丸都，掘高麗王釗父利墓，載其屍，并其母妻、珍寶，掠男女五萬餘口，焚其宫室，毁丸都而歸。釗單馬遁走，後稱臣於元真，乃歸其父屍。又大破宇文，開地千里〔二四〕，徙其部民五萬餘家於昌黎。元真死，子儁統任。

儁，字宣英。既襲位，號年爲元年。聞石氏亂，乃礪甲嚴兵〔二五〕，將爲進取之計。鑿山除道，入自盧龍，剋薊城而都之。進剋中山、常山，大破冉閔於魏昌廉臺，擒之。閔太子叡固守鄴城，進師攻鄴，剋之。建國十五年，儁僭稱皇帝，置百官，號年元璽，國稱大燕，郊祀天地。十六年，遣使朝貢。儁自薊遷都於鄴，號年爲光壽。儁死，子暐統任。

暐，字景茂，儁之第三子也。既僭立，號年建熙。暐政無綱紀，時人知其將滅。有神降於鄴，自稱「湘女」〔二六〕，有聲，與人相接，數日而去。僭晉將桓温率衆伐暐，至於枋頭，暐叔父垂擊走之。垂有大功，暐不能賞，方欲殺之，垂怒，奔苻堅。堅遣將王猛伐鄴，擒暐，封新興侯，後拜尚書。

太祖之七年，苻堅敗於淮南，垂叛，攻苻丕於鄴。暐弟濟北王泓，先爲北地長史，聞垂攻鄴，亡奔關東，收諸馬牧鮮卑，衆至數千，還屯華陰。暐乃潛使諸弟及宗人起兵於外。堅遣將軍張永步騎五千擊之〔二七〕，爲泓所敗。泓衆遂盛，自稱使持節、大都督、陝西諸軍事、大將軍、雍州牧、濟北王，推垂爲丞相、都督陝東諸軍事、領大司馬、冀州牧、吴王。堅遣子鉅鹿公叡伐泓。泓弟中山王沖，先爲平陽太守，亦起兵河東，有衆二萬。泓大破叡軍，斬叡。沖爲堅將竇衝所破，棄其步衆，率鮮卑騎八千奔於泓軍。泓衆至十餘萬。遣使謂堅曰：「秦爲無道，滅我社稷。今天誘其衷，秦師傾敗，將欲興復大燕。吴王已定關東。可速資備大駕，奉送乘輿并宗室功臣之家。泓當率關中燕人翼衛皇帝，還返鄴都。與秦以虎牢爲界，分王天下，永爲鄰好，不復爲秦之患也。」堅怒責暐曰：「卿雖曰破滅，其實若歸，奈何因王師小敗，猖悖若是！泓書如此，卿欲去者，朕當相資。」暐叩頭流血，涕泣陳謝。堅久之曰：「此自三豎之罪，非卿之過。」復其位，待之如初。命暐以書招喻垂及泓、沖，使息兵還長安，恕其反叛之咎。而暐密遣使謂泓曰：「今秦數已終，社稷不輕，勉建大業。可以吳王爲大將軍，領司徒，承制封拜〔二八〕。聽吾死問，汝便即尊位。」泓於是進向長安，年號燕興。

泓謀臣高蓋、宿勤崇等以泓德望後沖，且持法苛峻，乃殺泓，立沖爲皇太弟，承制行事，置百官。沖去長安二百里，堅遣子平原公暉拒之，沖大破暉軍，進據阿房。初，堅之滅燕，沖姊清河公主年十四，有殊色，納之，寵冠後庭。沖年十二，亦有龍陽之姿，堅又幸之。姊弟專寵，宮人莫進，長安歌之曰：「一雌復一雄，雙飛入紫宮。」咸懼爲亂。王猛切諫，堅乃出沖。及其母卒，葬之以燕后之禮。長安又謠曰：「鳳皇，鳳皇，止阿房。」堅以鳳皇非梧桐不棲，非竹實不食，乃蒔梧竹數十萬株于阿房城，以待鳳皇之至。沖小字鳳皇，至是終爲堅賊，入止阿城焉。

暐入見堅，稽首謝曰：「弟沖不識義方，孤背國恩，臣罪應萬死。陛下垂天地之容，臣蒙更生之惠。臣二子昨婚，明當三日，愚欲暫屈鑾駕，幸臣私第。」堅許之。暐出，術士王嘉曰：「椎蘆作籧篨，不成文章；會天大雨，不得殺羊。」言暐將殺堅而不果也。堅與羣臣莫之能解。是夜大雨，晨不果出。初，暐之遣諸弟起兵於外也，謀欲伏兵請堅殺之。時鮮卑在城者猶有千餘人，暐令其帥悉羅騰、屈突鐵侯等潛告之曰：「官今使吾外鎮，聽舊人悉隨。可於某日會集某處。」鮮卑信之。北部人突賢之妹，爲堅左將軍竇衝小妻，賢與妹別，妹請衝留其兄。衝馳入白堅，堅大驚，召騰問之，騰具首服。乃誅暐父子及其宗族，城内鮮卑無少長男女皆殺之。廆弟運，運孫永。

永，字叔明。暐既爲苻堅所并，永徙於長安，家貧，夫妻常賣鞾於市。及暐爲堅所殺也，沖乃自稱尊號，以永爲小將。沖與左將軍苟池大戰於驪山，永力戰有功，斬池等數千級。堅大怒，復遣領軍將軍楊定率左右精騎一千五百擊沖，大敗之，俘掠鮮卑萬餘而還，堅悉坑之。又敗沖右僕射慕容憲於灞滻之間。定果勇善戰，沖深憚之，納永計，穿馬埳以自固。遷永黄門郎。

沖毒暴關中，人民流散，道路斷絶，千里無煙。及堅出如五將山，沖入長安，縱兵大掠，死者不可勝計。初，堅之未亂也，關中土然，無火而煙氣大起，方數十里，月餘不滅。堅每臨聽訟觀，令民有怨者，舉煙於城北，觀而録之。長安爲之語曰：「欲得必存，當舉煙。」關中謡曰：「長鞘馬鞭擊左股，太歲南行當復虜。」西人呼徒何爲白虜。沖果據長安，樂之忘歸，且以慕容垂威名夙著，跨據山東，憚不敢進，課農築室，爲久安之計。衆咸怨之。登國元年，沖左將軍韓延因民之怨，殺沖，立沖將段隨爲燕王，改年昌平。沖之入長安，王嘉謂之曰：「鳳皇，鳳皇，何不高飛還故鄉？無故在此取滅亡！」

沖敗，其左僕射慕容恒與永潛謀，襲殺段隨，立宜都王子覬爲燕王，號年建明，率鮮卑男女三十餘萬口，乘輿服御、禮樂器物，去長安而東，以永爲武衞將軍。恒弟護軍將軍韜，陰有貳志，誘覬殺之于臨晉，恒怒，去之。永與武衞將軍刁雲率衆攻韜，韜遣司馬宿勤黎逆戰，永執而戮之。韜懼，出奔恒營。恒立慕容沖子望爲帝，號年建平。衆悉去望奔永，永執望殺之，立慕容泓之子忠爲帝，改年建武。忠以永爲太尉，守尚書令，封河東公。至聞喜〔二九〕，知慕容垂稱尊號，託以農要弗集，築燕熙城以自固。刁雲等又殺忠，推永爲大都督、大將軍、大單于、雍秦梁涼四州牧、河東王，稱藩於垂。永以苻丕至平陽，恐不能自固，乃遣使求丕假道還東。丕不許，率衆討永，永擊走之，進據長子。永僭稱帝，號年中興。

垂攻丁零翟釗於滑臺，釗請救於永，永謀於衆。尚書郎勃海鮑遵曰：「徐觀其弊，卞莊之舉也。」中書侍郎太原張騰曰：「彊弱勢殊，何弊之有！不如救之，成鼎峙之勢。可引兵趣中山，晝多疑兵，夜倍其火，彼必懼而還師。我衝其前，釗躡其後，此天授之機，不可失也。」永不從。釗敗降永，永以釗爲車騎大將軍、東郡王。歲餘，謀殺永，永誅之。

垂遣其龍驤將軍張崇攻永弟武鄉公友於晉陽，永遣其尚書令刁雲率衆五萬屯潞川。垂停鄴，月餘不進，永乘詭道伐之〔三〇〕，乃攝諸軍還於太行軹關。垂進師，入自天井關〔三一〕，攻永從子征東將軍小逸豆歸、鎮東將軍王次多於臺壁。永遣其從兄太尉大逸豆歸救次多等，垂將平規擊破之。永率衆五萬與垂戰於臺壁南，爲垂所敗，奔還長子，嬰城固守。大逸豆歸部將潛爲内應，垂勒兵密進，永奔北門，爲前驅所獲，垂數而戮之，并斬永公卿已下刁雲、大逸豆歸等三十餘人。永所統新舊民户，及服御、圖書、器樂、珍寶，垂盡獲之。

垂，字道明，元真第五子也。甚見寵愛，常目而謂諸弟曰：「此兒闊達好奇，終能破人家，或能成人家。」故名霸，字道業，恩遇踰於儁，故儁不能平之。及即王位，以垂墜馬傷齒，改名爲𡙇，外以慕郤𡙇爲名，内實惡之。尋以讖記之文，乃去夬，以垂爲名焉。

年十三，爲偏將，所在征伐，勇冠三軍。儁平中原，垂爲前鋒，累戰有大功。及僭尊號，拜黄門郎，出爲安東、冀州牧，封吴王。以侍中、右禁將軍，録留臺事，鎮龍城，大收東北之和。歷位鎮東、平州、征南大將軍、荆兗二州牧、司隸校尉。以車騎大將軍敗桓温於枋頭，威名大震。不容於暐，西奔苻堅。堅甚重之，拜冠軍將軍，封賓都侯。

堅敗於淮南，入於垂軍。子寶勸垂殺之，垂以堅遇之厚也，不聽。行至洛陽，請求拜墓，許之，遂起兵。攻苻丕於鄴，乃引漳水以灌之，不没者尺餘。丁零翟斌怨垂，使人夜往決堰，水潰，故鄴不拔。垂稱燕王，置百官，年號燕元。引師去鄴，開苻丕西歸之路。丕固守鄴城，請援於司馬昌明。垂怒曰：「苻丕，吾縱之不能去，方引南賊規固鄴都，不可置也。」乃復進師。丕乃棄鄴奔并州。垂以兄子魯陽王和爲南中郎將，鎮鄴。垂定都中山。登國元年，垂僭稱大位，號年爲建興。建宗廟社稷於中山，盡有幽、冀、平州之地。

垂遣使朝貢。三年，太祖遣九原公儀使於垂，垂又遣使朝貢。四年，太祖遣陳留公虔使於垂，又遣使朝貢。五年，又遣秦王觚使於垂，垂留觚不遣，遂絶行人。

垂議討慕容永，太史令靳安言於垂曰：「彗星經尾箕之分，燕當有野死之王，不出五年，其國必亡，歲在鶉火，必克長子。」垂乃止。安出而謂人曰：「此衆既并，終不能久。」安意蓋知太祖之興也，而不敢言。

先是，丁零翟遼叛垂，後遣使謝罪，垂不許，遼怒，遂自號大魏天王，有衆數萬，屯於滑臺，與垂相擊。遼死，子釗代之，及垂征剋滑臺，釗奔長子。垂議征長子，諸將咸諫，以永國未有釁，連歲征役，士卒疲怠，請待他年。垂將從之。垂弟司徒、范陽王德固勸垂征。垂曰：「司徒議與吾同，二人同心，其利斷金。吾計決矣。且吾投老，叩囊底智足以克之，不復留逆賊以累子孫。」垂率步騎七萬伐永，剋之。

十年，垂遣其太子寶來寇。時太祖幸河南宮，乃進師臨河，築臺告津，奮揚威武，連旌沿河，東西千有餘里。是時，陳留公虔五萬騎在河東，要山截谷六百餘里，以絶其左；太原公儀十萬騎在河北〔三〕，以承其後；略陽公遵七萬騎塞其南路。太祖遣捕寶中山行人，一二盡擒，馬步無脱。寶乃引船列兵，亦欲南渡。中流，大風卒起，漂寶船數十艘泊南岸，擒其將士三百餘人。太祖悉賜衣服遣還。始寶之來，垂已有疾，自到五原，太祖斷其行路，父子問絶。太祖乃詭其行人之辭，令臨河告之曰：「汝父已死，何不遽還！」兄弟聞之，憂怖，以爲信然。於是士卒駭動，往往間言，皆欲爲變。初，寶至幽州，其所乘車軸無故自折，占工靳安以爲大凶，固勸令還，寶怒不從。至是問安，安對曰：「今天變人事，咎徵已集，速去可免。」寶逾大恐。安退而告人曰：「今皆將死於他鄉，尸骸委於草野，爲烏鳥螻蟻所食，不復見家矣。」

冬十月，寶燒船夜遁。是時，河冰未成，寶謂太祖不能度，故不設斥候。十一月，天暴風寒，冰合。太祖進軍濟河，留輜重，簡精鋭二萬餘騎急追之，晨夜兼行，暮至參合陂西。寶在陂東，營於蟠羊山南水上。靳安言於寶曰：「今日西北風勁，是追軍將至之應，宜設警備，兼行速去，不然必危。」寶乃使人防後。先不撫循，軍無節度，將士莫爲盡心，行十餘里，便皆解鞍寢卧，不覺大軍在近。前驅斥候，見寶軍營，還告。其夜，太祖部分衆軍相援，諸將羅落東西，爲掎角之勢。約勒士卒，束馬口，銜枚無聲。昧爽，衆軍齊進，日出登山，下臨其營。寶衆晨將東引，顧見軍至，遂驚擾奔走。太祖縱騎騰躡，大破之，有馬者皆蹶倒冰上，自相鎮壓，死傷者萬數。寶及諸父兄弟，單馬迸散，僅以身免。於是寶軍四五萬人，一時放仗，斂手就羈矣。其遺迸去者不過千餘人。生擒其王公文武將吏數千，獲寶寵妻及宮人，器甲、輜重、軍資雜財十餘萬計。

垂復欲來寇，太史曰：「太白夕没西方，數日後見東方，此爲躁兵，先舉者亡。」垂不從，鑿山開道。至寶前敗所，見積骸如丘，設祭弔之，死者父兄子弟遂皆嗥哭，聲震山川。垂慚忿嘔血，發病而還，死於上谷。寶僭立。

寶，字道祐，小字庫勾，垂之第四子也。少而輕果，無志操，好人佞己。及爲太子，砥礪自脩，朝士翕然稱之，垂亦以爲克保家業。垂妻段氏謂垂曰：「寶資質雍容，柔而不斷，承平則爲仁明之主，處難則非濟世之雄。今託之以大業，未見克昌之美。遼西、高陽，兒之賢者，宜擇一以樹之。趙王麟，姦詐負氣，常有輕寶之心，恐必難作。此自家事，宜深圖之。」垂弗納。寶聞之，深以爲恨。寶既僭位，年號永康。遣麟逼其母段氏曰：「后常謂主上不能繼守大統，今竟能不？宜早自裁，以全段氏。」段氏怒曰：「汝兄弟尚逼殺母，安能保社稷！吾豈惜死，念國滅不久耳。」遂自殺。寶議以后諫廢嫡統，無母后之道，不宜成喪，羣臣咸以爲然。寶中書令眭邃執意抗言，寶從而止。

皇始元年，太祖南伐。及克信都，寶大懼。太祖軍於栢肆，寶夜來犯營，太祖擊破之。

寶走還中山，率萬餘騎奔薊。寶子清河王會，先守龍城，聞寶被圍，率衆赴難，逢寶於路。寶分奪其軍，以授弟遼西王農等。會怒，襲農傷之。農弟高陽王隆，勸寶收會，不獲。會勒兵攻寶，寶走龍城，會追圍之。侍御郎高雲襲敗會，會奔中山。寶命雲爲子，封夕陽公。會至中山，爲慕容普隣所殺。寶率衆自龍城而南，將攻中山。衆憚征，逃潰。寶還龍城，垂舅蘭汗拒之，寶南走，奔薊。汗遣使誘迎寶，寶殺之。將南奔叔父范陽王德，聞德稱制，退潛辟陽。汗復遣迎寶。寶以汗垂之季舅，子盛又汗之壻也，必謂無二，乃還龍城。汗殺之，及子弟等百餘人〔三〕。汗自稱大都督、大單于、昌黎王，號年青龍，以盛子壻，哀而宥之。

盛，字道運，寶之長子也。垂封爲長樂公，歷位散騎常侍、左將軍。寶既僭立，進爵爲王，拜征北大將軍、司隸校尉、尚書左僕射。蘭汗之殺寶也，以盛爲侍中、左光禄大夫。盛乃間汗兄弟，使相疑害。李旱、衞雙、劉志、張真等，皆盛之舊昵，汗太子穆並引爲腹心。盛要結旱等，因汗、穆等酒醉，夜襲殺之。僭尊號，改年爲建平，又號年爲長樂，盛改稱庶民大王。盛以寶闇而不斷，遂峻極威刑，纖介嫌忌，莫不裁之於未萌，防之於未兆。於是上下震局，人不自安，雖忠誠親戚，亦僉懷離貳。前將軍段璣等，夜潛禁中，鼓譟攻盛。盛聞變起，率左右出戰，衆皆披潰。俄有一賊，闇中擊盛，傷之。遂輦昇殿，申約禁衛，召叔父河間公熙屬之，未至而盛死。

熙，字道文，小字長生，垂之少子也。羣臣與盛伯母丁氏議，以其家多難，宜立長君，遂廢盛子定，迎熙而立之。熙立，殺定，年號光始。築龍騰苑，廣袤十餘里，役徒二萬人。起景雲山於苑內，基廣五百步，高十七丈。又起逍遥宫、甘露殿，連房數百，觀閣相交。鑿天河渠，引水入宫。又爲妻苻氏鑿曲光海、清涼池，季夏盛暑，不得休息，暍死者太半。熙遊于城南，止大柳樹下，若有人呼曰：「大王且止。」熙惡之，伐其樹，下有蛇長丈餘。熙盡殺寶諸子，改年爲建始。又爲其妻起承華殿，負土於北門，土與穀同價。典軍杜靜載棺詣闕，上書極諫。熙大怒，斬之。熙妻嘗季夏思凍魚鱠，仲冬須生地黄，皆下有司切責，不得，加之以大辟，其虐也如此。及苻氏死，熙擁其屍而撫之，曰：「體已就冷，命遂斷矣。」於是僵仆絶息，久而乃蘇，悲號擗踴，斬衰食粥。大斂之後，復啓而交接。制百官哭臨，沙門素服，令有司案檢，有淚者爲忠孝，無淚者罪之。於是羣臣震懼，莫不含辛以爲淚焉。及葬，熙被髮徒跣步從。轜車高大，毁城門而出，長老相謂曰：「慕容氏自毁其門，將不入矣〔三四〕。」中衛將軍馮跋兄弟閉門拒熙，執而殺之。立夕陽公雲爲主。

德。

雲，寶之養子。復姓高氏，年號正始。跋又殺雲自立。雲之立也，熙幽州刺史、上庸公慕容懿以遼西歸降，太祖以懿爲征東將軍、平州牧、昌黎王。後坐反，伏誅。元真少子德。

德，字玄明，雅爲兄垂所重。桓温之至枋頭也，德與垂擊走之。苻堅滅暐，以德爲張掖太守。垂稱尊號，封爲范陽王，拜車騎大將軍、司隸校尉，尋遷司徒。寶既即位，以德鎮鄴，後拜丞相。寶既東走，羣寮勸德稱尊號，德不從。皇始二年，既拔中山，太祖遣衞王儀攻鄴。德率户四萬南走滑臺，自稱燕王，號年爲燕元，置百官。德冠軍將軍苻廣叛於乞活壘，德留兄子和守滑臺，率衆攻廣，斬之。而和長史李辯殺和，以城來降。

德無所據，乃謀於衆。其給事黄門侍郎張華勸德取彭城而據之。其尚書潘聰曰：「青齊沃壤，號曰『東秦』。土方二千里，户餘十萬，四塞之固，負海之饒，可謂用武之國。宜攻取據之，以爲關中、河内也。」德從之，引師克薛城，徐兖之民盡附之。以其南海王法爲兖州刺史，鎮梁父。進克莒城，以潘聰爲徐州刺史，鎮莒城。北伐廣固，司馬德宗幽州刺史辟閭渾聞德將至，徙民八千餘户入廣固，遣司馬崔誕率千餘人戍薄荀固，平原太守張豁屯柳泉。誕、豁皆承檄遣子降德。渾懼，攜妻子北走，德追騎斬之。渾少子道秀自歸，請與父俱死。德曰：「渾雖不忠，而子能孝，其特赦之。」德入都廣固，僭稱尊號，號年建平。

女水竭，德聞而惡之，因而寢疾。兄子超請祈女水，德曰：「人君之命，豈女水所知。」超固請，終不許。立超爲太子。德死，超僭立。

超，字祖明，德兄北海王納之子也。既僭位，號年太上。超青州刺史、北地王鍾，兗州刺史、南海王法等，起兵叛超，超悉平之。超南郊，柴燎爛起，而煙不出。靈臺令張光告人曰：「今火盛而煙滅，國其亡乎？」天賜五年，司馬德宗將劉裕伐超〔三五〕。超將公孫五樓勸超拒之於大峴，超曰：「但令度峴，我以鐵騎踐之，此成擒也。」太尉、桂林王鎮曰：「若如聖旨，必須平原用馬，便宜出峴逆戰，戰而不勝，猶可退守，不宜縱敵，自貽寇逼。臣以爲天時不如地利，拒之大峴，策之上也。」超不從。出而告人曰：「主上酷似劉璋。今年國滅，吾必死之。」超收鎮下獄。裕入大峴，超拒之於臨朐，乃赦鎮而謝之。超戰於臨朐，爲裕所敗，退還廣固。裕遂圍之。廣固鬼夜哭，有流星長十餘丈，隕于廣固。城潰，裕執超，送建康市斬之。

臨渭氐苻健，字建業，本出略陽臨渭。祖懷歸，爲部落小帥。父洪，字廣世。洪之生也，隴右霖雨，百姓苦之。時有謠曰：「雨若不止，洪水必起。」故名之曰洪。年十二而父死，爲部帥。羣氐推以爲盟主。劉曜拜洪爲寧西將軍、率義侯，徙之高陸，進爲氐王。石虎平秦隴，表石勒拜冠軍將軍、涇陽伯，又徙之枋頭。遷光烈將軍，進爵爲侯，稍遷冠軍大將軍，進封西平公。討平梁犢，進位車騎大將軍、開府儀同三司、略陽公。冉閔之亂，秦雍徙民西歸，憑洪爲主，衆至十餘萬，自稱大將軍、大單于、三秦王。既而爲其將麻秋所鴆，臨死，謂健曰：「關中周漢舊都，形勝之國，進可以一同天下，退不失保全秦雍，吾死之後，便可鼓行而西。」健從之。

健，初名羆，字世建，又避石虎外祖張羆之名，故改焉。健便弓馬，善於事人，石虎深愛之，歷位翼軍校尉、鎮軍將軍。

時京兆杜洪竊據長安，關中雄儁皆應之。健密圖關中，懼洪之知也，乃繕宮室於枋頭，課民種麥，示無西意。既而自稱征西大將軍、雍州刺史，盡衆西行。至盟津，起浮橋以濟，遣弟輔國將軍雄率步騎五千入自潼關，兄子揚武將軍菁率衆七千自軹關入河東。執菁手曰：「若事不捷，汝死河北，我死河南，不及黄泉，無相見也。」濟訖，焚橋，自統大衆，繼雄而進。杜洪遣將軍張光逆健于潼關〔三六〕，雄擊破之。洪盡召關中之衆以拒健，健聞而筮之，遇泰之臨。健曰：「小往大來，吉亨。昔往東而小，今還西而大，吉孰大焉。諸君知不？此則漢祖屠秦之機也。」健長驅至長安，杜洪奔司竹，健遂入都。

建國十四年，乃僭稱天王，號年皇始，國號大秦，置百官。健尋自稱皇帝。桓溫率衆伐長安，次于灞上。健弟雄擊溫，破之，溫乃引衆東走。健遣其太子萇追溫，比至潼關，九敗之〔三七〕，萇亦爲流矢所中死。關中大飢，蝗虫生於華澤，西至隴山，百草皆盡，牛馬至相噉毛，虎狼食人，行路斷絶。十八年，健死，子生僭立。

生，字長生，健之第三子也。幼而麤暴，昏酒無賴，祖洪甚惡之。生無一目，年七歲，洪戲之，問侍者曰：「吾聞瞎兒一淚，信乎？」侍者曰「然」。生怒，引佩刀自刺出血，曰：「此亦一淚也！」洪驚，鞭之，生曰：「性耐刀矟，不堪鞭捶。」洪曰：「汝爲爾不已，吾將以汝爲奴。」生曰：「可不如石勒也。」洪懼，跣而掩其口。謂健曰：「此兒狂悖，宜早除之，不然，長大必破人家。」健將殺之，雄止之曰：「兒長成自當修改，何至便如此。」健乃止。及長，力舉千鈞，雄勇好殺，手格猛獸，走及奔馬，擊刺騎射，冠絶一時。初，健之長子死，生母强氏意在少子柳，健以讖有「三羊五眼」之言，故立之。

生既僭立，號年壽光。雖在諒闇，遊飲自若。彎弓露刃，以見朝臣，錘鉗鋸鑿，備置左右。在位未幾，后妃公卿，下至僕隸，殺五百餘人。朝饗羣臣，酣飲奏樂，生親歌以和之。命其尚書令辛牢行酒，既而生怒曰：「何不彊酒，猶有坐者！」引弓射牢而殺之。於是百僚大懼，無不引滿，汙服失冠，生以爲樂。長安大風，或稱賊至，宮門晝閉，五日乃止。生推告賊者，刳出心胃。生舅彊平切諫，生鑿其頂而殺之。虎狼大暴，從潼關至于長安，晝則斷道，夜則發屋，不食六畜，專以害人。自其元年秋，至于二年夏，虎殺七百餘人，民廢農桑，内外恟懼。其臣奏請禳災，生曰：「野獸飢則食人，飽當自止，終不累年爲患也。天將助吾行誅，以施刑教，但勿犯罪，何爲怨天。」生如阿房，遇人共妹行者，逼令爲淫，固執弗從，生怒殺之。其尚書僕射賈玄石，形貌美偉，生與妻樓上望見玄石在庭中，妻曰：「此何人也？」生曰：「汝欲得也。」乃誅玄石。生嘗夜食棗過多，至日病，使太醫程延診脉，延曰：「陛下食棗多，無他疾也。」生曰：「嘻，汝非聖人，焉知吾食棗？」乃殺之。常從輿上溲便，輦者謂之天雨。生既眇其目，所諱者不足、不具、少、無、缺、傷、殘、毁、偏、隻之言，皆不得道，左右忤旨而死者，不可勝紀。太白犯東井，其臣奏曰：「東井，秦也，太白罰星，必有暴兵起於京師。」生曰：「星入井者，必將渴耳，何所怪乎？」初，生夢大魚食蒲，又長安謡曰：「東海大魚化爲龍，男便爲王女爲公。問在何所，洛門東。」是月，生以謡夢之故，誅太師魚遵父子一十八人。東海，苻堅封也，時爲龍驤將軍，宅在洛門之東。又謠曰：「百里望空城，鬱鬱何青青。瞎人不知法，仰不見天星。」於是悉壞諸空城以禳之。「法」，是苻法也。

生耽湎於酒，無復晝夜。其臣朝謁，漏盡請見，生曰：「日知盡乎？須待飲訖。」因醉問左右曰：「吾統天下已來，汝等何所聞乎？」或對曰：「聖明宰世，子育百姓，罰必有罪，賞必有功，天下唯歌太平，未聞有怨。」生曰：「汝媚吾也。」引而斬之。他日，又問，或對曰：「陛下刑罰微過。」生曰：「汝謗吾也。」亦殺之。使宮人與男女倮交於殿前〔三八〕，引羣臣臨而觀之。或生剥牛羊驢馬，活燖雞豚鵝鴨，數十爲羣，放之殿下。剥人面皮，令其歌舞。勳舊親戚，殺害略盡，王公在者以疾告歸，得度一日如過十年。至於截脛刳胎、拉脅鋸頸者，動有千數。生夜對侍婢曰：「阿法兄弟，亦不可信，明當除之。」旦而侍婢以告，法與弟堅率壯士數百人入雲龍門，宿衛者皆捨仗歸堅。廢生爲越王，俄而殺之。

堅，字永固，一字文玉，雄第二子也。既殺苻生，以位讓其兄清河王法，法固以推堅。於是去皇帝之號，僭稱天王，號年永興。以法爲丞相、東海公，尋以疑忌殺之。改年爲甘露，時建國二十二年也。堅從弟晉公柳反於蒲坂，魏公庾反於陝，燕公武反於安定，堅弟趙公雙反於上邽，皆討平之。慕容垂奔於堅，王猛勸堅殺之，堅不從。

三十八年，改爲建元。堅遣使牛恬朝貢。使尚書令王猛伐鄴，堅親率大衆以繼之。克鄴，擒慕容暐。堅使其右將軍楊安攻克漢中，仍平蜀；又遣其武衞將軍苟萇西伐涼州，降張天錫；遣其子長樂公丕攻克襄陽。堅觀其史書，見母苟氏通李威之事，慚怒，乃焚其書。

堅南伐司馬昌明，戎卒六十萬，騎二十七萬，前後千里，旗鼓相望。堅至項城，涼州兵始達咸陽，蜀漢之軍，順流而下，幽冀之衆，至于彭城，東西萬里，水陸齊進，運漕萬艘，自河入石門，達于汝潁。堅弟陽平公融攻壽春，克之。融馳使白堅曰：「賊少易俘，但懼越逸，宜速進軍。」堅大悦，捨大軍于項城，輕騎八千，兼道赴之。堅與融登城，望昌明將謝石軍，又望八公山上草木皆類人形，顧謂融曰：「此亦勁敵也，何謂少乎！」憮然有懼色。謝石欲戰，苻融陳逼肥水，石遣使謂融曰：「君若小退師，令將士周旋，僕與君公緩轡而觀之，不亦美也？」融於是麾軍却陳，欲因其濟，覆而取之。軍遂奔退，制之不可止。融馬倒見殺，軍遂大敗。謝石乘勝追擊，至于青岡，死者相枕。堅單騎遁還淮北。初，謡言曰：「堅不出項。」羣臣勸堅停項，爲六軍聲鎮，堅不從。諸軍悉潰，唯其冠軍慕容垂一軍獨全，堅以千餘騎赴之。收集離散，比至洛陽，衆十餘萬。

行未及關，垂有貳志，説堅請巡撫燕代，并求拜墓，許之。垂遂殺堅驍騎將軍石越、鎮軍將軍毛當，引丁零之衆攻堅子長樂公丕於鄴。慕容泓、沖起兵華澤，堅遣子叡、暉前後擊泓，爲泓所敗。長安鬼夜哭三旬。沖又擊殺堅將姜宇於灞上，遂屯阿房，進逼長安。堅登城觀之，歎曰：「此虜何從而出？其彊若斯！」大言責沖曰：「爾輩羣奴，正可牧牛羊，何爲送死！」沖曰：「奴則奴矣，既厭奴苦，取爾見代。」堅遣使送錦袍一領遺沖，使者稱有詔：「古人兵交，使在其間。卿遠來草創，得無勞乎？今送一袍，以明本懷。朕於卿恩分如何，而於一朝忽爲此變？」沖命詹事答之，亦稱皇太弟有令〔三九〕：「孤今心在天下，豈顧一袍小惠。苟能知命，便可君臣束手，早送皇帝。自當寬貸苻氏，以酬曩好，終不使既往之事，獨美於前。」堅大怒曰：「朕不用王景略、陽平公之言，使白虜敢至於此！」

長安大飢，人民相食。姚萇叛於北地，與沖連和，合攻長安。有羣烏數萬，鳴於長安城上，其聲甚悲，占者以爲不終年，有甲兵入城之象。每夜有人周城大呼曰：「楊定健兒應屬我，宮殿臺觀應坐我，父子同出不共汝。」旦遣尋求，不見人跡。先是，又謡曰：「堅入五將山長得。」堅大信之，告其太子永道曰：「天或導余，脱如謡言。留汝兼總戎政，勿與賊爭利。吾當出隴收兵，運糧以給汝。天其或者正訓予也。」遣其衞將軍楊定擊沖於城西，爲沖所擒。堅彌懼，付永道以後事，率騎數百出如五將，宣告州郡，期救長安。月餘，永道尋將母妻、宗室、男女數千騎出奔武都，遂假道入司馬昌明。慕容沖入據長安。堅至五將山，姚萇遣其將吴忠圍之。堅衆奔散，獨左右十數人，神色自若，坐而待之，召宰人進食。俄而兵至，執堅及其夫人張氏與少女寶錦，送詣姚萇。萇囚之，將害焉。堅自以平生遇萇厚，忿之，厲聲大駡，謂張氏曰：「豈令羌奴辱吾兒！」於是殺寶錦。姚萇乃謚堅於新平佛寺。永道既奔昌明，處之江州，桓玄以爲梁州刺史，後爲劉裕所誅。永道名犯高祖廟諱。

堅子丕，字永敍〔四〇〕。堅以爲征東將軍、冀州牧，封長樂公，鎮鄴。爲慕容垂圍逼，丕乃去鄴，率男女六萬餘口進如潞川。堅驃騎將軍張蚝、并州刺史王騰迎丕入據晉陽。堅既爲姚萇所殺，太祖九年，丕乃僭稱尊號，改年太安。先是，王猛子幽州刺史永亦率衆赴之，丕以永爲司徒、録尚書事，張蚝爲司空，王騰爲司隸，傳檄遠近，率多應之。

丕留王騰守晉陽，楊輔守壺關，率衆四萬，進據平陽，將討姚萇。而慕容永請假道東歸，丕弗許，怒曰：「永乃我之馬將，首亂京畿，禍傾社稷，承凶繼逆，方請逃歸。是而可忍，孰不可恕！」使其丞相王永討之，戰于襄陵，永大敗，死之。丕衆離散，率騎數千南奔東垣，爲司馬昌明將馮該所殺。

丕族子登，字文高，麤險不脩細行，故堅弗之奇也。長而折節，頗覽書傳。堅以爲長安令，坐事黜爲狄道長。

及關中起兵，奔於枹罕。羣氐殺河州牧毛興，推衞平爲安西將軍、河州刺史，平以登爲長史。既而，枹罕諸氐以衞平年老，議欲廢之，而憚其宗彊，連日不決。氐有啖青者，謂諸將曰：「大事宜定，東討姚萇，不可猶豫，一旦事發，返爲人害。諸君但請衞公會集衆將，青爲諸君決之。」衆咸以爲然，因大饗。青抽劍而前曰：「衞公朽耄，不足以成大事。狄道長苻登，雖王室疎屬，請共立之。」於是推登爲使持節、都督隴右征羌諸軍事、撫軍大將軍、雍河二州牧、略陽公，率衆五萬東下隴，據南安，馳使請命。丕以登爲征西大將軍、開府儀同三司、南安王，餘因其所稱而授之。

後與姚萇戰于胡奴阜，大破之。丕死，登國元年，登僭稱尊號於隴東，號年太初，置百官。立堅神主於軍中，載以輜軿，羽葆青蓋，建黄旗，虎賁之士三百人以衞之，每戰必告。繕甲治兵，引師而東，皆刻鉾鎧爲「死休」字，示以戰死爲志。每戰，以長矛鈎刃爲方圓大陳，知有厚薄，從中分配，故人自爲戰，所向無前。登每圍萇營，四面大哭，哀聲動人，大呼曰：「殺君賊姚萇，出來！吾與爾決。何爲枉害無辜！」萇憚而不應。

登進攻安定，萇襲其輜重，獲登妻毛氏，將妻之，毛氏哭駡，萇殺之。登聞姚萇死，喜曰：「姚興小兒，吾將折杖以笞之。」乃盡衆而東，以趣廢橋。興將尹緯據橋待之，爭水不得，爲緯所敗，奔於平涼，入馬毛山。姚興攻之，登戰死。子崇，奔於湟中。僭稱尊號，改年延初。尋爲乞伏乾歸所殺。

羌姚萇，字景茂，出於南安赤亭，燒當之後也。祖柯回，助魏將絆姜維於沓中，以功假綏戎校尉、西羌都督。父弋仲，晉永嘉之亂，東徙榆眉。劉曜以弋仲爲平西將軍、平襄公。烈帝之五年，弋仲率部衆隨石虎遷于清河之灄頭，勒以弋仲爲奮武將軍，封襄平公。昭成時，弋仲死，子襄代，屯於譙城。慕容儁以襄爲豫州刺史、丹陽公，進屯淮南，自稱大將軍、大單于。爲司馬聃將桓溫所敗，奔於河東。後爲苻眉所殺。

弋仲有子四十二人，萇第二十四，隨兄襄征伐，襄甚奇之。襄之敗也，萇率子弟降於苻堅。從堅征伐，頻有戰功，歷寧、幽、兗三州刺史，封益都侯，邑五百户。苻堅伐司馬昌明，以萇爲龍驤將軍，督益梁州諸軍事。謂萇曰：「朕本以龍驤建業，龍驤之號，初未假人，今特以相授。山南之事，一以委卿。」堅左將軍竇衝進曰：「王者無戲言，此將不臧之徵也，惟陛下察之。」堅默然。

及慕容泓起兵華澤，堅遣子衞大將軍叡討之，戰敗，爲泓所殺。時萇爲叡司馬，懼罪奔馬牧，聚衆萬餘，自稱大將軍、大單于、萬年秦王，號年白雀。數月之間，衆至十餘萬，與慕容沖連和，進屯北地。苻堅出至五將山，萇執而殺之。

登國元年，僭稱皇帝，置百官，國號大秦，年曰建初，改長安曰常安。以其太子興鎮長安，自擊苻登安定，敗之。萇病，夢苻堅將天官使者、鬼兵數百，突入營中，萇懼走後宮，宮人迎萇刺鬼，誤中萇陰。鬼相謂曰：「正中死處。」拔矛出血石餘。寤而驚悸，遂患陰腫，醫刺之，出血如夢。萇乃狂言，或稱「臣」，或稱「萇」，「殺陛下者兄襄，非臣之罪，願不枉臣」。萇死，子興襲位，祕不發喪。

興，字子略，萇長子也。既滅苻登，乃發喪行服，僭稱皇帝於槐里，號年皇初。天興元年，興去皇帝之號，降稱天王，號年洪始〔四〕。興克洛陽，以其弟東平公紹鎮之。三年，興遣使朝貢，太祖遣謁者僕射張濟使於興。興又大破乞伏乾歸，遂入枹罕，獲鎧馬六萬匹，乾歸降於興。

太祖遣軍襲興高平公没弈干，干棄部衆，率數千騎與赫連屈孑奔於秦州。追至於瓦亭，長安震懼。興大議爲寇，其臣咸以爲不可，興不從。天興五年夏，興遣其弟義陽公平率衆四萬侵平陽，攻乾壁六十餘日，壁中衆少失井，乃陷之。六月，太祖將討平，遣毗陵王順等三軍六萬騎爲先鋒。七月，車駕親征；八月，次於永安。平募遣勇將，率精騎二百闚軍，爲太祖前鋒將長孫肥所擒，匹馬不返。平遂退走，太祖急追，及於柴壁。平因守固，太祖圍之，興乃悉舉其衆救平。

太祖聞興將至，增築重圍，内以防平之出，外以距興之入。又截汾曲爲南北浮橋，乘西岸築圍。太祖以步騎三萬餘人，渡蒙坑南四十里，逆擊興。興晨行北引，未及安營，太祖軍卒至，興衆怖擾。太祖詔毗陵王順以精騎衝擊，獲興甲騎數百，斬首千餘級。興退，南走四十餘里，太祖引還。平竟不敢出，但使人燒圍數百步而已。太祖知興氣挫，乃南絶蒙坑之口，東杜新坂之隘，守天渡，屯賈山，令平水陸路絶，將坐甲而擒之。太祖又緣汾帶岡樹栅數十里，以衞芻牧者。九月，興從汾西北下，憑壑爲壘以自固。興又將數千騎，乘西岸闚視太祖營，束栢材從汾上流下之，欲以毁橋，官軍鉤取以爲薪蒸。興還壘。太祖度其必攻西圍，乃命修塹，增廣之。至夜，興果來攻，梯短不及，棄之塹中而還。又分其衆，臨汾爲壘，叩逼水門，與平相望。太祖因截水中，興内外隔絶，士衆喪氣。於是平糧盡窘急，夜悉衆將突西南而出。興列兵汾西，舉烽鼓譟，爲平接援。太祖簡諸軍精鋭，屯汾西，固守南橋，絶塞水口。興夜聞聲，望平力戰突免；平聞外鼓，望興攻圍引接。故但叫呼，虛相應和，莫敢逼圍。平引不得出，窮迫，乃將二妾赴水而死。興安遠將軍不蒙世、揚武將軍雷重等將士四千餘人，隨平投水。太祖令泅水鈎捕，無得免者。平衆三萬餘人，皆斂手受執，擒興尚書右僕射狄伯支，越騎校尉唐小方，積弩將軍姚梁國，建忠將軍雷星、康官〔四二〕，北中郎將康猥，興從子伯禽已下四品將軍已上，四十餘人。興遠來赴救，自觀其窮，力不能勉，舉軍悲號，震動山谷，數日不止。頻遣使請和，太祖不許，乃班師。

興還長安。有雀數萬頭，鬭於興廟，毛羽折落，多有死者，月餘乃止。識者曰：「今雀鬭廟上，子孫當有爭亂者乎？」又興殿有聲如牛吼。有二狐入長安，一登興殿屋，走入宮，一入于市，求之不得。

先是，譙縱略有益寧之地，僭稱尊號，遣使稱蕃於興，興以縱爲蜀王，加九錫。永興三年，興遣周寶朝貢。五年，興遣使朝貢，并請進女，太宗許之。

興中子廣平公弼有寵，委之朝政。興疾篤，長子泓侍疾於中，弼集黨數千人，候興死，欲殺泓自立。興諸子姪外鎮者，聞之，皆起兵討弼。興疾瘳，不忍誅弼，免官而已。神瑞元年，興遣兼散騎常侍、尚書吏部郎嚴康朝貢。二年，興遣散騎常侍東武侯姚敞、尚書姚泰奉其西平公主於太宗，帝以后禮納之。興復以弼爲中軍大將軍，配兵三萬，屯於渭北。

興又疾甚，弼遣其黨姚武伯等率衆攻端門。泓時侍疾，遣兵拒之，興力疾臨前殿，殺弼，弼黨乃散。泰常元年，興死，泓僭立。

泓，字元子，興之長子也。既僭位，號年永和。赫連屈孑攻泓秦州，又剋安定，遂據雍城。司馬德宗將劉裕伐泓。裕遣將檀道濟至洛陽，泓弟陳留公洸以城降。泓弟太原公懿反於蒲坂，泓從弟齊公恢反於嶺北，皆舉兵伐長安。泓既有內難，裕遂長驅入關。泓戰敗，請降，送於建康市斬之。

略陽氐呂光，字世明，本出略陽。父婆樓，苻堅太尉。光年十歲，遊戲好戰陳之法，爲諸兒所推。身長八尺四寸，肘有肉印。從王猛征討，稍遷破虜將軍。

堅以光爲驍騎將軍，率衆七千討西域〔四三〕，所經諸國，莫不降附。光至龜茲，王帛純拒之，西域諸胡救帛純者，七十餘萬人。光乃結陳爲勾鏁之法，戰於城西，大破之，斬級萬餘，帛純逃走，降者三十餘國。光以駝二千餘頭，致外國珍寶及奇伎、異戲、殊禽、怪獸千有餘品，駿馬萬餘匹而還。苻堅涼州刺史梁熙遣兵拒之，光擊破熙軍，遂入姑臧。斬熙，自署護羌校尉、涼州刺史。

登國初，又自稱使持節、大都督、大將軍、涼州牧、酒泉公。主簿尉祐姧佞淺薄，光寵任之，譖誅姚皓、尹景等名士十餘人。於是遠近失望，人懷離貳。四年，光私稱三河王，遣使朝貢。置官自丞郎已下，猶攝州事。號麟嘉元年。皇始初，光僭稱天王，置百官，改號龍飛，立子紹爲太子。遣使朝貢。光疾甚，立紹爲天王，自號太上皇帝。光死，長子纂殺紹僭立。

纂，字永緒。既自立，號咸寧元年。纂弟大司馬洪，名犯顯祖諱，以猜忌不容，起兵攻纂，纂殺之，縱兵大掠。纂笑謂左右曰：「今日之戰何如？」纂侍中房晷對曰：「先帝始崩，太子以幽逼致殂；山陵甫訖，大司馬疑懼肆逆。京邑交兵，友于接刃。雖洪自取夷滅，亦由陛下無棠棣之義。且洪妻，陛下弟婦也，洪女，陛下之姪女也，奈何使小人汙辱爲婢妾。天地神明，豈忍見此！」因歔欷流涕。纂謝之，乃收洪妻子。

纂昏虐任情，遊田無度，耽荒酒色，與左右因醉馳獵於坑澗之間，或有諫者，纂皆不納。又性多猜忌，忍於殺戮。纂從弟超殺纂。纂弟緯單馬入城，超殺之而立其兄隆。

隆，字永基，光弟寶之子也。初，超讓位於隆，隆難之，超曰：「今猶乘龍上天，豈得中下！」乃僭位，改神鼎元年。超使纂妻楊氏及侍婢數人殯纂於城西，超慮楊持珍寶出，使人搜之。楊氏責超曰：「郎君兄弟手刃相圖，新婦旦夕死人，用金寶何爲！」超慚而退。楊氏國色，超將妻焉，謂其父桓曰：「后若自殺，禍及卿宗。」桓以告之，楊氏曰：「大人本賣女與氐，以圖富貴，一之以甚，復可使女辱於二氐乎！」乃自殺。

沮渠蒙遜、秃髮傉檀頻來攻擊，河西之民，不得農植，穀價湧貴，斗直錢五千文，人相食，餓死者千餘口。姑臧城門晝閉，樵採路斷，民請出城，乞爲夷虜奴婢者，日有數百。隆恐沮動人情，盡坑之。於是積屍盈于衢路，户絶者十有九焉。屢爲蒙遜攻逼，乃請迎於姚興。遣齊難率衆迎之，隆遂降焉。至長安，尋復爲興所誅。

史臣曰：夷狄不恭，作害中國，帝王之世，未曾無也。劉淵等假竊名目，狼戾爲梗，汙辱神器，毒螫黎元，喪亂鴻多，一至於此。怨積禍盈，旋傾巢穴。天意其俟大人乎？

校勘記

〔一〕渦陽闕　「渦陽」下原注「闕二字」。按「渦陽」指東魏敗侯景之地。下文接「糾合傖楚，覆其巢穴」，指侯景攻佔建康，却闕主名，連上文似東魏於寒山、渦陽戰後，即攻佔建康，與情事不合。「渦陽」下疑脱「之役」或「之師」二字，且更有脱文，今但注「闕」。

〔二〕決於大將軍靳準　「於」，原作「其」，據三朝本、南監本、殿本改。

〔三〕立單于臺於渭城置左右賢王已下　「立單于臺」下晉書卷一〇三劉曜載記有「拜大單于」四字。按上文記劉曜封其子胤爲南陽王，拜大單于者亦即胤，記事相貫。大單于爲單于臺長官，無此四字，既記事割裂，又似以左右賢王爲單于臺之長，與其時制度不符。

〔四〕至西陽門　「西陽門」，原作「西陽明」，據殿本、局本、晉書卷一〇三劉曜載記、通鑑卷九四晉紀一六咸和三年十二月改。按洛陽伽藍記序，洛陽城西面「次北曰西陽門。漢曰雍門，魏晉曰西明門，高祖改爲西陽門」。則「西陽」是北魏所改，晉時實名「西明」。疑「明」字不誤，後人旁注「陽」字，混入正文，又脱「門」字。

〔五〕曜子毗率百官棄長安西走秦州　「毗」，晉書卷一〇三劉曜載記、通鑑卷九四晉紀一六咸和三年十二月並作「熙」。

〔六〕小字匐勒　「匐勒」，晉書卷一〇四石勒載記上、册府卷二二九並作「訇」，疑是音譯之異。

〔七〕姚豹　晉書卷一〇四石勒載記上、御覽卷三九一引崔鴻十六國春秋後趙録、册府卷二三一、通鑑卷八七晉紀九永嘉三年夏並作「桃豹」。按其人晉書中有關紀載都作「桃豹」，廣韻卷二豪韻「桃」字下引何氏姓苑云：「後趙石勒將有桃豹。」

〔八〕乘苑馬還掠繒寶　「還」，晉書卷一〇四石勒載記上、御覽卷一二〇引崔鴻十六國春秋後趙録、册府卷二二一並作「遠」。

〔九〕進攻襄城太守崔曠於繁昌　「崔曠」，原作「崔廣」，據晉書卷一〇四石勒載記上改。按其人晉書卷五孝懷帝紀永嘉五年十月、卷五九成都王穎傳、卷九〇曹攄傳、册府卷四二四並作「崔曠」。

〔一〇〕時有所問　晉書卷一〇六石季龍載記上、御覽卷一二〇引崔鴻十六國春秋後趙録、册府卷二二五並作「時有所不聞」。

〔一一〕增内官二十四等　「内官」，晉書卷一〇六石季龍載記上、通鑑卷九七晉紀一九永和元年正月作「女官」，疑是。按下文稱諸公侯七十餘國皆爲置女官九等，又言「大發民女」。

〔一二〕謂嬖人楊柯　「楊柯」，晉書卷一〇七石季龍載記下、御覽卷一二〇引崔鴻十六國春秋後趙録、册府卷二二五並作「楊杯」。

〔一三〕郝雅劉靈　晉書卷一〇七石季龍載記下、通鑑卷九八晉紀二〇永和四年八月作「郝稚劉霸」，册府卷二二五作「郝稚劉伯」。按下文稱「劉霸斷其手足」，亦證「靈」乃「霸」字之訛。

〔一四〕殺其妻子二十九人　「二十九人」，晉書卷一〇七石季龍載記下、通鑑卷九八晉紀二〇永和四年八月並作「九人」。

〔一五〕闕陋頭　本書卷一序紀作「闕頭」，當是譯名歧異。

〔一六〕馬牛羊四百餘萬頭　本書卷二太祖紀作「名馬三十餘萬匹牛羊四百餘萬頭」。

〔一七〕屈孑本名勃勃太宗改其名曰屈孑屈孑者卑下也　按北史卷九三僭僞附庸赫連屈丐傳作「屈丐本名勃勃明元改其名曰屈丐北方言屈丐者卑下也」，「屈孑」並作「屈丐」。本書此傳之外，語及其人，偶作「屈孑」，大體都作「屈丐」，今一仍其舊，不一一出校。晉書卷一三〇赫連勃勃載記稱「赫連勃勃字屈孑」，似「屈孑」並非魏明元帝所改。合而觀之，「屈孑」當是勃勃小名本來之音譯用字，其名原即有卑下之義，明元帝將「孑」字改作顯具卑下之義之「丐」字，並以改字後之小名指稱其人。疑此句原當作「屈丐本名勃勃小名屈孑屈孑者北方言卑下也太宗改其名曰屈丐」。

〔一八〕議以義城朔方雜夷及衞辰部衆三萬配之　「義城」，晉書卷一三〇赫連勃勃載記、册府卷八四九、通鑑卷一一四晉紀三六義熙三年五月並作「三城」，通鑑此條胡注以本書卷一〇六下地形志下東夏州條之「三城」當之。

〔一九〕永光　北史卷九三僭僞附庸赫連昌傳、通鑑卷一二〇宋紀二元嘉二年八月作「承光」，御覽卷一二七引崔鴻十六國春秋夏録於赫連昌條下作「永光」，於赫連定條又云「改承光四年爲勝光元年」。

〔二〇〕且待步兵　「待」，原作「縱」，據北史卷九三僭僞附庸赫連昌傳改。按上明言「步兵未至」，「縱」字顯誤。

〔二一〕刺殺其尚書斛黎又殺騎賊十餘人　「又」，北史卷九三僭僞附庸赫連昌傳作「文」，與上「斛黎」連讀。按通鑑卷一二〇宋紀二元嘉四年六月亦作「斛黎文」，「又」屬下讀。其人當名「文」，姓「斛黎」，即「斛律」。疑此處「又」上脱「文」字，北史脱「又」字。

〔二二〕遣其將寇鄜城　「鄜城」，原作「麟城」，據本書卷四上世祖紀上神䴥三年九月、通鑑卷一二一宋紀三元嘉七年九月改。按鄜乃漢舊縣，「麟」爲「鄜」之形訛。

〔二三〕建國二年帝納元真妹爲后　「元真妹」，原作「元真女」。按本書卷一序紀建國二年作「元真妹」，四年又記「皇后慕容氏崩」，六年八月又記「元真遣使請薦女」，七年六月又記「皇后至自和龍」。事亦見本書卷一三皇后昭成皇后慕容氏傳。今據改。

〔二四〕大破宇文開地千里　「開」，原作「闢」。晉書卷一〇九慕容皝載記：皝率騎二萬親伐宇文歸，「歸遠遁漠北，皝開地千餘里」。殿本考證據之謂：「此殆脱去『歸』字，並訛『開』爲『闢』也。」按「闢地」不可通，今據改。「宇文」是部族名，無「歸」字亦通。

〔二五〕乃礪甲嚴兵　「礪」，原作「屍」，據三朝本、南監本、殿本、北史卷九三僭僞附庸慕容儁傳改。

〔二六〕自稱湘女　「湘女」，原作「湖女」，據三朝本、南監本、殿本改。按御覽卷一二一引崔鴻十六國春秋前燕録、北史卷九三僭僞附庸慕容暐傳並作「湘女」。

〔二七〕張永　晉書卷一一四苻堅載記下、御覽卷一二二引崔鴻十六國春秋前秦録、通鑑卷一〇五晉紀二七太元九年三月並作「强永」。按强氏乃氐中豪族，疑「張」爲「强」字之形訛。

〔二八〕可以吳王爲大將軍領司徒承制封拜　「吳王爲」下疑有脱文。按北史卷九三僭僞附庸慕容暐傳記此語云「可以吳王爲相國，中山王爲太宰、領大司馬，汝可爲大將軍、領司徒，承制封拜」，晉書卷一一四苻堅載記下同北史。

〔二九〕聞喜　原作「聞嘉」，北史卷九三僭僞附庸慕容永傳、通鑑卷一〇六晉紀二八太元十一年三月作「聞喜」。按聞喜自漢以來屬河東郡，慕容永由長安東出，路經此地。「嘉」乃「喜」字之形訛，今據改。

〔三〇〕永乘詭道伐之　晉書卷一二三慕容垂載記作「永謂垂詭道伐之」。通鑑卷一〇八晉紀三〇太元十九年夏改此句作「疑垂欲詭道取之」。按此處似慕容永主動進攻，與上下文及情事不合。疑「永」下脱「謂」字，「乘」爲「垂」字之形訛。

〔三一〕天井關　原作「木井關」，據晉書卷一二三慕容垂載記、通鑑卷一〇八晉紀三〇太元十九年夏改。

〔三二〕太原公儀十萬騎在河北　「太原公」，疑爲「東平公」之誤。按通鑑卷一〇八晉紀三〇太元二十年九月記此事稱「東平公儀將十萬騎屯河北」。據本書卷一五衛王儀傳，儀登國初賜爵九原公，使慕容垂還，改封平原公；從征劉衛辰有功，復改封東平公；從平中山，進封衛王。本書卷二太祖紀，登國三年八月、六年三月兩見「九原公元儀」，破衛辰在登國六年十一月。太祖紀登國九年三月記「使東平公元儀屯田於河北五原」，與本書卷一一〇食貨志合。至皇始二年五月，太祖紀又記以東平公元儀爲左丞相，封衞王。則元儀未曾封太原公，登國十年爵爲東平公。「十萬騎」，本書卷二太祖紀登國十年九月、北史卷一魏太祖紀並作「五萬騎」。

〔三三〕及子弟等百餘人　「弟」，北史卷九三僭僞附庸慕容寶傳作「策」。按晉書卷一二四慕容寶載記此句作「又殺其太子策及王公卿士百餘人」。疑「策」是。

〔三四〕慕容氏自毁其門將不入矣　「將不入矣」，三朝本、南監本、北史卷九三僭僞附庸慕容熙傳、晉書卷一二四慕容熙載記作「將不久也」。

〔三五〕天賜五年司馬德宗將劉裕伐超　「五年」，疑爲「六年」之誤。按晉書卷一〇安帝紀，劉裕義熙五年三月舉兵攻南燕，六月入廣固，宋書卷一武帝紀上同。晉義熙五年當魏天賜六年。

〔三六〕杜洪遣將軍張光逆健于潼關　「張光」，晉書卷一一二苻健載記、苻生載記，册府卷二二一，通鑑卷九八晉紀二〇永和六年九月並作「張先」。

〔三七〕九敗之　三朝本同，南監本、局本作「大敗之」，北監本、殿本作「克敗之」。

〔三八〕使宫人與男女倮交於殿前　「男女」，晉書卷一一二苻生載記、御覽卷一二一引崔鴻十六國春秋前秦録作「男子」。

〔三九〕稱皇太弟有令　「令」，原作「分」，據殿本、晉書卷一一四苻堅載記下改。

〔四〇〕永敍　御覽卷一二二引崔鴻十六國春秋前秦録同，晉書卷一一五苻丕載記作「永叔」。

〔四一〕天興元年興去皇帝之號降稱天王號年洪始　按本書卷六七崔光傳附崔鴻傳，魏收舉鴻十六國春秋謬誤，有云「至如太祖天興二年姚興改號，鴻以爲改在元年」。洪頤煊諸史考異卷一〇云：「晉沙門法顯傳，法顯以宏始二年歲在己亥至天竺。天興元年戊戌，二年己亥，則亦以宏始改元在天興元年。唯梁高僧傳鳩摩羅什以僞秦宏始十一年八月二十日卒於長安，是歲晉義熙五年。此以宏始改元在天興二年。」是姚興弘始改年，當魏天興元年抑或二年，均有旁證。然魏收已斷稱崔鴻誤，則此傳當作「二年」，不應仍作「元年」，或是後人失檢鴻傳，據十六國春秋改。又姚興年號實是「弘始」，此作「洪始」，乃避獻文帝諱改。

〔四二〕積弩將軍姚梁國建忠將軍雷星康官　「姚梁國」「康官」，晉書卷一一八姚興載記下作「姚良國」「康宦」。按本書卷二太祖紀天興五年記所俘諸人名與此傳合，且稱「語在興傳」，此傳述柴壁戰事委曲細事，遠詳於姚興載記，當本自魏之國史，疑二人名以此傳所記爲是。

〔四三〕率衆七千討西域　「七千」，御覽卷一二五引崔鴻十六國春秋後涼録、晉書卷一二二呂光載記並作「七萬」。按通鑑卷一〇四晉紀二六太元七年九月作「十萬」，「十」疑爲「七」字之訛。

魏書卷九十六

列傳第八十四

僭晉司馬叡 賨李雄

僭晉司馬叡，字景文，晉將牛金子也。初，晉宣帝生大將軍、琅邪武王伷，伷生冗從僕射、琅邪恭王覲。覲妃，譙國夏侯氏，字銅環，與金姦通，遂生叡，因冒姓司馬，仍爲覲子。由是自言河内温人。初爲王世子，又襲爵，拜散騎常侍，頻遷射聲、越騎校尉，左、右軍將軍。從晉惠帝幸臨漳，其叔繇爲成都王穎所殺，叡懼禍，遂走至洛，迎其母俱歸陳國〔一〕。

東海王越收兵下邳，假叡輔國將軍。越謀迎惠帝於長安，復假叡平東將軍、監徐州諸軍事，使鎮下邳。尋加安東將軍、都督揚州諸軍事、假節，當鎮壽陽，且留下邳。及越西迎惠帝，留叡鎮後，平東府事〔二〕。當還鎮江東，屬陳敏作亂，叡以兵少因留下邳。永嘉元年春，敏死，秋，叡始到建業。五年，進鎮東將軍、開府儀同三司，又以會稽户二萬增封，加督揚、江、湘、交、廣五州諸軍事。六月，王彌、劉曜寇洛陽，懷帝幸平陽，晉司空荀藩、司隸校尉荀組推叡爲盟主。於是輒改易郡縣，假置名號。江州刺史華軼、北中郎將裴憲並不從之。憲自稱鎮東將軍、都督江北五郡軍事，與軼連和。叡遣左將軍王敦、將軍甘卓、周訪等擊軼，斬之。憲奔于石勒。六年，叡檄四方，稱與穆帝俱討劉淵，大會平陽。

建興元年，晉愍帝以叡爲侍中、左丞相、大都督陝東諸軍事，持節、王如故。叡改建業爲建康。七月，叡以晉室將滅，潛有他志，乃自大赦，爲大都督、都督中外諸軍事，又爲丞相。叡號令不行，政刑淫虐，殺督運令史淳于伯，行刑者以刀拭柱，血流上柱二丈三尺，徑頭流下四尺五寸，其直如弦。時人怨之。

平文帝初，叡自稱晉王，改元建武，立宗廟、社稷，置百官，立子紹爲太子。叡以晉王而祀南郊。其年，叡僭即大位，改爲大興元年。其朝廷之儀，都邑之制，皆準模王者，擬議中國。遂都於丹陽，因孫權之舊所，即禹貢揚州之地，去洛二千七百里。地多山水，陽鳥攸居，厥土惟塗泥，厥田惟下下，所謂「島夷卉服」者也。周禮，職方氏掌天下之地，辨其邦國都鄙，四夷、八蠻、七閩、九貉、五戎、六狄之人民與其財用、九穀、六畜之數要，周知其利害。東南曰揚州，其山鎮曰會稽，其藪澤曰具區，其川三江，其浸五湖，其利金錫竹箭，其民二男五女，其畜宜鳥獸，其穀宜稻。春秋時爲吴越之地。吴越僭號稱王，僻遠一隅，不聞華土。楚申公巫臣竊妻以奔，教其軍陣，然後乃知戰伐。由是晚與中國交通。俗氣輕急，不識禮教，盛飾子女以招遊客，此其土風也。戰國時則并於楚。故地遠恃險，世亂則先叛，世治則後服。秦末，項羽起江南，故衡山王吴芮從百越之兵，越王無諸身率閩中之衆以從，滅秦。漢初，封芮爲長沙王，無諸爲閩越王，又封吴王濞於朱方。逆亂相尋，亟見夷滅。漢末大亂，孫權遂與劉備分據吴蜀。權阻長江，殆天地所以限内外也。叡因擾亂，跨而有之。中原冠帶呼江東之人，皆爲貉子，若狐貉類云。巴、蜀、蠻、獠、谿、俚、楚、越，鳥聲禽呼，言語不同，猴蛇魚鼈，嗜慾皆異。江山遼闊將數千里，叡羈縻而已，未能制服其民。有水田，少陸種，以罟網爲業。機巧趨利，恩義寡薄。家無藏蓄，常守飢寒。地既暑濕，多有腫泄之病，障氣毒霧，射工、沙蝨、蛇虺之害，無所不有。叡割有揚、荆、梁三州之土，因其故地，分置十數州及諸郡縣，郡縣户口至有不滿百者。

遣使韓暢浮海來請通和。平文皇帝以其僭立江表，拒不納之。

是時叡大將軍王敦宗族擅勢，權重於叡，迭爲上下〔三〕，了無君臣之分。叡侍中劉隗言於叡曰：「王氏彊大，宜漸抑損。」敦聞而惡之。惠帝時，叡改年曰永昌。王敦先鎮武昌，乃表於叡曰：「劉隗前在門下，遂秉權寵。今趣進軍，指討姦孽，宜速斬隗首，以謝遠近。朝梟隗首，諸軍夕退。昔太甲不能遵明湯典，顛覆厥度，幸納伊尹之訓，殷道復昌，賢智故有先失後得者矣。」敦又移告州郡，以沈充爲大都督，護東吳諸軍。叡乃下書曰：「王敦恃寵，敢肆狂逆，方朕於太甲，欲見囚于桐宮。是可忍也，孰不可忍也！今當親帥六軍，以誅大逆。」叡光禄勳王含率其子瑜以輕舟棄叡，歸于武昌。叡以其司空王導爲前鋒大都督，尚書陸曄爲軍司；以廣州刺史陶侃爲江州，梁州刺史甘卓爲荆州，使其率衆掎躡敦後；以太子右率周莚率中軍三千人討沈充。敦至洌州，表尚書令刁協黨附，宜加誅戮。叡遣右將軍周札戍于石頭，札潛與敦書，許軍至爲應。敦使司馬楊朗等入于石頭。札□見敦〔四〕。朗等既據石頭，叡征西將軍戴淵、鎮北將軍劉隗率衆攻之，戴淵親率士，鼓衆陵城。俄而鼓止息，朗等乘之，叡軍敗績。隗、協入見叡，叡遣其避禍，二人泣而出。隗還淮陰，後奔石勒。協奔江乘，爲敦追兵所害。叡師敗。

敦自爲丞相，武昌郡公，邑萬户，朝事大小皆關諮之。敦收戴淵及叡尚書左僕射周顗，並斬于石頭，皆叡朝之望也。於是改易百官及諸州鎮，其餘轉徙黜免者過百數，或朝行暮改，或百日半年。敦所寵沈充、錢鳳等所言必用，所譖必死。敦將還武昌，其長史謝鯤曰：「公不朝，懼天下私議。」敦曰：「君能保無變乎？」對曰：「鯤近入覲，主上側席待公，遲得相見，宮省穆然，必無不虞之慮。公若入朝，鯤請侍從。」敦曰：「正復殺君等數百，何損朝廷！」遂不朝而去。敦召安南將軍甘卓，轉譙王承爲軍司，並不從。敦遣從母弟南蠻校尉魏乂率江夏太守李恒攻承於臨湘，旬日城陷，執承送于武昌。敦從弟王廙使賊迎之，害于車中。先是，王敦表疏，言旨不遜，叡以示承曰：「敦言如此，豈有厭哉？」對曰：「陛下不早裁之，難將作矣。」敦惡之。襄陽太守周慮襲殺甘卓。

叡畏迫於敦，居常憂戚，發病而死。

子紹僭立，改年曰太寧。

王敦將篡，諷紹徵己。乃爲書曰：「孤子紹頓首。天下事大，紹以眇身，弗克負荷，哀憂孔疚，如臨于谷，實賴冢宰，以濟艱難。公邁德樹勳，遐邇歸懷，任社稷之託，居總己之統，然道里長遠，江川阻深，動有介石之機，而回旋之間，固以有所喪矣。謂公宜入輔朝政，得旦夕訓諮，朝士亦僉以爲然。以公高亮忠肅，至心憂國，苟其宜然，便當以至公處之，期於靜國寧民，要之括囊無咎。伏想闇同此志，願便速尅近期，以副翹企之懷。」紹恭憚於敦若此。復使兼太常應詹拜敦丞相、武昌郡公，奏事不名，入朝不趨，劍履上殿。敦於是屯於蕪湖。敦乃轉王導爲司徒，自領揚州刺史，以兄含子應爲武衞將軍，以自副貳。敦無子，養應爲後。敦疾踰年，故召含還，欲屬以後事。是時敦令紹宿衞之兵三番休二。

司。

紹密欲襲敦，微行察敦營壘。及敦疾，紹屢遣大臣訊問起居，遷含驃騎大將軍、儀同三司。

敦疾甚，紹召其司徒王導、中書監庾亮、丹陽尹温嶠、尚書卞壼密謀討之。導、嶠及右將軍卞敦共據石頭，光禄勳應詹都督朱雀桁南諸軍事，尚書令郗鑒都督從駕諸軍事，紹出次于中堂。敦聞兵起，怒，欲自將，困不能坐。召其黨錢鳳、鄧岳、周撫等率衆三萬指造建業。含謂敦曰：「此事吾便當行〔五〕。」於是以含爲元帥。鳳等問敦曰：「事剋之日，天子云何？」敦曰：「尚未南郊，何爲天子！便盡卿兵勢，唯保護東海王及裴妃而已。」初，紹謂敦已死，故敢發兵。及下詔數日，敦猶能與王導書，後自手筆曰：「太真別來幾日，作如此事！」太真，温嶠字也。紹朝見之，咸共駭懼。含等兵至，温嶠輒燒朱雀桁以挫其鋒。紹使中軍司馬曹渾、左衛參軍陳嵩、段匹磾弟秃率壯士千人逆含等〔六〕，戰于江寧，斬其前鋒將何康，殺數百人。敦聞康死，軍不獲濟，怒曰：「我兄老婢耳！門户衰微，羣從中才兼文武者皆早死，今年事去矣。」語參軍吕寶曰：「我當力行。」因作勢而起，困乏，乃復卧。使術士郭璞筮之，卦成，對曰：「不能佳。」敦既疑璞勸亮、嶠等舉事，又聞卦惡，於是殺璞。

敦疾轉困，語其舅羊鑒及子應曰：「我亡後，應便即位，先立朝廷百官，然後營葬。」

初，敦敗叡之後，夢白犬自天而下，噬之。及疾甚，見刁協、甘卓爲祟，遂死。王應祕不發喪，裹屍以席，埋於齋中，與其將諸葛瑶等縱酒淫逸。沈充將萬餘人來會含等。充臨行，顧謂其妻曰：「男兒不建豹尾，不能歸也。」紹平西將軍祖約率衆至于淮南〔七〕，逐敦所置淮南太守任台。紹將劉遐、蘇峻濟自滿洲〔八〕，含相率渡兵，應詹逆擊，大破之。周撫斬錢鳳，沈充將吳儒斬充。紹遣御史劉彝發敦瘞，斬屍，梟首朱雀桁。

紹死，子衍僭立，號年曰咸和。

衍歷陽太守蘇峻不順於衍，衍護軍庾亮曰：「蘇峻豺狼，終爲禍亂，晁錯所謂削之亦反，不削亦反，削之反速而禍小，不削反遲而禍大。」乃以大司農徵之，令峻弟逸領峻部曲。徵書至，峻怒曰：「庾亮專擅，欲誘殺我也。」阜陵令匡術、樂安人任讓並爲峻謀主，勸峻誅亮。乃使使推崇祖約，共討亮，約大喜。於是約命兄逖子沛國内史渙、女壻淮南太守許柳將兵會峻。峻使其黨韓光，光名犯恭宗廟諱，入姑孰，殺于湖令陶馥，殘掠而還。衍假庾亮節爲征討都督，使其右衛將軍趙胤、左將軍司馬流率衆次于慈湖。韓光晨襲流，殺之。衍以其驍騎將軍鍾雅爲前鋒監軍，假節，率舟軍拒峻。宣城内史桓彝統吏士次于蕪湖，韓光敗之，大掠宣城諸縣而還。江州刺史温嶠使督護王愆期、西陽太守鄧岱〔九〕、鄱陽太守紀睦等以舟軍赴于建業。愆期、岱次直瀆，峻督衆二萬濟自横江，登牛渚山。愆期等邀擊不制。峻至于蔣山，衍假領軍卞壼節，率諸將陳兵。衍之將怯兵弱，爲峻所敗，卞壼及其二子、丹陽尹羊曼、黄門侍郎周導、廬江太守陶瞻、散騎侍郎任台等皆死，死者三千餘人。庾亮兵敗，與三弟奔于柴桑。峻遂焚衍宮，羣賊突掠，百寮奔散，唯有米數石而已，無以自供。峻逼衍大赦，庾亮兄弟不在赦限。峻以祖約爲太尉、尚書令，加侍中，自爲驃騎將軍、領軍將軍、録尚書事。於是建業荒毁，奔投吴會者十八九。

温嶠聞之，移告征鎮州郡。庾亮至盆口，嶠分兵配給。又招衍荆州刺史陶侃欲共討峻。侃不從，曰：「吾疆埸外將，本非顧命大臣，今日之事，所不敢當。」時侃子爲峻所害，嶠復喻侃曰〔一〇〕：「蘇峻遂得志，四海雖廣，公寧有容足地乎？賢子越騎酷没，天下爲公痛心，况慈父之情哉！」侃乃許之。

蘇峻屯於于湖。衍母庾氏憂怖而死。蘇峻聞兵起，自姑孰還建業，屯于石頭。使其黨張瑾、管商率衆拒諸軍，逼遷衍於石頭。衍哀泣升車，宫人盡哭，隨從衍者，莫不流涕。峻以倉屋爲宮，使鄉人許方爲司馬督，將兵守衛。陶侃、庾亮、温嶠率舟軍二萬至于石頭，俄引還，次于蔡洲沙門浦。庾亮守白石壘，詰朝，峻將萬餘人攻之。亮等逆擊，峻退。吴國内史庾冰率三吴之衆驟戰，不勝。瑾、商等破庾冰前軍於無錫，焚掠肆意。韓光攻宣城内史桓彝，彝率吏民力戰不勝，爲光所殺。祖約爲潁川人陳光率其屬攻之，約乃奔於歷陽。長樂人賈寧勸峻殺王導，盡誅諸大臣，峻不從，乃改計叛峻。王導使袁耽潛誘納之，謀奉衍出奔温嶠。

嶠食盡，貸于陶侃。侃怒曰：「使君前云不憂無士衆及糧食也，唯欲得老民爲主耳。今比戰皆北，良將安在？今若無食，民便欲西歸。」先是嶠慮侃不赴，故以甘言招侃。嶠乃卑辭謝之，且曰：「今者，騎虎之勢可得下乎？賊垂滅，願公留思。」侃怒少止。其將李陽説曰：「今事若不捷，雖有粟，焉得而食之。公宜割見儲，以卒大事。」乃以米五萬石供軍。

祖涣襲溢口，欲以沮温嶠之兵。涣過晥，攻譙國内史桓雲，不剋，乃還。蘇峻并兵攻大業，大業水竭，皆飲糞汁。諸將謀救之，慮不能當，且欲水陸攻峻。陶侃以舟師攻石頭，温嶠、庾亮陳于白石。峻子碩以數十騎出戰，峻見碩騎，乃捨其衆，自以四馬北下突陳〔一〕，陳堅乃還。軍士彭世、李千投之以矛，峻墜馬，遂梟首，臠割之，焚其骸骨。任讓及諸賊帥復立峻弟逸，求峻屍弗獲，乃發衍父母冢〔二〕，剖棺焚屍。匡術率其徒據苑城以降，韓光、蘇碩等率衆攻苑，苑中飢，穀石四萬。諸將攻石頭。蘇碩及章武王世子休率勁賊孔盧、張偏等數十人擊李陽於柤浦，退走，碩等追之，庾冰司馬滕含以鋭卒自後擊之，碩、逸等震潰，奔于曲阿。含入抱衍，始得出奔温嶠之舟。是時，兵破之後，宮室灰燼，議欲遷移，王導不從乃止。衍改年咸康。

建國中，衍死。中書監庾冰廢衍子千齡，立其弟岳，改年曰建元。初岳之立，當改元，庾冰立號，而晉初已有，改作，又如之，乃爲建元。頃之，或告冰曰：「子作年號，乃不視讖也。讖云：『建元之末丘山崩。』丘山，岳也。」冰瞿然，久而歎曰：「如有吉凶，豈改易所能救乎？」遂不復改。

岳死，庾冰欲立司馬昱。驃騎將軍何充立岳子聃，號年曰永和。聃安西將軍桓温率所統七千餘人伐蜀，拜表輒行。聃威力微弱，不能控制也。及石虎死，聃征北將軍褚裒以舟軍至下邳，西中郎將陳逵進據淮南。石遵聞裒至下邳，使其司空李農領萬餘騎逆圍督護王龕於薛，執龕送于鄴，又殺李邁。龕，裒之驍將，三軍喪氣，乃引還。陳逵聞之，震懼，焚淮南而走。

桓温表廢聃揚州刺史殷浩，聃憚温，乃除其名。温遂率所統諸軍步騎四萬自郢越關中至灞上。苻健與五千餘人守長安小城。是歲大儉，温軍人懸磬，健深溝堅壁，清野待温。温軍食盡，乃退，苻健遣子萇頻擊敗之。初，温次灞上，其部將振武將軍、順陽太守薛珍勸溫徑進逼城，溫弗從，珍以偏師獨濟，頗有所獲。溫退，珍乃還，放言於衆，且矜其鋭而咎溫之持重。溫慚忿，殺之。聃又改年曰升平。

聃死，無子，立衍子丕，號年隆和。時謡曰：「升平不滿斗，隆和那得久。」改爲興寧，又謡曰：「雖復改興寧，亦自無聊生。」

丕死，弟奕立，號年曰太和。

桓温率衆北討慕容暐，至金鄉，鑿鉅野三百餘里以通舟軍，自清水入河。慕容垂逆擊破之，獲其資仗。温之北引也，先命西中郎將袁真及趙悦開石門，而袁真等停於梁宋，石門不通，糧竭。温自枋頭回軍，垂以步騎數萬追及襄邑，大敗温軍。温遂歸罪袁真，除名削爵，收節傳。真子雙之等殺梁國内史朱憲，真據壽陽以叛，真諸子兄弟阻兵自守，招誘陸城戍將陳郡太守朱輔數千人。遣參軍爨亮通慕容暐，又遣使西降苻堅。真病死，輔立其嫡子瑾爲使持節、建威將軍、豫州刺史。瑾弟四五人皆領兵。暐令陳文報爨亮，且以觀變。桓温遣督護竺瑶以軍泝淮伐瑾，瑶次于肥口，屢戰。慕容暐假瑾征南將軍、揚州刺史、宣城公，瑾弟泓等皆郡守、四品將軍，朱輔亦如之。温乃伐瑾，瑾等拒戰，於是築長圍守之，城中震潰，遂平瑾。

初，温任兼將相，其不臣之心，形于音氣，曾卧對親寮，撫枕而起曰：「爲爾寂寂，將爲文景所笑。」衆莫敢對。後悉衆北討，冀成陵奪之勢。及枋頭奔敗，知民望之去已，既平瑾，問中書郎郗超曰：「足以雪枋頭之恥乎？」超曰：「此未猒有識之情也。公六十之年，敗於大舉，不建不世之勳，不足以鎮愜民望。」因説温以廢立之事。温既宿有此謀，深納超言。温自廣陵將旋鎮姑孰。至于白石，乃言其主奕少同閹人之疾，初在東海、琅邪國，親近嬖人相龍、朱靈寶等並侍卧内，而美人田氏、孟氏遂生三男。衆致疑惑，然莫能審其虚實。至是，將建儲立王，温因之以定廢立之計。遂率百寮並還朝堂。温率衆入，屯兵宫門，進坐殿庭，使督護竺瑶、散騎侍郎劉亨取奕璽綬。奕著白袷單衣，步下西堂，登犢車。羣臣拜辭，皆殞涕。侍御史將百餘人，送出神虎門，入東海第。於是迎司馬昱而立之。昱，叡子也。昱東向流涕，拜受璽綬。昱既僭立，改年曰咸安，以温依諸葛亮故事，甲仗入殿，進丞相，其大司馬等皆如故，留鎮建業。以奕爲海西縣公。

温常有大志，昱心不自安，謂中書郎郗超曰：「命之脩短，本所不計，故當無復近日事邪？」超父愔爲會稽太守，超假還東，昱謂之曰：「致意尊公，家國之事，遂至於此。由吾不能以道匡衞，思患豫防，愧歎之深，言何能喻！」又誦庾闡詩云：「志士痛朝危，忠臣哀主辱。」因泣下。昱疾，與温書曰：「吾遂委篤，足下便入，冀得相見，不謂疾患，遂至於此。今者惙然，勢不復久，且雖有詔，豈復相及。慨恨兼深，如何可言！天下艱難，而昌明幼沖眇然，非阿衡輔導之訓，當何以寧濟也？國事家計，一託於公。」

昱死，子昌明僭立。徐州小吏盧悚與其妖衆男女二百，向晨攻廣莫門，詐言海西公還，由萬春、雲龍門入殿，略取三廂及武庫甲仗。時門下軍校並假兼，在直吏士駭愕不知所爲。游擊將軍毛安之先入雲龍門討悚，中領軍桓祕、將軍殷康止車門入，會兵攻之，斬五十六級，捕獲餘黨，死者數百人。前殿中監許龍與悚皆遣人至吴，詐迎弈，弈不從。昌明改年曰寧康〔三〕，徵温入朝，又詔温無拜。尚書謝安等於新亭見温，皆敬。温拜昱墓，得病還姑熟。温自歸寢疾，諷求備物九錫。謝安已令吏部郎袁彦伯撰策文，文成，安輒勾點，令更治改。既屢引日，乃謀於尚書僕射王彪之，彪之云：「聞彼病日增，亦當不復支久，自可小遲回其事。」安從之。温死。

苻堅遣苻雅率將王統、朱彤、楊安、姚萇步騎五萬向駱谷，伐昌明秦州刺史楊纂。纂請救於梁州刺史楊亮。亮遣參軍卜靖赴之，敗走。朱彤至梁州，亮望風奔散，於是堅遂有梁益二州。昌明上下莫不憂怖。建國三十九年，昌明改年曰太元元年。太祖七年，苻堅大舉討昌明，令其國曰：「東南平定指日，當以司馬昌明爲尚書僕射，可速爲起第。」堅前後擒張天錫等皆豫築甲宅，至而居之。堅至淮南，大敗奔退。

是時，昌明年長，嗜酒好内，而昌明弟會稽王道子任居宰相，昏蕢尤甚，狎昵諂邪。于時尼娼構扇内外，風俗穨薄，人無廉恥。左僕射王珣兒婚，門客車數百乘，會聞王雅爲太子少傅，回以詣雅者半焉。雅素有寵，人情去就若此。皇始元年，昌明死，子德宗僭立。

初，昌明耽於酒色，末年，殆爲長夜之飲，醒治既少，外人罕得接見，故多居内殿，流連於樽俎之間。以嬖姬張氏爲貴人，寵冠後宮，威行閫内。於時年幾三十，昌明妙列妓樂，陪侍嬪少，乃笑而戲之云：「汝以年當廢，吾已屬諸姝少矣。」張氏潛怒，昌明不覺而戲逾甚。向夕，昌明稍醉，張氏乃多潛飲宦者内侍而分遣焉。至暮，昌明沈醉卧，張氏遂令其婢蒙之以被，既絶而懼，貨左右云以魘死。時道子昏廢，子元顯專政，遂不窮張氏之罪。

德宗既立，改年爲隆安。以道子爲太傅、揚州牧、中書監，加殊禮，黄鉞、羽葆、鼓吹，又增甲仗百人入殿。既而内外衆事必先關於道子。尚書僕射王國寶輕薄無行，爲道子所親，權震建業，擅取東宫兵以配己府。道子以王緒爲輔國將軍、琅邪内史，又輒并石頭之兵，屯于建業。緒猶領其從事中郎，居中用事，寵幸當政。

德宗兗州刺史王恭惡國寶、王緒之亂政也，乃要荆州刺史殷仲堪剋期同舉。王恭表德宗曰：「國寶身負莫大之罪，謹陳其狀。前荆州刺史王悦，國寶同産弟也。受任西藩，不幸致喪。國寶求假奔彼，遂不即路，慮臺糾察，懼於黜免，乃毁冠改服，變爲婦人，與婢同載，入請相王。又先帝暴崩，莫不驚號，而國寶覥然，了無哀容，方犯閤叩扉，求行姦計，欲詐爲遺詔，矯弄神器。彰暴于外，莫不聞知。讒疾二昆，過於讎敵；樹立私黨，遍於府朝。兵食資儲，斂爲私積；販官鬻爵，威恣百城。收聚不逞，招集亡命。輔國將軍王緒頑凶狂狡，人理不齒，同惡相成，共竊名器。自知禍惡已盈，怨集人鬼，規爲大逆，蕩覆天下。昔趙鞅興晉陽之甲，夷君側之惡，臣雖駑劣，敢忘斯義。」恭表至，道子密欲討恭，以元顯爲征虜將軍，内外諸軍潛加嚴備。而國寶惶懼，不知所爲，乃遣數百人戍竹里，夜遇風雨，各散而歸。緒勸國寶殺王珣，然後南征北伐，弗聽，反問計於珣。既而懼懾，遂上表解職。尋復悔懼，詐稱德宗復其本官。道子既不能拒恭等之兵，亦欲因以委罪，乃收國寶付廷尉殺之，斬王緒於市，以悦恭等。司徒左長史王廞遭母喪居吴，恭板行吴國内史。廞乃徵發吴興諸郡兵。國寶既死，王恭使廞反於喪。廞謂因緣事際，可大得志，乃據吴郡，遣子弟率衆擊恭。以女爲真烈將軍〔一四〕，亦置官屬，領兵自衛。恭遣司馬劉牢之討平之。德宗譙王尚之兄弟復説道子，以爲藩伯彊盛，宰相權弱，宜密樹置，以自藩衛。道子然之，分遣腹心，跨據形要，由是内外騷動。王恭深慮禍難，復密要殷仲堪、西中郎將庾楷、廣州刺史桓玄同會建業。玄等響應。恭抗表傳檄，以江州刺史王愉、司馬尚之爲事端。仲堪遣龍驤將軍、南郡相楊佺期舟師五千發江陵，桓玄借兵於仲堪，亦給五千人。於是德宗戒嚴：加道子黄鉞；遣右將軍謝琰拒恭等；元顯爲征討都督，衆軍繼進；前軍王珣領中軍府衆次于北郊；以尚之爲豫州刺史，率弟恢之、允之西討楷等。皆執白虎幡居前。王恭遣劉牢之爲前鋒，次于竹里。初，道子之謀恭也，啗牢之以重賞，牢之斬恭别帥顔延、延弟强，送二級於謝琰。琰與牢之俱進襲恭，恭奔于曲阿，爲湖浦尉所執，送建業。尚之與庾楷子鴻戰于牛渚，斬鴻前鋒將殷萬，鴻遁還歷陽。尚之猶不敢濟。桓玄、佺期奄至横江，尚之等退，恢之所領外軍皆没。玄等徑造石頭，仲堪繼在蕪湖，建業震駭。道子殺恭於倪塘。桓玄等於是走還尋陽。

是年冬，德宗遣使朝貢，并乞師請討姚興。二年夏，德宗又遣使朝貢。

以元顯爲揚州刺史。道子有疾，元顯懼己弗得襲位，故矯以自授，而道子弗知。既瘳，乃大怒，以元顯已拜，故弗復改，於是内外政事一決元顯。道子少而耽酒，治日甚希，至是無事，俾晝作夜。時謂道子爲東録，元顯爲西録，西府千兩輻湊，東第門設雀羅矣。元顯年少，頓居權重，憍奢淫暴，於是遠近譏之。

初，德宗新安太守孫泰以左道惑衆被戮，其兄子恩竄于海嶼，妖黨從之，至是轉衆，攻上虞，殺縣令，衆百許人徑向山陰。會稽内史王凝之事五斗米道，恩之來也，弗先遣軍，乃稽顙于道室，跪而呪説，指麾空中，若有處分者。官屬勸其討恩，凝之曰：「我已請大道出兵，凡諸津要各有數萬人矣。」恩漸近，乃聽遣軍。比兵出，恩已至矣。戰敗，凝之奔走，再宿執之。旬日，恩衆數萬，自號平東將軍，逼人士爲官屬。於是諸郡妖惑，並殺守令而應之，衆皆雲集。吴國内史桓謙出奔，吴興太守謝邈被害。

自德宗以來，内外乖貳，石頭以外，皆專之於荆、江，自江以西則受命於豫州，京口暨于江北皆兗州刺史劉牢之等所制，德宗政令所行，唯三吴而已。恩既作亂，八郡盡爲賊場，及丹陽諸縣處處蜂起，建業轉成蹙弱。且妖惑之徒，多潛都邑，人情危懼，恒慮大兵竊發。於是衆軍戒嚴，劉牢之共衞將軍謝琰討之。賊等禁令不行，肆意殺戮，士庶死者不可勝計，或醢諸縣令以食其妻子，不肯者輒支解之，其虐如此。驃騎長史王平之死未葬，恩剖棺焚屍，以其頭爲穢器。牢之率軍討破之。琰將至吴興，賊徒遁走，驅逼士庶，奔于山陰。諸妖亂之家，婦女尤甚，未得去者，皆盛飾嬰兒投之于水而告之曰：「賀汝先登仙堂，我尋復就汝也。」賊既走散，邑屋焚毁，郛郭之中，時見人跡，經月乃漸有歸者。謝琰留屯烏程，遣其將高素助牢之。牢之率衆軍濟江。初，孫恩聞八郡響應，告諸官屬曰：「天下無復事矣，當與諸君朝服而至建業。」既聞牢之臨江，復曰：「我割據浙江，不失作勾踐也。」尋知牢之已濟，乃曰：「孤不恥走。」於是乃走。緣道多遺珍寶，牢之將士爭取之，不得窮追。恩復入於海。初，三吴困於虐亂，皆企望牢之、高素等。既至，放肆抄暴，百姓咸怨毒失望焉。

孫恩在海，妖衆轉復從之。既破永嘉、臨海，復入山陰。謝琰戰歿。於是建業大震，遣冠軍將軍、東海太守桓不才，輔國將軍孫無終，廣陵相高雅之等東討恩。吴興太守庾恒慮妖黨復發，大行誅戮，殺男女數千人。孫恩復破高雅之於餘姚，雅之走還山陰。元顯自爲後將軍、開府儀同三司、都督十六州，本官悉如故；封子彦章爲東海王，食吴興四萬餘户，清選文學臣寮，吏兵一同宗國。孫恩浮海奄至京口，戰士十萬，劉牢之隔在山陰，衆軍懼不敢旋，恩遂徑向建業。德宗惶駭，遽召豫州刺史司馬尚之。于時中外驚擾，而元顯置酒高會，道子唯日祈于鍾山。恩來漸近，百姓恟懼。尚之率精鋭馳至，徑屯積弩堂。恩時泝風，不得疾行，數日乃至白石。恩本以諸軍分散，欲掩不備，知尚之尚在建業，復聞牢之不還，不敢上[一五]，乃走向郁洲。恩別帥盧循攻没廣陵，虜掠而去。

桓玄聞孫恩之逼也，乃建牙戒嚴，表求征討。時恩去未遠，玄表復至，元顯等大懼，急遣止玄。庾楷密使自結於元顯，說玄大失人情，衆不爲用，若朝廷遣軍，已當內應。元顯得書大喜，遣張法順謀于劉牢之，牢之同許焉。於是徵兵裝艦，將謀西討。德宗改年曰元興，以元顯爲大都督討玄。玄軍至，元顯不戰而敗，父子並爲玄所殺。後改年爲大亨。

天興六年十月，德宗遣使朝京師。

德宗封桓玄爲楚王，玄尋逼德宗手詔禪位。德宗出居永安宫。玄既受禪，封德宗爲南康平固縣王，居之尋陽。天賜元年，德宗在姑熟，二月，至尋陽。其彭城内史劉裕殺玄徐州刺史桓脩，與劉毅等舉兵討玄。玄敗走尋陽，擕德宗兄弟至於江陵，又走荆州。荆州别駕王康産、南郡相王騰之迎德宗入南郡府。桓玄死。玄將桓振復襲江陵，斬王康産及騰之。將殺德宗，玄揚州刺史、新安王桓謙苦禁之，乃止。

時盧循執德宗廣州刺史吴隱之，自號平南將軍、廣州刺史，令其黨徐道覆據始興，餘郡皆以親黨居之。

德宗復僭立於江陵，改年義熙。尚書陶夔迎德宗，達于板橋，大風暴起，龍舟沈没，死者十餘人。德宗發江陵至尋陽，其益州刺史毛璩、參軍譙縱反，攻涪城，剋之，遂以益州叛德宗。德宗發姑孰，還建業。六月，太祖遣軍攻德宗鉅鹿太守賀申，申舉城降。

永興二年，盧循復起於嶺南，殺德宗江州刺史何無忌於石城。咸欲以德宗北走，知循未下乃止。裕令撫軍劉毅討循，敗於桑落洲，步走而還。裕黨孟昶、諸葛長民等勸裕擁德宗過江，裕不從。

神瑞二年，德宗遣廣武將軍玄文、石齊朝貢〔一六〕。泰常初，劉裕征姚泓〔一七〕。二年，太宗遣長孫道生、娥清破其將朱超石於石河〔一八〕，擒騎將楊豐，斬首千七百餘級。

三年，德宗死，弟德文僭立。四年，改年曰元熙。五年，德文禪位於裕，裕封德文爲零陵王。德文后河南褚氏，兄季之、弟淡之雖德文姻戚，而盡心於裕。德文每生男，輒令方便殺焉。或誘内人，密加毒害，前後非一。及德文被廢，因於秣陵宫，常懼見禍，與褚氏共止一室，慮有鴆毒，自煮食於前。六年，劉裕將殺之，不欲遣人入内，令淡之兄弟視褚氏，褚氏出别宫，於是兵乃踰垣而入，進藥於德文。德文不肯飲，曰：「佛教，自殺者不復人身。」乃以被掩殺之。

自叡之僭江南，至於德文之死，君弱臣彊，不相羈制，賞罰號令，皆出權寵，危亡廢奪，釁故相尋，所謂夷狄之有君，不若諸夏之亡也。

賨李雄，字仲儁，蓋廩君之苗裔也。其先居於巴西宕渠。秦并天下，爲黔中郡，薄賦其民，口出錢三十〔一九〕，巴人謂賦爲「賨」，因爲名焉。後徙櫟楊〔二〇〕。祖慕，魏東羌獵將。

慕有五子，輔、特、庠、流、驤。

晉惠時，關西擾亂，頻歲大飢，特兄弟率流民數萬家就穀漢中，遂入巴蜀。時晉益州刺史趙廞反叛，特兄弟起兵誅之，晉拜特宣威將軍、長樂鄉侯，流奮威將軍、武陽侯。流民閻式等推特行鎮北大將軍，承制封拜，流行鎮東將軍。後與晉益州刺史羅尚相攻。昭帝七年，特自稱大將軍、大都督，號年建初。戰敗，爲尚所殺，流代統兵事。流字玄通，自稱大都督、大將軍。流病將死，以後事屬雄，雄，特少子也。

雄自稱大都督、大將軍。十年，僭稱成都王，號年建興，置百官。時涪陵人范長生頗有術數，雄篤信之，勸雄即真。十二年，僭稱皇帝，號大成，改年爲晏平，拜長生爲天地太師，領丞相，西山王。又改年爲玉衡。雄以中原喪亂，乃頻遣使朝貢，與穆帝請分天下。雄捨其子，而立兄盪第四子班爲太子。

烈帝六年，雄死，班代統任。雄子期，殺班而自立。

期，字世運，雄第四子也。改年爲玉恒。驤子壽自涪城襲剋成都，廢期爲邛都公，期自殺。

壽，字武考。初爲雄大將軍，封建寧王，以南中十二郡爲建寧國，至期，徙封漢王。既廢期自立，改年爲漢興，又改號曰漢，時建國元年也。壽廣漢太守李乾與大臣謀欲廢壽，壽懼，令子廣與大臣盟於殿前。壽聞鄴中殷實，宮觀美麗，石虎以殺罰御下，控制邦域城鎮，深用欣慕。吏民有小過，輒殺之以立威名。又以郊甸未實，城邑空虛，工匠器械，事用不足，乃徙民三丁已上於成都，興尚方、御府，發州郡工巧以充之〔一二〕。廣修宮室，引水入城，務於奢侈，百姓疲於使役，民多嗟怨，思亂者十室而九。其尚書左僕射蔡興直言切諫，壽以爲謗訕，誅之。其臣龔壯作詩七首，託言應璩以諷壽。壽報曰：「省詩知意。若今人所作，賢哲之話言；古人所作，死鬼之常辭耳。」動慕漢武、魏明政法，恥聞父兄時事。上書者不得言先世政化，自以勝之也。及壽疾病，見李期、蔡興爲祟，遂死。子勢統任。

勢，字子仁。既立，改年爲太和。遣使朝貢。又改爲嘉寧。勢弟漢王廣以勢無子，請爲太弟，勢不許。廣欲襲勢，勢使其太保李弈擊廣於涪城，剋之，貶爲臨邛侯，廣尋自殺。勢既驕吝，荒於酒色，至殺人而取其妻，又納李弈女爲后。耽於淫樂，不恤國事，夷獠叛亂，境土減削，累年荒儉。性多忌害，誅殘大臣，刑罰酷濫。斥外父祖舊臣，親任近習，左右小人因行威福。脩飾室宇，羣臣諫諍，一無所納。又常居內，少見公卿。史官屢陳災譴，乃加相國董皎大都督，以名位優之〔一三〕，實望與分災眚。建國十年，司馬聃將桓温伐之，勢降於溫。先是頻有怪異。成都北鄉有人望見女子避入草中，往視，見物如人，有身形頭目，無手足，能動搖，不能言。廣漢馬生角，各長寸半。有馬駒，一頭、二身、六耳、無目、二陰，一牝一牡。又有驢，無皮毛，飲食數日而死。江南雨血，地生毛。江源又生草，高七八尺，華葉皆赤，子青如牛角。涪陵民藥氏婦頭上生角，長三寸，凡三截之。李漢家舂米，米自臼中跳出，斂畢箕中，又跳出，寫置簞中。童謡曰：「江橋頭，闕下市，成都北門十八子。」又曰：「有客有客，來侵門陌，其氣欲索。」譙周云：「我死後三十年，當有異人入蜀，由之而亡。」蜀亡之歲，去周亡三十二年。周又著讖曰：「廣漢城北，有大賊，曰流特，攻難得，歲在玄宮自相剋。」卒如其言。

史臣曰：司馬叡之竄江表，竊魁帥之名，無君長之實，跼天蹐地，畏首畏尾，對之李雄，各一方小盜，其孫皓之不若矣。

校勘記

〔一〕迎其母俱歸陳國 「陳」字疑衍，或字訛。按晉書卷六元帝紀云：「迎太妃俱歸國。」「歸國」指歸司馬叡襲封之琅邪國。其時陳郡非王國，且與司馬叡無關。

〔二〕平東府事　按此四字不可解，「東」疑爲「軍」字之形訛。司馬越時爲都督、兼司徒，平軍府事意即代爲處置相關事宜。

〔三〕迭爲上下　「迭」，原作墨釘，他本並作「迭」，今據補。

〔四〕札□見敦　「□」，原作一字空格，他本並接排，不空字。按上下文，「札見敦」三字甚突兀，疑有脱訛。今仍從底本，代以方圍。

〔五〕此事吾便當行　「事」上晉書卷九八王敦傳有「家」字，「吾」字屬下讀。非必此處脱去，然「家」字不宜省。

〔六〕段匹磾弟禿　「禿」，疑爲「秀」字之訛。按晉書卷六明帝紀、御覽卷九八引晉書、通鑑卷九三晉紀一五太寧二年七月並作「秀」。通鑑並云：「秀，磾弟也。」

〔七〕紹平西將軍祖約　「將」字原闕，據晉書卷六明帝紀太寧二年五月、七月及卷一〇〇祖約傳補。

〔八〕劉遐蘇峻濟自滿洲　「滿洲」，疑爲「蒲洲」之訛。按六朝未曾見「滿洲」，宋書卷二五天文志三記晉安帝隆安五年六月，「孫恩至京口，高祖擊破之。恩軍蒲洲，於是內外戒嚴，營陳屯守，柵斷淮口」，晉書卷一三天文志下承其事，亦見「蒲洲」。該洲當江北岸之京口與江南岸秦淮入江口之間，與劉遐、蘇峻自江北赴援建康事合。事均在東晉，其洲或東晉初即存。

〔九〕西陽太守鄧岱　「鄧岱」，晉書卷七成帝紀咸和三年正月、册府卷三七一、通鑑卷九四晉紀一六咸和五年正月作「鄧岳」。按此傳前文已見「鄧岳」，晉書卷八一鄧嶽傳稱：「本名岳，以犯康帝諱，改爲嶽，後竟改名爲岱焉。」魏書無須避東晉帝諱，疑魏收採自晉人所修史，未予統一，此作「鄧岱」不誤。

〔一〇〕嶠復喻侃曰 「嶠」，原作「峻」，據南監本、殿本、局本改。

〔一一〕自以四馬北下突陳 「四馬」，晉書卷一〇〇蘇峻傳作「數騎」。疑爲「匹馬」或「四騎」之訛。

〔一二〕乃發衍父母家 「衍」，疑當作「亮」。按晉書卷一〇〇蘇峻傳作「發庾亮父母墓」。按衍父即晉明帝司馬紹，不聞其墓被發。

〔一三〕昌明改年曰寧康 「寧康」，原作「康寧」，據殿本、局本乙正。殿本考證云：「『寧康』各本訛『康寧』，晉書孝武帝紀寧康元年春正月乙丑朔改元，今改正。」

〔一四〕以女爲真烈將軍 「真烈」，宋書卷六三王華傳、卷八一顧琛傳並作「貞烈」。

〔一五〕復聞牢之不還不敢上 「不還」，疑衍「不」字，或爲「已還」之訛。按上文稱孫恩在京口，以「劉牢之隔在山陰，衆軍懼不敢旋，恩遂徑向建業」。若牢之軍「不還」，則無所畏懼，豈得云「不敢上」。晉書卷八四劉牢之傳云：「恩聞牢之已還京口，乃走郁洲。」

〔一六〕德宗遣廣武將軍玄文石齊朝貢 「玄文石齊」，疑有誤。按本書卷三太宗紀神瑞二年四月記「司馬德宗遣使朝貢」，不記晉使姓名，無可參證。

〔一七〕泰常初劉裕征姚泓 「泰常」，原作「太宗」。按事在晉義熙十二年至十三年，即魏泰常元、二年間，其時魏太宗明元帝已即位八年，不得云「太宗初」。且下文稱「二年」，無年號，知「太宗」乃「泰常」之訛，今據改。

〔一八〕二年太宗遣長孫道生娥清破其將朱超石於石河　「二年」，原作「三年」。按本書卷三太宗紀泰常二年二月記：「詔司徒長孫嵩率諸軍邀擊劉裕，戰於畔城。」本書卷九七島夷劉裕傳云：「始裕入河西上，太宗遣將軍娥清、長孫嵩等屯於河畔。裕遣朱超石、劉榮祖等渡河，長孫道生破之，擒斬其將楊豐等。」卷三〇娥清傳記此事作「朱超石寇平原，至畔城遁還」。紀所記即此事，也即此傳所載破朱超石事。其事實在泰常二年劉裕北伐時。此處「三年」乃「二年」之訛，致與下文「三年，德宗死」重出，今據改。

〔一九〕口出錢三十　「三十」，晉書卷一二〇李特載記、華陽國志卷一巴志並作「四十」。

〔二〇〕後徙櫟楊　「櫟楊」，殿本、局本作「櫟陽」，疑並是「略陽」之訛。按晉書卷一二〇李特載記、華陽國志卷九李特志作「略陽」。御覽卷一二三引崔鴻十六國春秋蜀録云：「特祖父虎歸魏，魏武嘉之，遷略陽，拜虎等爲將軍。內徙者亦萬餘家，散居隴右諸郡及三輔、弘農。所在號爲『巴人』。」三輔、河東之巴蜀人北魏後期仍極活躍，「櫟陽」正在三輔，或其地亦有「巴人」。然册府卷二二二亦謂「後蜀李特初居略陽」，通鑑卷八二晉紀四元康八年九月記作「遷于略陽北土，號曰『巴氐』」。西晉末隴右六郡流民入蜀，略陽即六郡之一。

〔二一〕發州郡工巧以充之　「郡」，原作「都」，據晉書卷一二一李壽載記改。

〔二二〕加相國董皎大都督以名位優之　「大都督」，晉書卷一二一李勢載記作「太師」，疑是。按「大都督」非加官。

魏書卷九十七

列傳第八十五

島夷桓玄　海夷馮跋　島夷劉裕

島夷桓玄，字敬道，本譙國龍亢楚也。僭晉大司馬温之子，温愛之，臨終命以爲後。年七歲，襲封南郡公。登國五年，爲司馬昌明太子洗馬。玄志氣不倫，欲以雄豪自許。朝議以温有陵虐之迹，故抑玄兄弟，出爲義興太守。不得志，少時去職。

皇始初，司馬德宗立，其會稽王道子擅權，信任尚書僕射王國寶，爲時所疾。玄説荆州刺史殷仲堪，令推德宗兗州刺史王恭爲盟主，以討國寶，仲堪從之。會恭使亦上，相逢於中路，約同大舉，並抗表起兵。尋平王國寶等。天興初，德宗以玄爲使持節、督交廣二州諸軍事、建威將軍、平越中郎將、廣州刺史〔一〕。

後王恭復與德宗豫州刺史庾楷共起兵，以討其江州刺史王愉、司馬尚之兄弟。玄及龍驤將軍楊佺期、荆州刺史殷仲堪等率軍應恭。玄等造於石頭。於時德宗征虜將軍司馬元顯一軍仍守石頭，列舟艦斷淮口。道子出軍，將屯中堂，忽有馬驚，軍中擾亂，人馬赴江者甚衆，良久乃定。玄等不知建業危弱，且王恭尋敗，玄甚惶懼，乃回軍于蔡洲。王恭司馬劉牢之率北府軍來次新亭。於是德宗以桓脩爲荆州，仲堪爲廣州，玄爲江州，佺期爲雍州，刺史郗恢爲尚書。仲堪回師南旋，乃使人徇于玄等軍曰：「若不各散歸，大軍至江陵，當悉戮餘口。」仲堪偏將劉系先領兵二千隸于佺期，輒率衆而歸，玄等大懼，乃狼狽而走。庾楷亦棄衆奔于南軍。玄並趣輕舟追仲堪，至尋陽，而推玄爲盟主，鎮於夏口。德宗加玄都督荆州四郡，以玄兄西昌公偉爲輔國將軍、南蠻校尉。寵玄兄弟，欲以侵削荆雍。

先是荆州大水，仲堪倉廩空竭，玄乘其虛而伐之，先遣軍襲巴陵。梁州刺史郭銓當之鎮，路逢玄，玄遣銓爲前驅。玄發夏口，與仲堪書云：「今當入沔，討除佺期，頓兵江口。若相與無貳，可殺楊廣，若其不爾，便當率軍入江。」別與桓偉書，令剋期爲内應，偉惶遽，以書示仲堪，仲堪慰喻遣歸，夜乃執之。仲堪遣龍驤將軍殷遹、振威將軍劉山民等統衆七千至西江口〔二〕。玄聞遹至，復與其黨苻永道領帳下擊之，遹等敗走。玄頓巴陵，收其兵而館其穀，復破楊廣於夏口。仲堪既失巴陵之積，又諸將皆敗，江陵駭震，城内大飢，皆以胡麻爲廩。初，仲堪之得玄書也，急召佺期，佺期曰：「江陵無食，何以待敵？可來見就，共守襄陽。」仲堪猶以全軍，無緣棄城迸走，甚憂佺期弗來，乃紿之曰：「比來收集〔三〕，已有儲矣，可有數萬人百日糧。」佺期信之，乃率步騎八千，既至，仲堪惟以飯餉其軍。佺期大怒曰：「今茲敗矣！」不過見仲堪，使人於艦上橫射玄，玄軍亦射之，佺期乃退。玄乃渡軍於馬頭，命其諸軍進，破殺仲堪，殺楊廣、佺期、殷道護及仲堪參軍羅企生等。

德宗以玄爲持節、都督荆司雍秦梁益寧江八州及揚豫并八郡諸軍事〔四〕、後將軍、荆江二州刺史。玄大論功賞，以長史卞範之領南郡相，委以心膂之任。乃斷上流，禁商旅。德宗下書曰：「豎子桓玄，故大司馬不腆之息，少懷狡惡，長而不悛，遂與王恭協同姦謀，阻兵内侮，三方雲集，志在問鼎，闚擬神器。賴祖宗威靈，宰傅神略，忠義奮發，罪人斯殞。玄等猖狂失圖，回舟鳥逝。便宜乘會，殲除奸源，于時同異之論，用惑廟策，遂使王憲廢撓，寵授非所。猶冀玄當洗濯胸腑，小懲大誡，而狼心弗革，悖慢愈甚，割據江湘，擅威荆郢，矯命稱制，與奪在手。又對侍中王謐放肆醜言，欲縱凶毒，陵陷上京。無君之心，形於音翰；不臣之迹，日月彌著。是可忍也，孰不可懷！宜明九伐，以寧西夏。尚書令、後將軍元顯可爲征討大都督、督十八州諸軍事、驃騎大將軍、儀同三司。」以劉牢之爲前鋒，行征西將軍，權領江州；命司馬尚之入沔水。

玄聞元顯處分，甚駭懼，欲保江陵。長史卞範之説玄東下，玄甚狐疑，範之苦勸，玄乃留桓偉守江陵，率軍東下。至夏口，乃建牙傳檄曰：

案揚州刺史元顯：凶暴之性，自幼加長；犯禮毁教，發蒙如備。居喪無一日之哀，衰絰爲宵征之服，絃觴於殷憂之時，窮色於罔極之日，劫略王國寶妓妾，一朝空房，此基惡之始，駭愕視聽者矣。

相王有疾，情無悚懼，幸災擅命，揚州簒授，遂乃父子同録，比肩連案。既專權重，多行險暴，恐相王知之，杜絶視聽。惡聲無聞，佞譽日至。萬機之重，委之厮孽，國典朝政，紛紜淆亂。又諷旨尚書，使普敬録公。録公之位，非盡敬之所。苟自尊貴，遂悖朝禮。又妖賊陵縱，破軍殄民之後，己爲都督，親則刺史，於宜降之日，輒加崇進。弱冠之年，古今莫比。宰相懲惡，己獨解録，推禍委罰，歸之有在，自古僭逆未有若斯之甚者。

取妾之僭，殆同六禮，乃使尚書僕射爲媒人，長史爲迎客，嬖媵饕餮，賀同長秋，所謂無君之心，觸事而發。八日觀佛，略人子女，至人家宿，唐突婦妾。慶封迄今，甫見易室之飲；晉靈以來，忽有支解之刑。喜怒輕戮，人士割裂，治城之暴，一睡而斬。又以四歲孽子，興東海之封。吴興殘暴之後，横復若斯之調。妖賊之興，實由此豎。

居喪極味，孫泰供其膳；在夜思遊，亦孫泰延其駕。泰承其勢，得行威福，雖加誅戮，所染既多。加之以苦發樂屬，枉濫者衆，驅逐徙撥，死叛殆盡。改號元興，以爲己瑞，莽之符命，於斯尤著。否極必亨，天盈其毒，不義不昵，勢必崩喪，取亂侮亡，寔在斯會。三軍文武，憤踊即路。

玄亦失荆楚人情，而師出不順，其兵雖彊，慮弗爲用，恒有回師之計。既過尋陽，不見東軍，玄意乃定。於是遂鼓行而進，徑至姑孰，又克歷陽。劉牢之遣子敬宣詣玄請降，玄大喜，與敬宣置酒宴集。玄至新亭，元顯棄船，退入國子堂，列陳宣陽門前。元顯欲挾德宗出戰，而軍中相驚，言玄已及南桁，乃回軍赴宫。既至中堂，一時崩散。元顯奔東府，惟張法順一騎隨之。玄乃爲侍中、都督中外諸軍、丞相、録尚書事、揚州牧、領徐州刺史，持節、荆江二州、公如故；假黄鉞、羽葆、鼓吹、班劍二十人；置左右長史，從事中郎四人；甲仗二百人入殿。於是收道子付廷尉，免爲庶人，徙于安城郡；殺元顯并其子，及豫州刺史司馬尚之、吏部郎袁遵、張法順等。又滅庾楷於豫章。徙尚之弟丹楊尹恢之、輔國將軍允之，及國寶、王緒諸子于交、廣州。以劉牢之爲會稽内史，將欲解其兵也。初，敬宣既降，隨入東府，至是求歸。玄冀牢之受命，乃遣之。敬宣既至，牢之知將不免，欲襲玄，衆皆離散，乃於班瀆北走，縊於新洲。傳首建鄴。敬宣奔於江北。

玄白德宗，大赦，改年爲大亨。玄讓丞相、荆江徐三州及録尚書事。乃改授太尉、都督中外、揚州牧、領平西將軍、豫州刺史，緑綟綬，加袞冕之服，劍履之禮，入朝不趨，讚拜不名，增班劍六十人，甲仗二百人入殿。玄乃鎮姑熟。既而大築府第，田遊無度，政令屢改，憍侈肆欲，朋黨翕習，沮亂内外。朝政皆諮焉，小事則決於左僕射桓謙及丹陽尹卞範之。玄大賦三吴富室，以賑飢民，猶不能濟也。東郡既由兵掠，因以飢饉，死者甚衆。三吴户口減半，會稽則十三四，臨海、永嘉死散殆盡。諸舊富室皆衣羅縠，佩金玉，相守閉門而死。

玄自封豫章郡公，食安成七千五百户；後封桂陽郡公，邑二千五百户；本封南郡如故。既而鴆殺道子。玄削奪德宗供奉之具，務盡約陋，殆至飢寒。雖殺逆未至，君臣之體盡矣。進位大將軍，加前後部羽葆鼓吹，奏事不名。又表請自率諸軍，命諸蕃方兵掃平關洛，德宗不許之。玄本無資力，但好爲大言，既不辦行，乃云奉詔故止。玄既無他處分，先作征行服玩，并制裝書畫之具。或諫曰：「今日之行，必有征無戰，輜重自足相運，不煩復有制造。」玄曰：「書畫服玩，宜恒在左右，且兵凶戰危，脱有意外，當使輕而易運。」衆咸笑之。

玄所親仗，惟桓偉而已，先欲徵還，以自副貳。偉既死，玄甚恇懼。初，玄常以其父王業垂成，以己弱年，不昌前構，常懷恨憤。及昌明死，便有四方之計，既克建業，無復居下之心。及偉死，慮一己單危，益欲速成大業。卞範之之徒，既慮事變，且幸其利，咸共催促，於是殷仲文等並已撰集策命矣。德宗加玄相國，總百揆，封南郡、南平、宜都、天門、零陵、桂陽、營陽、衡陽、義陽、建平十郡爲楚王，備九錫之禮，揚州牧、領平西將軍、豫州刺史如故。遣司徒王謐授相國印綬，光禄大夫武陵王司馬遵授楚王璽策。德宗先遣百寮固請，又云當親幸敦喻。十二月，德宗禪位於玄，大赦所部，稱永始元年。初欲改年爲建始，左丞王納之曰[五]：「建始者，晉趙王倫之號也。」於是易爲永始，復同王莽始貴之年。

玄入建鄴宮，逆風迅激，旌旗、服章、儀飾一皆傾偃。是月酷寒，此日尤甚。多行苛政而時施小惠。迎溫神主進于太廟。玄遊行無度，至此不出。殿上施金額流蘇絳帳，頗類輀車、王莽仙蓋。太廟、郊，齋皆二日而已。又其廟祭不及於祖，以玄曾祖已上名位不顯，故不列序。且以王莽立九廟，見譏前史，遂以一廟矯之。又毀僭晉小廟，以崇臺榭。其庶母蒸嘗，未有定所。慢祖忘親，時人知其不永。是月，玄出遊水南，飄風飛其儀蓋。又欲造大輦，使容三十人坐，以二百人輿之。玄憍逸荒縱，不恤時事，奏案停積，了不省覽；或親細事，手注直官，自用令史，制度亂出，主司奉答不暇。晨夜遊獵，文武困乏。直侍之官，皆繫馬省中；休下之吏，留供土木之役。朝士勞瘁，百姓力盡，民之思亂，十室而八。

德宗彭城內史劉裕因是斬徐州刺史桓脩於京口，與沛國劉毅、東海何無忌收衆濟江。玄加桓謙征討都督，召侍官皆入止省中。玄移還上宮，百僚步從。赦揚、豫、徐、兖、青、冀六州。遣頓丘太守吴甫之、右衛將軍皇甫敷北拒劉裕於江乘。裕斬甫之，進至羅落橋，又梟敷首。玄外矗猛，內恇怯，及聞二將已没，志慮荒窘，計無所出，日與巫術道士爲厭勝之法。乃謂衆曰：「朕其敗乎？」黄門郎曹靖對曰：「神怒民怨，臣實憂懼。」玄曰：「民怨可然，神何爲怒？」對曰：「移晉宗廟，飄泊無所；大楚之祭，不及於祖。此其所以怒也。」玄曰：「卿何不諫？」對曰：「輦上諸君子皆以爲堯舜之世，臣何敢諫。」玄使桓謙、何澹之屯于東掖門〔六〕，卞範之屯覆舟山西，衆合二萬。又遣武衛庾賾之配以精卒利器，援助謙等。謙等大敗，玄聲云赴戰，將子姪出南掖門，西至石頭。先使殷仲文具船於津，遂相與南走。經日不得食，左右進以矗粥，咽不能下。玄子昇五六歲，抱玄胸而撫之，玄悲不自勝。玄挾德宗發尋陽，至江陵，西中郎將桓石康納之。張幔屋，止城南，署置百官，以卞範之爲尚書僕射，殷仲文爲徐州，其餘各顯用。玄謂諸侍臣曰：「卿等並升清塗，翼從朕躬，都下竊位者方應謝罪軍門，其見卿等入石頭，無異雲霄中人也。」玄以奔敗之後，懼法令不肅，遂輕怒妄殺，逾甚暴虐。殷仲文諫之，玄大怒曰：「漢高、魏武幾遇敗，但諸將失利耳。以天文惡，故還都舊楚，而羣小愚惑，妄生是非，方當糾之以猛，未宜施之以恩也。」荆、江郡守，以玄播越，咸遣使通表，有匪寧之辭，玄悉不受，乃更令所在表賀遷都。玄在道自作起居注，敍其拒劉裕事，自謂筭略無失，諸將違節度，以至於敗。不暇謀議軍事，惟誦述寫傳之。

劉裕遣其冠軍將軍劉毅發建鄴，追之。玄軍屢敗。玄常裝輕舸於舫側，故其兵人莫有鬬志。玄乃棄衆而走，餘軍以次崩散，遂與德宗還江陵。初，玄留德宗妻子巴陵，殷仲文與玄同舟，乃說玄求別舫收集散軍，遂以德宗妻歸于建鄴。玄入江陵城，南平太守馮該勸玄更戰。玄欲出漢中，投梁州刺史桓希，夜中處分將發，城內已亂，禁令不行，將親近腹心百許人出城北。至城門，左右即於闇中斫玄面，前後相殺，交横盈路。玄僅得至船。德宗入南郡府。玄既下船，猶欲走漢中。玄屯騎校尉毛脩之誘以入蜀，遂與石康等泝江而上。達枚回洲，爲益州參軍費恬等迎射之，箭如雨下。玄中流矢，子昇輒拔之。益州督護馮遷抽刃而登玄艦，玄曰：「是何人也，敢殺天子！」遷曰：「我自欲殺天子之賊耳。」遂斬玄首并石康等，斬昇于江陵市，傳送玄首，梟于朱雀門。

玄既敗，桓謙匿於沮中。桓振逃于華容之浦，陰聚黨數千人，晨襲江陵，克之。桓謙亦聚衆而出。振既至，問玄子昇所在，知昇已死，欲殺德宗，謙苦禁之。於是爲玄舉哀，謚爲武悼皇帝。謙率羣官復立德宗，振自爲都督八州、□□將軍、荆州刺史〔七〕，謙復本職，又加江豫二州刺史。後德宗益州刺史毛璩殺桓希於漢中。桓振寇江陵，爲唐興所斬。其餘親從，或當時擒獲，或奔散外境，數年之間，並敗滅之。

海夷馮跋，字文起，小名乞直伐，本出長樂信都。慕容永僭號長子，以跋父安爲將。永爲垂所滅，安東徙昌黎，家于長谷。跋飲酒至一石不亂。母弟素弗，次丕，次洪，皆任俠放逸，不修行業，跋恭慎勤稼穡。既家昌黎，遂同夷俗。

後慕容熙僭號，以跋爲殿中左監，稍遷衞中郎將〔八〕。後坐事逃亡。既而熙政殘虐，民不堪命，跋乃與從兄萬泥等二十三人結謀〔九〕，跋與二弟乘車，使婦人御，潛入龍城，匿於孫護之室以誅熙。乃立夕陽公高雲爲主，以跋爲侍中、征北大將軍、開府儀同三司，封武邑公，事皆決跋兄弟。太宗初，雲爲左右所殺，跋乃自立爲燕王，置百官，號年太平，于時永興元年也。跋撫納契丹等諸落，頗來附之。

太宗遣謁者于什門喻之，爲跋所留，語在什門傳。泰常三年，和龍城有赤氣蔽日，自寅至申，跋太史令張穆以爲兵氣，言於跋曰：「大魏威制六合而聘使隔絕，自古鄰國未有不通之理，違義致忿，取敗之道，恐大軍卒至，必致吞滅，宜還魏使，奉脩職貢。」跋不從。

太宗詔征東大將軍長孫道生率衆二萬討之，跋嬰城固守，不克而還。

神䴥二年，跋有疾。其長子永先死，立次子翼爲世子，攝國事，勒兵以備非常。跋妾宋氏規立其子受居，深忌翼，謂之曰：「主上疾將瘳，奈何代父臨國乎？」翼遂還。宋氏矯絶内外，遣閹人傳問，翼及跋諸子、大臣並不得省疾，惟中給事胡福獨得出入，專掌禁衞。跋疾甚，福慮宋氏將成其計，乃言於跋弟文通，勒兵而入。跋驚怖而死，文通襲位。翼勒兵出戰，不利，遂死。跋有男百餘人，悉爲文通所殺。

文通，跋之少弟也，本名犯顯祖廟諱。高雲僭號，以爲征東大將軍，領中領軍，封汲郡公。跋立，爲尚書左僕射，改封中山，仍爲領軍，内掌禁衞，外總朝政，歷位司徒。及自立，乃與劉義隆交通。

延和元年，世祖親討之，文通嬰城固守。文通營丘、遼東、成周、樂浪、帶方、玄菟六郡皆降，世祖徙其三萬餘户于幽州。文通尚書郭淵勸其歸誠進女，乞爲附庸，保守宗廟。文通曰：「負釁在前，忿形已露，降附取死，不如守志，更圖所適也。」

先是，文通廢其元妻王氏，黜世子崇，令鎮肥如，以後妻慕容氏子王仁爲世子。崇母弟廣平公朗、樂陵公邈相謂曰：「大運有在，家國已亡，又慕容之譖，禍將至矣。」於是遂出奔遼西，勸崇來降，崇納之。會世祖使給事中王德陳示成敗，崇遣邈入朝。世祖遣兼鴻臚李繼持節拜崇假節、侍中、都督幽平二州東夷諸軍事、車騎大將軍、領護東夷校尉、幽平二州牧，封遼西王，録其國尚書事，食遼西十郡，承制，假授文官尚書、刺史，武官征虜已下。文通遣其將封羽率衆圍崇，世祖詔永昌王健督諸軍救之。封羽又以凡城降，徙其三千餘家而還。

文通遣其尚書高顒請罪，乞以季女充掖庭。世祖許之，徵其子王仁入朝，文通不遣。其散騎常侍劉訓言於文通曰：「雖結婚和通，而未遣侍子，魏若大舉，將有危亡之慮。夫以重山之隘，劉禪銜璧；長江之難，孫皓歸命。況魏彊於晉氏，燕弱于吴蜀，願時遣世子，以恭大國之命。然後收離集散，厚布恩澤，分賑倉廩以濟民乏，勸督農桑以邀秋稔，庶大業危而更安，社稷可以永保。」文通大怒，殺之。世祖又詔樂平王丕等討之，日就蹙削，上下危懼。文通太常陽岷復勸文通請罪乞降，速令王仁入侍。文通曰：「吾未忍爲此，若事不幸，且欲東次高麗，以圖後舉。」岷曰：「魏以天下之衆擊一隅之地，以臣愚見，勢必土崩。且高麗夷狄，難以信期，始雖相親，終恐爲變。若不早裁，悔無及也。」文通不聽，乃密求迎於高麗。太延二年，高麗遣將葛盧等率衆迎之，入和龍城，脱其弊褐，取文通精仗以賦其衆。文通乃擁其城内士女入于高麗。先是，其國有狼夜繞城羣嗥，如是終歲；又有鼠集於城西，闐滿數里，西行至水，則在前者銜馬矢，迭相齧尾而渡；宿軍地然，一旬而滅，觸地生蛆，月餘乃止；和龍城生白毛，長一尺二寸。

文通至遼東，高麗遣使勞之曰：「龍城王馮君爰適野次，士馬勞乎？」文通慚怒，稱制答讓之，高麗乃處之於平郭，尋徙北豐。文通素侮高麗，政刑賞罰，猶如其國。高麗乃奪其侍人，質任王仁。文通忿怨之，謀將南奔。世祖又徵文通於高麗，高麗乃殺之於北豐，子孫同時死者十餘人。文通子朗、邈。朗子熙，在外戚傳。

島夷劉裕，字德輿，晉陵丹徒人也。其先不知所出，自云本彭城彭城人，或云本姓項，改爲劉氏，然亦莫可尋也，故其與叢亭、安上諸劉了無宗次。裕家本寒微，住在京口，恒以賣履爲業。意氣楚刺，僅識文字，樗蒲傾產，爲時賤薄。嘗負驃騎諮議刁逵社錢三萬，經時不還。逵以其無行，録而徵責，驃騎長史王謐以錢代還，事方得了。落魄不脩廉隅。

天興二年，僭晉司馬德宗遣其輔國將軍劉牢之東討孫恩，裕應募，始爲牢之參軍。恩北寇海鹽，裕追勝之，以功稍遷建武將軍、下邳太守。劉牢之討桓玄，裕參其軍事。牢之降，裕爲玄從兄桓脩中兵參軍。孫恩死，餘衆推恩妹夫盧循爲主，玄遣裕征之，裕破循于東陽、永嘉，循浮海奔逸。加裕彭城内史。

及桓玄廢德宗而自立，裕與弟道規、劉毅、何無忌潛謀舉兵。桓脩弟思祖鎮廣陵，道規、劉毅先爲之佐。天賜初，裕與何無忌等旦候城門開，率衆斬玄徐州刺史桓脩於京口，其日，劉毅、道規等亦斬思祖，因收衆濟江。河内太守辛扈興、恒農太守王元德、振威將軍童厚之亦與裕剋是日取玄。毅兄邁時在建業，毅遣周安要之〔一〇〕，邁懼而告玄，玄遣頓丘太守吴甫之、右衛將軍皇甫敷北拒。裕率衆宿于竹里，遇甫之於江乘，裕執長刀直入其陳，斬甫之，進至羅落橋，又斬敷首。玄使桓謙屯東陵，卞範之屯覆舟山西，裕又破之。玄大懼，乃擕子姪浮江南走。裕入鎮石頭，以德宗司徒王謐爲録尚書，領揚州刺史，立留臺，總百官，裕爲使持節、都督揚徐兖豫青冀幽并八州、鎮軍將軍、徐州刺史。令道規等率衆追玄。裕因是相署名位，遣尚書王嘏等迎德宗，燔桓温神主于宣陽門外。尋殺尚書左僕射王愉及其子綏、納等。裕以司馬遵爲大將軍，承制，入居東宫，公卿以下莫不畢拜。乃大赦，惟玄等不在例。是夜，司徒王謐逃走。劉毅以其手解德宗璽綬，宜誅之。裕以其償錢之惠，固請免之，乃遣丹楊尹孟昶迎焉。

無忌、道規至于桑落洲，破桓玄。諸將進據尋陽，加裕都督江州。劉毅復敗桓玄於崢嶸洲，玄乃棄衆單舸奔走，挾德宗奔于江陵。裕領青州刺史，甲仗百人入殿。毅等平巴青州。

陵，德宗復位於江陵，改年曰義熙。及還建業，裕進侍中、車騎將軍、都督中外諸軍事，飾讓不受；加録尚書事，又詐不受。乃出鎮丹徒，改授都督十六州，餘如故，又領兗州，乃解青州。

盧循破廣州，裕仍以循爲廣州刺史，其黨琅邪人徐道覆爲始興相。

裕又都督交廣二州。又封裕豫章郡公，邑萬户，絹三萬匹〔二〕。加侍中，進號驃騎將軍〔三〕、儀同三司。又進裕揚州刺史，録尚書事，居於東府。裕遣劉敬宣伐蜀，爲譙道福所敗，乃免敬宣官，裕自降爲中軍將軍，開府如故。

永興初，慕容超大掠淮北，執德宗陽平太守劉千載、濟南太守趙元，驅掠千餘家而歸。裕乃伐超，遂屠廣固，執超，斬其王公以下三千人，納口萬餘、馬二千匹，夷其城隍。送超于建業，斬之。

裕是行也，徐道覆勸盧循令乘虚而出，循從之，於是南康、廬陵、豫章諸郡守皆奔走。江州刺史何無忌率軍至豫章，戰殁。于時羣議欲令德宗北徙渡江。循遂寇湘中，破劉道規於長沙，敗劉毅於桑落洲，席卷而下。裕將孟昶、諸葛長民勸裕擁德宗過江，裕不從。昶謂事必不濟，乃自殺。裕發居人治石頭城。道覆等至，即欲於新亭白石渚焚舟而上。盧循曰：「大軍未至，孟昶便逆自殺，以此而推，建業尋應有變，但按甲守之，不憂不濟也。」乃屯軍於蔡洲。循乃率衆數萬上南岸，至于丹陽郡，遂遣焚京口、金城、姑熟，寇掠塗中及江寧、蕪湖。循以阮賜爲豫州刺史，裕中軍參軍向靖〔一三〕、宣城內史毛脩之破賜於姑熟，獲其輜重，賜乃退。又加裕太尉、中書監、黄鉞，裕受黄鉞。盧循既不戰，乃告道覆曰：「師老矣，可還據尋陽，并力取荆州，徐以三分有二之勢與下流爭衡，猶可以濟也。」乃自蔡洲南退。裕遣輔國將軍王仲德等追之。裕又遣建威將軍孫季高率衆自海道襲番禺。裕自以舟師南伐。季高乘海兼行，奄至番禺。循不以海道爲防，既至而覺，衆乃大驚。季高悉力而上，四面攻之，仍屠其城。盧循父嘏及長史孫建之並以輕舟奔始興。

循與道覆率衆而下，裕衆軍擊之，循等還尋陽。循欲遁於豫章，乃悉力栅斷左里。裕諸軍乘勝而擊之，循單舸徑還廣州，道覆還始興。裕還，爲大將軍、揚州牧、班劍二十人，本官如故。徐道覆至始興，猶據山澗，劉蕃等攻之，道覆先鴆妻子，然後自殺。盧循至番禺，收衆攻季高，劉蕃遣沈田子討之，循奔走。餘衆從嶺道襲合浦，克之。進攻交阯，交州刺史杜惠度屢戰克捷，循投水而死。

裕自爲太尉、中書監。裕殺尚書左僕射謝混、兖州刺史劉蕃。裕既權重，便懷異志，以荆州刺史劉毅頗有勇略，又據上流之所，心畏惡之，遂自討毅，遣參軍王鎮惡等襲江陵。鎮惡至豫章口，焚毅舟艦。毅兵逆戰不能抗，鎮惡馳入外城。于時毅病，乃阻内城。鎮惡焚諸門攻之，其徒乃潰。毅自北門出走，縊于道側，斬屍於市，誅其子姪。裕至江陵，誅南蠻校尉郗僧施、衞軍諮議謝邵等。裕本寒微，不參士伍，及擅時政，便肆意殺戮，以威懼下。初以刁逵縛之之怨，誅其兄弟；又以王愉、謝混、郗僧施之徒並皆時望，遂悉害之。分荆州爲湘州，裕自總督。裕還於東府，召諸葛長民屏人閑語，密令壯士丁旿等出自幔後，於座拉之，長民墜地，死於牀側。亦以才雄見忌也。

荆州刺史司馬休之頗得衆心，裕内懷忌憚，神麚二年，率衆討之，遣龍驤將軍蒯恩等爲前軍。裕進領荆州刺史，加黄鉞。雍州刺史魯宗之率其子軌會休之于江陵。軌等軍敗，乃與休之俱奔襄陽。裕自領南蠻校尉。休之等奔姚興。裕爲太傅、揚州牧；劍履上殿，入朝不趨，讚拜不名；置左右長史、司馬，從事中郎四人；餘如故。裕又領平北將軍、徐兗二州刺史，增督南秦州，尋督中外諸軍事。

裕志傾僭晉，若不外立功名，恐人望不許，乃西伐姚泓。自領征西將軍、司豫二州刺史，尋領北雍州刺史，加前後部羽葆鼓吹，增班劍爲四十人。子義符爲中軍將軍，監太尉留府事，給鼓吹一部。右僕射劉穆之爲左僕射，領軍、中軍二府軍司〔四〕，入居東府，總攝内外。穆之謂龍驤將軍王鎮惡曰：「公今委卿以關中，卿其勉之。」鎮惡曰：「吾今不克咸陽，誓不濟江，而公九錫不至者，亦卿之責矣。」裕率衆軍至彭城，加鎮北將軍、徐州刺史。

遣中兵參軍沈林子自汴入河，冠軍檀道濟與王鎮惡步出淮肥，裕將王仲德汎濟入河。德宗封裕十郡爲宋公，加相國、九錫，僭擬魏晉故事。王鎮惡進至宜陽，獨取潼關，沈林子自襄邑屯于陝城，姚泓諸將不能抗。始裕入河西上，太宗遣將軍娥清、長孫嵩等屯於河畔。裕遣朱超石、劉榮祖等渡河，長孫道生破之，擒斬其將楊豐等。裕遣將軍王仲德、趙倫之率沈田子等入武關，屯軍青泥。沈林子由秦嶺會田子於堯柳城。姚泓率衆數萬，不戰而還。裕至關頭。鎮惡至渭橋，破泓軍於橫門。裕至長安，執姚泓以歸，斬于建業市。裕以其子義真爲雍州刺史，鎮咸陽。進裕爲宋王，增十郡，置百官，一擬舊制。裕還彭城。赫連屈丏掠渭陽，義真遣沈田子率軍討之。田子退軍陘上，鎮惡往就田子議之，田子斬鎮惡於幕下，又殺其兄弟羣從七人。田子馳還，云「鎮惡有異志」，義真長史王脩執而斬之。義真與左右多爲不法，王脩每裁割之，左右咸怨，白義真曰：「王脩以關中阻險，兵食又足，欲謀反叛，宜早圖之。」義真遂遣左右殺脩。裕聞之，以朱齡石爲雍州刺史。義真發自長安，將走江東，諸將競收財貨，次於灞上。赫連昌率衆追之，既至青泥，義真大敗，蒯恩與安西司馬毛脩之並被擒獲，參軍段横，名犯高祖廟諱，單馬負義真走歸。朱齡石亦棄長安，奔就龍驤將軍王敬先于曹公故壘，既而城陷，被執見殺。

德宗死，裕立德宗弟德文，裕又自增十郡。裕遣司馬傅亮赴建業，令徵已入輔。德文禪其位，遂自號爲宋，改年爲永初，時泰常五年也。裕既僭立，頻請和通，太宗許之。六年，裕遣其中軍將軍沈範、索季孫等朝貢〔一五〕。七年五月裕死。

子義符僭立。太宗以其禮敬不足，遣山陽公奚斤等率步騎二萬於滑臺渡河南討。義符司州刺史毛德祖遣司馬翟廣領步騎三千來拒。司空奚斤以千餘騎徇陳留，太守嚴稜率衆降。仍攻滑臺，其東郡太守王景度奔走，斬其司馬陽瓚。德祖又遣其將竇應明攻輜重于石濟。奚斤於土樓大破廣等，乘勝徑至虎牢。義符遣其將杜垣等與徐州刺史王仲德次湖陸。太宗詔安平公叔孫建等軍於泗瀆口，義符兗州刺史徐琰委尹卯城奔退，於是泰山諸郡悉棄戍而走。太宗詔蒼梧子公孫表等復攻虎牢〔一六〕，義符遣將檀道濟率師赴救。八年，義符改年爲景平。奚斤進攻金墉，義符河南太守王涓之出奔。太宗南巡至鄴。奚斤自金墉還圍虎牢。太宗又詔安平公叔孫建等東擊青州，其刺史竺夔守東陽城，濟南太守垣苗自梁鄒奔夔。奚斤分軍攻潁川，太守李元德奔還項城。斤又遣騎破高平郡所統五縣，略居人一千餘家。叔孫建以時暑班師。檀道濟、王仲德向青州，遂不敢進。太宗至虎牢，因幸洛陽，乃北渡河。斤克虎牢，擒德祖及其滎陽太守翟廣、廣武將軍竇霸等，義符豫州刺史劉粹屯項城，不敢進。斤遣步騎至許昌，潁川太守李元德奔項城〔一七〕；遂圍汝陽，太守王公度突圍而出，仍破邵陵，掠萬餘口而還。

始光初，義符司空徐羡之、尚書令傅亮、領軍謝晦等專其朝政，收其廬陵王義真，徙于新安郡，殺之。義符昏暴失德，羡之等勒兵入殿，時義符在華林舟中，兵士競進，殺其侍者，扶義符出東閤，廢爲營陽王。遂徙于吴郡，於金昌亭殺之。

亮等立義符弟荆州刺史義隆，號年元嘉。遣使趙道生朝貢。二年，徐羡之、傅亮等歸政於義隆，不許。三年，義隆信其侍中王華之言，誅羡之、傅亮，遣其將檀道濟等討荆州刺史謝晦。晦率衆東下，謀廢義隆，以討王華爲辭，破義隆將到彦之。及聞道濟將至，晦衆崩散。晦走江陵，乃攜其弟遁等北走，至安陸延頭，爲戍主光順之所執，斬于建業。八月，義隆使其殿中將軍吉恒朝貢。神䴥二年，又遣殿中將軍孫横之朝貢。三年，又遣殿中將軍田奇朝貢。

尋遣其右將軍到彦之、安北將軍王仲德、兗州刺史竺靈秀舟師入河，驍騎將軍段横寇虎牢；又遣其豫州刺史劉德武、後將軍、長沙王義欣至彭城爲後繼。到彦之寇碻磝，分軍向虎牢及洛陽。世祖詔河南諸軍收衆北渡以驕之。尋詔冠軍將軍安頡等率衆自盟津渡，攻金墉，義隆建武將軍杜驥出奔，遂乘勝進攻虎牢，陷之，斬其司州刺史尹沖。叔孫建大破竺靈秀，追至湖陸。四年，頡攻滑臺，彥之與王仲德等焚舟棄甲，走歸彭城。義隆又遣檀道濟救滑臺，叔孫建、長孫道生擊之。道濟至高梁山，頡等攻剋滑臺，擒其司徒從事中郎朱脩之等，道濟走奔歷城，夜乃遁還。義隆青州刺史蕭思話亦棄鎮奔于平昌，其東陽積粟爲百姓所焚。

延和元年五月，義隆又遣趙道生朝貢。二年二月，詔兼散騎常侍宋宣使於義隆，且爲皇太子結親。九月，義隆遣趙道生貢馴象一。太延二年三月，義隆遣使會元紹朝貢。義隆忌其司空檀道濟，遂誅之。道濟臨死，脱幘投地曰：「乃復壞汝萬里長城。」三年三月，義隆遣其散騎常侍劉熙伯朝貢，且論納幣。六月，義隆女死，不果爲婚。五年十一月，義隆遣黄延年獻馴象。真君初，義隆徙其弟大將軍義康於豫章。二年，其龍驤參軍巴東扶令育詣義隆理義康，義隆大怒，收育殺之。四月，義隆遣使黄延年朝貢。十二月，義隆又遣黄延年朝貢。

是歲，義隆梁州刺史劉真道將裴方明攻擊楊難當，難當捨仇池，將妻子來奔。三年，世祖詔琅邪王司馬楚之等討之。安西將軍古弼〔一八〕、平西將軍元濟等邀義隆秦州刺史胡崇之於濁水，破擒之，餘衆奔漢中。義隆立難當兄子文德爲秦州刺史、武都王，戍茄蘆，弼等討平之。義隆遂殺真道、方明。

五年，義隆復遣使朝貢。六年，其員外散騎侍郎孔熙先以才學而不見用，太子詹事范曄以家門淫汙，爲世所薄，與熙先及外生謝綜謀殺義隆，立其弟前大將軍義康。丹陽尹徐湛之告之，乃誅曄等，徙義康於安成郡，御史監守。七年，詔諸軍掠濟陰、金鄉等七縣，并驅其青冀二州民户而還。北地人蓋吴聚衆反，義隆以吴爲安西將軍、雍州刺史，封北地公，規亂雍州，詔諸軍討平之。義隆好行小計，扇動邊民，内起山苑，窮侈極麗，役使百姓，江南苦之。九年正月，義隆遣使獻孔雀。

十一年二月，世祖欲獵於雲夢，發使告義隆，勿相猜阻，義隆請奉詔。世祖南巡，義隆邊城閉門拒守，世祖忿之，乃攻懸瓠。分遣使者安慰降民，其不服者誅戮之。義隆汝南、南頓、汝陽、潁川太守，並棄城奔走。義隆安北將軍、武陵王駿遣參軍劉泰之、臧肇之，殿中將軍尹懷義、程天祚等以千餘騎至汝陽，永昌王仁擊破之〔一九〕，斬泰之、肇之，執天祚等。

義隆又遣寧朔將軍王玄謨率其太子步兵校尉沈慶之、鎮軍諮議參軍申坦等入河，青冀二州刺史蕭斌及駿水陸並進，太子左衞率臧質統驍騎將軍王方回、安蠻司馬劉康祖、右軍參軍梁坦造許、洛，右將軍豫州刺史南平王鑠〔二〇〕。太尉江夏王義恭爲諸軍節度，梁、南秦二州刺史劉秀之統輔國將軍楊文德、宣威將軍劉洪宗向汧隴，護軍將軍蕭思話部龍驤將軍杜坦、竟陵太守劉德願向武關。義隆令王公妃主及其朝士牧守下逮富人通出私財，以助軍費，士庶怨之。南兗及青、冀、兗、豫三五簡發〔二一〕，以配戎行；揚、南徐、兗、江州富民並四分之一〔二二〕。建威司馬申元吉趣泗瀆，蕭斌至碻磝，王玄謨遣軍主王寶惠攻滑臺，右軍蕭鑠遣中兵參軍梁坦等進軍小索。世祖詔諸軍援滑臺，大敗王寶惠等，王玄謨走還碻磝。蕭斌遣申坦與梁坦、垣護之據兩當城，斌退還歷下。及車駕渡河，梁坦退走，棄甲山積。車駕發滑臺，過碻磝，義隆又遣雍州刺史、竟陵王誕率其將薛安都、柳元景等入盧氏，進攻弘農。詔洛州刺史張提率衆度崤，蒲城鎮將何難於風陵堆濟河，秦州刺史杜道生至閿鄉。元景退走。

十一月，車駕從東安山出下邳，義隆鄒山戍主、魯陽陽平二郡太守崔邪利降〔二三〕。楚王建、南康侯杜道儁進軍清西，至留城。義隆鎮軍劉駿參軍馬文恭至蕭城，軍主嵇玄敬至留城，並爲覘候，見官軍俱時退走。永昌王仁攻懸瓠，拔之，獲義隆守將趙淮，過定項城，破尉武戍，執其戍主。進攻壽陽，屯兵於孫叔敖冢〔二四〕，掠馬頭、鍾離二郡。義隆遣左軍將軍劉康祖赴壽陽，與仁相遇，仁大破之，盡坑其衆，斬康祖，傳首示壽春，獲其將胡盛之、王羅漢等。以所斬首使軍士曳之，遶城三匝，積之城西，高與城齊。劉鑠乃焚四郭廬舍，嬰城固守。車駕至盱眙、淮、泗。義隆遣輔國將軍臧質率師至盱眙，頓軍城北。六軍於上流濟淮，質遣司馬胡崇之等率所領於山上立營，建威將軍毛熙祚據城前大浦。詔攻二軍，斬崇之、熙祚等及他首數千級，衆悉赴水死。淮南之民皆詣軍降。高梁王那出山陽，永昌王仁於壽陽出橫江，凡所經過，莫不風靡。車駕登於瓜步，伐葦結筏，示欲渡江。義隆大懼，欲走吳會。建業士女咸荷擔而立。義隆遣黄延年朝於行宫，獻百牢，貢其方物，并請和，求進女於皇孫。世祖以師婚非禮，許和而不許婚。

初，義隆欲遣軍侵境，其臣江湛、徐湛之贊成其事，而義隆太子劭與蕭思話、沈慶之謂義隆曰：「昔檀道濟、到彦之無利而反，今將帥士衆不及於前，不可輕動兵甲。」時湛等在坐，義隆使與慶之謀議。慶之曰：「治國如治家，耕當問奴，織當問婢，今欲伐國，而與白面書生輩謀之，事何由濟。」義隆大笑，遂不納慶之言。至是，登石頭城樓而望，甚有憂色，歎曰：「若檀道濟在，豈應至此！」劭乃委罪於江、徐。義隆曰：「此自吾意，不關二人也。」

正平元年正月，世祖饗會於瓜步，既許和好，詔班師。其江北之民歸降者數十萬計。凡克南兗、豫、徐、兗、青、冀六州，其軍鋒殺掠不可勝筭。時義隆江北蕭條，境内搔擾。義隆慮義康爲亂，遣使殺之，葬以侯禮。義隆慚恚，歸罪於下，降義恭爲儀同三司，蕭斌、王玄謨並免所居職。十月，義隆遣其將軍孫蓋等朝貢。

興安元年〔二五〕，義隆遣撫軍將軍蕭思話率其將張永等攻碻磝，詔諸軍擊破之，永等退走。思話遣建武將軍垣護之至梁山逆軍，尚書韓茂率騎逆擊之，思話退還麋溝。義隆又遣雍州刺史臧質向崤陝，梁州刺史劉秀之、輔國將軍楊文德出子午。豫州刺史長孫蘭遣騎破之，秀之等僅以身免。臧質、柳元景、薛安都等至關城，並相繼敗走。

是年，義隆太子劭及始興王休明令女巫嚴道育呪詛義隆，事發，義隆憤愧自失，廢於政事。乃議黜劭殺休明，屢召尚書僕射徐湛之、吏部尚書江湛、侍中王僧綽等謀議。僧綽曰：「當斷不斷，反受其亂，惟願以義割恩，略小不忍。不爾，便應坦懷如初，無煩疑論，不可使難生慮表，取笑千載。」義隆曰：「卿可謂能斷大事，此不可不殷勤三思。義康始死，人謂我無復慈愛之道。」僧綽又云：「臣恐千載之後，言陛下易於裁弟，難於廢子。」義隆默然。

休明母潘有寵於義隆，義隆以廢立之謀告之。潘請赦，弗許，遂告休明。休明馳報劭，劭知己當廢，遂夜召左右隊主陳叔兒、詹叔兒〔二六〕、齋帥張超之、任建之等總二千餘人被甲自衛。又召左衛率袁淑、中舍人殷仲素、左積弩將軍王正見，又呼左軍長史蕭斌。劭曰：「朝廷信讒，當見罪廢，內省無過，不能受枉，明當入殿，卿等必不得異。」乃遍拜告哀。衆皆驚，不得答。袁淑良久曰：「自古無此類，願加善思。」劭怒變色，於是左右咸云伏聽令旨。明晨斬淑。劭守萬春門，乃告門者曰：「我受敕入，有所收，可助我督後隊令速。」劭又詐義隆敕云：「魯秀謀反，汝明可守闕，將兵入討也。」故士卒信之。超之等率十餘人走入雲龍門，拔刃徑登含章殿。義隆夜與徐湛之屏人閑語，時猶未訖，門户並無侍衞。義隆迫急，以几自鄣，兵刃交下，五指俱落。超之斬義隆，徐湛之爲亂兵所害。劭分遣掩江湛之，斬之。休明時在西州，來屯中堂。劭又使兵殺休明母。是日，劭登殿受璽綬，下書曰：「徐湛之、江湛殺逆無狀，吾勒兵入殿，已無所及，號惋崩衂，心肝破裂。今罪人斯得，元凶克殄，卜世靈祚，永享無窮，思與億兆覃茲更始，可大赦天下，改元嘉三十年爲太初元年。」

劭弟駿，時爲江州刺史。先以西陽蠻反，義隆令東宫步兵校尉沈慶之、襄陽太守柳元景、司空中兵參軍宗慤並討之。駿出次五洲，斬劭使於軍門。司徒義宣、雍州刺史臧質、司州刺史魯爽同舉兵。駿以沈慶之、柳元景、宗慤爲前軍。駿諮議參軍顔竣專主軍謀。劭葬義隆，託疾不出。臧質子敦逃走，劭乃悉聚諸王及大臣徙入城内，移南岸百姓渡淮，貴賤皆被驅逼，建業淆亂。駿等發尋陽，檄至，劭乃移駿數子於侍中省，義宣諸男於太倉屋〔二七〕，以兵守之；使其將魯秀、王羅漢等爲水陸之備，休明及蕭斌爲之謀主；焚除淮中船舫。駿至南洲，頓漂洲〔二八〕，令柳元景等擊劭，劭衆崩潰，奔走還宫。義恭單馬奔駿，勸即位。劭大怒，遣休明就西省殺義恭子南豐王朗等十二人。

駿乃僭即大位于新亭。於是擒劭、休明，並梟首大桁，暴屍於市，經日壞爛，投之水中，男女妃妾一皆從戮。時人爲之語曰：「遥望建康城，小江逆流縈，前見子殺父，後見弟殺兄。」興光元年，駿改年曰孝建。其中軍府録事參軍周朗啓駿曰〔二九〕：「今士大夫父母在而兄弟異計，十家而七；庶人父子殊産，八家而五。凡甚者乃危亡不相知，飢寒不相恤，又疾讒害〔三〇〕，其間不可稱數。宜明其禁，以易其風。」俗弊如此，駿不能革。

臧質遣使説荊州刺史南郡王義宣曰：「有大才，負大功，挾震主威，自古尠有全者。宜在人前，早有處分。」義宣使要豫州刺史魯爽、兗州刺史徐遺寶、司州刺史魯秀等，剋秋起兵。爽時昏醉，即日便戴黄標，稱建平元年，板義宣爲天子，遣信至建業迎弟瑜。由是駿知爽反，惶懼，欲遣迎義宣，其竟陵王誕執議不許，乃遣左衛將軍王玄謨率衆討爽，領軍將軍柳元景、鎮軍將軍沈慶之討義宣。臧質下戍大雷，馳報。義宣抗表以誅元景爲名，遣軍就質，使爽與質會于江上。玄謨屯兵梁山。義宣率衆至尋陽，與質俱下。雍州刺史朱脩之不從義宣。臧質進計曰：「今萬人取南州，則梁山中絶；萬人守梁山，玄謨必不敢動。下官浮舟外江，直向石頭，此上策也。」義宣將從之，其諮議劉諶之曰：「質不求前軀〔三一〕，凶志難測，不如盡鋭攻梁山，事克，然後長驅，萬安之計也。」義宣乃止。義宣遣劉諶之就質，步攻東壘。義宣進自蕪湖，赴梁山，屯兵西岸。玄謨拒質，駿將軍護之〔三二〕、薛安都又摧破之。義宣衆潰，因風放火，焚其舟艦。義宣閉船大泣，因而迸逸。走至江陵，荆州司馬竺超民具儀服迎之，左右相率潰叛，超民送付刺姦。朱脩之於獄殺之。

太安二年，駿改年爲大明。駿於新亭造中興佛寺，設齋，忽有一僧形貌有異，衆皆愕然。問其名，答云名惠明，從天安寺來。言竟，倏然而滅，乃改爲天安寺。至天安初而彭城歸國。四年，駿遣其將殷孝祖寇濟州，高宗遣清水公封敕文等擊走之〔三三〕，又詔征西將軍皮豹子擊孝祖於清東。五年，豹子還，遂掠地至高平，大獲而還。

駿以其南兗州刺史竟陵王誕得士庶之心，内畏忌之。誕不自安，乃治城，多聚糧仗。駿大怒，貶誕爵爲侯，遣兗州刺史垣閬、給事中戴明寶討之。誕遣衆出戰，斬垣閬。誕表駿曰：「往年元凶禍逆，陛下入討，臣背凶赴順，可謂常節。及丞相構難，臧魯協從，朝野恍忽，咸懷憂懼。陛下欲建百官羽儀星馳推奉，臣前後固執，末方賜從。社稷獲全，是誰之力？陛下接遇殷勤，屢加崇寵，驃騎、揚州，旬月移授。恩秩頻煩，復賜徐兗，仰屈皇輿〔三四〕，遠相餞送。臣一遇之感，此何以忘，庶希偕老，永相娛慰。豈謂陛下信用讒言，遂令小人來相掩襲。不任枉酷，即加誅揃，雀鼠貪生，仰違詔敕。今親勒部曲，鎮扞徐兗。

昔緣何福，同生皇家；今有何罪，便成胡、越。陵鋒奮戈，萬沒豈顧，定蕩之期〔三五〕，冀在旦夕。右軍、宣簡，爰及武昌，皆以無罪，並遇枉酷。臣有何過，復致於此？陛下宮闈之醜，豈可一二。臨紙悲塞，不止所言〔三六〕。」駿以沈慶之前軍討之，親勞軍人，賜以金帛。慶之軍敗退，傷者十四五。駿大怒，將自往。久乃拔之，斬誕傳首。誕母殷、妻徐並自殺。城内誅者數千人，或先鞭殺而行戮。並移首於石頭南岸，以爲京觀，至於風晨雨夜，輒聞哀號之響。

駿淫亂無度，蒸其母路氏，穢汙之聲，布於甌越。東揚州刺史顏竣恃舊，每戲弄之，駿慚怒殺竣。和平元年七月，駿使其散騎常侍明僧暠朝貢。二年三月，又使其散騎常侍尹顯朝貢。駿雍州刺史、海陵王休茂謀將除駿，參軍尹玄慶斬休茂。是歲，凡諸郡士族婚官點雜者，悉黜爲將吏，而人情驚怨，並不服役，逃竄山湖，聚爲寇盜。侍中沈懷文苦諫不納。三年三月，駿使其散騎常侍嚴靈護朝貢。以沈懷文數直諫，付廷尉殺之。駿寵姬殷死，贈貴妃，謚曰宣。及葬龍山，給鑾輅、九旒、黄屋、左纛、羽葆、鼓吹、班劍、虎賁。龍轜之麗，功妙萬端，山池雲鳳之屬，皆裝以衆寶，繡帷珠帶，重鈴疊毦，儀服之盛，古今尠有。駿自殷死，常懷悲惻，神情罔罔，廢棄政事。或親至殷靈牀，酌奠酒飲之，既而慟哭流連，不能自反。其耽昏若此。四年，獵于烏江之榜口，又游湖縣之滿山〔三七〕，並與母同行，宣淫死。

肆意。五年，三吴大飢，人食草木皮葉，親屬互相販鬻，劫掠蜂起，死者不可勝數。是年駿死。

子子業立，性尤凶悖。其母疾篤，遣呼子業，子業曰：「病人間多鬼，那可往？」其母怒，語侍者曰：「將刀來破我腹，那得生如馨兒！」六年，改爲永光。以奄人華願兒爲散騎常侍，遊止必同。越騎校尉戴法興屢相裁割，願兒深以爲隙。或謂法興爲真天子，子業爲贋天子，願兒具以聞，子業乃殺法興。驃騎將軍柳元景、尚書左僕射顔師伯欲廢子業，立太宰義恭，以告沈慶之，慶之告子業。子業出兵誅義恭，遂刳剔支體，抽裂心藏，挑其眼睛，投之蜜中，謂之鬼目粽。又殺柳元景、顔師伯，并諸子及弟姪。乃改年爲景和。子業除去喪禮，服錦縠之衣。以石頭城爲長樂宫，東城爲未央宫，北邸爲建章宫，南宅爲長楊宫。子業自以昔在東宫，不爲駿所愛，及即位，常欲毁其墓。乃遣發駿所寵殷氏冢。殷死，駿爲之造新安寺，於是壞之，復欲誅諸遠近尼僧。遣使殺其新安王子鸞，臨死歎曰：「惟願後身不復生天王家！」義恭既誅，徐州刺史義陽王昶大懼，遣典籤蘧法生啓求還建業。子業謂法生曰：「義陽謀反，我正欲誅之。」法生懼禍，走還彭城。子業遣沈慶之率師伐昶。法生至彭城，昶便繕甲，諸郡不從，昶知事不捷，遂來奔。

子業淫其姑，稱爲謝氏，爲貴嬪、夫人，加以殊禮，虎賁劍戟，出警入蹕，鑾輅龍旂，在貴妃之上，即義隆第十女，其新蔡長公主也。子業矯云主喪，空設喪事，而實納之。時其姊山陰主大見愛狎，淫恣過度，謂子業曰：「妾與陛下男女雖殊，俱託體先帝，陛下六宮百數，而妾惟一駙馬，事不均平，乃可如此。」子業爲主置面首左右三十人，進爵會稽郡長公主，秩同郡王，食湯沐邑二千户，給鼓吹一部，加班劍二十人，每出遊，與羣臣陪乘。吏部褚淵以有風貌，子業使淵侍主。子業皆令廟别畫其祖父形像，曾入裕廟，指裕像曰：「此渠大英雄，生擒數天子。」次入義隆廟，指義隆像曰：「此渠亦不惡，但暮年中不免兒斫去頭。」次入其父駿廟，指駿像曰：「此渠大好色，不擇尊卑。」顧謂左右曰：「渠大齇鼻，如何不齇之？」即令畫工齇駿像鼻。其父子淫悖，書契所無也。子業又殺沈慶之，撫軍諮議參軍何邁，即其新蔡主壻。

其湘東王彧及建安王休仁、山陽王休祐常被猜忌，並欲誅之。休仁每以調謔悦之，故得推遷不死。彧、休祐形體肥大，遂以籠盛稱之，彧尤肥，號曰「猪王」。廷尉劉矇妾懷孕，子業迎入宫，冀其生男，立爲太子，及其生子，遂爲大赦。子業召其南平王鑠妃江氏偶諸左右，江不從。子業曰：「若不從，當殺汝三子。」江猶不從，乃鞭一百，殺其子敬猷等。巫覡云「湘州有天子氣」，子業將南行以厭之，未行前，欲悉誅諸叔。時彧被拘袐書省，與子業左右阮佃夫等謀廢子業。子業出華林園，共巫竹林堂前射鬼。佃夫時爲内監，乃以告外監典事朱幼、主衣壽寂之、細鎧主姜産之等，寂之抽刃而前，産之繼進。子業引弓射寂之，不中，寂之乃斬其首。

彧既誅子業，憂遽不知所爲。休仁推立彧。彧時失履，徒跣登西堂，備天子儀服，呼諸大臣入見，事無巨細，稱令施行。彧以豫章王子尚及山陰主爲子業所狎，殺之。十二月，僭即帝位，改年爲泰始。

先是，子業敕其弟子勛曰：「聞汝與何邁謀共廢我，汝自量體氣何如孝武？尋當遣使送藥與汝。」子勛長史鄧琬與録事參軍陶亮等起兵，遣其黨俞伯奇出頓大雷〔三八〕，巴東太守孫仲之至于平石〔三九〕，與陶亮並統前軍。始彧未知子勛起兵，加子勛車騎將軍、儀同三司。符至尋陽，鄧琬乃投於地，攘袂而起曰：「殿下當開端門，何黄閤之有！」與陶亮等徵兵馳檄，建牙於桑尾〔四〇〕。時雍州刺史袁顗便勸子勛即位，琬乃立宗廟，設壇場，造乘輿法服，立子勛爲天子，即位江州，號義嘉元年。子勛以袁顗爲尚書左僕射，鄧琬爲尚書右僕射，左司馬張悦爲領軍將軍、吏部尚書，州郡並加爵號。彧乃遣領軍將軍王玄謨討之，復遣其將沈攸之、劉靈出據虎檻。初，彧聞四方反亂，憂遽不知所爲，休仁請前鋒決勝，於是始有防禦之軍。攸之軍至江州，斬子勛。彧慮子勛弟松滋侯子房等年大終不相服，休仁遂勸除之，因誅駿舅子路休之等，以陷子房兄弟。於是殺駿子安陸王子綏及子房、臨海王子頊〔四一〕、永嘉王子仁、始安王子真、邵陵王子元、淮南王子孟、臨賀王子産、晉熙王子輿及子起、子期、子悦、子頓〔四二〕。初，駿二十八男，其餘先早夭，及子業殺子鸞等，至是盡殪之矣，其骨肉相殘若此之甚。

彧南新蔡太守常珍奇奉啓請降，顯祖詔遣西河公元石、京兆侯張窮奇率軍援之。皇興元年正月，彧遣其散騎常侍貝思、散騎侍郎崔小白朝貢。初，彧遣其鎮軍張永、領軍沈攸之以大衆迎其徐州刺史薛安都。安都聞永將發，乃遣信請降。顯祖詔博陵公尉元、城陽公孔伯恭率騎二萬救之。永等。前後奮擊，斬首凍没死者不可勝數〔四三〕。又其兗州刺史畢衆敬亦來降款，至是，徐兗及淮西諸郡、青齊二州相尋歸附。彧又遣其中領軍沈攸之、太子左衛率劉勔寇彭城，兗州刺史申纂守無鹽。時薛安都略有廣平、順陽、義成、扶風諸郡。沈攸之至下邳，與元等戰敗而走。初，彧青州刺史沈文秀、冀州刺史崔道固並請歸順，詔遣征南大將軍慕容白曜率衆援之。文秀等復叛歸彧。白曜進軍圍城。二年，克歷城，獲道固。彧遣其員外散騎常侍李豐朝貢。彧遣沈文秀弟文靜海道救青州，文靜至東萊之不期城〔四四〕，白曜遣軍克之。尋獲東陽城。彧遣其員外散騎常侍王希涓朝貢。四年六月，彧又遣員外散騎常侍劉航朝貢。

延興元年，彧於巖山射雉，休祐從在後，與其左右相失。彧遣壽寂之率諸壯士追躡休祐，蹴令墜馬，拉而殺之，乃揚聲曰：「驃騎墮馬死。」召司徒休仁宿尚書下省，鴆而殺之。

自彧立之後，民庶凋弊，而宮殿器服多更興造。初其即位，軍人多被超越，或有不與戎勤，寄名受賞。阮佃夫等並被信委，凡所談笑，言無不行，抽進阿黨，咸受不次之位。故佃夫左右，乃有四軍、五校、羽林、給事等官，皆市井傭販之人，諂附而獲。至綱紀不立，風政頹弊，境内多難，民庶嗷然。遂廣募義勇，置爲部曲。於是官品淪褫，士人渾亂，民衆顒顒，咸願來奔矣。

彧遣其司州刺史垣叔通爲益州刺史，叔通極爲聚斂，蜀還之貨過數千金，知彧好財，先送家資之半，彧猶嫌少。及叔通至建業，遣詣廷尉，彧先令獄官留之於訊堂，彌旬不得出。叔通於是悉送其財，然後原遣。凡蠻夷不受鞭罰，輸財贖罪，謂之賧，時人謂叔通被賧刺史。彧嘗宮内大集而裸婦人觀之，以爲忻笑。其妻王氏以扇鄣面，獨無所言。彧怒曰：「外舍家寒乞，今共爲笑樂，何獨不視！」王曰：「爲樂之事，其方自多，豈有姑姊妹集聚，而裸婦人形體，以此爲樂！外舍之爲忻適，與此不同。」彧大怒，遣王起去。彧末年好事鬼神，多所忌諱，言語文書有禍敗凶喪及疑似之言應回避者數百千品，有犯必加罪戮。

改騧馬字爲馬邊瓜〔四五〕，以「騧」似「禍」字故也。嘗以南苑借張永，言且給三百年，期訖更申。其事皆如此。又以宣陽門之名不善，甚諱之。其太后停屍漆牀，移出東宮，見之怒甚，免中庶子官，職局以下坐死者數十人。内外常慮犯悞，人不自保。移牀治壁，必祭土神，文士爲辭，祝事如大祭。又更忍虐好殺，左右失旨忤意，往往有剞斮斷截者。時遣窺覘淮泗，軍旅不息，荒弊積久，府藏空虚，内外百官，普斷禄俸。而彧奢費過度，務爲彫侈，每所造制，必爲正御三十、副御三十、次副三十，須一物輒造九十枚。境内騷然，人不堪命。

彧又以壽寂之有膽決，乃殺之。又追降休仁、休祐爲庶人，絶其屬籍，諸子徙遠郡。休祐母邢、妻江，付廷尉殺之。遣員外散騎侍郎田廉、員外散騎侍郎祖德朝貢〔四六〕。又殺其巴陵王休若。改年爲泰豫。又遣田廉及員外散騎侍郎劉惠秀朝貢。彧又殺太子太傅王景文，畏其族盛故也。

彧死，子昱僭立，改爲元徽。昱遣員外散騎常侍田惠紹、員外散騎侍郎劉惠秀朝貢。其司空桂陽王休範奔尋陽舉兵〔四七〕，右衛將軍蕭道成率衆軍出頓新亭。越騎校尉張苟兒斬休範首，其左右皆散，道成遣送其首，塗中遇賊，遂棄於水中。休範之徒乃詐曰：

「殿下猶在新亭。」於是士庶奔馳候迎。是夜，休範將杜墨蠡等又攻新亭東廂〔四八〕，休範參軍江珉等破二縣六署，竊掠金帛，放諸徒隸。由是徒衆復盛，燒東宮、津陽門乃領軍右府〔四九〕。昱將陳顯達率所領至杜姥宅，破墨蠡軍主全景淵。進平白壁，宣陽、津陽二門，斬墨蠡等。昱遣其員外散騎常侍明曇徽、員外散騎侍郎江山圖朝貢。五年，又遣員外散騎常侍李祖、員外散騎侍郎魚長耀朝貢。

承明初，昱建平王景素據京口叛昱，昱遣蕭道成前軍將軍周盤龍、殿中將軍張倪奴討之，攻陷京口，斬景素。

太和初，昱以其母數諫責之，遂使太醫煮藥欲鴆之。左右止之曰：「若行此事，官便應作孝，豈復得出入狡獪。」昱曰：「汝語大有理。」乃止。初昱母陳氏，本李道兒妾，或納之，生昱，故世中皆呼昱爲李氏子，昱每自稱李將軍，或自名爲李統。昱直閤將軍申伯宗、步兵校尉朱幼、司徒左長史沈勃等欲廢昱，昱親率羽林兵掩之，乃躬運矛鋋，手殺勃等，闔門嬰稚，莫不臠截。昱狂走逸遊，不捨晝夜，腹心所寄數十許人，並執兵刃爲人之牙爪，路行逢人，便加斫刺，或入人家劫略財賄，往來倏忽，狀若鬼魅。建業惶振，並重關自守。又搥拍鍼鑿錐鋸之屬，常以自隨，或有忤意，輒加酷暴，搥陰刺心剖腹之誅，日有十數。常見卧屍流血，然後爲樂，無所誅害，則憂思草草。於耀靈殿上養驢數十頭，造露車，以銀爲校具，或乘以出入。著小袴衫，帶挾刀劍。與營署女子通好，自齎私服贈之。常入鑪肆飲酒，輒與左右歌唱，略民鷄犬，躬自屠割。内外畏惡，人不自保。昱往新安寺，夕乃還殿，寢於氈幄。昱左右楊玉夫、楊萬年等見其醉眠，乃於幄斬之。左右陳奉伯稱敕開承明門出，送首於直閤王敬則，夜送昱首與中領軍蕭道成。道成率左右數十人，稱昱行還，開承明門入殿，云其皇太后令廢昱爲蒼梧王，立昱弟揚州刺史安成王準。

初，或晚年痿疾，不能内御，諸弟姬人有懷孕者，輒取以入宫，及生男，皆殺其母而與其宫人所愛者養之。準即桂陽王休範子也。

荆州刺史沈攸之興兵討道成。準改年爲昇明。遣其員外散騎常侍李祖、員外散騎侍郎陶貞寶赴國訃，并貢方物。準司徒袁粲、丹陽尹劉秉、中領軍劉韞、前湘州刺史王藴等以道成專恣，潛謀圖之，共推粲爲主，要引沈攸之以爲外援。丹陽丞王遜告道成，並斬之。準遣員外散騎常侍何佣、員外散騎侍郎孔遏朝貢。三年正月，準遣其員外散騎常侍殷靈誕、員外散騎侍郎苟昭先朝貢。準尋禪位於道成，居于東邸。道成僭立，封準汝陰郡王，尋死於丹陽。

史臣曰：桓玄倏張，馮、劉乃厥。疑窮凶極迷，爲天下笑，其夷、楚之常性乎？

校勘記

〔一〕平越中郎將　「平」，原作「一」。據殿本、局本、晉書卷九九桓玄傳改。按晉書卷二四職官志云：「武帝又置平越中郎將，居廣州，主護南越。」東晉南朝沿其制。

〔二〕殷逼　原作「殷邁」，據晉書卷八四殷仲堪傳及楊佺期傳、卷九九桓玄傳、通鑑卷一一一晉紀三三隆安三年十二月改。下「逼等敗走」同改。

〔三〕比來收集　「比」，原作「北」，據晉書卷八四楊佺期傳、通鑑卷一一一晉紀三三隆安三年十二月改。

〔四〕都督荆司雍秦梁益寧江八州及揚豫并八郡諸軍事　「揚豫」下「并」字疑衍。按東晉無「并」州，晉書卷九九桓玄傳云：「進督八州及楊豫八郡。」

〔五〕左丞王納之　「王納之」，宋書卷六〇王准之傳、宋書卷一六禮志三、通典卷四二禮上郊天上並作「王訥之」，疑「納」字訛。

〔六〕玄使桓謙何澹之屯于東掖門　「東掖門」，本卷下文劉裕傳及晉書卷九九桓玄傳作「東陵」，宋書卷一武帝紀上作「東陵口」，通鑑卷一一三晉紀三五元興三年三月也作「東陵」。胡注：「東陵在覆舟山東北。」按當時桓、何二人與卞範之合兵二萬以拒劉裕，卞屯覆舟山西，桓、何屯覆舟山東，故云「衆合二萬」。「東掖門」爲宫門，見南朝史籍，東晉末當亦如是，和卞範之不相及，豈得云「合」。疑「東掖門」當作「東陵口」，涉下桓玄出「南掖門」而訛。

〔七〕振自爲都督八州□□將軍荆州刺史　「□□」，原作二字空格，他本並作「鎮軍」。按晉書卷七四桓彝傳附桓振傳作「鎮西」。

〔八〕稍遷衛中郎將　「衛中郎將」，本書卷九五徒何慕容廆傳附慕容熙傳、晉書卷一二五馮跋載記、御覽卷一二五引崔鴻十六國春秋後燕録並作「中衛將軍」，疑是。按晉書卷二四職官志云晉文帝置中衛將軍，晉武帝分爲左右衛將軍。通鑑卷一〇九晉紀三一隆安元年四月、卷一一四晉紀三六義熙三年七月記馮跋軍號並作「中衛將軍」，卷一一一晉紀三三隆安三年正月見後燕「中衛將軍衛雙」。則中衛將軍舊有此官，晉分置左、右，後燕則中、左、右並置。北史卷九三僭僞附庸馮跋傳、晉書卷一二四慕容熙載記作「衛中將軍」，「衛中」當是「中衛」之誤倒。

〔九〕二十三人結謀　「二十三人」，晉書卷一二四慕容熙載記、晉書卷一二五馮跋載記、北史卷九三僭僞附庸馮跋傳、册府卷二二七作「二十二人」。御覽卷一二五引崔鴻十六國春秋後燕録作「三十二人」。

〔一〇〕毅遣周安要之　「周安」，晉書卷九九桓玄傳、宋書卷一武帝紀上、通鑑卷一一三晉紀三五元興三年三月並作「周安穆」。

〔一一〕絹三萬匹　「絹」上宋書卷一武帝紀上有「賜」字，此字不宜省，疑脱去。

〔一二〕進號驃騎將軍　「驃騎將軍」，晉書卷一〇安帝紀義熙元年三月、宋書卷一武帝紀上並作「車騎將軍」。

〔三〕中軍參軍向靖　「向靖」，原作「尚靖」，據宋書卷四五向靖傳改。

〔四〕右僕射劉穆之爲左僕射領軍中軍二府軍司　「左僕射」，原作「右僕射」。按宋書卷二武帝紀中義熙十二年八月稱：「尚書右僕射劉穆之爲左僕射，領監軍、中軍二府軍司。」同書卷四二劉穆之傳同。此傳即本宋書，今據改。「領」下當亦脱「監」字。

〔五〕裕遣其中軍將軍沈範索季孫等朝貢　「中軍將軍」，宋書卷九五索虜傳作「殿中將軍」，疑是。按晉宋中軍將軍乃禁軍主官，名號甚重，無帶此官出使之理。其時宋使北魏者例帶殿中將軍，下文屢見。

〔六〕蒼梧子公孫表　「蒼梧子」，宋書卷九五索虜傳作「蒼梧公」，疑是。按本書卷三三公孫表傳稱其明元帝初「賜爵固安子」，不言其爲蒼梧子。北魏前期大將統兵征行或鎮守一地，例假爵爲公，不得傳襲。疑表此次出征，亦援例假爵爲「蒼梧公」，表傳爲後人所補，失載。

〔七〕潁川太守李元德奔項城　「李元德」，原作「索元德」。按上文已記「奚斤分軍攻潁川，太守李元德奔還項城」。宋書卷九五索虜傳，自潁川、許昌奔項城者均是「潁川太守李元德」，別無名「索元德」者。「索」字訛，今據改。

〔八〕安西將軍古弼　「安西」，原作「西安」，據本書卷二八古弼傳乙正。

〔九〕永昌王仁　「仁」，原作「位」，據殿本、局本改。按永昌王仁附見本書卷一七永昌王健傳，本卷下文凡數見，諸本均作「仁」。

〔二〇〕右將軍豫州刺史南平王鑠　按宋書卷九五索虜傳載宋檄文，此傳記宋諸將進兵全據此檄。檄文稱鑠「悉荆河之師，方軌繼進」。此處「鑠」下戛然而止，和下文連讀，遂似鑠和義恭同爲「諸軍節度」，與情事不合。

〔二一〕南兗及青冀兗豫三五簡發　「三五」，原作「三吳」。按宋書卷九五索虜傳云：「發南兗州三五民丁」，即此事，唯只舉南兗。通鑑卷一二五宋紀七元嘉二十七年七月作「悉發青、冀、徐、豫、二兗六州三五民丁」，知此傳仍脱「徐」字。胡注：「三五者，三丁發其一，五丁發其二。」三五發卒乃晉以來舊制，本書卷九肅宗紀正光五年八月詔書中亦有「三五簡發」語。此處「吴」乃「五」字之訛，今據改。

〔二二〕揚南徐兗江州富民並四分之一　按宋書卷九五索虜傳云：「揚、南徐、兗、江四州富有之民，家資滿五十萬，僧尼滿二十萬者，並四分換一。」此處「富民」下當有「家資」等字，否則連上文遂似徵發富民四分之一爲兵。

〔二三〕魯陽陽平二郡太守崔邪利降　「魯陽陽平」，疑「陽」字誤重。按宋書卷五文帝紀元嘉二十七年十一月、卷九五索虜傳、册府卷二一七並作「魯陽平」，「陽」字不重。檢宋書州郡志，並無魯陽郡，卷三五州郡志一兗州有魯郡、陽平郡。

〔二四〕屯兵於孫叔敖冢　「冢」，原作「家」，據局本改。按宋書卷九五索虜傳作「冢」。本書卷一九中任城王雲傳附拓跋澄傳稱澄爲揚州刺史,「下車,封孫叔敖之墓」。北齊書卷三二王琳傳載朱瑒與徐陵書,有云:「孫叔云亡,仍芍陂而植楸檟。」魏之揚州治壽春,芍陂在壽春南。知當時其地有孫叔敖墓遺迹。

〔二五〕興安元年　「元年」,原作「九年」。按興安無九年,據宋書卷五文帝紀,事在元嘉二十九年八月。是年三月,魏改元永平,至十月,文成帝改元興安,此處乃從後改之號。「九」爲「元」字之訛,今據改。

〔二六〕陳叔兒詹叔兒　「詹」下「叔兒」二字原闕,據宋書卷九九二凶傳補。按此傳下文又兩見詹叔兒名,一次亦是與陳叔兒同舉,此處疑涉上「陳叔兒」脱去。

〔二七〕太倉屋　「太倉」,原作「大倉」,宋書卷九九二凶傳作「太倉」。按官府名例不通假,今據改。

〔二八〕漂洲　「漂洲」,宋書卷六孝武帝紀作「溧洲」,疑是。

〔二九〕周朗　原作「周殷」。按事見宋書卷八二周朗傳,傳稱「朗字義利」,不云一名「殷」,今據改。

〔三〇〕又疾讒害　宋書卷八二周朗傳作「又嫉謗讒害」,此處疑脱「謗」字。

〔三一〕質不求前驅　宋書卷七四臧質傳作「質求前馳」。按上文記質請「浮舟外江,直向石頭」,正是「求前驅」,此作「不求」,與質語不合。

〔三二〕駿將軍護之　「護之」,按據宋書卷六八南郡王義宣傳,乃垣護之。上文既未見護之姓名,此處不應徑稱「護之」,疑脱「垣」字。

〔二三〕清水公封敕文　「清水公」，疑當作「天水公」。按封敕文爵天水公，見本書卷五一本傳，同書卷五高宗紀興光四年十月記其事：「劉駿將殷孝祖修兩城於清水東，詔鎮西將軍、天水公封敕文等擊之。」此作「清水公」，疑涉戰地「清水」而訛。

〔二四〕仰屈皇輿　宋書卷七九竟陵王誕傳作「仰屈皇儲」。

〔二五〕定蕩之期　宋書卷七九竟陵王誕傳作「盪定之期」。

〔二六〕不止所言　宋書卷七九竟陵王誕傳作「不知所言」。

〔二七〕又游湖縣之滿山　按宋書卷六孝武帝紀，大明七年十月己巳，「校獵於姑孰」，十一月乙酉，「訊溧陽、永世、丹陽縣囚」，癸巳，「習水軍於梁山」，十二月丙午，至歷陽，己未，「於博望、梁山立雙闕」。所經之地並無「湖縣」「滿山」。此次行踪實在南豫州境，孝武帝紀大明五年九月甲戌「移南豫州治淮南于湖縣」。于湖即劉駿於此校獵之姑孰。此處「湖縣」上當有「于」字，「滿山」當作「梁山」。梁山在歷陽（今安徽和縣），乃于湖（今安徽當塗縣）對岸，魏收北人，或誤以爲在于湖。

〔二八〕遣其黨俞伯奇出頓大雷　「大雷」，原作「大電」，據宋書卷八四鄧琬傳改。按大雷屢見紀載，「電」字顯訛。

〔二九〕巴東太守孫仲之至于平石　「孫仲之」，疑當作「孫沖之」。按孫沖之事略附宋書卷七四臧質傳、卷八〇晉安王子勛傳、卷八四鄧琬傳及通鑑卷一三〇宋紀一二泰始元年十一月。

〔四〇〕建牙於桑尾 「桑尾」，原作「桑厄」。按宋書卷八四鄧琬傳凡二見，均作「桑尾」。通鑑卷一三〇宋紀一二泰始元年十二月末記其事亦作「桑尾」，胡注：「桑尾，即桑落洲尾。」「厄」乃「尾」字之形訛，今據改。

〔四一〕臨海王子頊 「子頊」，原作「子瑱」。按宋書卷六孝武帝紀、卷八明帝紀、卷八〇孝武十四王傳並作「子頊」，「瑱」乃形訛，今據改。

〔四二〕子起子期子悦子頓 「子起」，宋書卷八〇孝武十四王傳序作「子趨」。「子頓」，宋書卷八〇孝武十四王傳序列舉劉駿二十八子無遺，無「子頓」。

〔四三〕永等前後奮擊斬首凍没死者不可勝數 「永等」下疑有脱文。按連讀似永等奮擊魏軍，魏軍死者不可勝數。然據本書卷五〇尉元傳、宋書卷五三張永傳，所謂「前後奮擊」，乃指北魏軍，「斬首凍没死者不可勝數」乃指張永所統之宋軍。

〔四四〕東萊之不期城 「不期」，宋書卷八八沈文秀傳作「不其」。按宋書卷三六州郡志二，不其前漢屬琅邪，後漢屬東萊，晉、宋屬青州長廣郡。本書卷一〇六中地形志中，不其屬光州長廣郡。不其南、北均隸於長廣，此指作東萊，或是以漢制相稱。「不其」，史籍亦常作「不期」，或是異稱。

〔四五〕改騆馬字爲馬邊瓜 宋書卷八明帝紀三朝本、北監本、殿本並作「改『騧』爲邊瓜」，局本作「改『騧』爲馬邊瓜」。疑此處「騆」下衍「馬」字。

〔四六〕遣員外散騎侍郎田廉員外散騎侍郎祖德朝貢　上「散騎侍郎」，疑是「散騎常侍」之訛。按自宋孝武帝始，宋魏遣使，正使例帶散騎常侍，副使例帶散騎侍郎，此傳下文所記皆然，無正副並爲散騎侍郎之例。

〔四七〕其司空桂陽王休範奔尋陽舉兵　「奔」字疑誤。按宋書卷七九桂陽王休範傳，休範早於泰始六年即爲江州刺史，尋陽乃江州治所，勿須「奔」。

〔四八〕休範將杜墨騾　「杜墨騾」，宋書卷七九桂陽王休範傳作「杜墨蠡」，宋書卷九後廢帝紀、南齊書卷一高帝紀上作「杜黑蠡」，通鑑卷一三三宋紀一五元徽二年五月作「杜黑騾」。

〔四九〕燒東宮津陽門乃領軍右府　按宋書卷九後廢帝紀、卷七九桂陽王休範傳及南齊書卷一高帝紀上、通鑑卷一三三宋紀一五元徽二年五月等相關史傳，俱未言及此次戰事中東宮、津陽門及領軍府被燒。南齊書卷一高帝紀上稱亂軍進至臺城附近，「車騎典籤茅恬開東府納賊」，東府乃揚州刺史府所在。疑此處「東宮」爲「東府」之誤。東晉南朝亦不聞領軍府分左、右。據宋書卷九後廢帝紀及卷八六劉勔傳，秦淮河上朱雀航一戰，領軍將軍劉勔臨陣力戰而死，「右軍將軍王道隆奔走遇害」。疑「乃領軍右府」即指劉勔、王道隆被殺事，而有訛脱。

魏書卷九十八

列傳第八十六

島夷蕭道成　島夷蕭衍

島夷蕭道成，字紹伯，晉陵武進楚也。僭晉時，以武進之東城爲蘭陵郡縣，遂爲蘭陵人。父承之，常隨宗人蕭思話征伐，久乃得爲其横野司馬，以軍功仕劉義隆，位至右軍將軍。

道成少好武事，初從散冗，每充征役，前後爲討蠻小帥，以堪勤劇見知。思話之鎮襄陽，啓之自隨，任以統戍。稍遷左軍中兵參軍，每在疆場，擾動邊民，曾至談堤，大敗而走。劉駿時間關僞職，至建業令。駿死，子業以爲後軍將軍、直閤。

子業死，劉彧除右軍將軍。時子業江州刺史晉安王子勛、會稽太守尋陽王子房等並舉兵。彧加道成輔國將軍東討，平定諸縣。晉陵太守袁摽、吴郡太守顧琛、吴興太守王曇生皆棄郡奔走〔一〕。時徐州刺史薛安都遣從子索兒率鋭衆度淮，徵道成拒焉。以功封西陽縣開國侯，食邑六百户。子勛遣臨川内史張淹自東嶠入，規欲擾動三吴，劉彧遣道成率三千人統軍主沈思仁拒淹，淹便奔走。張永、沈攸之大敗於彭城，劉彧以道成爲冠軍將軍督諸軍事，假節，戍淮陰。

彧死，子昱以道成爲右衛將軍，領衛尉，加兵五百人，與尚書令袁粲、護軍褚淵、領軍劉勔參掌朝事。尋解衛尉，加侍中，戍石頭城。劉休範舉兵，以討王道隆等爲名，治嚴數日，便率大衆席卷而下。道成等率衆拒戰。事平，以道成爲散騎常侍、中領軍、都督南兗兗徐青冀五州、鎮軍將軍、南兗州刺史，持節、侯如故。後進爵爲公，增邑二千户。

劉昱凶虐日甚，道成與直閤王敬則、昱左右楊玉夫同謀殺昱，迎弟準立之，改年爲昇明，時太和元年也。道成移鎮東城，以甲仗五十人入殿，進位侍中、司空、録尚書事、驃騎大將軍、持節、都督、刺史，加故封竟陵郡公五千户，給班劍三十人，又進督豫司二州。荆州刺史沈攸之舉兵討道成，道成率衆入鎮朝堂。司徒袁粲先鎮石頭，據城與尚書令劉秉、前湘州刺史王藴謀討道成，密信要攸之速下，將爲内應。不克，粲與子最俱死，秉父子踰城走於額檐湖，王藴走向鬬場，並見擒。攸之至于夏口，敗走，與第三子中書郎太和單騎南奔華容縣〔二〕，俱自縊死。道成又爲太尉，增封三千户，班劍四十人，甲仗百人入殿。

道成將有大志，凖侍中王儉請間，勸之，道成曰：「卿言何？我今當依事相啓。」言辭雖厲，而意色甚悦。儉諷動在位，乃加道成黄鉞、都督中外諸軍事、太傅、領揚州牧，劍履上殿、入朝不趨、贊拜不名，置左右長史、司馬、從事中郎、掾、屬各四人，使持節、侍中、太尉、驃騎大將軍、録尚書、南徐州刺史如故。道成詐辭殊禮。重申前命，劍履上殿、入朝不趨、贊拜不名。進位相國，總百揆，封十郡爲齊公，備九錫之禮，加璽紱、遠遊冠，位在諸王上，加相國、緑綟綬，其驃騎大將軍、揚州牧、南徐州刺史如故。於是建齊臺，置百官，以東府爲齊宫，又增封十郡，進公爲王。尋僭大號，封其主劉凖爲汝陰王，未幾而死。

於是高祖詔梁郡王嘉督二將出淮陰，隴西公元琛三將出廣陵〔三〕，河東公薛虎子三將出壽春以討之。元琛等攻其馬頭戍，剋之。道成遣其徐州刺史崔文仲攻陷茬眉戍，詔遣尚書游明根討之。又遣平南將軍郎大檀三將出朐城，將軍白吐頭二將出海西，將軍元泰二將出漣口，將軍封延三將出角城，鎮南將軍賀羅出下蔡。道成梁州刺史崔慧景遣長史裴叔保率衆寇武興關城，氐帥楊鼠擊破之，叔保還南鄭。梁郡王嘉破道成將盧紹之、玄元度於朐山。下蔡戍主棄城遁走。又詔昌黎王馮熙爲西道都督，與征南將軍桓誕出義陽，鎮南將軍賀羅自下蔡東出鍾離，道成游擊將軍桓康於淮陽，破之〔四〕。道成豫州刺史垣崇祖寇下蔡，昌黎王馮熙擊破之。梁郡王嘉大破道成將，俘獲二萬餘口送京師。

道成遣後軍參軍車僧朗朝貢。先是，劉準遣使殷靈誕、苟昭先，未反而道成僭立。及僧朗至，朝廷處之靈誕之下，僧朗與靈誕競前後，降人解奉君遂於朝會刃僧朗。詔加殯斂，送喪令還。

道成死，子賾僭立，改年爲永明。賾遣其驍騎將軍劉纘、前將軍張謨朝貢。八年，又遣兼員外散騎常侍司馬憲、兼員外散騎侍郎庾習朝獻。九年，遣輔國將軍劉纘、通直郎裴昭明朝貢。十年，又遣昭明與冠軍參軍司馬迪之朝貢。

賾初爲太子時，特奢侈，道成每欲廢之，賴王敬則和諧。賾性貪惏，常謂人曰：「唯崔慧景知我貧。」賾嘗至其益州刺史劉悛宅晝卧，覺，悛自捧金澡盤面廣三尺，愛姬執金澡灌受四升，以充沃盥，因以奉獻。賾納之。其好利若此。賾遊獵無度，其殿中將軍邯鄲超上表諫，賾殺之。

十三年，遣平南參軍顔幼明、冗從僕射劉思效朝貢。十四年，賾巴東王子響殺長史劉寅、司馬席恭穆，謀殺賾，賾遣丹陽尹蕭順之討殺之。十五年二月，遣員外散騎常侍裴昭明、員外散騎侍郎謝竣朝貢。九月，又遣司徒參軍蕭琛、范縝朝貢。十六年，復遣琛與司徒參軍范雲朝貢，又遣車騎功曹庾蓽、南豫州別駕何憲朝貢。十七年，賾雍州刺史王奐與南蠻長史劉興祖論衆罪〔五〕，賾以興祖付獄，令送還建業。奐輒於獄殺之，而云自死。賾怒，遣其直閤將軍曹道剛、梁州刺史曹虎收奐，奐閉門拒戰。司馬黃瑤起於城內起兵攻奐，殺之，奐子祕書丞肅、肅弟秉來降。

賾子長懋死，立其孫南郡王昭業爲太孫。賾遇疾暫絕，其子竟陵王子良在殿內，昭業未入。中書郎王融戎服於中書省閤口斷東宮仗不得進，欲立子良。賾既蘇，昭業入殿。融知子良不得立，乃釋服還省。

賾死，昭業立。十數日，收融付廷尉殺之。昭業生而爲其叔子良所養。而矯情飾詐，陰懷鄙慝，與左右無賴羣小二十許人共衣食，同卧起。妻何氏擇其中美貌者與交通。密就富商大賈取錢無數。既與子良同居，未得肆意。子良移西邸，昭業獨住西州，每至昏夜，輒開後閤，與諸小人共至諸營署恣淫宴。凡諸不逞，皆迭加爵位〔六〕，許以南面之日，便即施行，皆疏官位名號於黃牋紙與之，各各囊盛，帶之肘後。昭業師史仁祖、侍書胡天翼聞之，相與謀曰：「若言之二宮，則其事未易，若於營署爲異人所毆打，及爲犬物所傷殘，豈直罪止一身，亦當盡室及禍。年各已七十，餘生寧足吝也。」數日，仁祖、天翼皆自殺。

昭業父長懋自患及死，昭業侍奉憂哀，號毀過禮，及還私室，與所親愛欣笑酣飲，備諸甘滋。葬畢，立爲皇太孫。截壁爲閤，於母房内往何氏間，每入輒彌時不出。賾至東宫，昭業迎拜號慟，絶而後蘇，賾自下輿抱持之，寵愛隆重。初，昭業在西州，令女巫楊氏禱祝，速求天位，及其父死，謂由楊氏之力，倍加敬信。楊氏子珉亦有美貌，何氏尤愛悦之。昭業呼楊氏爲婆。劉氏以來，民間亦作楊婆兒歌，蓋爲此也。及在東宫，賾有疾，令楊氏日夕祈禱，令賾早死。與何氏書，於紙中作一大「喜」字，作小「喜」三十六字遶之。賾謂其必能負荷大業，謂曰：「五年已來，一委宰相，汝多厝意。五年以後，勿復委人。」臨死，執昭業手曰：「阿奴若憶翁，當好作。」如此者再而死。子良時在中書省，昭業疑畏，使虎賁中郎將潘淑領百人屯太極殿西階以防之〔七〕。大斂之始，呼賾伎人備舉衆樂，諸伎雖畏威從事，莫不哽咽流涕。及成服，悉遣諸王還第。子良固乞留過賾葬，不許。

昭業素好狗馬，立未十日，便毁賾所起招婉殿，以殿材乞閹人徐龍駒造宅，於其處爲馬埒，馳走墜馬，面額並傷，稱疾不出者數日。多聚名鷹快犬，以粱肉奉之。賾將葬，喪車未出端門，昭業便稱疾還内，裁入閤，便於内奏胡伎，鞞鐸之聲，震響内外。時司空王敬則問射聲校尉蕭坦之曰：「便如此，不當怱怱邪？」坦之曰：「此政當是内人哭聲響徹耳。」

自隮葬後，昭業微服而出，遊走里市，又多往其父母陵隧中，與羣小共作鄙藝，擲塗賭跳，放鷹走狗諸雜狡獪，日日輒往，以此爲常。朝事大小，皆斷於尚書令蕭鸞。初，蕭賾聚錢，上庫至五億萬，齋庫亦出三億萬，金銀布帛絲綿不可稱計，至此歲末，所用過半，皆賜與左右厮卒之徒。及至廢黜，府庫空盡。昭業在内，常著紫綿紅繡雜衣或錦帽〔八〕。

改年爲隆昌。以黄門郎周奉叔爲冠軍將軍、青州刺史。奉叔諂諛爲事，昭業甚悦之，而專恣跋扈，無所忌憚，常從單刀二十口，出入禁闥，門衛莫敢訶止。每語人云：「周郎刀不識君。」徐龍駒自東宫齋師以便佞見寵〔九〕，構造姦邪，以取容媚，凡諸鄙黷雜事，皆龍駒所勸誘也。昭業爲龍駒置美女伎樂，常住含章殿，著黄綸帽，被貂裘，南面向案，代昭業畫敕，左右侍直，與昭業不異。蕭鸞固請誅之，楊珉及母亦並下獄死。珉及母爲昭業所寵，恩情特隆，賞賜傾府藏。珉爲何氏所幸，常居中内侍。蕭鸞初令衛尉蕭諶、征北諮議蕭坦之請誅珉，何氏與昭業同席坐，流涕覆面，謂坦之曰：「楊郎好年少，無罪，何可枉殺！」坦之乃耳語於昭業曰：「此事别有一意，不可令人聞。」昭業呼何氏曰：「阿奴暫起去。」坦之乃曰：「外間並云楊珉與皇后有情，聞彰遐邇，此事自古所無，恐必誤官事。」昭業不得已，乃許之，俄敕原之，已行刑矣。益州刺史劉悛罷任還，昭業以其饋奉不豐，收付廷尉，將加大辟。悛弟中書郎繪乞以身代，得不死，禁錮終身。昭業與其父寵姬霍氏淫通，納之後宫。蕭鸞謀廢之，率衆而入。時昭業裸身與霍氏相對，聞兵至，拔劍起拒鸞，鸞自殺之。左右死者十餘人。

鸞立其弟昭文，自爲使持節、都督揚南徐二州、驃騎大將軍、開府、録尚書事、揚州刺史，加班劍三十人，封宣城郡公，二千户。以兵五千人出鎮東城。殺其鄱陽王鏘、隨王子隆。遣中護軍王玄邈殺昭文南兗州刺史、安陸王子敬，豫州刺史王廣之殺江州刺史、晉安王子懋〔一〇〕，又殺湘州刺史、南平王鋭，郢州刺史、晉熙王銶，南豫州刺史、宜都王鏗。鸞加黄鉞，進授都督中外諸軍、太傅、領大將軍、揚州牧；增班劍四十人，前後部羽葆鼓吹；劍履上殿，入朝不趨，贊拜不名；封宣城郡王，食邑五千户；使持節、中書監、録尚書並如故。又殺昭文桂陽王鑠、衡陽王鈞、江夏王鋒、廬陵王子卿、建安王子真、巴陵王子倫。乃廢昭文爲海陵王，尋死。鸞僭立焉。

鸞，字景栖。其叔父道成寵愛之，過於諸子。蕭賾末，爲尚書左僕射，甚親委之。賾死，遂秉朝政。既殺昭業，專權酷暴，屠滅賾等子孫。既而自立，時太和十八年也，號年建武。其宣德太僕劉朗之、游擊將軍劉璩之坐不贍給兄子，致使隨母他嫁，免官禁錮，時論者謂薄義之由，實自鸞始。

鸞雍州刺史曹虎據襄陽請降，高祖詔行征南將軍薛真度督四將出襄陽，大將軍劉昶出義陽，徐州刺史元衍出鍾離，平南將軍劉藻出南鄭，車駕南伐。十九年，鸞龍陽縣開國侯王朗自渦陽來降。左將軍元麗大破鸞將，擒其寧州刺史董巒〔一一〕。車駕濟淮，幸八公山。巡淮而東，發鍾離，將臨江水，司徒馮誕薨，乃詔班師，遣使臨江數鸞罪惡。鸞殺其西陽王子明、南海王子罕、邵陵王子貞〔一二〕。

二十一年，車駕討鸞，鸞前將軍韓季方、弋陽太守王嗣之〔一三〕、後將軍趙祖悅等十五將來降。大破鸞軍於江北，獲其將軍王伏保等。車駕遂巡沔東而還。鸞將王曇紛等萬餘人寇南青州，黃郭戍主崔僧淵擊破之，悉虜其衆。又剋新野城，斬鸞輔國將軍、新野太守劉忌〔一四〕。鸞湖陽戍主蔡道福，赭陽戍主成公期及軍主胡松，舞陰戍主、輔國將軍、西汝南北義陽二郡太守黃瑶起及直閤將軍、軍主鮑舉，南鄉太守席謙並委戍走〔一五〕，擒瑶起、鮑舉。鸞又殺其河東王鉉、臨賀王子岳、西陽王子文、衡陽王子珉〔一六〕、湘東王子建、南郡王子夏、巴陵王昭秀、桂陽王昭粲。

車駕幸南陽，進攻宛北城，拔之，冠軍將軍、南陽太守房伯玉以城降。又大敗鸞平北將軍崔慧景、黃門郎蕭衍於鄧城，斬獲首虜二萬有餘。鸞憂怖，遂疾甚。乃大赦，改年爲永泰。其大司馬王敬則於會稽舉兵，將以誅鸞，鎮北諮議謝朓，敬則女夫也，告之，敬則敗而死。

鸞死，子寶卷僭立。二十三年春，寶卷改元爲永元，遣其太尉陳顯達率崔慧景攻馬圈城，詔前將軍元英討之。寶卷遣將寇順陽，詔振威將軍慕容平城率騎討之。顯達攻陷馬圈城，車駕南伐，詔鎮南大將軍、廣陽王嘉斷均口。顯達戰敗，潰圍夜走，斬其左軍將軍張子順〔一七〕。賊將蔡道福、成公期等數萬人棄順陽遁走。

寶卷昏狂，政出羣竪。其始安王遥光據東府反，不克，見殺。并殺其右僕射蕭坦之、左衞將軍曹虎、領軍將軍劉暄。尋殺司空徐孝嗣、左僕射沈文季、前撫軍長史沈昭略。其太尉、江州刺史陳顯達舉兵襲建業，不果而死。

景明初，寶卷豫州刺史裴叔業以壽陽降，寶卷遣其衞尉蕭懿爲征虜將軍、豫州刺史，步道伐壽陽，頓軍小峴。詔遣軍司李焕及統軍奚康生、楊大眼等率衆入壽陽。驃騎大將軍、彭城王勰，車騎將軍王肅率步騎十萬赴之。寶卷遣將胡松、李居士率衆萬餘屯死虎，陳伯之水軍泝淮而上，以逼壽春。勰、肅大破之，斬首萬數。陳伯之又寇淮南，勰破之肥口。豫州刺史田益宗破寶卷將吴子陽、鄧元起於長風〔一八〕。

寶卷遣侍中崔慧景率諸軍自廣陵水路，欲赴壽陽。慧景見寶卷狂虐，不復自保，及得專征，欣然即路。慧景子覺時爲直閤，與之密期。慧景至廣陵，覺遂出奔。慧景過廣陵數十里便回軍還，時廣陵闕鎮，司馬崔恭納之，因率衆濟江，遂攻建業。寶卷嬰城自守。寶卷豫州刺史蕭懿擊破慧景，擒殺之。

慧景既死，寶卷便自得志，無所忌憚，日日出遊。愛幸茹法珍、梅虫兒等及左右應敕、捉御刀之徒並專國命，民間謂之「刀敕」。寶卷每常輕騎戎服，往此諸家，與之讌飲。此等每有吉凶，寶卷輒往弔慶，不欲令人見之，驅斥百姓，惟置空宅而已。所往之處，既無定所，官司常慮得罪，東行驅西面人，南出驅北面人，且或應出，夜便驅遣，吏司奔馳，叫呼盈路，老少震驚，啼號塞路，處處禁斷，不知所適。疾患困篤者悉輿去之，其有無人輿者，匍匐道側，主司又加捶打，絶命者相繼。還宮之時，常至半夜，左右輒入富室取物蕩盡。前魏興太守王敬賓新死未斂，家人被驅，不得守視，及家人還，鼠食敬賓兩眼都盡，如此者非一。寶卷酷亂逾甚，其尚書令蕭懿雖有大勳，忌而殺之，并殺其弟衛尉卿蕭暢。

世宗詔冠軍將軍，南豫州刺史席法友三萬人圍寶卷輔國將軍北新蔡、安豐二郡太守胡景略於建安城〔一九〕，剋之，擒景略。

寶卷雍州刺史蕭衍據襄陽，舉兵伐之，荆州行事蕭穎胄應衍。三月，穎胄叛寶卷，以南康王寶融爲天子。於是寶融僭即帝位。穎胄爲侍中、尚書令，衍爲左僕射、都督征討諸軍、征東大將軍，使持節如故。穎冑請封寶卷爲虞陽縣侯，寶融不許，又封涪陵王。穎冑監八州諸軍事、行荆州刺史。假衍黄鉞。蕭衍軍至沔口，郢州嬰城自守。寶卷又殺巴陵王昭冑、永新侯昭秀〔二〇〕、黄門郎蕭寅。寶卷昏暴日甚，内外不堪，其前南譙太守王靈秀等於石頭迎寶卷弟寶夤率城内文武向其臺城，百姓空手隨從者萬數。會日暮，城門閉，不剋。衍兵至建業，所在棄寶卷降之。衍兵入宫，寶卷在含德殿，吹笙歌作女兒子，卧未及睡。聞兵入，趨出北户，欲還後宫，清曜閤已閉。閹人禁防黄泰平刀傷其膝，仆地，顧曰：「奴反也！」直後張齊斬首送衍，衍追封東昏侯，廢其皇后、太子爲庶人。衍殺寶卷弟湘東王寶晊，衍又殺邵陵王寶攸、晉熙王寶松〔二一〕、桂陽王寶貞，其建安王寶夤來奔。尋逼寶融禪位於己，封爲巴陵王，宫于姑熟。寶融尋暴死。

島夷蕭衍，字叔達，亦晉陵武進楚也。父順之，蕭賾光禄大夫。衍少輕薄有口辯，歷王儉衞軍府户曹屬，累遷爲蕭鸞黄門侍郎、太子中庶子。太和二十二年，高祖南伐，詔諸軍圍襄陽，衍時率衆來援，爲武衞將軍宇文福所破，單騎走免。

蕭鸞末，出爲輔國將軍、雍州刺史。鸞死，子寶卷立，殺衍兄懿，遣巴西、梓潼二郡太守劉山陽西上，聲云之郡，實令襲衍。山陽至荆州，爲蕭穎冑所殺。景明二年，衍乃與穎冑推寶卷弟荆州刺史寶融爲主，號年中興，舉兵伐寶卷。其年十二月，剋建業，殺寶卷及其妻子。衍爲大司馬、録尚書事、揚州刺史，建安郡公，邑萬户。三年，又自爲相國、揚州牧，封十郡爲梁王。

衍尋僭立，自稱曰梁，號年天監。五月，揚州小峴戍主党法宗襲衍大峴戍，破之，擒其龍驤將軍邾菩薩送京師。衍又遣將張囂寇揚州，州軍擊破之，斬二千餘級。四年三月，揚州刺史、任城王澄遣長風戍主奇道顯攻衍陰山戍，破之，斬其龍驤將軍、都亭侯梅興祖；仍攻白藁戍，又破之，斬其寧朔將軍吴道爽等，獲數千級。衍又遣其徐州長史潘伯憐屯軍淮陵〔二二〕，徐州刺史司馬明素又據九山，澄遣軍並擊破之，斬伯憐，擒明素。衍將吴子陽寇白沙，中山王英大破之，擒斬千數。衍梁州刺史平陽縣開國侯翟遠、徐州刺史、永昌縣開國侯陳虎牙來降。

正始元年正月，衍將趙祖悦屯據東關，江州刺史陳伯之擊破之。二月，衍將姜慶真襲陷壽春外郭，州軍擊走之。中山王英圍衍鍾離。衍遣冠軍張惠紹率衆軍送糧於鍾離，任城王澄遣統軍王足、劉思祖邀擊於邵陽，大破之，生擒惠紹，并其驍騎將軍祁陽縣開國男趙景悦等十將，斬獲數千級。惠紹，衍舅子也。衍乃移書求之，朝議欲示威懷，遂聽惠紹等還。三月，元英破衍將王僧炳於樊城。八月，英又攻衍義陽，克之，破衍將馬仙琕，擒其冠軍將軍蔡靈恩等十餘將。九月，衍霍州刺史田道龍、義州刺史張宗之遣使內附。

十二月，衍梁秦二州行事夏侯道遷據漢中內附，詔尚書邢巒率衆赴之。二年四月，巒頻破衍軍，遂入劍閣，執其輔國將軍范始男送京師。巒又遣統軍王足破衍諸將，斬其輔國將軍馮文豪等。六月，衍遣將王超宗寇邊，揚州刺史薛真度大破之，俘斬三千級。七月，王足又大破衍衆，斬其秦梁二州刺史魯方達、王明達等三十餘將，俘虜二千五百人。九月，衍湘州刺史楊公則率衆寇壽春，揚州刺史元嵩擊破之，斬獲數千級。

三年正月〔二三〕，衍徐州刺史昌義之寇梁城，江州刺史王茂先寇荊州，屯河南城。平南將軍陳伯之擊義之，平南將軍楊大眼擊茂先，並大破之，斬其輔國將軍王花，俘斬二千，茂先逃潰，追奔至於漢水，拔其五城。將軍宇文福略衍司州，俘獲千餘口而還。五月，衍將蕭眪寇淮陽，張惠紹寇宿豫，蕭密寇梁城，韋叡寇合肥。平南將軍奚康生破惠紹，斬其徐州刺史宋黑。七月，衍徐州刺史王伯敖入寇陰陵，中山王英大破之，斬將二十五人，首虜五千。衍又遣將桓和屯孤山，冠軍將軍桓方慶屯固城，龍驤將軍矯道儀屯蒙山。八月，安東將軍邢巒擊桓和，破之。將軍元恒攻克固城〔二四〕，統軍畢祖朽攻克蒙山，斬獲及赴沂水死者四千有餘。衍又遣張惠紹屯宿豫，蕭眪屯淮陽。九月，都督邢巒大破之，斬其大將藍懷恭等三十餘人，惠紹、蕭昞並棄戍南走，追斬數萬級。衍中軍大將軍、臨川王蕭密，右僕射柳惔，徐州刺史昌義之等屯據梁城，中山王英大破之，密等棄城沿淮東走，追奔至於馬頭，衍冠軍將軍、馬頭戍主朱思遠棄城走，擒衍將三十餘人，斬獲五萬有餘。十月，衍征虜將軍馬仙琕率衆三萬寇義陽，郢州刺史婁悅以州軍擊走之。

永平元年十月，懸瓠城民白早生據州反叛，衍遣將齊苟仁等四將以助之。詔尚書邢巒率騎討之，巒攻克懸瓠，斬早生，擒苟仁，俘衍衆三千餘人。初，早生之反也，世宗遣主書董紹銜詔宣慰，紹爲早生所執，送之於衍。衍乃厚資遣紹，令奉書朝廷，請割宿豫內屬，以求和好。時朝議或有異同，世宗以衍辭雖款順，而不稱藩，詔有司不許。十二月，衍寧朔將軍張凝等率衆寇楚城，中山王英破擒之。衍將馬仙琕據金山，郢州刺史婁悅擊走之。

二年正月，中山王英攻克衍長薄戍，殺傷數萬〔二五〕；仍攻拔武陽關，擒衍雲騎將軍、松滋縣開國侯馬廣，冠軍將軍、遷陵縣開國子彭甕，驍騎將軍、當陽縣開國伯徐元秀等二十六將〔二六〕，俘獲七千餘人；又進攻黃峴、西關，衍將軍馬仙琕棄西關，李元履棄黃峴遁走。

四年春三月，衍琅邪郡民王萬壽等斬衍輔國將軍、琅邪東莞二郡太守、帶朐山戍主劉晣并將士四十餘人，以城內屬。徐州刺史盧昶遣兼郯城戍副張天惠率衆赴之，而衍郁洲已遣二軍以拒天惠，天惠與萬壽等内外齊擊，俘斬數百。昶仍遣琅邪戍主傅文驥入城據守，衍又遣將張稷、馬仙琕等攻圍文驥。詔昶率衆赴之，而文驥以糧盡降衍，昶遂失利而還。

延昌二年二月，郁洲徐玄明斬送衍鎮北將軍、青冀二州刺史張稷首，以州内附。三年六月，衍遣衆寇九山，荆州刺史桓叔興大破之〔三七〕，斬其虎旅將軍蔡令孫、冠軍將軍席世興、貞義將軍藍次孫。四年二月，衍寧州刺史任太洪率衆寇關城，益州長史成興孫擊破之。

熙平元年正月，衍遣其恒農太守王定世等寇邊，都督元志破之，斬定世，悉俘其衆。衍豫州刺史趙祖悦率衆數萬，偷據硤石，詔鎮南將軍崔亮、鎮軍將軍李平討克之，斬祖悦，傳首京師。衍衡州刺史張齊寇益州，刺史傅豎眼討之，斬其將任太洪，齊遁走。初，衍每欲稱兵境上，闚伺邊隙，常爲諸將摧破，雖懷進趣之計，而勢力不從。遂於浮山堰淮，規爲壽春之害。肅宗詔征南蕭寶夤率諸將討之，大破衍衆於淮北。秋九月，堰自潰決，漂其緣淮城戍居民村落十餘萬口，流入於海。

正光元年，衍改稱普通，至三年，其弟子西豐侯正德棄衍來奔，尋復亡歸，衍初忿之，改其姓爲背氏，既而復焉，封爲臨賀王。五年九月，衍將裴邃、虞鴻襲據壽春外郭，刺史長孫稚擊走之。

孝昌元年正月，徐州刺史元法僧據城南叛，衍遣豫章王綜鎮彭城，綜，蕭寶卷之遺腹子也。初，衍平建業，因納其母吴氏，吴氏先有孕，後生綜，衍謂爲己子，甚寵愛之。綜既長，母密告綜，綜遂潛圖叛衍，既鎮彭城，及大軍往討，綜乃拔身來奔。餘將退走，國軍追躡，所獲萬計。衍初聞之，慟哭氣絶，甚爲慚惋，猶云其子，言其病風所致，時人咸笑之。

三月，衍遣其北梁州長史錫休儒、司馬魚和、上庸太守姜平洛等入寇直城，梁州刺史傅豎眼遣息敬紹率衆大敗之，擒斬三千人，休儒等遁走。四月，衍益州刺史蕭淵猷遣將樊文熾等率衆圍小劍戍〔二八〕，益州刺史邴虬遣子子達，行臺魏子建遣别將淳于誕拒擊之。五月，誕等大破文熾，俘斬二萬，擒其次將蕭世隆等十二人〔二九〕，文熾走免。是歲，衍又改年爲大通〔三〇〕。

二年七月，衍將元樹、湛僧珍等寇壽春。又攻逼新野，詔都督魏承祖討破之。三年二月，衍將成景儁寇彭城，行臺崔孝芬率諸將擊走之。

建義元年，衍遣其將曹義宗寇荆州，大都督費穆大破之，生擒義宗，檻送京師。初，尒朱榮入洛，北海王顥奔於衍，衍以顥爲魏主，資顥士馬，令其大將陳慶之部率送顥。永安二年夏，遂入洛陽，車駕還討，破走之，唯慶之一身走免，自餘部衆皆見俘執。閏月，巴州刺史嚴始欣據州入衍，衍遣將蕭玩、張鴻等率衆赴援，都督元景夏率益梁二州軍討之。三年正月，斬始欣，衍衆敗走，又斬蕭玩等首，俘獲萬餘人。

普泰元年春，南青州刺史茹懷朗遣部將何賓率步騎三千擊衍守將於琅邪，擒其雲麾將軍、徐兗二州刺史沈預，斬其宣猛將軍、齊州刺史劉相如。

永熙元年夏，衍遣其鄱王元樹及譙州刺史朱文開入據譙城，東南道行臺樊子鵠率諸軍攻克之，擒元樹、文開等送於京師。

天平元年十月，衍雄信將軍紀耕率衆入寇嶀嵣，都督曹仲尼破走之，斬其軍主沈達、閔莊等。二年正月，衍將湛僧珍寇南兗州，州軍擊破之。行臺元晏又破湛僧珍等於項城，虜其□□刺史楊瞟〔三二〕。二月，衍司州刺史陳慶之、郢州刺史田朴特等寇邊，豫州刺史堯雄擊走之。五月，衍仁州刺史黃道始寇北濟陰，徐州刺史任祥討破之。十月，衍將梁秉儁寇單父，祥又大敗之，俘斬萬餘人。十一月，衍雍州刺史蕭恭遣將柳仲禮寇荊州，刺史王元軌破之於牛飲，斬其將張殖、王世興。是年，衍又改號爲中大通〔三三〕。三年五月，豫州刺史堯雄攻衍白苟堆鎮，克之，擒其北平太守苟元曠。十月，行臺侯景攻陷衍楚城，獲其楚州刺史桓和兄弟。四年九月，衍青冀二州刺史徐子彥寇團城，南青州刺史陸景元擊走之。

先是，益州刺史傅和以城降衍，衍資送和，令申意於齊獻武王，求通交好，王志綏邊遠，乃請許之。四年冬，衍遣其散騎常侍張皋、通直常侍劉孝儀、通直常侍崔曉朝貢。二年夏〔三三〕，又遣散騎常侍沈山卿、通直常侍劉研朝貢。興和二年春，又遣散騎常侍柳豹、通直常侍劉景彦朝貢。其年冬，又遣散騎常侍陸晏子、通直常侍沈景徽朝貢。是年，衍改號大同〔三四〕。三年夏，又遣散騎常侍明少遐、通直郎謝藻朝貢。四年春，又遣散騎常侍袁狎、通直常侍賀文發朝貢。其年冬，又遣散騎常侍劉孝勝、通直常侍謝景朝貢。武定元年夏，又遣散騎常侍沈衆、通直常侍殷德卿朝貢。其年冬，又遣散騎常侍蕭確、通直常侍陸緬朝貢。三年秋，又遣散騎常侍徐君房、通直常侍庾信朝貢。四年夏，又遣散騎常侍蕭瑳、通直常侍賀德瑒朝貢。五年春，又遣散騎常侍謝藺〔三五〕、通直常侍鮑至朝貢。朝廷亦遣使報之。十餘年間，南境寧息。

六年，衍又改號爲中大同，其年又改爲太清〔三六〕。是歲，司徒侯景反，遣使通衍，請其拯援。衍惑景遊説，遂絶貢使。衍子綱及朝臣並切諫以爲不可，衍不從。乃遣其兄子豫州刺史、貞陽侯淵明，北兗州刺史胡貴孫等寇逼徐州，與侯景爲聲援，仍堰泗水以灌彭城。齊文襄王遣行臺慕容紹宗、儀同三司高岳、潘相樂等率衆討之。紹宗檄衍境内曰：

夫乾坤交泰，明聖興作，有冥運行之力，俱盡變化之途。抱識含靈，融然並至；

呈形賦命，混而同往。所以玄功潛運，至德旁通，百姓日用而不知，萬國受賜而無迹。豈徒鑿其耳目，易其心慮，悟以風雲，一其文軌，使夫日月之照不私，雨露之施均洽，運諸仁壽之域，納於福禄之林。自晉政多僻，金行淪蕩，中原作戰鬬之場，生民爲鳥獸之餌；則我皇魏握玄帝之圖，納水靈之祉，駕雲車而自北，策龍御以圖南，致符上帝，援溺下土，怪物殛死，淫水不作，運神器於顧眄，定寶命於踟蹰，恢之以武功，振之以文德，宇内反可封之俗，員首識堯舜之心。沙海荒忽之外，瀚漠羈縻之表，方志所不傳，荒經所不綴，莫不繩谷釣山，依風託水，共仰中國之聖，同欣大道之行。唯夫三吳、百越獨阻聲教，匪民之咎，責有由焉。

自僞晉之後，劉蕭作慝，擅僭一隅，號令自己。惟我祖宗馭宇，愛民重戰，未極謀臣之畫，不窮節將之兵，聊遣行人，降以尺一，圓臺已築，黄屋輒去，賜其几杖，置之度外。蕭衍輕險有素，士操蔑聞，睥睨君親，自少而長，好亂樂禍，惡直醜正，巧用其短，以少爲多。詃惑愚淺，大言以驚俗；驅扇邪僻，口兵以作威。曲體脅肩，摇脣鼓舌，候當朝之顧指，邀在位之餘論。遂汙辱冠帶，偷竊藩維。及寶卷昏狂，下不堪命，曾無北面有犯之節，遽滅人倫在三之禮，憑妖假怪，鬼語神言，稱兵指闕，傾朝鳩主，陵虐孤寡，聾愚士民。天不悔禍，姦醜得志，内恣彫靡，外逞殘賊。驅羸國之兵，迫糊口之衆，南出五嶺，北防九江，屯戍不解，役無寧歲。死亡矢刃之下，夭折霧露之中，哭泣者無已，傷痍者不絶。託身人上，忽下如草。遂使頑嚚子弟，肆行淫虐；狡猾羣小，縱極貪惏。剥割蒼生，肌肉略盡；刳剔黔首，骨髓俱罄。猛虎未方其害，餓狼詎侔其禍，慄慄周餘，救死無地。至於矯情飾詐，事非一緒。毒螫滿懷，妄敦戒業；躁競盈胸，謬治清靜。至乃大興寺塔，廣繕臺堂，昭陽到景，垂珠銜璧，崢嶸刻削，千門萬户。鞭撻疲民，盡其筋骨，延壤運石，悲歌掩途，死而可祈，甘同仙化。智淺謀疎，曾不自揆。遏桐柏之流，翻爲己害；子亡齊之胤，忽爲戎首。書契迄兹，罕聞其事。至於廢捐冢嫡，崇樹愚子，朋黨路開，彼我側目。疾視扼腕，十室而九，翹足有待，良亦多人。

二紀於兹，王家多故，始則車馳之警，終有驚墜之哀，神祇痛憤，寓縣崩震。於是故相國、齊獻武高王感天壤之慘黷，激雲雷以慨然，仗高義而率民，奮大節以成務。爰有匡國定霸之圖，非直討賊雪恥之舉。於是叡略紛紜，靈武冠世，盪滌逋孽，尊主康邦。皇上秉歷受圖，天臨日鏡，道隨玄運，德與神行。既而元首懷舞戚之風，上宰薄兵車之會，遂解縶南冠，喻以好睦，舟車遵溯，川陸光華，亭傲相望，欣然自泰，反肉還童，不待羊、陸。雖嘉謀長筭，爰自我始，罷戰息民，兩獲其泰。王者之信，明如四時，豈或爲人君父，二三其德，書而不法，可不惜哉！

侯景一介役夫，出自凡賤，身名淪蔽，無或可紀。直以趨馳便習，見愛尒朱，小人叨竊，遂忝名位。及中興之際，義旗四指，元惡不赦，實在羣胡。景荷人成拔，藉其股肱，主人有丹頸之期，所天蹈族滅之釁。雖不能蔽捍左右，以命酬恩，猶當慘顔後至，義形於色。而趣利改圖，速如覆手，投身麾下，甘爲僕隸。獻武王棄其瑕穢，録其小誠，得厠五命之末，預在一隊之後。參跡驅馳，庶其來效，長鞭利鎩，術以制之。既關隴逋誅，每事經略，以河南空虚之地，非兵戰之衝，薄存掎角，聊示旗鼓，豈資實效，寄以遊聲。軍機催勒，蓋唯景任，總兵統旅，别有司存。而愚褊有積，憍愎遂甚，犯違軍紀，仍自猜貳，禍心潛構，翻爲亂階。負恩棄德，罔恤天討，不義不昵，厚而必顛。委慈母如脱屣，棄少弟如遺土，羣子陸陸，妻姪成行，慕姜兒之爽言，蔑伯春之宛轉。跳梁猖蹶，夫欲誰欺！比之梟鏡，異類同醜；欲擬虵鼠，顧匪其倫。及遠託關右，委命寇逆，竇炬定君臣之分，黑獺結兄弟之親，授以名器之尊，救其重圍之死，憑人繫援，假人鼻息。俄而忘恩背惠，親尋干戈，釁暴惡盈，側首無託。以金陵逋逃之藪，江南流禦之地，甘辭卑體，進熟圖身。詭言浮説，抑可知矣，叛豎救命，豈將擇音。僞朝大夫幸災忘義〔三七〕，主耄於上，臣蔽於下。逐雀去草，曾不是圖；竊寶叛邑，椒蘭比好。

人而無禮，其能國乎！

夫安危有大勢，成敗有恒兆，不假離朱之目，不藉子野之聽，聊陳刺心之説，且吐伐謀之言。今帝道休明，皇猷允塞，四民樂業，百靈效祉。雖上相云亡，而伊陟繼事，秉文經武，虎視龍驤。驅日下之俊雄，收一世之英鋭，擊刺猶雷電，合戰如風雨，控弦躍馬，固敵是求。蠕蠕昔遭離亂，輻分瓦裂，匹馬孤征，告困於我。國家深敦隣附，慜其入懷，盡憂人之禮，極繼絶之義，保衛出於故地，資給唯其多少，存其已亡之業，成其莫大之基。深仁厚德，鏤其骨髓，引領思報，義如手足。吐谷渾深執忠孝，膠漆不渝，萬里仰德，奏款屬路，並申以婚好，行李如歸。蠕蠕境斜界黄河，望通豳夏，飛雪千里，曾冰洞積。北風轉勁，實筋角之時；沍寒方猛，正氈裘之利。吐谷渾疾彼凶逆，彊兵歲舉，傾河及鄯，塵通隴峽。驅龍池之種，藉常勝之氣，二方候隙，企其移踵。加以獨孤如願擁衆秦中，治兵劫脅。黑獺北備西擬，内營腹心，救首救尾，疲於奔命。豈暇稱兵東指，出師函谷。且秋風揚塵，國有恒防，關河形勝之際，山川襟帶之所，猛將精兵，基跱岳立〔三八〕。又竇炬河陰之北，黑獺邙山之走〔三九〕，衆無一旅，僅以身歸。就其不顧根本，輕懷進趣，斯則一勞永逸，天贊我也。言之旦旦，日月經天，舉世所知，義非徒語。持此量之，理有可見，則侯景遊辭，莫非虚誕。

夫景繩樞席牖之子，阡陌鄙俚之夫，遭風塵之會，逢馳鶩之日，遂位在三吏，邑啓千社，揣身量分，久當止足。而乃周章去就，離跂不已，夫豈徒爾，事可推揚。度其衆叛親離，守死不暇，乃聞將棄懸瓠，遠赴彭城。老賊姦謀，復將作矣。固揚聲赴助，計在圖襲，吞淵明之衆，招厭虐之民，舉長淮以爲斷，仍鵄張歲月，南面假名，死而後已。此蓋蚌鷸之禍，我承其弊。

且僞主昏悖，不惟善隣，賊忍之心，老而彌篤。納逋叛之詭譎，蔑信義以猖狂，天喪其神，人重其怨，將踐瓜圃之蹤，且追兒侯之轍。今徵發犬羊，侵軼徐部，築壘擁川，覬覦小利，此而可忍，孰不可懷！兵凶戰危，出不得已，謬奉朝規，肅茲九伐。扛鼎拔樹之衆，超乘投石之旅，練甲爭途，波聚霧合。虎班龍文之逸，蘭池蒲梢之駟，嘘天陸野，躡影追風，振旅南轅，長驅討蹙。非直三吳鼠面，一麾魚駭，乘此而往，青蓋將歸。且衍虐綱蚩[四〇]，兵權在外，持險躁之風俗，兼輕薄之子孫。蕭綸兇狡之魁，豈無商臣之很；蕭譽失志之憤，當召專諸之客。外崩中潰，今也其時。

幕府師行以禮，兵動以義，弔民伐罪，理有存焉。其有知機審變，翻然鵲起，立功立事，去危就安，賞典未忘，事必加等。若軍威所至，敢有拒違，尺兒已上，咸從梟戮。今三禮四義之將，豹虎熊羆之士，深銜逋僞信納叛亡，違卜愎諫，實興伐役。莫不含怒作色，如赴私讎；茹肝涉血，義不旋踵。攻戰之日，事若有神，莽積麻亂，匪旦伊夕。以彼曲師危卒，望我軍鋒，何異蛣蜣被甲，蝍蛆舉尾。正恐旗鼓一接，芝藿俱摧，先事喻懷，備知翰墨。王侯無種，禍福由人，斯蓋丈夫肉食之秋，壯士封侯之會。冬冰可折，時不再來，凡百君子，勉求多福。檄之所到，咸共申省，知我國行師之意。

冬十二月，紹宗、高岳等大破衍衆寒山〔四一〕，擒淵明、貴孫等，俘斬五萬，其凍溺燒之而死，不可勝數。衍既慚悔，六年，復遣使羊珍孫款關乞和，并脩弔書於齊文襄王。文襄王欲以威德懷之，許其通而不復其書。衍於是遣其散騎常侍謝珽〔四二〕、通直常侍徐陵詣闕朝貢。

珽等未及還而侯景舉兵襲衍，密與衍弟子臨賀王正德交通，許推爲主。景至橫江，衍令正德率軍拒景，正德因而迎之。景濟江，立以爲主，以趣建業。衍好人佞己，末年尤甚，或有云國家彊盛者，即便忿怒，有云朝廷衰弱者，因致喜悅。是以其朝臣左右皆承其風旨，莫敢正言。初景之將渡江也，衍沿道軍戍，皆有啓列，而中領軍朱异恐忤衍意，且謂景不能渡，遂不爲聞。景至嵫湖〔四三〕，方大驚駭，乃令其太子綱守中書省，軍事悉以委之。又逼居民入城，百姓因相剥掠，不可禁止。衍令直從監俞景茂赦二冶、尚方、錢署罪人及建康、廷尉諸囚，欲押令入城以充防捍。諸徒因放火燒冶，一時散走。衍憂懣無計，唯令其王公已下分屯諸門，攝諸寺藏錢皆入聚德陽堂，以充軍實。

景既至，便圍其城，縱火燒爇，掘長圍，築土山以攻衍。衍亦於城內起山以應之。衍令文武運土，人責二十石，於是其王侯朝貴皆自負檐。蕭綱亦欲自負，僉議以爲太示迫屈，乃止。衍每募人出戰，素無號令，初或暫勝，後必奔背。景宣言曰「城中非無菜，但無醬耳」，以戲侮之。衍太官及軍人無柴，乃發取尚書省、武庫、左右藏以充用。衍州鎮外援雖有至者，而景圍栅深固，內外斷絶。衍數募人出戰，常爲景所執獲。有一小兒請以飛鵄傳致消息，綱乃作數千丈繩，綴紙鵄於繩端，縛書其背，又題鵄口：「若有得鵄送援軍者賞銀百兩。」綱出太極殿，因西北風而颺之，頻放數鵄，景令走馬射取之，竟不能達也。

衍城內大饑，人相食，米一斗八十萬，皆以人肉雜牛馬而賣之。軍人共於德陽堂前立市，屠一牛得絹三千匹，賣一狗得錢二十萬。皆燻鼠捕雀而食之，至是雀鼠皆盡，死者相枕。初有盜取其池魚者，衍猶大怒，敕付廷尉，既而宿昔都盡。其不識事宜如此。

景久攻未拔，而衍外援雖多，各各乖張，無有總制，更相妬忌，不肯奮擊。唯衍子邵陵王綸再於鍾山決戰，戰敗而走。景糧既少，遂譎衍求和。衍信之，乃割江西四州授景，封爲壽陽王，遣其朝貢。與部下歃血盟訖，景詐引軍還石頭。衍乃敕援軍令下，諸軍初不受詔，後重敕乃從。衍又令援軍以船三百艘給景，景猶嫌其少，又敕付二百。衍永安侯蕭確、直閤將軍趙威方頗有勇略，爲景所憚。景乃謂衍曰：「確與威方頻隔岸見罵，云：『天子自與汝和，我終不置汝！』我今便不敢去，若召此二人入城者，吾當解圍。」衍復遣使徵確等，確等不從。衍又爲手書與諸軍，云：「確若不入者，宜以軍法送之。」確等不得已，乃赴衍。景復謂衍曰：「始有西信至，北軍已克壽春、鍾離，我今便無委足處，求權借廣陵、譙州，待征復兩城，還以此州相歸。」衍又許之。景外云欲和，伺其懈怠，衍君臣上下信景欺詐，所有戰具，悉皆收去。後知非實，更狼狽設備，有甚於初。城轉危急，衍等計窮，乃復遣使詣景。景又詭云：「今時既熱，便不能得去，正當乞留京師，爲朝廷立效耳。」而悉力大攻，七年三月遂拔之。

景自至建業，縱軍士前後虜掠，倉庫所有皆掃地盡矣。景乃從數百騎見衍，歔欷流涕，因請香火爲作義兒，還以衍爲主。令正德通啓云：「前爲景所擒，使攝四海，辭不獲免，權總萬機，今景既入輔，乞解僭濫，以王還邸。」自景圍建業，城中多有腫病，死者相繼，無復板木，乃剞柱爲棺。自雲龍、神虎門外，橫屍重沓，血汁漂流，無復行路。及景入城，悉聚尸焚之，煙氣張天，臭聞數十里。初，城中男女十餘萬人，及陷，存者纔二三千人，又皆帶疾病，蓋天亡之也。衍尋爲景所餓殺。自衍爲景攻圍歷百餘日，衍子荊州刺史湘東王繹、益州刺史武陵王紀各擁兵自守，坐看衍之懸危，竟不奔赴。始景渡江至陷城之後，江南之民及衍王侯妃主、世胄子弟爲景軍人所掠，或自相賣鬻，漂流入國者蓋以數十萬口，加以飢饉死亡，所在塗地，江左遂爲丘墟矣。

初，衍崇信佛道，於建業起同泰寺，又於故宅立光宅寺，於鍾山立大愛敬寺，兼營長干二寺，皆窮工極巧，殫竭財力，百姓苦之。曾設齋會，自以身施同泰寺爲奴，其朝臣三表不許，於是內外百官共斂珍寶而贖之。衍每禮佛，捨其法服，著乾陀袈裟。令其王侯子弟皆受佛誡，有事佛精苦者，輒加以菩薩之號。其臣下奏表上書亦稱衍爲皇帝菩薩。衍所部刺史郡守初至官者，皆責其上禮獻物，多者便云稱職，所貢微少，言爲弱惰。故其牧守在官，皆競事聚斂，劫剝細民，以自封殖，多妓妾、粱肉、金綺。百姓怨苦，咸不聊生。又發召兵士，皆須鏁械，不爾便即逃散。其王侯貴人，奢淫無度，弟兄子姪，侍妾或及千數，至乃回相贈遺。其風俗頹喪，綱維不舉若此。衍自以持戒，乃至祭其祖禰，不設牢牲，時人皆竊云：雖僭司王者，然其宗廟實不血食矣。衍未敗前，災其同泰寺，衍祖父墓前石麟一旦亡失，識者咸知其將滅也。景又立衍子綱，尋復殺之。衍之親屬並見屠害矣。

史臣曰：二蕭競塗泥之中，同蝸角之戰，或年纔三紀，或身不獲終，而偷名江徼，自擬王者，考之遂古，所未前聞。昔句踐致貢而延世，夫差爭長而後死，兩寇方之吳越，不乃劣乎？

校勘記

〔一〕王曇生　原作「王雲生」，按王曇生附南史卷二四王鎮之傳，宋書卷八明帝紀、卷八四孔覬傳附孔璪傳並作「王曇生」，今據改。

〔二〕第三子中書郎太和　「太和」，宋書卷七四沈攸之傳、南史卷三七沈慶之傳附沈攸之傳、通鑑卷一三四宋紀一六昇明二年正月並作「文和」。

〔三〕隴西公元琛三將出廣陵　「元琛」，原作「元操」，據本書卷七上高祖紀上太和三年十一月癸丑改。按本書卷一五陳留王虔傳，虔兄顗，子崙封隴西公，卒，子琛襲爵。别無隴西公元操。下「元琛等攻其馬頭戍」同改。

〔四〕道成游擊將軍桓康於淮陽破之　「道成」上疑脱「擊」字。按本書卷七上高祖紀上太和五年二月庚戌記此事，「道成」上有「擊破」二字，此傳「破」字移在句後作「破之」，致所破爲誰不明。

〔五〕雍州刺史王奂與南蠻長史劉興祖論衆罪　「南蠻長史」，南齊書卷四九王奂傳、南史卷二三王彧傳附王奂傳並作「寧蠻長史」。按南蠻校尉治江陵，與雍州無涉。寧蠻校尉治襄陽，與雍州刺史同治，故其長史得與雍州刺史相爭。「南蠻」乃「寧蠻」之誤。此句語義晦澀，據王奂傳，乃王奂與劉興祖不和，因事治其罪。

〔六〕皆迭加爵位　「迭加」，南史卷五齊廢帝鬱林王紀、通鑑卷一三八齊紀四永明十一年七月並作「逆加」。

〔七〕虎賁中郎將潘淑　「潘淑」，汲本、局本作「潘叔」，疑俱是「潘敞」之訛。按南齊書卷四〇竟陵王子良傳、卷五六吕文度傳、册府卷二一八、通鑑卷一三八齊紀四永明十一年七月並作「潘敞」。南史卷四九王諶傳附王摛傳稱武帝永明年間羽林隊主潘敞「有寵二宫」，當即其人。

〔八〕常著紫綿紅繡雜衣或錦帽　「紫綿」，疑爲「紫錦」之訛。按南史卷五齊廢帝鬱林王紀此句作「著紅紫錦繡新衣錦帽紅縠褌雜采衵服」。

〔九〕徐龍駒自東宫齋師以便佞見寵　「齋師」，疑當作「齋帥」。按南史卷七七恩倖茹法亮傳附徐龍駒傳云：「龍駒以奄人本給安陸侯，後度東宫爲齋帥。」隋書卷二七百官志中記北齊制度，門下省下屬有齋帥局，「掌鋪設灑掃事」，太子東宫、皇子王國亦均置齋帥。南朝大體同制。

〔一〇〕「遣中護軍王玄邈」至「王廣之殺江州刺史晉安王子懋」　按南齊書卷五齊海陵王紀記：「遣平西將軍王廣之誅南兖州刺史安陸王子敬。於是江州刺史晉安王子懋起兵，遣中護軍王玄邈討之。」卷二七王玄載傳附王玄邈傳亦稱：「高宗使玄邈往江州殺晉安王子懋，玄邈苦辭不行，及遣王廣之往廣陵取安陸王子敬，玄邈不得已奉旨。」卷二九王廣之傳稱：「高宗誅害諸王，遣廣之征安陸王子敬於江陽。」此傳誤將殺二王之「王玄邈」、「王廣之」顛倒。

〔一二〕擒其寧州刺史董巒　「董巒」，原作「董蠻」，據本書卷七下高祖紀下太和十九年正月、卷六一田益宗傳附董巒傳改。

〔一三〕邵陵王子貞　「子貞」，原作「子真」，南齊書卷六明帝紀、卷四〇武十七王傳作「子貞」。按此邵陵王與上建安王子真同是齊武帝子，不可能重名。此處「真」爲「貞」字之訛，今據改。

〔一四〕弋陽太守王嗣之　「王嗣之」，本書卷七下高祖紀下太和二十一年十月作「王副之」。

〔一五〕新野太守劉忌　「劉忌」，南齊書卷五七魏虜傳、南史卷五齊廢帝鬱林王紀、通鑑卷一四一齊紀七建武四年九月並作「劉思忌」。按本書卷七下高祖紀下太和二十二年正月、卷三九李寶傳附李佐傳亦作「劉忌」。

〔一六〕南鄉太守席謙　「南鄉」，疑當作「順陽」。按晉書卷一五地理志下荆州稱魏武據荆州，分南陽西界立南鄉郡，晉武帝平吴，改南鄉郡爲順陽郡。宋書卷三七州郡志三，南鄉爲順陽郡屬縣，並稱東晉成帝咸康四年「復立南鄉，後復舊」。南齊書卷一五州郡志下，南鄉爲從陽郡屬縣。「從陽」即「順陽」，南齊書避梁武帝父諱改。南齊並無南鄉郡，疑此因郡治南鄉而誤以爲郡名。

〔一七〕衡陽王子珉　按南齊書卷六明帝紀永泰元年正月丁未記蕭鸞此次所殺諸王有衡陽王子峻、永陽王子珉，卷四〇武十七王傳同。此傳誤合二人爲一，或是「衡陽王」下脱「子峻永陽王」五字。

〔一七〕斬其左軍將軍張子順　「張子順」，本書卷七下高祖紀下太和二十三年三月己亥記此事作「張于達」，南齊書卷二六陳顯達傳單作「張千」。通鑑卷一四二齊紀八永元元年三月同南齊書，考異云：「魏書作『張千達』。」則傳本魏書高祖紀作「于達」亦是「千達」之訛。此傳敍齊梁間南北戰事，大抵即撮合本紀所記，此處「子順」疑也是「千達」之訛，但「順」「達」二字音形俱遠，不知何以致誤。

〔一八〕豫州刺史田益宗破寶卷將吴子陽鄧元起於長風　「鄧元起」，原作「劉元超」，據本書卷八世宗紀景明元年九月乙丑改。按事亦見梁書卷一〇鄧元起傳，唯「田益宗」作「田孔明」，又云此戰梁勝。

〔一九〕北新蔡安豐二郡太守胡景略　「北新」下之「蔡」字原闕，錢大昕考異卷二八以爲「脱『蔡』字」。按本書卷七一席法友傳云：「稍遷至安豐、新蔡二郡太守，建安戍主，蕭寶卷遣胡景略代之。」是景略之官即法友之官。南齊書卷五七魏虜傳正作「北新蔡」。今據補。

〔二〇〕巴陵王昭胄永新侯昭秀　「永新侯昭秀」，南齊書卷四〇及南史卷四四竟陵王子良傳附子蕭昭胄傳作「永新侯昭穎」。按昭秀，南齊書卷五〇有傳，乃齊武帝太子蕭長懋之子，先後封曲江公、臨海王、巴陵王，早爲寶卷父齊明帝蕭鸞所殺。

〔二一〕晉熙王寶松　「寶松」，南齊書卷八和帝紀、卷五〇明七王傳作「寶嵩」。

〔二二〕徐州長史潘伯憐　「潘伯憐」，本書卷一九中任城王澄傳、通鑑卷一四五梁紀一天監二年十月作「潘伯隣」。

〔一三〕三年正月　按此下敍梁將昌義之攻梁城，王茂先攻荆州，魏平南將軍陳伯之擊義之，楊大眼擊茂先，皆繫於正月。據本書卷八世宗紀，陳伯之擊昌義之，事在是年二月，王茂先攻荆州，事在四月，陳伯之先已於三月降梁。今牽連敍述，並括以「並大破之」一語，敍事不明。此傳敍戰事，大抵即取本紀記事，撮合成文，常有錯誤，如下文五月敍梁將「蕭昞寇淮陽，張惠紹寇宿豫」，而八月又記「衍又遣張惠紹屯宿豫，蕭昞屯淮陽」，其實自五月梁取淮陽、宿豫，直到九月，始戰敗退出，本非兩事，也是撮合紀文失當。凡此種錯誤，不備舉。

〔一四〕將軍元恒攻克固城　「元恒」，原作「元常」，據本書卷八世宗紀正始三年八月、卷六五邢巒傳改。按此處本亦當作「元恒」，宋刻印時避宋諱改。

〔一五〕攻克衍長薄戍殺傷數萬　「萬」，疑爲「千」字之訛。按本書卷八世宗紀永平二年正月戊戌記此事作「千數」。卷一九下南安王楨傳附元英傳稱「英至長薄，馬廣夜遁，入於武陽」，長薄小戍，且並未大戰，豈有殺傷數萬之理。

〔一六〕徐元秀　本書卷八世宗紀永平二年正月作「徐元季」，疑是。按通鑑卷一四七梁紀三天監八年正月亦作「徐元季」，考異云：「英傳（本書卷一九下南安王楨傳附元英傳）作『徐超秀』，今從魏帝紀。」則司馬光所見本書世宗紀即同今本，此傳本也是採本紀相關内容成文。或元季、超秀，一爲其人名，一爲其人字，因以致異歟？

〔二七〕荆州刺史桓叔興大破之　「荆州」，本書卷八世宗紀延昌三年六月作「南荆州」。錢大昕考異卷二八云：「當作『南荆州』，脱『南』字。」按桓叔興爲南荆州刺史，見本書卷一〇一蠻傳。

〔二八〕衍益州刺史蕭淵猷　「蕭淵猷」，原作「蕭潤猷」，據本書卷九肅宗紀孝昌元年四月改。錢大昕考異卷二八云：「『潤』當作『淵』。」本書卷七一淳于誕傳敍此事也作「蕭淵猷」。梁書卷三武帝紀下中大通三年六月及五年八月作「蕭深猷」，南史卷五一長沙王懿傳附諸子傳作「蕭猷」。按淵猷是蕭懿子，弟兄淵業、淵藻、淵明，雙名上一字均作「淵」，梁書避唐諱，例改「淵」爲「深」，此「淵猷」故作「深猷」。南史則徑去「淵」字，「淵猷」單稱「猷」。此處「潤」乃「淵」字之訛，錢説是。

〔二九〕擒其次將蕭世隆等十二人　「蕭世隆」，本書卷九肅宗紀孝昌元年五月作「蕭世澄」。按卷七一淳于誕傳、卷八七節義胡小虎傳記此事都作「蕭世澄」。此處「隆」疑爲「澄」字之訛，或此傳成於北齊初，避高澄諱而改。

〔三〇〕是歲衍又改年爲大通　按「是歲」承上文是孝昌元年，而梁改元大通，實當魏孝昌三年三月。

〔三一〕楊瞟　北齊書卷一九王懷傳作「楊暕」。

〔三二〕是年衍又改號爲中大通　張森楷云：「中大通元年於魏爲永安二年（五二九），此所謂『是年』，乃天平二年（五三五），梁改元『大同』，非『中大通』也。前漏書改號中大通，此誤以『大同』爲『中大通』，並非。」

〔三〕二年夏　此句上疑脱「元象」二字。按前記天平四年，下記興和二年，則此處所謂「二年」乃「元象二年」。元象二年十一月改號興和，此在夏，尚未改號，故仍稱「二年」。

〔四〕是年衍改號大同　張森楷云：「是年是梁大同六年（五四〇），非始改號。」

〔五〕散騎常侍謝藺　「謝藺」，原作「謝蘭」。張森楷云：「『蘭』當作『藺』，梁書謝藺傳可證。」按梁書卷四七謝藺傳稱「藺字希如」，又云阮孝緒説他是「藺生之匹」，「因名之曰『藺』」。其出使東魏亦見於本傳。「蘭」乃「藺」字之形訛，今據改。

〔六〕六年衍又改號爲中大同其年又改爲太清　張森楷云：「中大同之改，當魏武定四年（五四六），五年改元太清，六年則太清二年，初非六年改『中大同』，亦非一年並改。」

〔七〕僞朝大夫幸災忘義　「大夫」，疑爲「大小」之訛。按文苑英華卷六四五載名杜弼所作檄梁文，與此傳所載之檄，文句頗有不同，然自上「以金陵逋逃之藪」至下「其能國乎」數句，與此傳同。藝文類聚卷五八雜文部四引後魏魏收檄梁文、通鑑卷一六〇梁紀一六太清元年十二月引檄文，亦並有此數句，「大夫」並作「大小」。按下接「主耄於上，臣蔽於下」，疑作「大小」是。

〔八〕基跱岳立　「基跱」，疑爲「棊跱」之訛。「棊跱」見三國志卷一五梁習傳、卷二五高堂隆傳、卷五八陸遜傳。意謂如棋之對峙，「跱」即「峙」。後漢書卷七〇鄭太傳舊本亦見「基峙」，劉邠即謂「基」當作「棊」。

〔三九〕黑獺邙山之走 「邙山」，原作「亡山」。錢大昕考異卷二八云：「『亡』當作『芒』。」按文苑英華卷六四五引此傳所載檄，作「邙山」。邙山之戰歷見本書卷一二孝靜紀武定元年三月及北齊書、周書相關紀傳。邙山，亦作芒山，本書例作邙山，此處「亡」字顯訛，今據改。

〔四〇〕且衍虐網蚩 嚴可均全後魏文卷五四據魏書引此句作「且衍虐網蚩蚩」，不詳所本。然按文義，此處當重「蚩」字。

〔四一〕冬十二月紹宗高岳等大破衍衆寒山 「十二月」，疑是「十一月」之訛。按梁魏寒山之戰，本書卷一二孝靜帝紀、北史卷五東魏孝靜帝紀記在武定五年十一月，梁書卷三武帝紀下太清元年記：「冬十一月，魏遣大將軍慕容紹宗等至寒山。丙午，大戰，淵明敗績，及北兗州刺史胡貴孫等並陷魏。」其月甲午朔，丙午十三日。

〔四二〕衍於是遣其散騎常侍謝珽 「謝珽」，原作「謝班」。按本書卷一〇四自序、北史卷五六及北齊書卷三七魏收傳並作「謝珽」，此處「班」乃「珽」字之訛，今據改。下「珽等未及還」同改。

〔四三〕景至嵫湖 「嵫湖」，梁書卷五六侯景傳作「慈湖」，疑是。按「慈湖」歷見六朝典籍，未曾有作「嵫湖」之例。

魏書卷九十九

列傳第八十七

私署涼州牧張寔　鮮卑乞伏國仁　鮮卑秃髮烏孤　私署涼王李暠　盧水胡沮渠蒙遜

張寔，字安遜，安定烏氏人。父軌，字士彦，散騎常侍。以晉室多難，陰圖保據河西，求爲涼州，乃除持節、護羌校尉、涼州刺史。桓帝西略也，軌遣使貢其方物。晉加號安西將軍，封安樂鄉侯，邑一千户。永嘉五年，晉以軌爲鎮西將軍、都督隴右諸軍事，封霸城侯。尋進車騎大將軍、開府儀同三司。愍帝即位，進拜司空，封西平公，邑三千户。後拜侍中、太尉、涼州牧。軌年老多疾，拜寔撫軍大將軍，副涼州刺史。未幾，軌風病積年，二子代行州事，閉絶音問，莫能知者。軌頗識天文，每州内有賊，輿疾仰觀曰：「無能爲害。」

終如其言。

寔代統任，愍帝拜爲使持節、都督涼州諸軍事、西中郎將、涼州刺史、領護羌校尉、西平公。劉曜陷長安，寔自稱侍中、司空、大都督、涼州牧，承制行事。于時天下喪亂，秦雍之民死者十八九，唯涼州獨全。寔自恃衆彊，轉爲驕恣。平文皇帝四年，寔爲左右閻沙等所殺。先是謡曰：「蛇利砲，蛇利砲，公頭墜地而不覺。」寔所住室梁間有人象而無頭，久之乃滅。寔惡之，未幾見殺。寔弟茂統任。

茂字成遜，私署使持節、都督涼州諸軍事、平西將軍、護羌校尉、涼州牧、西平公。誅閻沙等百餘人。遣使朝貢。茂妻弟賈模兄弟謀害茂〔一〕，茂殺之。劉曜上隴，茂懼而降，曜以爲太師、涼王。茂卒，無子，寔子駿統任。

駿，字公庭，自稱使持節、大將軍、護羌校尉、涼州牧、西平公。遣使朝貢。煬帝時，隴西人辛晏以枹罕降之，駿遂有河南之地，至於狄道，與石勒分境。

駿築南城，起謙光殿於其中，窮珍極巧，又四面各起一殿，東曰宜陽青殿，南曰朱陽赤殿，西曰正德白殿〔二〕，北曰玄武黑殿，服章器物皆依色隨四時居之，其旁有直省寺署，一依方色。其奢僭如此，民以勞怨。駿議治石田，參軍索孚諫曰：「凡爲治者，動不逆天機，作不破地德。昔后稷之播百穀，不墾磐石；禹決江河，不逆流勢。今欲徙石爲田，運土殖穀，計所損用，畝盈百石，所收不過三石而已，竊所未安。」駿怒，出乎爲伊吾都尉。有石隕於破胡，燋而碎，聲如擊鼓，聞七百里。其處氣上黑如煙，煙首如赤飆。駿少而淫佚，常夜出微行，姦亂邑里，少年皆化之。性又貪惏。有圖秦隴意。以穀帛付民，歲收倍利，利不充者，簿賣田宅。

分武威、武興、西平、張掖、酒泉、建康、西海、西郡、湟河、晉興、廣武十一郡爲涼州，以長子重華爲刺史；興晉、金城〔三〕、武始、南安、永晉、大夏、武城、漢中八郡爲河州，以其寧戎校尉張瓘爲刺史；敦煌、晉昌、高昌、西域都護、戊己校尉、玉門大護軍三郡三營爲沙州，以西胡校尉楊宣爲刺史。駿私署大都督、大將軍、假涼王、督攝三州。始置諸祭酒、郎中、大夫、舍人、謁者之官，官號皆擬天朝，而微辨其名。舞六佾，建豹尾，車服旌旗一如王者。軌保涼州，陰澹之力，駿以陰氏門宗彊盛，忌之，乃逼澹弟鑒令自殺，由是大失人情。駿既病，見鑒爲祟，遂死，時建國九年也。子重華統任。

重華，字太林〔四〕。私署使持節、大都督、太尉公、護羌校尉、涼州牧、西平公〔五〕、假涼王。石虎遣麻秋率衆渡河，城於長最，涼州震動。司馬張耽薦主簿謝艾於重華，重華任之。艾擊斬秋將綦毋安等，俘斬萬五千人。重華遣使朝貢，自署丞相、涼王、領秦雍涼三州牧。重華死，子曜靈統任。

曜靈，年十歲。自稱大司馬、涼州牧，以重華兄祚爲撫軍將軍輔政。祚先蒸重華母馬氏，密説馬氏以曜靈幼弱，須立長君，馬從之，遂廢曜靈而立祚。曜靈尋爲祚所殺。

祚，字太伯。既統任，自稱大將軍、涼州牧、涼公。專爲姦虐，駿及重華子女未嫁者皆淫之，涼州人士咸賦牆茨。初，重華末年，有螽斯蟲集安昌門外，緣壁逆行。都尉常據諫曰：「螽斯是祚小字，今乃逆行，災之大者，願出之。」重華曰：「子孫繁昌之徵，何爲災也？吾昨夢祚攝位，方委以周公之事，輔翼世子。」而祚終殺曜靈焉。

自署涼王，立宗廟，置百官，號和平元年。遣使朝貢。又追加軌以下王號。濫殺謝艾於酒泉。郎中丁琪諫祚僭竊，祚斬琪於闕下。廢諸神祀，山川枯竭。置五都尉，司人姦過。禁四品以下不得衣繒帛，庶人不得畜奴婢、乘車馬。百姓怨憤。有光狀如車蓋，聲如雷，震動城邑。仲夏降霜。有神降，自稱「玄冥」，與人交語，祚日夜祈之，神言與其福利，祚信焉。衆知祚必敗，而祚暴虐彌甚。

明年，祚河州刺史張瓘起兵討祚，驍騎將軍宋混率衆應瓘。混進攻姑臧，祚遣侍中索孚伐瓘。有王鸞者，云「師出必敗」，并陳祚三不道。祚以妖言惑衆，斬之，鸞臨刑曰：「我死之後，軍敗於外，王死於內。」祚族之。宋混至姑臧，領軍趙長等開宫門應之。入殿稱萬歲，祚以長等破混也，出勞之。長以槊刺祚中額，祚奔入，爲厨士徐黑所殺，暴尸道左。城内咸稱萬歲。瓘等立重華少子玄靚統任。

玄靚，字元安〔六〕。自署使持節、大都督、大將軍、涼王。以瓘爲尚書令、涼州牧秉政，宋混爲尚書僕射。

瓘性猜惡，賞罰皆以愛憎，無復綱紀。郎中殷郇陳損益，諫瓘，瓘曰：「虎生三日能食肉，不須人教。」由是莫有言者。瓘與玄靚參乘出城，城北大橋三梁俱折。瓘惡之，乃日日散錢帛，樹私惠，而都街殺人，朝朝不絕。思爲亂者十室而九。東苑大冢上忽有池水；城東大澤，地忽火然，廣數里。乃殺宿嫌牛旋等以應水火之變。瓘謀誅諸宋，廢玄靚自立。先是，太白守輿鬼，占者以爲州分，當有暴兵，故瓘欲猒之。於是宋混率衆誅瓘，瓘先殺妻子三十口，乃自殺。

玄靚以混爲驃騎大將軍、尚書令。混病死，弟玄安代輔政。以旱祈帶石山，玄安欲登之，弟名犯世宗諱曰〔七〕：「世人云登此山者破家身亡。」玄安曰：「安有此也！」策馬登之，馬倒傷足。御史房屋柱自燃燋折，或曰：「柱之爲字也，左木右主，『宋』字含木，木燋，宋破而主存，災之大也，宜防之。」又所乘馬五匹，一夜中鬐尾秃，人曰：「尾之爲字也，尸下毛，毛去尸，絶滅之徵。」玄安曰：「吉凶在天，知可如何。」未幾，玄安司馬張邕起兵殺玄安，盡誅宋氏。先是謡曰：「滅宋者田土子。」邕，一名野。

邕刑殺過差，内外復思爲亂，駿少子天錫因民心起兵殺邕，以冠軍大將軍輔政。玄靖庶母郭氏以天錫擅權，與張氏疎宗謀誅之，事發，天錫殺玄靖而自立。

天錫，字純嘏，一名公純。私署使持節、大都督、大將軍、護羌校尉、涼州牧、涼王。有火然於泥中。天錫驕恣淫昏，不恤民務，元日與嬖人褻飲。既不受羣臣朝賀〔八〕，又不省其母。從事中郎張慮輿櫬切諫〔九〕，且求大覲，天錫不納。昭成末，苻堅遣將苟萇伐涼州，破之，天錫降於萇。初，駿時謡曰：「劉新婦簸米，石新婦炊羖，羝蕩滌，簸張兒，張兒食之口正披。」是時姑臧及諸郡國童兒皆歌之，謂劉曜、石虎並伐涼州不克，至堅而降之也。天錫至長安，堅拜爲尚書。堅敗於壽春，天錫奔建康。

鮮卑乞伏國仁，出於隴西。其先如弗自漠北南出。五代祖祐隣并兼諸部，部衆漸盛。

父司繁，擁部落降於苻堅，以爲南單于，又拜鎮西將軍，鎮勇士川。司繁死，國仁代統任。苻堅之伐司馬昌明，以國仁爲前將軍，領騎先鋒。及堅之敗，國仁叔步頹叛於隴右，堅令國仁討之，步頹大悦，迎而推之，招集部落，衆十餘萬。太祖時，私署大都督，大將軍，大單于，秦州、河州牧，號年建義，署置官屬，分部内爲十一郡〔一〇〕，築勇士城以都之。

國仁死，弟乾歸統事，自署大都督、大將軍、大單于、河南王，改年爲太初，署百官。登國中，遷於金城。南門自壞，乾歸惡之，遷於苑川。尋爲姚興所破，又奔枹罕，遂降姚興，興拜爲河州刺史，封歸義侯。尋還苑川。乾歸乃背姚興，私稱秦王，置百官，年號更始。遣使請援，太宗許之。後乾歸田於五谿，梟集其手，尋爲兄子公府所殺。子熾磐殺公府，代統位。

熾磐，自稱大將軍、河南王，改年爲永康。後襲禿髮傉檀於樂都，滅之，乃私署秦王，置百官，改年爲建洪〔一一〕。後遣其尚書郎莫胡〔一二〕、積射將軍乞伏又寅等貢黃金二百斤，請伐赫連昌，世祖許之。及世祖平統萬，熾磐乃遣其叔平遠將軍泥頭、弟安遠將軍度質於京師，又使其中書侍郎王愷、丞相從事中郎烏訥闐奉表貢其方物。熾磐死，子暮末統任。

暮末，字安石跋。既立，改年爲永洪。其尚書隴西辛進曾隨熾磐遊於後園，進彈烏，丸誤傷暮末母面，至是殺進五族二十七人。暮末弟殊羅蒸熾磐左夫人禿髮氏，暮末知而禁之。殊羅懼，與叔父什斎謀殺暮末。禿髮氏盜門鑰於內，鑰誤，門者告暮末，收其黨與盡殺之。欲鞭什斎，什斎曰：「我負汝死，不負汝鞭。」暮末怒，刳其腹，投屍於河。什斎母弟白養及去列頗有怨言，又殺之。政刑酷濫，内外崩離，部民多叛，人思亂矣。後爲赫連定所逼，遣王愷、烏訥闐請迎於世祖，世祖許以安定以西、平涼以東封之。暮末乃焚城邑，毁寶器，率户萬五千至高田谷，爲赫連定所拒，遂保南安。世祖遣使迎之，暮末衞將軍吉毗固諫，以爲不宜内徙，暮末從之。赫連定遣其北平公韋伐率衆一萬攻南安〔三〕，城内大饑，人相食。神䴥四年，暮末及宗族五百餘人出降，送於上邽。

鮮卑禿髮烏孤，八世祖匹孤自塞北遷于河西。其地東至麥田、牽屯，西至濕羅，南至澆河，北接大漠。匹孤死，子壽闐統任。初，母孕壽闐，因寢産於被中，乃名禿髮，其俗爲被覆之義。五世祖樹機能壯果多謀略，晉泰始中，殺秦州刺史胡烈於萬斛堆〔一四〕，敗涼州刺史蘇愉于金山。咸寧中，又斬涼州刺史楊欣於丹嶺，盡有涼州之地。後爲部民没骨所殺，從弟務丸統任。務丸曾孫思復鞬，部衆稍盛，即烏孤父也。思復鞬死，烏孤統任。皇始初，吕光拜烏孤益州牧、左賢王。烏孤私署大都督、大將軍、大單于、西平王，年號太初。天興初，烏孤又稱武威王，徙治樂都，置車騎將軍已下，分立郡縣。烏孤因酒走馬，馬倒傷脅，笑曰：「幾爲呂光父子所喜。」既而遂死。弟涼州牧、西平公利鹿孤統任，徙治西平，改年建和。使使朝貢。遣弟車騎將軍傉檀拒呂纂，纂士馬精鋭，軍人大懼，傉檀下馬據胡牀，以安衆情。乃貫甲交戰，破纂軍，二千餘級〔一五〕。利鹿孤私署百官，自丞相以下。

利鹿孤死，傉檀統任，私署涼王。還居樂都，年號洪昌。遣使朝貢。

天賜中，傉檀詐降姚興，興以傉檀爲涼州刺史，遂據姑臧。與沮渠蒙遜戰於均石，爲蒙遜所敗。傉檀又爲赫連屈丐所破於陽武，以數千騎奔南山〔一六〕，幾爲追騎所得。懼東西寇至，乃徙三百里内民於姑臧。姚興乘釁遣將姚弼等至於城下，傉檀驅牛羊於野，弼衆採掠，傉檀因分擊大破之，弼乃退還。傉檀又自署涼王，署百官，改號嘉平。永興中，盡衆伐沮渠蒙遜，爲蒙遜所敗於窮泉，單馬歸姑臧。懼蒙遜所滅〔一七〕，乃遷于樂都。蒙遜以兵圍之，築室反耕，爲持久之計。傉檀以子保周爲質於蒙遜，蒙遜乃還。

神瑞初，傉檀率騎擊乙弗虜，大有擒獲，而乞伏熾磐乘虛襲樂都克之，執傉檀子虎臺以下。傉檀聞之曰：「若歸熾磐，便爲奴僕，豈忍見妻子在他懷中也！」引衆而西，衆皆離散。傉檀曰：「蒙遜、熾磐昔皆委質於吾，今而歸之，不亦鄙哉！四海之廣，無所容身，何其痛乎！」既乃歎曰：「吾老矣，寧見妻子而死。」遂降熾磐，熾磐待以上賓之禮，用爲驃騎大將軍，封左南公。歲餘，鴆殺之。傉檀少子賀，後來奔，自有傳。

李暠，字玄盛，小字長生，隴西狄道人也，漢前將軍廣之後。曾祖柔，晉相國從事中郎、北地太守。祖太〔一八〕，張祚武衞將軍。父昶，早卒。暠，遺腹子也。皇始中，吕光建康太守段業自稱涼州牧，以敦煌太守孟敏爲沙州刺史，暠爲效穀令。敏死，敦煌護軍郭謙等推暠爲寧朔將軍、敦煌太守。業私稱涼王，暠詐臣於業，業以暠爲鎮西將軍。天興中，暠私署大都督、大將軍、護羌校尉、秦涼二州牧、涼公，年號庚子，居敦煌，遣使朝貢。天賜中，改年建初，遷於酒泉，歲脩職貢。暠死，子歆統任。

歆，字士業，自稱大都督、大將軍、護羌校尉、涼州牧、涼公，號年嘉興元年。大破沮渠蒙遜於解支澗〔一九〕，獲七千餘級。遣使朝貢。歆聞蒙遜南伐乞伏，乃起兵攻張掖。其母尹氏謂歆曰：「汝新造之國，地狹民希，蒙遜驍武，汝非其敵。吾觀其數年以來，經謀規略，有兼并之志，且天時人事，似欲歸之。度德量力，春秋之義。先王遺令『深慎兵戰，保境寧民，俟時而動』，言猶在耳，奈何忘之。汝必行也，非唯師敗，國亦亡矣。」歆不從，遂率步騎三萬東伐，次于都瀆澗。蒙遜自浩亹拒歆，戰于懷城，爲蒙遜所敗。左右勸歆還酒泉，歆曰：「吾違太后明敕，遠取敗辱，不殺此胡，復何面目見吾母也！」勒衆復戰，敗于蓼泉，爲蒙遜所殺，蒙遜遂克酒泉。歆之未敗，有一大蛇從南門而入，至歆恭德殿前，有雙雉飛出，宮内通街大樹上有烏鵲爭巢，鵲爲烏所殺。敦煌父老令狐熾夢一白頭公帢衣，而謂曰：「南風動，吹長木。胡桐椎，不中轂。」言訖，忽然不見。歆小字桐椎，至是而亡。

歆弟敦煌太守恂復自立于敦煌，稱冠軍將軍、涼州刺史。蒙遜攻恂于敦煌，三面起堤，以水灌城。恂請降，不許。城陷，恂自殺，蒙遜克敦煌。恂兄翻子寶後入國，自有傳。

胡沮渠蒙遜，本出臨松盧水，其先爲匈奴左沮渠，遂以官爲氏。蒙遜滑稽有權變，頗曉天文，爲諸胡所歸。吕光殺其伯父西平太守羅仇，蒙遜聚衆萬餘，屯於金山，與從兄晉昌太守男成共推建康太守段業爲使持節、大都督、龍驤大將軍、涼州牧、建康公，稱神璽元年。業以蒙遜爲張掖太守，封臨池侯，男成爲輔國將軍，委以軍國之任。業自稱涼王，以蒙遜爲尚書左丞，忌蒙遜威名，微疎遠之。天興四年，蒙遜内不自安，請爲安西太守〔一〇〕。

蒙遜欲激怒其衆，乃密誣告男成叛逆，業殺之。蒙遜泣告衆，陳欲復讎之意。男成素有恩信，衆情怨憤，泣而從之。蒙遜因舉兵攻殺業，私署使持節、大都督、大將軍、涼州牧、張掖公，號年永安，居張掖。

永興中，蒙遜克姑臧，遷居之。改號玄始元年，自稱河西王，置百官丞郎以下，頻遣使朝貢。蒙遜寢於新臺，閹人王懷祖斫蒙遜傷足，蒙遜妻孟氏擒懷祖斬之。蒙遜聞劉裕滅姚泓，怒甚，有校書郎言事於蒙遜，蒙遜曰：「汝聞劉裕入關，敢妍妍然也！」遂殺之，其峻暴如此。泰常中，蒙遜克李歆，尋滅敦煌。後改年承玄。

神䴥中，遣尚書郎宗舒、左常侍高猛朝貢，上表曰：「伏惟陛下天縱叡聖，德超百王，陶育齊於二儀，洪基隆於三代。然鍾運多難，九服紛擾，神旗暫擁，車書未同。上靈降祐，祚歸有道，純風一鼓，殊方革面。羣生幸甚，率土齊欣。臣誠弱才，效無可録，幸遇重光，思竭力命。自欣投老，得覩盛化，冀終餘年，憑倚皇極。前後奉表，貢使相望，去者杳然，寂無旋返。未審津塗寇險，竟不仰達，爲天朝高遠，未蒙齒録？屏營戰灼，無地自措。往年侍郎郭祇等還，奉被詔書，三接之恩始隆，萬里之心有賴。今極難之餘，開泰唯始，誘勸既加，引納彌篤。老臣見存，遐外無棄，仰荷愷悌之仁，俯蹈康哉之詠。然商胡後至，奉公卿書，援引歷數安危之機，厲以竇融知命之美。顧惟情願，實深悚惕。何者？臣不自揆，遠託大蔭，庶微誠上宣，天鑒下降。若萬國來庭，百辟陛賀，高蹈先至之端，獨步知機之首。但世難尚殷，情願未遂，章表頻脩，滯懷不暢，許身於國，款誠莫表。致惑羣后，貽慮公卿，辭旨紛紜，抑引重沓，不在同獎之例，未達拱辰之心，延首一隅，低回四極。臣歷觀符瑞，候察天時，未有過於皇魏，踰於陛下。加以靈啓聖姿，幼登天位，美詠侔於成康，道化踰於文景。方將振神綱以掩六合，灑玄澤以潤八荒。況在秦隴荼炭之餘，直是老臣盡效之會。」

後蒙遜遣子安周內侍，世祖遣兼太常李順持節拜蒙遜爲假節，加侍中，都督涼州、西域羌戎諸軍事，太傅，行征西大將軍，涼州牧，涼王。册曰：「昔我皇祖胄自黃軒，總御羣才，攝服戎夏，疊曜重光，不殞其舊。逮于太祖，應期協運，大業唯新，奄有區宇，受命作魏。降及太宗，廣闢崇基，政和民阜。朕承天緒，思廓宇縣，然時運或否，雰霧四張，赫連跋扈於關西，大檀陸梁於漠北，戎夷負阻，江淮未賓，是用自東徂西，戎軒屢駕。賴宗廟靈長，將士宣力，克翦兇渠，震服殭獷，四方漸泰，表裏無塵。王先識機運，經略深遠，與朕協同，厥功洪茂。當今運鍾時季，僭逆憑陵，有土者莫不跨峙一隅，有民者莫不榮其私號，不遵衆星拱極之道，不慕細流歸海之義。而王深悟大體，率由典章，任土貢珍，愛子入侍。勳義著焉，道業存焉。惟王乃祖乃父有土有民，論功德則無二於當時，言氏族則始因於世爵。古先帝王褒賢賞德，莫不胙土分民，建爲藩輔，是以周成命太公以表東海，襄王錫晉文大啓南陽。是用割涼州之武威、張掖、敦煌、酒泉、西海、金城、西平七郡封王爲涼王。受茲素土，苴以白茅，用建冢社，爲魏室藩輔，盛衰存亡，與魏升降。夫功高則爵尊，德厚則任重，又加命王入贊百揆，謀謨幃幄，出征不懷，登攝侯伯。其以太傅行征西大將軍，仗鉞秉旄，鷹揚河右，遠祛王略，懷柔荒隅，北盡于窮髮，南極於庸岷，西被于崐嶺，東至于河曲，王實征之，以夾輔皇室。又命王建國：署將相羣卿百官，承制假授，除文官刺史以還、武官撫軍以下；建天子旌旗，出入警蹕，如漢初諸侯王故事。欽哉惟時，往踐乃職，祗服朕命，協亮天工，俾九德咸事，無忝庶官，用終爾顯德，對揚我皇祖之休烈。」崔浩之辭也。

蒙遜又改稱義和元年。延和二年四月，蒙遜死，遣使監護喪事，謚曰武宣王。蒙遜性淫忌，忍於刑戮，閨庭之中，略無風禮。

第三子牧犍統任，自稱河西王，遣使請朝命。

先是，世祖遣李順迎蒙遜女爲夫人，會蒙遜死，牧犍受蒙遜遺意，送妹於京師，拜右昭儀。改稱承和元年。世祖又遣李順拜牧犍使持節、侍中、都督涼沙河三州、西域羌戎諸軍事、車騎將軍、開府儀同三司、領護西戎校尉、涼州刺史、河西王。牧犍以無功授賞，乃留順，上表乞安、平一號，優詔不許。牧犍尚世祖妹武威公主，遣其相宋繇表謝，獻馬五百四，黃金五百斤。繇又表請公主及牧犍母妃后定號。朝議謂禮母以子貴，妻從夫爵，牧犍母宜稱河西國太后，公主於其國內可稱王后，於京師則稱公主，詔從之。牧犍遣其將軍沮渠旁周朝京師，世祖遣侍中古弼、尚書李順賜其侍臣衣服有差，并徵世子封壇入侍。牧犍乃遣封壇朝於京師。

太延五年，世祖遣尚書賀多羅使涼州，且觀虛實。以牧犍雖稱蕃致貢，而內多乖悖，於是親征之。詔公卿爲書讓之曰：「王外從正朔，內不捨僭，罪一也。民籍地圖不登公府，任土作貢，不入司農，罪二也。既荷王爵，又授僞官，取兩端之榮，邀不二之寵，罪三也。知朝廷志在懷遠，固違聖略，切稅商胡，以斷行旅，罪四也。揚言西戎，高自驕大，罪五也。坐自封殖，不欲入朝，罪六也。北託叛虜，南引仇池，憑援谷軍〔二二〕，提挈爲姦，罪七也。承敕過限，輒假征、鎮，罪八也。欣敵之全，幸我之敗，侮慢王人，供不以禮，罪九也。既婚帝室，寵踰功舊，方恣慾情，蒸淫其嫂，罪十也。既違伉儷之體，不篤婚姻之義，公行酖毒，規害公主，罪十一也。備防王人，候守關要，有如寇讎，罪十二也。爲臣如是，其可恕乎！先令後誅，王者之典也。若親率羣臣，委贄郊迎，謁拜馬首，上策也；六軍既臨，面縛輿櫬，又其次也。如其守迷窮城，不時悛悟，身死族滅，爲世大戮。宜思厥中，自求多福也。」

官軍濟河，牧犍曰：「何故爾也！」用其左丞姚定國計，不肯出迎，求救於蠕蠕，又遣弟董來率兵萬餘人拒官軍於城南，戰退。車駕至姑臧，遣使喻牧犍令出。牧犍聞蠕蠕內侵於善無，幸車駕返旆，遂嬰城自守。牧犍兄子祖踰城出降，具知其情，世祖乃引諸軍進攻。牧犍兄子萬年率麾下又來降。城拔，牧犍與左右文武面縛請罪，詔釋其縛。徙涼州民三萬餘家于京師。

初，太延中，有一父老投書於敦煌城東門，忽然不見，其書一紙八字，文曰：「涼王三十年，若七年。」又於震電之所得石，丹書曰：「河西三十年，破帶石，樂七年。」帶石，山名，在姑臧南山祀傍，泥陷不通。牧犍征南大將軍董來曰：「祀豈有知乎！」遂毀祀伐木，通道而行。牧犍立，果七年而滅，如其言。牧犍淫嫂李氏，兄弟三人傳嬖之。李與牧犍姊共毒公主，上遣解毒醫乘傳救公主得愈。上徵李氏，牧犍不遣，厚送居於酒泉，上大怒。既克，猶以妹壻待之。其母死，以王太妃禮葬焉。又爲蒙遜置守墓三十家。改授牧犍征西大將軍、王如故。

初，官軍未入之間，牧犍使人斫開府庫，取金銀珠玉及珍奇器物，不更封閉。小民因之入盜，巨細蕩盡。有司求賊不得。真君八年，其所親人及守藏者告之，上乃窮竟其事，搜其家中，悉得所藏器物。又告牧犍父子多畜毒藥，前後隱竊殺人乃有百數；姊妹皆爲左道，朋行淫佚，曾無愧顔。始罽賓沙門曰曇無讖，東入鄯善，自云「能使鬼治病，令婦人多子」，與鄯善王妹曼頭陀林私通。發覺，亡奔涼州。蒙遜寵之，號曰「聖人」。曇無讖以男女交接之術教授婦人，蒙遜諸女、子婦皆往受法。世祖聞諸行人，言曇無讖之術，乃召曇無讖。蒙遜不遣，遂發露其事，拷訊殺之。至此，帝知之，於是賜昭儀沮渠氏死，誅其宗族，唯萬年及祖以前先降得免。是年，人又告牧犍猶與故臣民交通謀反，詔司徒崔浩就公主第賜牧犍死。牧犍與主訣，良久乃自裁，葬以王禮，謚曰哀王。及公主薨，詔與牧犍合葬。公主無男，有女，以國甥親寵，得襲母爵爲武威公主。

蒙遜子秉，字季義。世祖以其父故，拜東雍州刺史。險詖多端，真君中，遂與河東蜀薛安都謀逆。至京師[三]，付其兄弟扼而殺之。

萬年、祖並以先降，萬年拜安西將軍、張掖王，祖爲廣武公。萬年後爲冀定二州刺史，復坐謀逆，與祖俱死。

初，牧犍之敗也，弟樂都太守安周南奔吐谷渾，世祖遣鎮南將軍奚眷討之。牧犍弟酒泉太守無諱奔晉昌，乃使弋陽公元絜守酒泉。真君初，無諱圍酒泉，絜輕之，出城與語，爲無諱所執。絜所部相率固守，無諱仍圍之，糧盡爲無諱所陷。無諱又圍張掖，不能克，退保臨松，遂還。世祖下詔喻之。時永昌王健鎮涼州，無諱使其中尉梁偉詣健，求奉酒泉，又送絜及統帥兵士于健軍。二年春，世祖遣兼鴻臚持節策拜無諱爲征西大將軍、涼州牧、酒泉王。尋以無諱復規叛逆，復遣鎮南將軍、南陽公奚眷討酒泉，克之。

無諱遂謀渡流沙，遣安周西擊鄯善。鄯善王恐懼欲降，會魏使者勸令拒守。安周遂與連戰，不能克，退保東城。三年春，鄯善王比龍西奔且末，其世子乃從安周，鄯善大亂。無諱遂渡流沙，士卒渴死者太半，仍據鄯善。

先是，高昌太守闞爽爲李寶舅唐契所攻，聞無諱至鄯善，遣使詐降，欲令無諱與唐契相擊。無諱留安周住鄯善，從焉耆東北趣高昌。會蠕蠕殺唐契，爽拒無諱，無諱將衞興奴詐誘爽，遂屠其城，爽奔蠕蠕。無諱因留高昌。五年夏，無諱病死，安周代立。後爲蠕蠕國所并。

史臣曰：周德之衰，七雄競跱，咸分割神州，睥睨尊極。至是，張寔等介在人外，地實戎墟，大爭鶉張，潛懷不遜，其不知量固爲甚矣。蛇虺相噬，終爲擒滅，宜哉。

校勘記

〔一〕茂妻弟賈模　殿本考證云：「按晉書張茂傳（卷八六）云：『涼州大姓賈摹，寔之妻弟也。』此以爲茂之妻弟，與晉書異。又按茂傳有『手莫頭，圖涼州』之謡，則字當從『手』上『莫』。」

〔二〕正德白殿　晉書卷八六張軌傳附張駿傳、册府卷二三三作「政刑白殿」。

〔三〕興晉金城　原作「金興晉城」，據晉書卷一四地理志上乙正。按金城郡西漢即置，興晉太守見晉書卷一二五乞伏乾歸載記。

〔四〕重華字太林　「太林」，晉書卷八六張軌傳附張重華傳、册府卷二一九、御覽卷一二四引崔鴻十六國春秋前涼録並作「泰臨」，疑是。按「重華」「泰臨」，名與字偕。

〔五〕西平公　原作「平西公」，據晉書卷八六張軌傳附張重華傳改。按自張軌封西平公之後，子孫繼位之初，自稱或受晉封俱爲「西平公」。「平西」誤倒。

〔六〕玄靖字元安　「玄靖」，晉書卷八六張軌傳附張玄靚傳、册府卷二一九並作「玄靚」。按通鑑卷九九晉紀二一永和十年正月、卷一〇〇晉紀二二永和十一年九月作「玄靚」，考異無説。本書序紀及此傳作「玄靖」，然卷五二宋繇傳諸本又作「玄靚」。

〔七〕弟名犯世宗諱曰　按晉書卷八六張軌傳附張玄靚傳稱宋混卒，以弟澄「代之」，此傳稱「弟玄安代輔政」，魏收避高澄諱稱澄之字，玄安即此傳之「名犯世宗諱」者，安得復有「弟名犯世宗諱」。疑「名犯世宗諱」五字本當在上文「弟玄安」之下，「曰」上脱去玄安弟某之名，或更有脱文。

〔八〕既不受羣臣朝賀　「不受」，原作二字空格，三朝本、南監本、北監本、殿本、局本注「闕二字」，汲本注「闕」。今據御覽卷四五四引崔鴻十六國春秋前涼録補。

〔九〕從事中郎張慮　「張慮」，晉書卷八六張軌傳附張天錫傳、通鑑卷一〇四晉紀二六太元元年五月作「張憲」。

〔一〇〕分部内爲十一郡　「十一郡」，晉書卷一二五乞伏國仁載記、册府卷二二三作「十二郡」，具列郡名，通鑑卷一〇六晉紀二八太元十年九月亦作「十二郡」。

〔一一〕改年爲建洪　「建洪」，晉書卷一二五乞伏熾盤載記、北史卷九三僭僞附庸乞伏熾盤傳作「建弘」。按下暮末改年永洪，晉書、北史作「永弘」；秃髮利鹿孤年號洪昌，晉書卷一二六秃髮利鹿孤載記作「弘昌」，與此俱是魏收避獻文帝諱改。

〔一二〕後遣其尚書郎莫胡　「莫胡」，北史卷九三僭僞附庸乞伏熾盤傳作「莫者胡」。按「莫者」爲複姓，見元和姓纂卷一四、廣韻卷五鐸韻、通志氏族略，此處疑脱「者」字。

〔一三〕赫連定遣其北平公韋伐率衆一萬攻南安　「韋伐」，三朝本、南監本、北監本、殿本、北史卷九三僭僞附庸乞伏暮末傳、御覽卷一二七引崔鴻十六國春秋西秦録並作「韋代」。然通鑑卷一二二宋紀四元嘉八年正月亦作「韋伐」，同書卷一二〇宋紀二元嘉三年八月、十月赫連氏將「韋伐」凡四見，考異無説。

〔一四〕殺秦州刺史胡烈於萬斛堆　「萬斛堆」，原作「高斛堆」，晉書卷一二六禿髮烏孤載記、晉書卷三武帝紀泰始六年六月、卷五七胡奮傳附胡烈傳、御覽卷一二六引崔鴻十六國春秋前涼録，通鑑卷七九晉紀一泰始六年六月並作「萬斛堆」。「高」乃「萬」字之形訛，今據改。

〔一五〕破纂軍二千餘級　按晉書卷一二六禿髮利鹿孤載記記作「與纂戰，敗之，斬二千餘級」。晉書載記與此傳同本崔鴻十六國春秋，按文義，此處「二千餘級」上亦當有「斬」字，或是脱去。

〔一六〕以數千騎奔南山　「千」字疑衍。按晉書卷一二六禿髮傉檀載記、册府卷二三四、通鑑卷一一四晉紀三六義熙三年十一月並作「數騎」。

〔一七〕懼蒙遜所滅　按文義，「懼」下當有「爲」字，或是脱去。按晉書卷一二六禿髮傉檀載記敍此事即作「懼爲蒙遜所滅」。

〔一八〕祖太　「太」字疑訛。按晉書卷八七涼武昭王傳、北史卷一〇〇序傳、御覽卷一二四引崔鴻十六國春秋前涼録都作「祖弇」，御覽且注弇「音掩」。

〔一九〕大破沮渠蒙遜於解支澗　「解支澗」，晉書卷一〇安帝紀義熙十三年夏作「鮮支澗」，宋書卷九八沮渠蒙遜傳作「西支澗」。「解」「鮮」「西」，疑是音譯之異。

〔二〇〕請爲安西太守　「安西太守」，晉書卷一二九沮渠蒙遜載記作「西安太守」。按載記上文稱「業作西安城，以其將臧莫孩爲太守」，同書卷一二二吕光載記見「光西安太守石元良」。當是吕光有西安郡，段業既反光自立，別築城以立郡，亦名「西安」。「安西」不見載記，疑是誤倒。

〔二〕憑援谷軍 「谷軍」，不可解，嚴可均全後魏文卷五六引此詔作「谷渾」，不詳嚴氏所本，或是以理改。按此第七罪指稱牧犍與諸方「提挈爲奸」，「北託叛虜」謂聯絡柔然。柔然、沮渠氏、吐谷渾、劉宋諸方聯絡抗魏，見於宋書卷九五索虜傳。疑「谷軍」本作「谷渾」，爲「吐谷渾」之省稱，「渾」訛作「軍」。

〔三〕至京師 「至」上北史卷九三僭僞附庸沮渠牧犍傳有「召」字。按此字不宜省，疑脱去。

魏書卷一百

列傳第八十八

高句麗　百濟　勿吉　失韋　豆莫婁　地豆于　庫莫奚　契丹　烏洛侯

高句麗者，出於夫餘，自言先祖朱蒙。朱蒙母河伯女，爲夫餘王閉於室中，爲日所照，引身避之，日影又逐。既而有孕，生一卵，大如五升。夫餘王棄之與犬，犬不食；棄之與豕，豕又不食；棄之於路，牛馬避之；後棄之野，衆鳥以毛茹之。夫餘王割剖之，不能破，遂還其母。其母以物裹之，置於暖處，有一男破殼而出。及其長也，字之曰朱蒙，其俗言「朱蒙」者，善射也。夫餘人以朱蒙非人所生，將有異志，請除之，王不聽，命之養馬。朱蒙每私試，知有善惡，駿者減食令瘦，駑者善養令肥。夫餘王以肥者自乘，以瘦者給朱蒙。

後狩于田，以朱蒙善射，限之一矢。朱蒙雖矢少，殪獸甚多。夫餘之臣又謀殺之。朱蒙母陰知，告朱蒙曰：「國將害汝，以汝才略，宜遠適四方。」朱蒙乃與烏引、烏違等二人〔一〕，棄夫餘，東南走。中道遇一大水，欲濟無梁，夫餘人追之甚急。朱蒙告水曰：「我是日子，河伯外孫，今日逃走，追兵垂及，如何得濟？」於是魚鼈並浮，爲之成橋，朱蒙得渡，魚鼈乃解，追騎不得渡。朱蒙遂至普述水，遇見三人，其一人著麻衣，一人著納衣，一人著水藻衣，與朱蒙至紇升骨城，遂居焉，號曰高句麗，因以爲氏焉。

初，朱蒙在夫餘時，妻懷孕，朱蒙逃後生一子，字始閭諧。及長，知朱蒙爲國主，即與母亡而歸之，名之曰閭達，委之國事。朱蒙死，閭達代立。閭達死，子如栗代立。如栗死，子莫來代立，乃征夫餘，夫餘大敗，遂統屬焉。莫來子孫相傳，至裔孫宮，生而開目能視，國人惡之。及長凶虐，國以殘破。宮曾孫位宮亦生而視，人以其似曾祖宮，故名爲位宮，高句麗呼相似爲「位」。位宮亦有勇力，便弓馬。魏正始中，入寇遼西安平〔二〕，爲幽州刺史毌丘儉所破。其玄孫乙弗利，利子釗，烈帝時與慕容氏相攻擊。建國四年，慕容元真率衆伐之，入自南陜，戰於木底，大破釗軍，乘勝長驅，遂入丸都，釗單馬奔竄。元真掘釗父墓，載其屍，并掠其母妻、珍寶、男女五萬餘口，焚其宮室，毁丸都城而還。自後釗遣使來朝，阻隔寇讎，不能自達。釗後爲百濟所殺。

世祖時，釗曾孫璉始遣使者安東奉表貢方物，并請國諱。世祖嘉其誠款，詔下帝系名諱於其國，遣員外散騎侍郎李敖拜璉爲都督遼海諸軍事、征東將軍、領護東夷中郎將、遼東郡開國公、高句麗王。敖至其所居平壤城，訪其方事，云：遼東南一千餘里，東至柵城，南至小海，北至舊夫餘，民户參倍於前魏時。其地東西二千里，南北一千餘里。民皆土著，隨山谷而居，衣布帛及皮。土田薄塉，蠶農不足以自供，故其人節飲食。其俗淫，好歌舞，夜則男女羣聚而戲，無貴賤之節，然潔淨自喜。其王好治宫室。其官名有謁奢、太奢、大兄、小兄之號。頭著折風，其形如弁，旁插鳥羽，貴賤有差。立則反拱，跪拜曳一脚，行步如走。常以十月祭天，國中大會。其公會，衣服皆錦繡，金銀以爲飾。好蹲踞。食用俎几。出三尺馬，云本朱蒙所乘，馬種即果下也。後貢使相尋，歲致黄金二百斤，白銀四百斤。

時馮文通率衆奔之，世祖遣散騎常侍封撥詔璉令送文通，璉上書稱當與文通俱奉王化，竟不送。世祖怒，欲往討之，樂平王丕等議待後舉，世祖乃止，而文通亦尋爲璉所殺。

後文明太后以顯祖六宫未備，敕璉令薦其女。璉奉表，云女已出嫁，求以弟女應旨，朝廷許焉，乃遣安樂王真、尚書李敷等至境送幣。璉惑其左右之説，云朝廷昔與馮氏婚姻，未幾而滅其國，殷鑒不遠，宜以方便辭之。璉遂上書妄稱女死。朝廷疑其矯詐，又遣假散騎常侍程駿切責之，若女審死者，聽更選宗淑。璉云：「若天子恕其前愆，謹當奉詔。」會顯祖崩，乃止。

至高祖時，璉貢獻倍前，其報賜亦稍加焉。時光州於海中得璉所遣詣蕭道成使餘奴等送闕〔三〕，高祖詔責璉曰：「道成親殺其君，竊號江左，朕方欲興滅國於舊邦，繼絶世於劉氏，而卿越境外交，遠通篡賊，豈是藩臣守節之義！今不以一過掩卿舊款，即送還藩，其感恕思愆，祗承明憲，輯寧所部，動靜以聞。」

太和十五年，璉死，年百餘歲。高祖舉哀於東郊，遣謁者僕射李安上策贈車騎大將軍、太傅、遼東郡開國公、高句麗王，謚曰康。又遣大鴻臚拜璉孫雲使持節、都督遼海諸軍事、征東將軍、領護東夷中郎將、遼東郡開國公、高句麗王，賜衣冠服物車旗之飾，又詔雲遣世子入朝，令及郊丘之禮。雲上書辭疾，惟遣其從叔升于隨使詣闕，嚴責之。自此歲常貢獻。

正始中，世宗於東堂引見其使芮悉弗〔四〕，悉弗進曰：「高麗係誠天極，累葉純誠，地産土毛，無愆王貢。但黄金出自夫餘，珂則涉羅所産。今夫餘爲勿吉所逐，涉羅爲百濟所并，國王臣雲惟繼絶之義，悉遷于境内。二品所以不登王府，實兩賊是爲。」世宗曰：「高麗世荷上將，專制海外，九夷黠虜，實得征之。瓶罄罍耻，誰之咎也？昔方貢之愆，責在連率。卿宜宣朕旨於卿主，務盡威懷之略，揃披害羣，輯寧東裔，使二邑還復舊墟，土毛無失常貢也。」

神龜中，雲死，靈太后爲舉哀於東堂，遣使策贈車騎大將軍、領護東夷校尉、遼東郡開國公、高句麗王。又拜其世子安爲安東將軍、領護東夷校尉、遼東郡開國公、高句麗王。正光初，光州又於海中執得蕭衍所授安寧東將軍衣冠劍佩，及使人江法盛等，送於京師。安死，子延立。出帝初，詔加延使持節、散騎常侍、車騎大將軍、領護東夷校尉、遼東郡開國公、高句麗王，賜衣冠服物車旗之飾。天平中，詔加延侍中、驃騎大將軍，餘悉如故。延死，子成立。訖於武定末，其貢使無歲不至。

百濟國，其先出自夫餘。其國北去高句麗千餘里，處小海之南。其民土著，地多下濕，率皆山居。有五穀，其衣服飲食與高句麗同。

延興二年，其王餘慶始遣使上表曰：「臣建國東極，豺狼隔路，雖世承靈化，莫由奉藩，瞻望雲闕，馳情罔極。涼風微應，伏惟皇帝陛下協和天休，不勝係仰之情，謹遣私署冠軍將軍、駙馬都尉弗斯侯，長史餘禮，龍驤將軍、帶方太守、司馬張茂等投舫波阻，搜徑玄津，託命自然之運，遣進萬一之誠。冀神祇垂感，皇靈洪覆，克達天庭，宣暢臣志，雖旦聞夕没，永無餘恨。」又云：「臣與高句麗源出夫餘，先世之時，篤崇舊款。其祖釗輕廢隣好，親率士衆，陵踐臣境。臣祖須整旅電邁，應機馳擊，矢石暫交，梟斬釗首。自爾已來，莫敢南顧。自馮氏數終，餘燼奔竄，醜類漸盛，遂見陵逼，構怨連禍，三十餘載，財殫力竭，轉自孱踧。若天慈曲矜，遠及無外，速遣一將，來救臣國，當奉送鄙女，執埽後宫，并遣子弟，牧圉外廄。尺壤匹夫不敢自有。」又云：「今璉有罪，國自魚肉，大臣彊族，戮殺無已，罪盈惡積，民庶崩離。是滅亡之期，假手之秋也。且馮族士馬，有鳥畜之戀；樂浪諸郡，懷首丘之心。天威一舉，有征無戰。臣雖不敏，志效畢力，當率所統，承風響應。且高麗不義，逆詐非一，外慕隗囂藩卑之辭，内懷兇禍豕突之行。或南通劉氏，或北約蠕蠕，共相脣齒，謀陵王略。昔唐堯至聖，致罸丹水；孟常稱仁，不捨塗詈。涓流之水，宜早壅塞，今若不取，將貽後悔。去庚辰年後，臣西界小石山北國海中見屍十餘，并得衣器鞍勒，視之非高麗之物，後聞乃是王人來降臣國。長蛇隔路，以沈于海，雖未委當，深懷憤恚。昔宋戮申舟，楚莊徒跣；鷂撮放鳩，信陵不食。克敵建名，美隆無已。夫以區區偏鄙，猶慕萬代之信，况陛下合氣天地，勢傾山海，豈令小豎，跨塞天逵。今上所得鞍一，以爲實驗。」

顯祖以其僻遠，冒險朝獻，禮遇優厚，遣使者邵安與其使俱還。詔曰：「得表聞之，無恙甚善。卿在東隅，處五服之外，不遠山海，歸誠魏闕，欣嘉至意，用戢于懷。朕承萬世之業，君臨四海，統御羣生。今宇內清一，八表歸義，襁負而至者不可稱數，風俗之和，士馬之盛，皆餘禮等親所聞見。卿與高麗不穆，屢致陵犯，苟能順義，守之以仁，亦何憂於寇讎也。前所遣使，浮海以撫荒外之國，從來積年，往而不返，存亡達否，未能審悉。卿所送鞍，比校舊乘，非中國之物。不可以疑似之事，以生必然之過。經略權要，已具別旨。」又詔曰：「知高麗阻彊，侵軼卿土，修先君之舊怨，棄息民之大德，兵交累載，難結荒邊。使兼申胥之誠，國有楚越之急，乃應展義扶微，乘機電舉。但以高麗稱藩先朝，供職日久，於彼雖有自昔之釁，於國未有犯令之愆。卿使命始通，便求致伐，尋討事會，理亦未周。故往年遣禮等至平壤，欲驗其由狀。然高麗奏請頻煩，辭理俱詣，行人不能抑其請，司法無以成其責，故聽其所啓，詔禮等還。若今復違旨，則過咎益露，後雖自陳，無所逃罪，然後興師討之，於義爲得。九夷之國，世居海外，道暢則奉藩，惠戢則保境，故羈縻著於前典，楛貢曠於歲時。卿備陳彊弱之形，具列往代之迹，俗殊事異，擬貺乖衷，洪規大略，其致猶在。今中夏平一，宇內無虞，每欲陵威東極，懸旌域表，拯荒黎於偏方，舒皇風於遠服。良由高麗即敍，未及卜征。今若不從詔旨，則卿之來謀，載協朕意，元戎啓行，將不云遠。便可豫率同興，具以待事，時遣報使，速究彼情。師舉之日，卿爲鄉導之首，大捷之後，又受元功之賞，不亦善乎。所獻錦布海物雖不悉達，明卿至心。今賜雜物如別。」又詔璉護送安等。安等至高句麗，璉稱昔與餘慶有讎，不令東過，安等於是皆還。乃下詔切責之。五年，使安等從東萊浮海，賜餘慶璽書，褒其誠節。安等至海濱，遇風飄蕩，竟不達而還。

勿吉國，在高句麗北，舊肅慎國也。邑落各自有長，不相總一。其人勁悍，於東夷最彊。言語獨異。常輕豆莫婁等國，諸國亦患之。去洛五千里。自和龍北二百餘里有善玉山，山北行十三日至祁黎山，又北行七日至如洛瓌水，水廣里餘，又北行十五日至太魯水〔五〕，又東北行十八日到其國。國有大水，闊三里餘，名速末水。其地下濕，築城穴居，屋形似塚，開口於上，以梯出入。其國無牛，有車馬，佃則偶耕，車則步推。有粟及麥穄，菜則有葵。水氣醎凝，鹽生樹上，亦有鹽池。多豬無羊。嚼米醖酒，飲能至醉。婦人則布裙，男子豬犬皮裘。初婚之夕，男就女家執女乳而罷，便以爲定，仍爲夫婦。俗以人溺洗手面。頭插虎豹尾。善射獵，弓長三尺，箭長尺二寸，以石爲鏃。其父母春夏死，立埋之，冢上作屋，不令雨濕；若秋冬，以其屍捕貂，貂食其肉，多得之。常七八月造毒藥傅箭鏃，射禽獸，中者便死，煮藥毒氣亦能殺人。國南有徒太山，魏言「大白」，有虎豹羆狼不害人〔六〕，人不得山上渡汙，行逕山者，皆以物盛去。

延興中，遣使乙力支朝獻。太和初，又貢馬五百匹。乙力支稱：初發其國，乘船泝難河西上，至太沴河，沈船於水，南出陸行，渡洛孤水，從契丹西界達和龍。自云其國先破高句麗十落，密共百濟謀從水道并力取高句麗，遣乙力支奉使大國，請其可否。詔敕：三國同是藩附，宜共和順，勿相侵擾。乙力支乃還。從其來道，取得本船，汎達其國。九年，復遣使侯尼支朝獻。明年復入貢。

其傍有大莫盧國、覆鍾國、莫多回國、庫婁國、素和國、具伏弗國〔七〕、匹黎尒國、拔大何國〔八〕、郁羽陵國、庫伏真國、魯婁國、羽真侯國，前後各遣使朝獻。

太和十二年，勿吉復遣使貢楛矢方物於京師。十七年，又遣使人婆非等五百餘人朝獻。景明四年，復遣使俟力歸等朝貢〔九〕。自此迄于正光，貢使相尋。爾後，中國紛擾，頗或不至。興和二年六月，遣使石久云等貢方物〔一〇〕，至於武定不絕。

失韋國，在勿吉北千里，去洛六千里。路出和龍北千餘里，入契丹國，又北行十日至啜水，又北行三日有蓋水，又北行三日有犢了山，其山高大，周回三百餘里，又北行三日有大水名屈利，又北行三日至刃水，又北行五日到其國。有大水從北而來，廣四里餘，名㮈水。國土下濕。語與庫莫奚、契丹、豆莫婁國同。頗有粟麥及穄，唯食豬魚，養牛馬，俗又無羊。夏則城居，冬逐水草。亦多貂皮。丈夫索髮。用角弓，其箭尤長。女婦束髮，作叉手髻。其國少竊盜，盜一徵三，殺人者責馬三百匹。男女悉衣白鹿皮襦袴。有麴釀酒。俗愛赤珠，爲婦人飾，穿挂於頸，以多爲貴，女不得此，乃至不嫁。父母死，男女衆哭三年，屍則置於林樹之上。武定二年四月，始遣使張焉豆伐等獻其方物，迄武定末，貢使相尋。

豆莫婁國，在勿吉國北千里，去洛六千里，舊北扶餘也。在失韋之東，東至於海，方二千里。其人土著，有宮室倉庫。多山陵廣澤，於東夷之域最爲平敞。地宜五穀，不生五果。其人長大，性彊勇，謹厚，不寇抄。其君長皆以六畜名官，邑落有豪帥。飲食亦用俎豆。有麻布，衣制類高麗而幅大，其國大人，以金銀飾之。用刑嚴急，殺人者死，沒其家人爲奴婢。俗淫，尤惡妬婦，妬者殺之，尸其國南山上至腐。女家欲得，輸牛馬乃與之。或言本穢貊之地也。

地豆于國〔一二〕，在失韋西千餘里。多牛羊，出名馬，皮爲衣服，無五穀，惟食肉酪。延興二年八月，遣使朝貢，至于太和六年，貢使不絕。十四年，頻來犯塞，高祖詔征西大將軍、陽平王頤擊走之。自後時朝京師，迄武定末，貢使不絕。

庫莫奚國之先，東部宇文之別種也。初爲慕容元真所破，遺落者竄匿松漠之間。其民不潔淨，而善射獵，好爲寇鈔。登國三年，太祖親自出討，至弱洛水南，大破之，獲其四部落，馬牛羊豕十餘萬。帝曰：「此羣狄諸種不識德義，互相侵盜，有犯王略，故往征之。且鼠竊狗盜，何足爲患。今中州大亂，吾先平之，然後張其威懷，則無所不服矣。」既而車駕南還雲中，懷服燕趙。十數年間，諸種與庫莫奚亦皆滋盛。及開遼海，置戍和龍，諸夷震懼，各獻方物。高宗、顯祖世，庫莫奚歲致名馬文皮。高祖初，遣使朝貢。太和四年，輒入塞內，辭以畏地豆于鈔掠，詔書切責之。二十二年，入寇安州，營燕幽三州兵數千人擊走之。後復款附，每求入塞，與民交易。世宗詔曰：「庫莫奚去太和二十一年以前，與安營二州邊民參居，交易往來，並無疑貳。至二十二年叛逆以來，遂爾遠竄。今雖款附，猶在塞表，每請入塞與民交易。若抑而不許，乖其歸向之心；聽而不虞，或有萬一之警。不容依先任其交易，事宜限節，交市之日，州遣上佐監之。」自是已後，歲常朝獻，至於武定末不絕。

契丹國，在庫莫奚東，異種同類，俱竄於松漠之間。登國中，國軍大破之，遂逃迸，與庫莫奚分背。經數十年，稍滋蔓，有部落，於和龍之北數百里，多爲寇盜。真君以來，求朝獻，歲貢名馬。顯祖時，使莫弗紇何辰奉獻，得班饗於諸國之末。歸而相謂，言國家之美，心皆忻慕，於是東北羣狄聞之，莫不思服。悉萬丹部、何大何部、伏弗郁部、羽陵部〔二〕、日連部、匹絜部、黎部〔三〕、吐六于部等〔四〕，各以其名馬文皮入獻天府，遂求爲常。皆得交市於和龍、密雲之間，貢獻不絕。太和三年，高句麗竊與蠕蠕謀，欲取地豆于以分之。契丹懼其侵軼，其莫弗賀勿于率其部落車三千乘、衆萬餘口，驅徙雜畜，求入內附，止於白狼水東。自此歲常朝貢。後告饑，高祖矜之，聽其入關市糴。及世宗、肅宗時，恒遣使貢方物。熙平中，契丹使人祖真等三十人還，靈太后以其俗嫁娶之際，以青氈爲上服，人給青氈兩匹，賞其誠款之心，餘依舊式。朝貢至齊受禪常不絕。

烏洛侯國，在地豆于之北，去代都四千五百餘里。其土下濕，多霧氣而寒，民冬則穿地爲室，夏則隨原阜畜牧。多豕，有穀麥。無大君長，部落莫弗皆世爲之。其俗繩髮，皮服，以珠爲飾。民尚勇，不爲姦竊，故慢藏野積而無寇盜。好獵射。樂有箜篌，木槽革面而施九弦。其國西北有完水，東北流合于難水，其地小水皆注於難，東入于海。又西北二十日行有于巳尼大水，所謂北海也。世祖真君四年來朝，稱其國西北有國家先帝舊墟，石室南北九十步，東西四十步，高七十尺，室有神靈，民多祈請。世祖遣中書侍郎李敞告祭焉，刊祝文於室之壁而還。

史臣曰：夷狄之於中國，羈縻而已。高麗歲修貢職，東藩之冠，榮哀之禮，致自天朝，亦爲優矣。其他碌碌，咸知款貢，豈牛馬内向，東風入律者也。

校勘記

〔一〕烏引烏違等二人　「烏違」，北史卷九四高麗傳作「焉違」。按本卷失韋傳記武定二年失韋首次遣使名「張焉豆伐」，北史卷九四室韋傳作「張烏豆伐」。「烏」「焉」疑是形近而訛，非譯語之異，惟不詳孰是。

〔二〕魏正始中入寇遼西安平　「遼西安平」，三國志卷三〇魏書東夷傳、隋書卷八一高麗傳作「西安平」。按後漢書志第二〇郡國志二安平國屬冀州，志第二三郡國志五，西安平屬幽州遼東郡。遼西郡無安平或西安平縣。「遼」字疑衍，或「遼」下脱「東」字。

〔三〕時光州於海中得璉所遣詣蕭道成使餘奴等送闕　「奴等送」，原作三字空格，三朝本注「闕三字」，北監本、殿本補「奴等」二字，又刪原屬正文之「闕」字。今據南監本、局本、北史卷九四高麗傳補。

〔四〕正始中世宗於東堂引見其使芮悉弗　「世宗」，原作「世祖」，北史卷九四高麗傳作「宣武」。按北史例稱帝號，宣武帝廟號世宗，且上稱「正始」年號，下記與芮悉弗對答，即作「世宗」，今據改。

〔五〕又北行七日至如洛瓌水水廣里餘又北行十五日至太魯水　「如洛瓌水」，北史卷九四勿吉傳作「洛瓌水」。「太魯水」，北史作「太岳魯水」。

〔六〕魏言大白有虎豹羆狼不害人　「大白」，北監本、殿本、北史卷九四勿吉傳、御覽卷七八四引後魏書作「太皇」，汲本、局本作「太白」。「不」字原闕，北監本、殿本、御覽、北史及隋書卷八一靺鞨傳並有，今據補。

〔七〕具伏弗國　原作「具弗伏國」，御覽卷七八四引後魏書作「其伏弗國」。按本書卷六顯祖紀皇興元年二月、二年四月兩見「具伏弗」。本卷契丹傳有「伏弗郁部」，上脫「具」字，亦可證「弗伏」爲「伏弗」之誤倒。今據顯祖紀、御覽乙正。

〔八〕拔大何國　按本卷契丹傳有「何大何部」，本書卷六顯祖紀皇興二年四月作「阿大何」。疑「拔」爲「何」或「阿」字之訛。

〔九〕俟力歸　殿本、北史卷九四勿吉傳作「侯力歸」。

〔一〇〕石久云　北史卷九四勿吉傳作「石文云」。

〔一一〕地豆于國　「地豆于」，北史卷九四勿吉傳作「地豆干」。按本書作「地豆于」，北史則多作「地豆干」，間作「地豆于」。通典卷二〇〇邊防一六、册府卷九六九作「地豆于」，通鑑卷一三七齊紀三永明八年正月、卷一四九梁紀五普通二年正月作「地豆干」。熙平元年楊播墓誌云：「（太和）十六年，又加征虜將軍，都督北蕃三鎮，討破地豆于賊。」疑「地豆于」是。

〔一二〕伏弗郁部羽陵部　疑當作「具伏弗部郁羽陵部」。按上勿吉傳見「具伏弗國」、「郁羽陵國」，卷六顯祖紀皇興元年二月、二年四月並見「具伏弗」「郁羽陵」。疑「伏弗」上脫「具」字、「郁」「部」誤倒。

〔一三〕匹絜部黎部　按本卷勿吉傳及卷六顯祖紀皇興元年、二年並見「匹黎尒」，通典卷二〇〇邊防一六作「匹黎部」。疑此處「匹絜」下衍「部」字，本作「匹絜黎部」，誤分二部。

〔四〕吐六于部　「吐六于」，北史卷九四契丹傳作「吐六干」，通典卷二〇〇邊防一六作「比六于」。按本書卷六顯祖紀皇興二年四月見「叱六手」，疑「吐」「比」皆「叱」字之訛。「手」顯訛，「于」「干」未詳孰是。

魏書卷一百一〔一〕

列傳第八十九

氐　吐谷渾　宕昌　高昌　鄧至　蠻　獠

氐者，西夷之別種，號曰白馬。三代之際，蓋自有君長，而世一朝見，故詩稱「自彼氐羌，莫敢不來王」也。秦漢以來，世居岐隴以南，漢川以西，自立豪帥。漢武帝遣中郎將郭昌、衞廣滅之，以其地爲武都郡。自汧渭抵於巴蜀，種類寔繁，或謂之白氐，或謂之故氐，各有侯王，受中國封拜。

漢建安中，有楊騰者，爲部落大帥。騰勇健多計略〔二〕，始徙居仇池。仇池方百頃，因以爲號，四面斗絶，高七里餘，羊腸蟠道三十六回，其上有豐水泉，煮土成鹽。騰後有名千万者，魏拜爲百頃氐王。千万孫名飛龍，漸彊盛，晉武帝假平西將軍。無子，養外甥令狐茂搜爲子。惠帝元康中，茂搜自號輔國將軍、右賢王，羣氐推以爲主。關中人士流移者多依之。愍帝以爲驃騎將軍、左賢王。茂搜死，子難敵統位，與弟堅頭分部曲。難敵自號左賢王，屯下辨；堅頭號右賢王，屯河池。難敵死，子毅立，自號使持節、龍驤將軍、左賢王、下辨公，以堅頭子盤爲使持節、冠軍將軍、右賢王、河池公。臣晉，晉以毅爲征南將軍。三年〔三〕，毅族兄初襲殺毅，并有其衆，自立爲仇池公，臣於石虎，後稱藩於晉。永和十年，改初爲天水公。十一年，毅小弟宋奴使姑子梁三王因侍直手刃殺初，初子國率左右誅三王及宋奴，復自立爲仇池公。桓温表國爲秦州刺史，國子安爲武都太守。十二年，國從叔俊復殺國自立。國子安叛苻生，殺俊，復稱藩於晉。安死，子世自立爲仇池公〔四〕。晉太和三年，以世爲秦州刺史，弟統爲武都太守。世死，統廢世子纂自立。統一名德。纂聚黨襲殺統，自立爲仇池公，遣使詣簡文帝〔五〕，以纂爲秦州刺史。

晉咸安元年，苻堅遣楊安伐纂，剋之，徙其民於關中，空百頃之地。宋奴之死，二子佛奴、佛狗逃奔苻堅，堅以女妻佛奴子定〔六〕，拜爲尚書、領軍。苻堅之敗，關右擾亂，定盡力於堅。堅死，乃率衆奔隴右。徙治歷城，去仇池百二十里，置倉儲於百頃。招夷夏得千餘家，自稱龍驤將軍、仇池公，稱藩於晉，孝武即以其自號假之，後以爲秦州刺史。登國四年，遂有秦州之地，自號隴西王。後爲乞伏乾歸所殺，無子。佛狗子盛，先爲監國，守仇池，乃統事，自號征西將軍、秦州刺史、仇池公，謚定爲武王。分諸氐羌爲二十部護軍，各爲鎮戍，不置郡縣。遂有漢中之地，仍稱藩于晉。天興初，遣使朝貢，詔以盛爲征南大將軍、仇池王。隔礙姚興，不得歲通貢使。盛以兄子撫爲平南將軍、梁州刺史，守漢中。

劉裕永初中，封盛爲武都王。盛死，私謚曰惠文王，子玄統位。玄字黄眉〔七〕，號征西大將軍、開府儀同三司、秦州刺史、武都王，雖稱藩於劉義隆，仍奉晉義熙之號〔八〕，後始用義隆元嘉正朔。初，盛謂玄曰：「吾年已老，當終爲晉臣，汝善事宋帝。」故玄奉焉。玄善於待士，爲流舊所懷。始光四年，世祖遣大鴻臚公孫軌拜玄爲征南大將軍、都督、梁州刺史、南秦王，玄上表請比内藩，許之。

玄死，私謚孝昭王，子保宗統位。初，玄臨終，謂弟難當曰：「今境候未寧，方須撫慰，保宗沖昧，吾授卿國事，其無墜先勳。」難當固辭，請立保宗以輔之。保宗既立，難當妻姚氏謂難當曰：「國險宜立長君，反事孺子，非久計。」難當從之，廢保宗而自立，稱藩于劉義隆。難當拜保宗爲鎮南將軍，鎮石昌〔九〕，以次子順爲鎮東將軍、秦州刺史，守上邽。保宗謀襲難當，事泄被繫。

先是，四方流人以仇池豐實，多往依附。流人有許穆之、郝惔之二人投難當，並改姓爲司馬，穆之自云名飛龍，惔之自云名康之，云是晉室近戚。康之尋爲人所殺。

時劉義隆梁州刺史甄法護刑政不理，義隆遣刺史蕭思話代任，難當以思話未至，遣將舉兵襲梁州，破白馬，遂有漢中之地。尋而思話使其司馬蕭承之先驅進討，所向剋捷，遂平梁州，因又附義隆。

難當後釋保宗，遣鎮董亭。保宗與兄保顯歸京師，世祖拜保宗征南大將軍、秦州牧、武都王，尚公主；保顯爲鎮西將軍、晉壽公。後遣大鴻臚崔賾拜難當爲征南大將軍、儀同三司、領護西羌校尉、秦梁二州牧、南秦王。難當後自立爲大秦王，號年曰建義，立妻爲王后，世子爲太子，置百官，具擬天朝。然猶貢獻于劉義隆不絕。尋而其國大旱，多災異，降大秦王復爲武都王。太延初，難當立鎮上邽，世祖遣車騎大將軍、樂平王丕等督河西高平諸軍取上邽，又詔諭難當，難當奉詔攝守。

尋而傾國南寇，規有蜀土，襲義隆益州，攻涪城，又伐巴西，獲雍州流人七千餘家還于仇池〔一〇〕。義隆怒，遣將裴方明等伐之。難當爲方明所敗，棄仇池，與千餘騎奔上邽，世祖遣中山王辰迎之赴行宮。方明既剋仇池，以保宗弟保熾守之，河間公齊擊走之。

先是，詔保宗鎮上邽，又詔鎮駱谷，復其本國。保宗弟文德先逃氐中，乃說保宗令叛，事泄，齊執保宗送京師，詔難當殺之。氐羌立文德，屯于濁水。文德自號征西將軍、秦河梁三州牧、仇池公，求援於義隆。義隆封文德爲武都王，遣偏將房亮之等助之。齊逆擊，禽亮之。文德奔守葭蘆，武都、陰平氐多歸之。詔淮陽公皮豹子等率諸軍討之，文德走漢中，收其妻子僚屬資糧，及保宗妻公主送京師，賜死。初，公主勸保宗反，人問曰：「背父母之邦若何？」公主曰：「禮，婦人外成，因夫而榮，事立，據守一方，我亦一國之母，豈比小縣之主。」以此得罪。

高宗時，拜難當營州刺史，還爲外都大官。卒，謚曰忠。子和，隨父歸國，別賜爵仇池公。子德襲難當爵，早卒。子小眼襲，例降爲公，拜天水太守，卒。子大眼，別有傳。小眼子公熙襲爵。正光中，尚書右丞張普惠爲行臺，送租於南秦、東益，普惠啓公熙俱行。至南秦，以氐反不得進，遣公熙先慰氐。東益州刺史魏子建以公熙險薄，密令訪察，公熙果有潛謀，將爲叛亂。子建仍報普惠，令其攝録。普惠急追，公熙竟不肯赴，東出漢中。普惠表列其事，公熙大行賄賂，終得免罪。後爲假節、別將，與都督元志同守岐州，爲秦賊莫折天生所虜，死於秦州。

文德後自漢中入統汧隴[一二]，遂有陰平、武興之地，後爲劉義隆荆州刺史劉義宣所殺。

保宗之執也，子元和奔義隆，以爲武都、白水太守[一三]。元和據城歸順，高宗嘉之，拜征南大將軍、武都王，内徙京師。元和從叔僧嗣復自稱武都王於葭蘆。僧嗣死，從弟文度自立爲武興王，遣使歸順，顯祖授文度武興鎮將。既而復叛。高祖初，征西將軍皮歡喜攻葭蘆破之，斬文度首。

文度弟弘〔三〕，小名鼠，犯顯祖廟諱，以小名稱。鼠自爲武興王，遣使奉表謝罪，貢其方物，高祖納之。鼠遣子苟奴入侍，拜鼠都督、南秦州刺史、征西將軍、西戎校尉、武都王。鼠死，從子後起統任，高祖復以鼠爵授之。

鼠子集始爲白水太守，後起死，以集始爲征西將軍、武都王。集始後朝于京師，拜都督、南秦州刺史、安南大將軍、領護南蠻校尉、漢中郡侯、武興王，賜以車旗戎馬錦綵繒纊等。尋還武興，進號鎮南將軍，加督寧、湘等五州諸軍事。後仇池鎮將楊靈珍襲破武興，集始遂入蕭賾〔四〕。

景明初，集始來降，還授爵位，歸守武興。死，子紹先立，拜都督、南秦州刺史、征虜將軍、漢中郡公、武興王，贈集始車騎大將軍、開府儀同三司，謚安王。紹先年幼，委事二叔集起、集義。夏侯道遷以漢中歸順也，蕭衍白馬戍主尹天保率衆圍之。道遷求援於集起、集義，二人貪保邊藩，不欲救之，唯集始弟集朗心願立功，率衆破天保，全漢川，集朗之力也。集義見梁益既定，恐武興不得久爲外藩，遂扇動諸氐，推紹先僭稱大號，集起、集義並稱王，外引蕭衍爲援。安西將軍邢巒遣建武將軍傅豎眼攻武興，剋之，執紹先送于京師，遂滅其國，以爲武興鎮，復改鎮爲東益州。前後鎮將唐法樂，刺史杜纂、邢豹，以威惠失衷，氐豪仇石柱等相率反叛。朝廷以西南爲憂。正光中，詔魏子建爲刺史，以恩信招撫，風化大行，遠近款附，如内地焉。後唐永代子建爲州，未幾，氐人悉反，永棄城東走，自此復爲氐地。其後，紹先奔還武興，復自立爲王。

吐谷渾，本遼東鮮卑徒河涉歸子也。涉歸一名弈洛韓，有二子，庶長曰吐谷渾，少曰若洛廆。涉歸死，若洛廆代統部落，別爲慕容氏。涉歸之存也，分户七百以給吐谷渾〔一五〕。吐谷渾與若洛廆二部馬鬬相傷，若洛廆怒，遣人謂吐谷渾曰：「先公處分，與兄異部，何不相遠，而馬鬬相傷！」吐谷渾曰：「馬是畜耳，食草飲水，春氣發動，所以鬬。鬬在馬而怒及人，乖別甚易，今當去汝萬里之外。」若洛廆悔，遣舊老及長史七那樓追謝留之〔一六〕。吐谷渾曰：「我乃祖以來，樹德遼右，先公之世，卜筮之言，云有二子當享福祚，並流子孫。我是卑庶，理無並大，今以馬致乖，殆天所啓。諸君試驅馬令東，馬若還東，我當隨去。」即令從騎擁馬令回，數百步，欻然悲鳴，突走而西，聲若頹山，如是者十餘輩，一回一迷〔一七〕。樓力屈，乃跪曰：「可汗，此非復人事。」渾謂其部落曰：「我兄弟子孫並應昌盛，廆當傳子及曾玄孫，其間可百餘年，我及玄孫間始當顯耳。」於是遂西附陰山，後假道上隴。若洛廆追思吐谷渾，作阿干歌，徒河以兄爲阿干也〔一八〕。子孫僭號，以此歌爲輦後鼓吹大曲。

吐谷渾遂徙上隴，止於枹罕暨甘松，南界昂城〔一九〕、龍涸，從洮水西南極白蘭數千里中，逐水草，廬帳而居，以肉酪爲糧。西北諸種謂之阿柴虜。

吐谷渾死，有子六十人。長子吐延，身長七尺八寸，勇力過人，性刻暴，爲昂城羌酋姜聰所刺。劍猶在體，呼子葉延，語其大將紇拔埿曰：「吾氣絶，棺斂訖，便速去保白蘭，地既險遠，又土俗懦弱，易控御。葉延小兒，欲授餘人，恐倉卒終不能相制。今以葉延付汝，竭股肱之力以輔之。孺子得立，吾無恨也。」抽劍而死。有子十二人。

葉延少而勇果，年十歲，縛草爲人，號曰姜聰，每旦輒射之，射中則嗥叫泣涕〔二〇〕。其母曰：「讎賊諸將已屠膾之，汝年小，何煩朝朝自苦。」葉延嗚咽若不自勝，答母曰：「誠知無益，然罔極之心，不勝其痛。」性至孝，母病三日不食，葉延亦不食。頗視書傳，自謂曾祖弈洛韓始封昌黎公，吾爲公孫之子，案禮，公孫之子得以王父字爲氏，遂以吐谷渾爲氏焉。

葉延死，子碎奚立，性淳謹，三弟專權，碎奚不能制，諸大將共誅之。奚憂哀不復攝事，遂立子視連爲世子，委之事，號曰「莫賀郎」，華言父也。碎奚遂以憂死。視連立，以父憂思，不遊娛酣宴。十五年，死，弟視羆立〔一一〕。死，子樹洛干等並幼，弟烏紇提立而妻樹洛干母，生二子慕璝、利延〔一二〕。烏紇提一名大孩，死，樹洛干立，自號車騎將軍，是歲晉義熙初也。樹洛干死，弟阿豺立，自號驃騎將軍、沙州刺史。部內有黃沙，周回數百里，不生草木，因號「沙州」。

阿豺兼并羌氐，地方數千里，號爲彊國。田于西彊山，觀墊江源，問於羣臣曰：「此水東流，有何名？由何郡國入何水也？」其長史曾和曰：「此水經仇池，過晉壽，出宕渠，號墊江，至巴郡入江，度廣陵會於海。」阿豺曰：「水尚知有歸，吾雖塞表小國，而獨無所歸乎？」遣使通劉義符，獻其方物，義符封爲澆河公。未及拜受，劉義隆元嘉三年又加除命。又將遣使朝貢，會暴病，臨死召諸子弟告之曰：「先公車騎捨其子虔以大業屬吾，吾豈敢忘先公之舉而私於緯代，其以慕璝繼事。」阿豺有子二十人，緯代，長子也。阿豺又謂曰：「汝等各奉吾一隻箭，折之地下〔一三〕。」俄而命母弟慕利延曰：「汝取一隻箭折之。」慕利延折之。又曰：「汝取十九隻箭折之。」延不能折。阿豺曰：「汝曹知否？單者易折，衆則難摧，戮力一心，然後社稷可固。」言終而死。兄子慕璝立。

先是阿豺時，劉義隆命竟未至而死，慕璝又奉表通義隆，義隆又授隴西公。慕璝招集秦涼亡業之人及羌戎雜夷衆至五六百落，南通蜀漢，北交涼州、赫連，部衆轉盛。

世祖時，慕璝始遣其侍郎謝大寧奉表歸國，尋討禽赫連定，送之京師。世祖嘉之，遣使者策拜慕璝爲大將軍、西秦王。慕璝表曰：「臣誠庸弱，敢竭情款，俘禽僭逆，獻捷王府。爵秩雖崇而土不增廓，車旗既飾而財不周賞，願垂鑒察，亮其單款。臣頃接寇逆，疆境之人，爲賊所抄，流轉東下，今皇化混一，求還鄉土。乞佛日連、窟略寒、張華等三人家弱在此，分乖可愍，願并敕遣，使恩洽遐荒，存亡感戴。」

世祖詔公卿朝會議答施行。太尉長孫嵩及議郎、博士二百七十九人議曰：「前者有司處以爲秦王荒外之君，本非政教所及，來則受之，去則不禁。皇威遠被，西秦王慕義畏威，稱臣納貢，求受爵號。議者以爲古者要荒之君，雖人土衆廣，而爵不擬華夏。陛下加寵王官，乃越常分，容飾車旗，班同上國。至於繒絮多少，舊典所無，皆當臨時以制豐寡。自漢魏以來，撫接荒遐，頗有故事。吕后遺單于御車二乘、馬二駟，單于答馬千匹；其後匈奴和親，敵國遺繒絮不過數百；呼韓邪稱臣，身自入朝，始至萬匹〔二四〕。今西秦王若以土無桑蠶，便當上請，不得言『財不周賞』。昔周室衰微，齊侯小白一匡天下，有賜胙之命，無益土之賞。晉侯重耳破楚城濮，唯受南陽之田爲朝宿之邑。西秦所致，唯定而已。塞外之人，因時乘便，侵入秦涼，未有經略拓境之勳，爵登上國，統秦、涼、河、沙四州之地，而云『土不增廓』。比聖朝於弱周，而自同於五霸，無厭之情，其可極乎？西秦王忠款於朝廷，原其本情，必不至此，或左右不敏，因致斯累。檢西秦流人賊時所抄，悉在蒲坂，今既稱藩，四海咸泰，天下一家，可敕秦州送詣京師[二五]，隨後遣還。所請乞佛三人，昔爲賓國之使，來在王庭，國破家遷，即爲臣妾，可勿聽許。」制曰：「公卿之議，未爲失體。西秦王所收金城、枹罕、隴西之地，彼自取之，朕即與之，便是裂土，何須復廓。西秦款至，綿絹隨使疎數增益之，非一匹而已。」自是慕璝貢獻頗簡，又通于劉義隆，義隆封爲隴西王。

太延二年，慕璝死，弟慕利延立，詔遣使者策謚慕璝曰惠王。後拜慕利延鎮西大將軍、儀同三司，改封西平王；以慕璝子元緒爲撫軍將軍。時慕利延又通劉義隆，義隆封爲河南王。世祖征涼州，慕利延懼，遂率其部人西遁沙漠。世祖以慕利延兄有禽赫連定之功，遣使宣喻之，乃還。後慕利延遣使表謝，書奏，乃下詔褒獎之。慕利延兄子緯代懼慕利延害己，與使者謀欲歸國，慕利延覺而殺之。緯代弟叱力延等八人逃歸京師，請兵討慕利延。世祖拜叱力延歸義王，詔晉王伏羅率諸將討之。軍至大母橋，慕利延兄子拾寅走河西[二六]，伏羅遣將追擊之，斬首五千餘級。慕利延走白蘭。慕利延從弟伏念、長史鵽鳩黎、部大崇娥等率衆一萬三千落歸降。後復遣征西將軍、高涼王那等討之於白蘭，慕利延遂入于闐國，殺其王，死者數萬人。南征罽賓。遣使通劉義隆求援，獻烏丸帽、女國金酒器、胡王金釧等物，義隆賜以牽車。七年，遂還舊土。

慕利延死，樹洛干子拾寅立，始邑於伏羅川〔二七〕，其居止出入竊擬王者。拾寅奉脩貢職，受朝廷正朔，又受劉義隆封爵，號河南王。世祖遣使拜爲鎮西大將軍、沙州刺史、西平王。後拾寅自恃險遠，頗不恭命，通使于劉彧，獻善馬、四角羊，彧加之官號〔二八〕。高宗時，定陽侯曹安表拾寅今保白蘭，多有金銀牛馬，若擊之，可以大獲。議者咸以先帝忿拾寅兄弟不穆，使晉王伏羅、高涼王那再征之，竟不能剋。拾寅雖復遠遁，軍亦疲勞。今在白蘭，不犯王塞，不爲人患，非國家之所急也。若遣使招慰，必求爲臣妾，可不勞而定也。王者之於四荒，羈縻而已，何必屠其國有其地。安曰：「臣昔爲澆河戍將，與之相近，明其意勢。若分軍出其左右，拾寅必走保南山，不過十日，牛馬草盡，人無所食，衆必潰叛，可一舉而定也。」從之，詔陽平王新成、建安王穆六頭等出南道，南郡公李惠、給事中公孫拔及安出北道以討之。拾寅走南山，諸軍濟河追之。時軍多病，諸將議賊已遠遁，軍容已振，今驅疲病之卒，要難冀之功，不亦過乎。衆以爲然，乃引還，獲駝馬二十餘萬。顯祖復詔上黨王長孫觀等率州郡兵討拾寅。軍至曼頭山，拾寅來逆戰，觀等縱兵擊敗之，拾寅宵遁。於是思悔，復修藩職，遣別駕康盤龍奉表朝貢。顯祖幽之，不報其使。拾寅部落大饑，屢寇澆河，詔平西將軍、廣川公皮歡喜率敦煌、枹罕、高平諸軍爲前鋒，司空、上黨王長孫觀爲大都督以討之。觀等軍入拾寅境，芻其秋稼，拾寅窘怖，遣子詣軍，表求改過。觀等以聞，顯祖以重勞將士，乃下詔切責之，徵其任子。拾寅遣子斤入侍，顯祖尋遣斤還。拾寅後復擾掠邊人，遣其將良利守洮陽，枹罕所統，枹罕鎮將、西郡公楊鍾葵貽拾寅書以責之。拾寅表曰：「奉詔聽臣還舊土，故遣良利守洮陽，若不追前恩，求令洮陽貢其土物。」辭旨懇切，顯祖許之。自是歲修職貢。

太和五年，拾寅死，子度易侯立，遣其侍郎時真貢方物，復上表稱嗣事〔二九〕。後度易侯伐宕昌，詔讓之，賜錦綵一百二十匹，喻令悛改，所掠宕昌口累部送時還。易侯並奉詔。死，子伏連籌立。高祖欲令入朝，表稱疾病，輒修洮陽、泥和城而置戍焉。文明太后崩，使人告凶，伏連籌拜命不恭，有司請伐之，高祖不許。羣臣以其受詔不敬，不宜納所獻。高祖曰：「拜受失禮，乃可加以告責〔三〇〕，所獻土毛，乃是臣之常道，杜棄所獻，便是絶之，縱欲改悔，其路無由矣。」詔曰：「朕在哀疚之中，未有征討，而去春枹罕表取其洮陽、泥和二戍。時以此既邊將之常，即便聽許。及偏師致討，二戍望風請降，執訊二千餘人，又得婦女九百口。子婦可悉還之。」伏連籌乃遣世子賀魯頭朝于京師，禮錫有加，拜伏連籌使持節、都督西垂諸軍事、征西將軍、領護西戎中郎將、西海郡開國公、吐谷渾王，麾旗章綬之飾皆備給之。後遣兼員外散騎常侍張禮使於伏連籌，伏連籌謂禮曰：「昔與宕昌通和，恒見稱大王，己則自名，今忽名僕而拘執此使，將命偏師往問其意。」禮曰：「君與宕昌並爲魏藩，而比輒有興動，殊違臣節。當發之日，宰輔以爲君若反迷知罪，則克保藩業，脱守愚不改，則禍難將至。」伏連籌遂嘿然。及高祖崩，遣使赴哀，盡其誠敬。

伏連籌内修職貢，外并戎狄，塞表之中，號爲彊富。準擬天朝，樹置官司，稱制諸國，以自誇大。世宗初，詔責之曰：「梁州表送卿報宕昌書，梁彌邕與卿並爲邊附，語其國則隣藩，論其位則同列，而稱書爲表，名報爲旨，有司以國有常刑，殷勤請討。朕慮險遠多虞，輕相構惑，故先宣此意，善自三思。」伏連籌上表自申，辭誠懇至。終世宗世至于正光，犛牛蜀馬及西南之珍無歲不至。

後秦州城人莫折念生反，河西路絶，涼州城人萬于菩提等東應念生〔三〕，囚刺史宋穎。穎密遣求援於伏連籌，伏連籌親率大衆救之，遂獲保全。自爾以後，關徼不通，貢獻路絶。

伏連籌死，子夸吕立，始自號爲可汗，居伏俟城，在青海西十五里，雖有城郭而不居，恒處穹廬，隨水草畜牧。其地東西三千里，南北千餘里。官有王公、僕射、尚書及郎將、將軍之號。夸吕椎髻毦珠，以皂爲帽，坐金師子牀。號其妻爲「恪尊」，衣織成裙，披錦大袍，辮髮於後，首戴金花冠。其俗：丈夫衣服略同於華夏，多以羅冪爲冠，亦以繒爲帽；婦人皆貫珠貝，束髮，以多爲貴。兵器有弓刀甲矟。國無常賦，須則税富室商人以充用焉。其刑罰：殺人及盜馬者死，餘則徵物以贖罪，亦量事決杖；刑人，必以氈蒙頭，持石從高擊之。父兄死，妻後母及嫂等，與突厥俗同。至于婚，貧不能備財者，輒盜女去。死者亦皆埋殯。其服制，葬訖則除之。性貪婪，忍於殺害。好射獵，以肉酪爲糧。亦知種田，有大麥、粟、豆。然其北界氣候多寒，唯得蕪菁、大麥，故其俗貧多富少。青海周回千餘里，海內有小山，每冬冰合後，以良牝馬置此山，至來春收之，馬皆有孕，所生得駒，號爲龍種，必多駿異。吐谷渾嘗得波斯草馬，放入海，因生驄駒，能日行千里，世傳青海驄者是也。土出犛牛、馬〔三〕，多鸚鵡，饒銅、鐵、朱沙。地兼鄯善、且末。

興和中，齊獻武王作相，招懷荒遠，蠕蠕既附於國，夸呂遣使致敬。獻武王喻以大義，徵其朝貢，夸呂乃遣使人趙吐骨真假道蠕蠕頻來，又薦其從妹，靜帝納以爲嬪。遣員外散騎常侍傅靈標使於其國。夸呂又請婚，乃以濟南王匡孫女爲廣樂公主以妻之。此後朝貢不絕。

吐谷渾北有乙弗勿敵國。俗風與吐谷渾同。不識五穀，唯食魚及蘇子。蘇子狀若中國苟杞子。

北又有阿蘭國。與鳥獸同，不知鬬戰，忽見異人，舉國便走。土無所出，大養羣畜。

體輕工走，逐之不可得。

北又有女王國。以女爲主，人所不至，其傳云然。

宕昌羌者，其先蓋三苗之胤，周時與庸、蜀、微、盧等八國從武王滅商，漢有先零、燒當等，世爲邊患。其地東接中華，西通西域，南北數千里，姓別自爲部落，酋帥皆有地分，不相統攝，宕昌即其一也。俗皆土著，居有屋宇，其屋織犛牛尾及羖羊毛覆之。國無法令，又無徭賦。惟戰伐之時，乃相屯聚，不然則各事生業，不相往來。皆衣裘褐。牧養犛牛、羊、豕以供其食〔三三〕。父子、伯叔、兄弟死者，即以繼母、世叔母及嫂、弟婦等爲妻〔三四〕。俗無文字，但候草木榮落，記其歲時。三年一相聚，殺牛羊以祭天。

有梁懃者，世爲酋帥，得羌豪心，乃自稱王焉。懃孫彌忽，世祖初，遣子彌黄奉表求内附，世祖嘉之，遣使拜彌忽爲宕昌王，賜彌黄爵甘松侯。彌忽死，孫虎子立。其地自仇池以西，東西千里，席水以南〔三五〕，南北八百里，地多山阜，人二萬餘落。世修職貢，頗爲吐谷渾所斷絶。虎子死，彌治立。虎子弟羊子先奔吐谷渾，吐谷渾遣兵送羊子，欲奪彌治位。彌治遣文度救〔三六〕，顯祖詔武都鎮將宇文生救之，羊子退走。彌治死，子彌機立，遣其司馬利住奉表貢方物。楊文度之叛〔三七〕，圍武都，彌機遣其二兄率衆救武都，破走文度。高祖時，遣使子橋表貢朱沙、雌黄、白石膽各一百斤。自此後，歲以爲常，朝貢相繼。後高祖遣鴻臚劉歸、謁者張察拜彌機征南大將軍、西戎校尉、梁益二州牧、河南公、宕昌王。後朝于京師，殊無風禮。朝罷，高祖顧謂左右曰：「『夷狄之有君，不如諸夏之亡也』，宕昌王雖爲邊方之主，乃不如中國一吏。」於是改授領護西戎校尉、靈州刺史，王如故，賜以車騎、戎馬、錦綵等，遣還國。

高昌者，車師前王之故地，漢之前部地也。東西二千里，南北五百里，四面多大山。或云昔漢武遣兵西討，師旅頓弊其中，尤困者因住焉。地勢高敞，人庶昌盛，因云「高昌」。亦云其地有漢時高昌壘，故以爲國號。東去長安四千九百里，漢西域長史、戊己校尉並居於此。晉以其地爲高昌郡〔三八〕，張軌、吕光、沮渠蒙遜據河西，皆置太守以統之。去敦煌十三日行。國有八城，皆有華人。地多石磧。氣候温暖，厥土良沃，穀麥一歲再熟，宜蠶，多五果，又饒漆。有草名羊刺，其上生蜜而味甚佳。引水溉田。出赤鹽，其味甚美。復有白鹽，其形如玉，高昌人取以爲枕，貢之中國。多蒲萄酒。俗事天神，兼信佛法。國中羊馬，牧在隱僻處以避寇，非貴人不知其處。北有赤石山。七十里有貪汗山〔三九〕，夏有積雪，此山北鐵勒界也。

世祖時，有闞爽者，自爲高昌太守。太延中，遣散騎侍郎王恩生等使高昌，爲蠕蠕所執。真君中，爽爲沮渠無諱所襲，奪據之。無諱死，弟安周代立，和平元年，爲蠕蠕所并。蠕蠕以闞伯周爲高昌王，其稱王自此始也。太和初，伯周死，子義成立，歲餘，爲其兄首歸所殺〔四〇〕，自立爲高昌王。

五年，高車王可至羅殺首歸兄弟〔四一〕，以敦煌人張孟明爲王。後爲國人所殺，立馬儒爲王，以鞏顧禮、麴嘉爲左右長史。二十一年，遣司馬王體玄奉表朝貢，請師迎接，求舉國內徙。高祖納之，遣明威將軍韓安保率騎千餘赴之，割伊吾五百里，以儒居之。至羊榛水，儒遣禮、嘉率步騎一千五百迎安保，去高昌四百里而安保不至。禮等還高昌，安保亦還伊吾。安保遣使韓興安等十二人使高昌，儒復遣顧禮將其世子義舒迎安保。至白棘城，去高昌百六十里，而高昌舊人情戀本土，不願東遷，相與殺儒而立麴嘉爲王。

嘉字靈鳳，金城榆中人。既立，又臣于蠕蠕那蓋。顧禮與義舒隨安保至洛陽。及蠕蠕主伏圖爲高車所殺，嘉又臣高車。初，前部胡人悉爲高車所徙，入於焉耆，焉耆又爲嚈噠所破滅，國人分散，衆不自立，請王於嘉。嘉遣第二子爲焉耆王以主之。永平元年〔四二〕，嘉遣兄子私署左衞將軍、田地太守孝亮朝京師，仍求内徙，乞軍迎援。於是遣龍驤將軍孟威發涼州兵三千人迎之，至伊吾，失期而反。於後十餘遣使，獻珠像、白黑貂裘、名馬、鹽枕等，款誠備至，惟賜優旨，卒不重迎。三年，嘉遣使朝貢，世宗又遣孟威使詔勞之。延昌中，以嘉爲持節、平西將軍、瓜州刺史、泰臨縣開國伯，私署王如故。熙平初，遣使朝獻。詔曰：「卿地隔關山，境接荒漠，頻請朝援，徙國内遷。雖來誠可嘉，即於理未帖。何者？彼之甿庶，是漢魏遺黎，自晉氏不綱，因難播越，成家立國，世積已久。惡徙重遷，人懷戀舊，今若動之，恐異同之變，爰在肘腋，不得便如來表。」神龜元年冬，孝亮復表求援内徙，朝廷不許。正光元年，肅宗遣假員外將軍趙義等使於嘉。嘉朝貢不絕。又遣使奉表，自以邊遐，不習典誥，求借五經、諸史，并請國子助教劉燮以爲博士〔四三〕，肅宗許之。嘉死，贈鎮西將軍、涼州刺史，子堅立。於後，關中賊亂，使命遂絕。普泰初，堅遣使朝貢，除平西將軍、瓜州刺史、泰臨縣伯，王如故，又加衞將軍。至永熙中，特除儀同三司，進爲郡公。後遂隔絕。

鄧至者，白水羌也，世爲羌豪，因地名號，自稱鄧至。其地自亭街以東〔四四〕，平武以西，汶嶺以北，宕昌以南。土風習俗，亦與宕昌同。其王像舒治遣使内附，高祖拜龍驤將軍、鄧至王〔四五〕，遣貢不絶。

鄧至之西有赫羊等二十國，時遣使朝貢，朝廷皆授以雜號將軍、子男、渠帥之名。

蠻之種類，蓋盤瓠之後，其來自久。習俗叛服，前史具之。在江淮之間，依託險阻，部落滋蔓，布於數州，東連壽春，西通上洛，北接汝潁，往往有焉。其於魏氏之時，不甚爲患，至晉之末，稍以繁昌，漸爲寇暴矣。自劉石亂後，諸蠻無所忌憚，故其族類，漸得北遷，陸渾以南，滿於山谷，宛洛蕭條，略爲丘墟矣。

太祖既定中山，聲教被于河表。泰常八年，蠻王梅安率渠帥數千朝京師，求留質子以表忠款。始光中，拜安侍子豹爲安遠將軍、江州刺史、順陽公。興光中，蠻王文武龍請降，詔褒慰之，拜南雍州刺史、魯陽侯。

延興中，大陽蠻酋桓誕擁沔水以北，滍葉以南八萬餘落，遣使内屬。高祖嘉之，拜誕征南將軍、東荆州刺史、襄陽王，聽自選郡縣。誕字天生，桓玄之子也。初，玄西奔至枚回洲，被殺，誕時年數歲，流竄大陽蠻中，遂習其俗。及長，多智謀，爲羣蠻所歸。誕既内屬，治於朗陵。太和四年，王師南伐，誕請爲前驅，乃授使持節、南征西道大都督，討義陽，不果而還。十年，移居潁陽。十六年，依例降王爲公。十七年，加征南將軍、中道大都督，征竟陵，遇遷洛，師停。是時蕭賾征虜將軍、直閤將軍蠻酋田益宗率部曲四千餘户內屬。襄陽酋雷婆思等十一人率户千餘內徙，求居大和川，詔給廩食。後開南陽，令有沔北之地。蠻人安堵，不爲寇賊。十八年，誕入朝，賞遇隆厚。卒，謚曰剛。子暉，字道進，位龍驤將軍、東荆州刺史，襲爵。

景明初，大陽蠻酋田育丘等二萬八千户內附，詔置四郡十八縣。暉卒，贈冠軍將軍。三年，魯陽蠻魯北鷰等聚衆攻逼潁川，詔左衛將軍李崇討平之，徙萬餘家於河北諸州及六鎮。尋叛南走，所在追討，比及河，殺之皆盡。四年，東荆州蠻樊素安反，僭帝號。正始元年，素安弟秀安復反，李崇、楊大眼悉討平之。二年，蕭衍沔東太守田清喜擁七郡三十一縣，户萬九千遣使內附〔四六〕，乞師討衍。其雍州以東，石城以西五百餘里水陸援路，請率部曲斷之。四年，蕭衍永寧太守文雲生六部自漢東遣使歸附。

永平初，東荆州表□□太守桓叔興前後招慰大陽蠻歸附者一萬七百户，請置郡十六、縣五十，詔前鎮東府長史酈道元檢行置之。叔興即暉弟也。延昌元年，拜南荆州刺史，居安昌，隸於東荆。三年，蕭衍遣兵討江沔，破掠諸蠻，百姓擾動。蠻自相督率二萬餘人，頻請統帥爲聲勢。叔興給一統并威儀〔四七〕，爲之節度，蠻人遂安。其年，蕭衍雍州刺史蕭藻遣其將蔡令孫等三將寇南荆之西南，沿襄沔上下，破掠諸蠻。蠻酋衍龍驤將軍楚石廉叛衍來請援〔四八〕，叔興與石廉督集蠻夏二萬餘人擊走之，斬令孫等三將。藻又遣其新陽太守邵道林於沔水之南，石城東北立清水戍，爲抄掠之基。叔興遣諸蠻擊破之。四年，叔興上表請不隸東荆，許之。蕭衍每有寇抄，叔興必摧破之。

正光中，叔興擁所部南叛。蠻首成龍强率户數千内附，拜爲刺史。蠻帥田午生率户二千内徙揚州，拜爲郡守。蕭衍義州刺史、邊城王文僧明，鐵騎將軍、邊城太守田官德等率户萬餘舉州内屬，拜僧明平南將軍、西豫州刺史，封開封侯；官德龍驤將軍、義州刺史；自餘封授各有差。僧明、官德並入朝，蠻出山至邊城、建安者八九千户。義州尋爲蕭衍將裴邃所陷。衍定州刺史田超秀亦遣使求附，請援歷年，朝廷恐輕致邊役，未之許。會超秀死，其部曲相率内附，徙之六鎮、秦隴，所在反叛。二荆、西郢，蠻大擾動，斷三鵶路，殺都督，寇盜至於襄城、汝水，百姓多被其害。蕭衍遣將圍廣陵，樊城諸蠻並爲前驅〔四九〕，自汝水以南，處處鈔劫，恣其暴掠。連年攻討，散而復合，其暴滋甚。

又有冉氏、向氏者，陬落尤盛，餘則大者萬家，小者千户，更相崇樹，僭稱王侯〔五〇〕，屯據三峽，斷遏水路，荆、蜀行人至有假道者。

獠者，蓋南蠻之別種，自漢中達于邛笮川洞之間，所在皆有。種類甚多，散居山谷，略無氏族之別。又無名字，所生男女，唯以長幼次第呼之。其丈夫稱阿謩、阿段，婦人阿夷、阿等之類，皆語之次第稱謂也。依樹積木，以居其上，名曰「干蘭」，干蘭大小，隨其家口之數。往往推一長者爲王，亦不能遠相統攝。父死則子繼，若中國之貴族也〔五一〕。獠王各有鼓角一雙，使其子弟自吹擊之。好相殺害，多仇怨，不敢遠行〔五二〕。能卧水底，持刀刺魚。其口嚼食並鼻飲。死者豎棺而埋之。性同禽獸，至於忿怒，父子不相避，惟手有兵刃者先殺之。若殺其父，走避於外〔五三〕，求得一狗以謝其母，母得狗謝，不復嫌恨。若報怨相攻擊，必殺而食之。平常劫掠，賣取猪狗而已〔五四〕。親戚比隣，指授相賣，被賣者號哭不服，逃竄避之，乃將買人捕逐，指若亡叛〔五五〕，獲便縛之。但經被縛者，即服爲賤隸，不敢稱良矣。亡失兒女，一哭便止，不復追思。惟執楯持矛，不識弓矢。用竹爲簧，羣聚鼓之，以爲音節。能爲細布，色至鮮淨。大狗一頭，買一生口。其俗畏鬼神，尤尚淫祀。所殺之人，美鬢髯者必剥其面皮，籠之於竹，及燥，號之曰「鬼」，鼓舞祀之，以求福利。至有賣其昆季妻奴盡者，乃自賣以供祭焉。鑄銅爲器，大口寬腹，名曰銅爨，既薄且輕，易於熟食。

建國中，李勢在蜀，諸獠始出巴西、渠川、廣漢、陽安、資中，攻破郡縣，爲益州大患。勢内外受敵，所以亡也。自桓温破蜀之後，力不能制，又蜀人東流，山險之地多空，獠遂挾山傍谷。與夏人參居者頗輸租賦，在深山者仍不爲編户。蕭衍梁益二州歲歲伐獠以自裨潤，公私頗藉爲利。

正始中，夏侯道遷舉漢中内附，世宗遣尚書邢巒爲梁益二州刺史以鎮之，近夏人者安堵樂業，在山谷者不敢爲寇。後以羊祉爲梁州，傅豎眼爲益州。祉性酷虐，不得物情。蕭衍輔國將軍范季旭與獠王趙清荆率衆屯孝子谷，祉遣統軍魏胡擊走之。後蕭衍寧朔將軍姜白復擁夷獠入屯南城，梁州人王法慶與之通謀，衆屯於固門川，祉遣征虜將軍趙遐討破之〔五六〕。豎眼施恩布信，大得獠和。後以元法僧代傅豎眼爲益州，法僧在任貪殘，獠遂反叛，勾引蕭衍軍圍逼晉壽。朝廷憂之，以豎眼先得物情，復令乘傳往撫。獠聞豎眼至，莫不欣然，拜迎道路，於是而定。及元恒、元子真相繼爲梁州，並無德績，諸獠苦之。

其後朝廷以梁益二州控攝險遠，乃立巴州以統諸獠，後以巴酋嚴始欣爲刺史。又立隆城鎮，所綰獠二十萬户，彼謂北獠，歲輸租布，又與外人交通貿易。巴州生獠並皆不順，其諸頭王每於時節謁見刺史而已。孝昌初，諸獠以始欣貪暴，相率反叛，攻圍巴州。山南行臺魏子建勉諭〔五七〕，即時散罷。自是獠諸頭王相率詣行臺者相繼，子建厚勞賚之。始欣見中國多事，又失彼心，慮獲罪譴。時蕭衍南梁州刺史陰子春扇惑邊陲，始欣謀將南叛。始欣族子愷時爲隆城鎮將，密知之，嚴設邏候，遂禽蕭衍使人，并封始欣詔書、鐵券、刀劍、衣冠之屬，表送行臺。子建乃啓以鎮爲南梁州，愷爲刺史，發使執始欣，囚於南鄭。遇子建見代，梁州刺史傅豎眼仍爲行臺。豎眼久病，其子敬紹納始欣重賂，使得還州。始欣乃起衆攻愷，屠滅之，據城南叛，蕭衍將蕭玩率衆援接。時梁益二州並遣將討之，攻陷巴州，執始欣，遂大破玩軍。及斬玩，以傅曇表爲刺史。後元羅在梁州，爲所陷〔五八〕，自此遂絶。

史臣曰：氐、羌、蠻、獠，風俗各異，嗜欲不同，言語不通，聖人因時設教，所以達其志而通其俗也。然而外寧必有內憂，覽之者不可不誡慎也。

校勘記

〔一〕魏書卷一百一　目録此卷注「闕」，卷末有宋人校語云：「魏收書列傳第八十九亡，史臣論蓋略北史。」錢大昕考異卷二八「氐傳」條據此篇用東晉年號，不斥晉帝姓名，以爲「蓋非魏收書之舊」。此卷諸傳俱以北史相同各傳補而删去北魏以後事。

〔二〕騰勇健多計略　「騰」下宋書卷九八氐胡傳、通典卷一八九邊防五西戎一氐並有「子駒」二字，疑是。按周書卷四九氐傳云：「漢末，有氐帥楊駒，始據仇池百頃，最爲彊族。」亦以始據仇池者爲楊駒。

〔三〕三年　上當有「晉咸康」三字。按北史卷九六氐傳多採宋書卷九八氐胡傳，氐胡傳上文見「咸康元年」，此處未録元年事，遂致漏書年號。

〔四〕國子安叛苻生殺俊復稱藩於晉安死子世自立爲仇池公　「安叛苻生」「安死」，册府卷九六六作「安奢苻生」「及死」。按宋書卷九八氐胡傳稱：「安奔苻生，俊遣使歸順……俊卒，子世立。」考楊安在苻堅時屢任將帥，見晉書卷一一三苻堅載記上，並無「叛」苻生歸晉之事。且此傳上文不言其歸苻生，此忽言其「叛」，知此處「叛」乃「奔」之訛，册府所引已訛「奢」，尚存痕迹。楊俊亦非爲安所殺，世乃俊子而非安子。「安死」本作「及死」，承上文指俊死，册府不誤，此處「殺」字衍。原文當作「國子安奔苻生。俊復稱藩於晉，及死，子世自立爲仇池公」，與宋書合。

〔五〕遣使詣簡文帝　「詣」下册府卷九六六有「闕」字。按通志卷一九五作「遣使詣建康」。依文義當有「闕」字，「簡文帝」三字屬下讀。

〔六〕堅以女妻佛奴子定　「女」字原闕，據南監本、北史卷九六氐傳、册府卷九六六、宋書卷九八氐胡傳補。

〔七〕玄字黄眉　「字」，原作「子」，據宋書卷九八氐胡傳、通志卷一九五改。按下文所敍均玄事，不及「黄眉」，知作「字」是。

〔八〕仍奉晉義熙之號　「義熙」，原作「永熙」，據宋書卷九八氐胡傳改。按晉年號無「永熙」。

〔九〕石昌　宋書卷九八氐胡傳作「宕昌」。按「石昌」不見他處，然宕昌乃羌人聚居地，自有王，下宕昌傳亦未言曾爲楊氏所據，亦可疑。

〔一〇〕獲雍州流人七千餘家還于仇池　「雍州」，原作「維州」。按當時無維州，本書卷四上世祖紀上延和三年正月記：「楊難當克漢中，送雍州流民七千家于長安。」「維」乃「雍」字之訛，今據改。

〔一一〕文德後自漢中入統汧隴　「入統汧隴」，北史卷九六氐傳殿本作「入絶汧隴」。按宋書卷九八氐胡傳云文德「率軍自漢中西入，摇動汧隴」，本自宋書卷九五索虜傳元嘉二十七年伐魏詔書中「震盪汧隴」一語，乃誇飾之辭，本非實事。下文稱文德「有陰平、武興之地」，距汧隴尚遠，談何「入統」。北史殿本「統」作「絶」，當是以意改，然亦證此處「統」字必誤。

〔一二〕子元和奔義隆以爲武都白水太守　按宋書卷九八氐胡傳云：「立元和爲武都王，治白水。」

〔一三〕文度弟弘　「弘」，宋書卷九八氐胡傳、南齊書卷五九氐傳並作「文弘」。

〔一四〕集始遂入蕭賾　「入蕭賾」，北史卷九六氐傳作「入齊」。張森楷云：「楊靈珍襲武興，據齊書氐傳在建武世，則是蕭鸞，非蕭賾也。」按張説是。魏書例不稱南朝國號，直稱帝名，疑補此傳者改從此例，卻未考年月而致誤。

〔五〕户七百　晉書卷九七吐谷渾傳作「一千七百家」，通鑑卷九〇晉紀一二建武元年十二月作「户一千七百」。

〔六〕遣舊老及長史七那樓追謝留之　「七那樓」，宋書卷九六吐谷渾傳作「乙那樓」，晉書卷九七吐谷渾傳作「史那樓馮」、通鑑卷九〇晉紀一二建武元年十二月作「乙郍婁馮」。按本書卷一一三官氏志云：「一那蔞氏，後改爲蔞氏。」疑「乙那樓」即「一那蔞」之異譯，此處「七」乃「乙」字之訛。宋書稱其姓，晉書録其名「馮」，而誤「乙」作「史」。下文「樓力屈」，以爲其人單名「樓」，沿宋書之誤。

〔七〕一回一迷　宋書卷九六吐谷渾傳作「一向一遠」。按上云「擁馬令回」，疑作「回」是，「迷」疑當作「遠」。

〔八〕作阿干歌徒河以兄爲阿干也　「阿干」，原作「阿于」，據晉書卷九七吐谷渾傳改。按殿本考證云：「『于』應作『干』，晉書鮮卑謂兄曰『阿干』是也。」通志卷一九五亦作「阿干」。與東北諸族語源相近之蒙古語稱兄音近「阿干」，「于」字訛。

〔九〕昂城　宋書卷九六吐谷渾傳作「昴城」。

〔一〇〕射中則嗥叫泣涕　宋書卷九六吐谷渾傳作「射中則喜不中則號叫泣涕」。

〔一一〕弟視羆立　「弟」，疑當作「子」。按晉書卷九七吐谷渾傳、宋書卷九六吐谷渾傳並云視連二子，長曰視羆，少曰烏紇提。

〔二二〕二子慕璝利延　「利延」，下文並作「慕利延」，宋書卷九六吐谷渾傳作「慕延」，省「利」字。此處「慕」字不宜省，疑脱去。

〔二三〕汝等各奉吾一隻箭折之地下　「折」，北史卷九六吐谷渾傳、册府卷九六七作「將玩」。按下文云：「命母弟慕利延曰：『汝取一隻箭折之。』」若諸子先已各折一箭，何須慕利延更試。疑此處「折」字本作「將玩」，因下「折之」字適在次行相並處而訛。

〔二四〕始至萬匹　「萬匹」，原作「方伯」，據北監本、汲本、殿本、局本、北史卷九六吐谷渾傳改。汲本、局本旁注：「宋本作『方伯』。」按上文稱説漢遺匈奴繒絮事，下文言吐谷渾有無桑蠶，作「方伯」與上下文不相連，且漢也未命呼韓邪爲方伯。

〔二五〕可敕秦州送詣京師　「秦州」，疑爲「泰州」之訛。按上文稱西秦流人被賊所抄掠者「悉在蒲坂」，時泰州治蒲坂。參見本書卷一〇六下校記〔五二〕。

〔二六〕河西　本書卷一八晉王伏羅傳作「河曲」。周偉洲吐谷渾史云：伏羅所統魏軍所至大母橋地在今青海循化東之清水河河口，河西已然爲魏所有，拾寅不可能復奔其地，河曲即析支，「作『河曲』是」。

〔二七〕樹洛干子拾寅立始邑於伏羅川　「伏羅川」，按宋書卷九六吐谷渾傳云「其國雖隨水草，大抵治慕賀川」，通典卷一九〇邊防六西戎二吐谷渾亦稱「其主理慕賀川」。南齊書卷五九河南傳稱「其王治慕駕川」。「駕」顯是「賀」字之形訛。「伏羅」「慕賀」名稱不同，或以二名音近强釋之爲一地。按晉書卷九七吐谷渾傳稱樹洛干嗣立後，「率所部數千家奔歸莫何川」，「莫何」亦即「慕賀」。本傳前文記莫賀郎「華言父也」。則「莫何」「慕賀」「莫賀」，用字雖別，均是鮮卑語父之記音。疑拾寅築邑，名其地爲慕賀川以紀其父率部始居此，魏因晉王伏羅率軍逐吐谷渾衆遠奔白蘭，遂以伏羅名稱其地以爲旌賞，乃一時之名。南朝史書仍沿舊稱，不具北魏新名。疑「伏羅川」即「慕賀川」，名異緣於紀事，與音近無關。

〔二八〕通使于劉彧獻善馬四角羊彧加之官號　兩「彧」字，原並作「或」，南監本前字作「彧」，後字作「或」，今據殿本、局本改。按北史卷九六吐谷渾傳此句作「通使于宋，獻善馬、四角羊，宋明帝加之官號」，宋明帝名劉彧，殿本考證據謂「兩『彧』字監本俱誤作『或』」而改，考證説是。然檢宋書卷九六吐谷渾傳，獻馬、羊在宋孝武帝劉駿大明五年，加官在宋明帝泰始三年，本非同時事。北史删簡宋書，前稱「宋」，後稱「宋明帝」本不誤，補此傳者依魏書例改稱宋帝名，則「通使於宋」，當作「通使於劉駿」，却因後有「彧」字，亦一概改作「彧」，殊謬。「獻善馬」，宋書作「獻善舞馬」，又稱「皇太子、王公以下上舞馬歌二十七首」，此處「馬」上疑脱「舞」字。

〔二九〕遣其侍郎時真貢方物復上表稱嗣事　「復」，原作「提」，不可解，今據南監本、局本改。

〔三〇〕乃可加以告責　「告責」，北史卷九六吐谷渾傳作「誥責」，疑是。

〔三一〕涼州城人萬于菩提等東應念生　「萬于菩提」，本書卷九肅宗紀正光五年七月作「于菩提」。按本書卷一一三官氏志「勿忸于氏後改爲于氏」，廣韻卷一虞韻引作「万忸于」。疑此處「萬」

當作「万」，「万于」即「万忸于」之省。

〔二二〕土出犛牛馬　「馬」下北史卷九六吐谷渾傳有「騾」字，疑此處脱去。

〔二三〕牧養犛牛羊豕以供其食　「牧」，原作「收」，據册府卷九六一、周書卷四九宕昌傳、通典卷一九〇邊防六西戎二宕昌改。

〔二四〕繼母世叔母　「世」字原闕，據北史卷九六宕昌傳、册府卷九六一、周書卷四九宕昌傳補。

〔二五〕㢊水以南　「㢊水」，通典卷一九〇邊防六西戎二宕昌作「席水」，注云：「席水在今天水上邽縣。」按「㢊」爲「席」之俗體，北朝墓誌常見。顏氏家訓書證篇舉其時鄙俗之字即有「『席』中加『帶』」。

〔二六〕彌治遣文度救　北監本、殿本、北史卷九六宕昌傳作「彌治遣使請救」，南監本作「彌治遺文度請救」，汲本、局本「文度」下旁注：「北雍本作『使請』。」按本卷各本俱本北史，疑補此傳者涉下文誤録「使請」作「文度」，北監本、殿本據北史改，當是。

〔二七〕楊文度之叛　「楊文度」，原作「陽文度」，據殿本、北史卷九六宕昌傳改。按楊文度叛魏見本卷上文氏傳。

〔二八〕晉以其地爲高昌郡　洪頤煊諸史考異卷一〇云：「案晉書地理志無高昌郡。呂光載記有高昌太守楊翰，沮渠蒙遜載記以熾盤爲高昌太守。」按晉書卷八六張軌傳附張駿傳云：「戊己校尉趙貞不附于駿，至是，駿擊擒之，以其地爲高昌郡。」元和志卷四〇隴右道下西州云：「晉成帝咸和中，張駿置高昌郡。」通典卷一七四州郡四古雍州下交河郡稱「前涼張駿置高昌郡」，是高昌郡始置於前涼張駿。涼州張氏，晉人視爲晉臣，此云晉置尚可，下云張軌亦置則誤。

〔三九〕七十里有貪汗山　「七十里」上北史卷九七高昌傳、通典卷一九一邊防七西戎三高昌有「山北」二字，疑此處脱去。「貪汗山」，原作「貪汙山」，據北史、通典改。

〔四〇〕爲其兄首歸所殺　「其兄」，北史卷九七高昌傳作「從兄」。

〔四一〕高車王可至羅殺首歸兄弟　「可至羅」，册府卷九六六、隋書卷八三高昌傳、通典卷一九一邊防七西戎三車師作「阿伏至羅」，疑是。按「阿伏至羅」亦見本書卷一〇三高車傳，北史例省作「阿至羅」，此處「可」爲「阿」之訛。

〔四二〕永平元年　「永平」，原作「熙平」。張森楷云：「通鑑置此於永平元年（梁天監七年），據下文有『延昌』，又有『熙平』，則此『熙』字誤也。」按事見本書卷八世宗紀永平元年末，今據改。

〔四三〕并請國子助教劉燮以爲博士　「劉燮」，原作「劉變」，據北史卷九七高昌傳改。按本書卷六七崔光傳，神龜元年擬校石經，國子助教劉燮與其事，官職、時間俱合，當即一人，「變」乃「燮」字之形訛。

〔四四〕其地自亭街以東　「亭街」，通典卷一九〇邊防六西戎二鄧至作「千亭」。

〔四五〕其王像舒治遣使内附高祖拜龍驤將軍鄧至王　按寰宇記卷八一劍南西道松州引後魏書鄧至傳云：「王像舒治者，並白水羌是也。常爲羌豪，自稱鄧至王。後至舒彭，遣使内附，拜龍驤將軍、益州刺史、甘松縣開國子、鄧至王。請以封爵授子彭奮。高祖許之，拜奮建忠將軍、甘松縣開國子。既爲小國，朝貢相繼，關中亂乃絶。」遠詳於此補自北史之文，應是魏書此傳原文。據寰宇記所引，孝文帝時遣使並受封者乃其先像舒彭，非像舒治。通典卷一九〇邊防六西戎二鄧至云：「自舒理（避唐諱改「治」作「理」）至十代孫舒彭附於後魏。」亦可爲證。通典明記像舒彭爲像舒治十代孫，當有所本，疑即出自本書鄧至傳，則寰宇記所引仍不全。又像舒彭受封後，請以封爵授子被允，亦見本書卷七下高祖紀下太和十七年九月乙亥，惟其子名，寰宇記所引作「彭奮」，紀則作「舊」。

〔四六〕戶萬九千　本書卷八世宗紀正始二年八月作「戶萬九十」。

〔四七〕叔興給一統并威儀　按語晦澀，疑「給」字本在「叔興」前，或有訛脱。

〔四八〕蠻酋衍龍驤將軍楚石廉　「楚石廉」，北史卷九五蠻傳作「樊石廉」，疑是。按樊氏乃蠻中大姓。

〔四九〕蕭衍遣將圍廣陵樊城諸蠻並爲前驅　「樊城」，北史卷九五蠻傳作「楚城」，疑是。按楚城是西楚州治所（今河南信陽附近），與西豫州治所廣陵（今河南息縣）毗鄰，樊城迥不相接。

〔五〇〕更相崇樹僭稱王侯　「樹」字原闕，據北史卷九五蠻傳、周書卷四九蠻傳補。

〔五一〕若中國之貴族也　「貴族」，通典卷一八七邊防三南蠻上獠、御覽卷七九六引後魏書作「黨族」，疑是。

〔五二〕多仇怨不敢遠行　「仇怨」二字原闕，據通典卷一八七邊防三南蠻上獠、通志卷一九七、御覽卷七九六引後魏書補。按北史卷九五獠傳作「多死不敢遠行」。

〔五三〕走避於外　「於外」二字原闕，「走避」下北史卷九五獠傳有「外」字，據通典卷一八七南蠻上獠、御覽卷七九六引後魏書、通志卷一九七補。

〔五四〕賣取猪狗而已　「取」，通典卷一八七邊防三南蠻上獠作「如」。

〔五五〕乃將買人捕逐指若亡叛　「逐」，原作「遂」，據南監本、殿本改。又此句北史卷九五獠傳作「乃將買人指捕逐若亡叛」，周書卷四九獠傳作「乃將買人指撝捕逐若追亡叛」。疑此處及北史並有脱亂，周書是。

〔五六〕征虜將軍趙遐　「趙遐」，原作二字空格，三朝本、南監本、北監本、殿本、局本旁注「闕二字」，汲本單注「闕」。按本書卷五二趙逸傳附趙遐傳云：「後以左軍將軍、假征虜將軍、督巴東諸軍事，鎮南鄭。時蕭衍冠軍將軍、軍主姜脩衆二萬屯羊口，輔國將軍姜白龍據南城……並扇動夷獠，規翻南鄭。遐率甲士九千，所在衝擊，數百里中，莫不摧靡，前後斬首五千餘級。」所記事與此合。所闕必是「趙遐」，今據補。又上文之「姜白」，當即遐傳之「姜白龍」，疑此脱「龍」字，或是雙名單稱，惟此作「寧朔將軍」，遐傳作「輔國將軍」，當有一誤。

〔五七〕山南行臺魏子建勉諭　「魏子建」三字原闕，據通志卷一九七補。按魏子建爲「山南行臺」，見卷九肅宗紀正光五年十二月，卷一〇四自序亦稱「詔子建兼尚書，爲行臺」。本卷下文稱

「子建厚勞賚之」，知此處脱其名。

〔五八〕後元羅在梁州爲所陷　「所」，原作「使」，不可通，據北史卷九五獠傳改。按「所」上仍缺主名，本書卷六一薛安都傳附薛懷儁傳云：「天平初，代還至梁州，與刺史元羅俱爲蕭衍將蘭欽所擒，送江南。」疑此處「所」上脱「蕭衍將蘭欽」等字。

魏書卷一百二〔一〕

列傳第九十

西域

夏書稱「西戎即序」，班固云：就而序之，非盛威武，致其貢物也。漢氏初開西域，有三十六國。其後分立五十五王，置校尉、都護以撫納之。王莽篡位，西域遂絕。至於後漢，班超所通者五十餘國，西至西海，東西萬里，皆來朝貢，復置都護、校尉以相統攝。其後或絕或通，漢朝以爲勞弊中國，其官時置時廢。暨魏晉之後，互相吞滅，不可復詳記焉。

太祖初，經營中原，未暇及於四表。既而西戎之貢不至，有司奏依漢氏故事，請通西域，可以振威德於荒外，又可致奇貨於天府。太祖曰：「漢氏不保境安人，乃遠開西域，使海内虚耗，何利之有？今若通之，前弊復加百姓矣。」遂不從。歷太宗世，竟不招納。

太延中，魏德益以遠聞，西域龜茲、疏勒、烏孫、悦般、渴槃陁、鄯善、焉耆、車師、粟特諸國王始遣使來獻。世祖以西域漢世雖通，有求則卑辭而來，無欲則驕慢王命，此其自知絶遠，大兵不可至故也。若報使往來，終無所益，欲不遣使。有司奏九國不憚遐嶮，遠貢方物，當與其進，安可豫抑後來，乃從之。於是始遣行人王恩生、許綱等西使，恩生出流沙，爲蠕蠕所執，竟不果達。又遣散騎侍郎董琬、高明等多齎錦帛，出鄯善，招撫九國，厚賜之。初，琬等受詔：便道之國，可往赴之。琬過九國，北行至烏孫國，其王得朝廷所賜，拜受甚悦，謂琬曰：「傳聞破洛那、者舌皆思魏德，欲稱臣致貢，但患其路無由耳。今使君等既到此，可往二國，副其慕仰之誠。」琬於是自向破洛那，遣明使者舌。烏孫王爲發導譯達二國，琬等宣詔慰賜之。已而琬、明東還，烏孫、破洛那之屬遣使與琬俱來貢獻者十有六國。自後相繼而來，不間于歲，國使亦數十輩矣。

初，世祖每遣使西域，常詔河西王沮渠牧犍令護送，至姑臧，牧犍恒發使導路出於流沙。後使者自西域還，至武威，牧犍左右謂使者曰：「我君承蠕蠕吴提妄説，云：『去歲魏天子自來伐我，士馬疫死，大敗而還，我禽其長弟樂平王丕。』我君大喜，宣言國中。」又聞吴提遣使告西域諸國，稱：「魏已削弱，今天下唯我爲彊，若更有魏使，勿復恭奉。」西域諸國亦有貳者。」牧犍事主稍以慢墯。使還，具以狀聞，世祖遂議討牧犍。涼州既平，鄯善國以爲「脣亡齒寒，自然之道也，今武威爲魏所滅，次及我也。若通其使人，知我國事，取亡必近，不如絶之，可以支久」，乃斷塞行路，西域貢獻，歷年不入。後平鄯善，行人復通。

始琬等使還京師，具言凡所經見及傳聞傍國，云：西域自漢武時五十餘國，後稍相并。至太延中，爲十六國，分其地爲四域。自葱嶺以東，流沙以西爲一域；葱嶺以西，海曲以東爲一域；者舌以南，月氏以北爲一域；兩海之間，水澤以南爲一域。内諸小渠長蓋以百數。其出西域本有二道，後更爲四：出自玉門，渡流沙，西行二千里至鄯善爲一道；自玉門渡流沙，北行二千二百里至車師爲一道；從莎車西行一百里至葱嶺，葱嶺西一千三百里至伽倍爲一道；自莎車西南五百里葱嶺，西南一千三百里至波路爲一道焉。自琬所不傳而更有朝貢者，紀其名，不能具國俗也。其與前使所異者録之。

鄯善國，都扜泥城〔二〕，古樓蘭國也。去代七千六百里，所都城方一里。地多沙鹵，少水草，北即白龍堆路。至太延初，始遣使來獻。四年，遣其弟素延耆入侍。及世祖平涼州，沮渠牧犍弟無諱走保敦煌。無諱後謀渡流沙，遣其弟安周擊鄯善，王比龍恐懼欲降。

會魏使者自天竺、罽賓還，俱會鄯善，勸比龍拒之，遂與連戰，安周不能尅，退保東城。後比龍懼，率衆西奔且末，其世子乃應安周。鄯善人頗剽劫之〔三〕，令不得通。世祖詔散騎常侍、成周公萬度歸乘傳發涼州兵討之，度歸到敦煌，留輜重，以輕騎五千渡流沙，至其境。時鄯善人衆布野，度歸敕吏卒不得有所侵掠，邊守感之，皆望旗稽服。其王真達面縛出降，度歸釋其縛，留軍屯守，與真達詣京都。世祖大悅，厚待之。是歲，拜交趾公韓拔爲假節〔四〕、征西將軍、領護西戎校尉、鄯善王以鎮之，賦役其人，比之郡縣。

且末國，都且末城，在鄯善西，去代八千三百二十里。真君三年，鄯善王比龍避沮渠安周之難，率國人之半奔且末，後役屬鄯善。且末西北方流沙數百里，夏日有熱風爲行旅之患。風之所至，唯老駝豫知之，即鳴而聚立，埋其口鼻於沙中，人每以爲候，亦即將氈擁蔽鼻口。其風迅駛，斯須過盡，若不防者，必至危斃。

于闐國，在且末西北〔五〕，葱嶺之北二百餘里。東去鄯善千五百里，南去女國二千里〔六〕，西去朱俱波千里〔七〕，北去龜茲千四百里，去代九千八百里。其地方亘千里，連山相次。所都城方八九里，部内有大城五，小城數十。于闐城東三十里有首拔河，中出玉石。土宜五穀并桑麻，山多美玉，有好馬、駝、騾。其刑法，殺人者死，餘罪各隨輕重懲罰之。自外風俗物産與龜茲略同。俗重佛法，寺塔僧尼甚衆，王尤信尚，每設齋日，必親自灑掃饋食焉。城南五十里有贊摩寺，即昔羅漢比丘盧旃爲其王造覆盆浮圖之所〔八〕，石上有辟支佛跣處，雙跡猶存。于闐西五百里有比摩寺〔九〕，云是老子化胡成佛之所。俗無禮義，多盜賊，淫縱。自高昌以西，諸國人等深目高鼻，唯此一國，貌不甚胡，頗類華夏。城東二十里有大水北流，號樹枝水〔一〇〕，即黄河也，一名計式水〔一一〕。城西五十五里亦有大水〔一二〕，名達利水，與樹枝水會，俱北流。

真君中，世祖詔高涼王那擊吐谷渾慕利延，慕利延懼，驅其部落渡流沙。那進軍急追之，慕利延遂西入于闐，殺其王，死者甚衆。顯祖末，蠕蠕寇于闐，于闐患之，遣使素目伽上表曰：「西方諸國，今皆已屬蠕蠕，奴世奉大國，至今無異。今蠕蠕軍馬到城下，奴聚兵自固，故遣使奉獻，延望救援。」顯祖詔公卿議之，公卿奏曰：「于闐去京師幾萬里，蠕蠕之性，惟習野掠，不能攻城，若爲所拒，當已旋矣。雖欲遣師，勢無所及。」顯祖以公卿議示其使者，亦以爲然。於是詔之曰：「朕承天理物，欲令萬方各安其所，應敕諸軍以拯汝難。

但去汝遐阻，雖復遣援，不救當時之急，已停師不行，汝宜知之。朕今練甲養卒，一二歲間當躬率猛將，爲汝除患，汝其謹警候以待大舉。」先是，朝廷遣使者韓羊皮使波斯，波斯王遣使獻馴象及珍物。經于闐，于闐中于王秋仁輒留之〔一三〕，假言慮有寇不達。羊皮言狀，顯祖怒，又遣羊皮奉詔責讓之，自後每使朝獻。

蒲山國，故皮山國也。居皮城，在于闐南〔一四〕，去代一萬二千里。其國西南三里，有凍凌山〔一五〕。後役屬于闐。

悉居半國，故西夜國也，一名子合。其王號子，治呼犍〔一六〕。在于闐西，去代萬二千九百七十里。太延初，遣使來獻，自後貢使不絕。

權於摩國，故烏秅國也。其王居烏秅城，在悉居半西南，去代一萬二千九百七十里。

渠莎國，居故莎車城，在子合西北，去代一萬二千九百八十里。

車師國，一名前部。其王居交河城。去代萬五十里，其地北接蠕蠕。本通使交易，世祖初，始遣使朝獻，詔行人王恩生、許綱等出使。恩生等始度流沙，爲蠕蠕所執。恩生見蠕蠕吴提，持魏節不爲之屈。後世祖切讓吴提，吴提懼，乃遣恩生等歸。許綱到敦煌，病死，朝廷壯其節，賜謚曰貞。初，沮渠無諱兄弟之渡流沙也，鳩集遺人，破車師國。真君十一年，車師王車夷落遣使琢進、薛直上書曰〔一七〕：「臣亡父僻處塞外，仰慕天子威德，遣使表獻，不空於歲。天子降念，賜遺甚厚。及臣繼立，亦不闕常貢，天子垂矜，亦不異前世。敢緣至恩，輒陳私艱〔一八〕。臣國自無諱所攻擊，經今八歲，人民饑荒，無以存活。賊今攻臣甚急，臣不能自全，遂捨國東奔，三分免一，即日已到焉耆東界。思歸天闕，幸垂賑救。」於是下詔撫慰之，開焉耆倉給之。正平初，遣子入侍，自後每使朝貢。

且彌國，都天山東于大谷，在車師北，去代一萬五百七十里。本役屬車師。

焉耆國，在車師南，都員渠城，白山南七十里，漢時舊國也。去代一萬二百里。其王姓龍，名鳩尸卑那，即前涼張軌所討龍熙之胤。所都城方二里，國內凡有九城。國小人貧，無綱紀法令。兵有弓刀甲矟。婚姻略同華夏。死亡者皆焚而後葬，其服制滿七日則除之。丈夫並翦髮以爲首飾。文字與婆羅門同。俗事天神，並崇信佛法。尤重二月八日、四月八日，是日也，其國咸依釋教，齋戒行道焉。氣候寒，土田良沃，穀有稻粟菽麥，畜有駝馬。養蠶不以爲絲，唯充綿纊。俗尚蒲萄酒，兼愛音樂。南去海十餘里，有魚鹽蒲葦之饒。東去高昌九百里，西去龜茲九百里，皆沙磧；東南去瓜州二千二百里。

恃地多險，頗剽劫中國使。世祖怒之，詔成周公萬度歸討之，約齎輕糧，取食路次。度歸入焉耆東界，擊其邊守左回、尉犁二城拔之，進軍向員渠。鳩尸卑那以四五萬人出城守險以拒。度歸募壯勇，短兵直往衝，鳩尸卑那衆大潰，盡虜之，單騎走入山中。度歸進屠其城，四鄙諸戎皆降服。焉耆爲國，斗絶一隅，不亂日久，獲其珍奇異翫殊方譎詭不識之物，橐駝馬牛雜畜巨萬。時世祖幸陰山北宮，度歸破焉耆露板至，世祖省訖，賜司徒崔浩書曰：「萬度歸以五千騎經萬餘里，拔焉耆三城，獲其珍奇異物及諸委積不可勝數。自古帝王雖云即序西戎，有如指注，不能控引也。朕今手把而有之，如何？」浩上書稱美，遂命度歸鎮撫其人。初鳩尸卑那走山中，猶覬城不拔，得還其國。既見盡爲度歸所剋，乃奔龜茲，龜茲以其婿，厚待之。

龜茲國，在尉犂西北，白山之南一百七十里，都延城，漢時舊國也。去代一萬二百八十里。其王姓白，即後涼呂光所立白震之後。其王頭繫綵帶，垂之於後，坐金師子牀。所居城方五六里。其刑法，殺人者死，劫賊則斷其一臂并刖一足。稅賦準地徵租，無田者則稅銀錢。風俗、婚姻、喪葬、物產與焉耆略同，唯氣候少温爲異。又出細氈，饒銅、鐵、鉛、麖皮、氍毹、饒沙〔一九〕、鹽緑、雌黄、胡粉、安息香、良馬、犎牛等。東有輪臺，即漢貳師將軍李廣利所屠者。其南三百里有大河東流，號計式水，即黄河也。東去焉耆九百里，南去于闐一千四百里，西去疏勒一千五百里，北去突厥牙帳六百餘里，東南去瓜州三千一百里〔二〇〕。其東闕城戍〔二一〕。寇竊非一。世祖詔萬度歸率騎一千以擊之，龜茲遣烏羯目提等領兵三千距戰，度歸擊走之，斬二百餘級，大獲駝馬而還。俗性多淫，置女市，收男子錢入官。土多孔雀，羣飛山谷間，人取養而食之，孳乳如鷄鶩，其王家恒有千餘隻云。其國西北大山中有如膏者流出成川，行數里入地，如餅餬，甚臭，服之髮齒已落者能令更生，病人服之皆愈〔三〕。自後每使朝貢。

姑默國，居南城，在龜茲西，去代一萬五百里。役屬龜茲。

温宿國，居温宿城，在姑默西北，去代一萬五百五十里。役屬龜茲。

尉頭國，居尉頭城，在温宿北，去代一萬六百五十里。役屬龜茲。

烏孫國，居赤谷城，在龜茲西北，去代一萬八百里。其國數爲蠕蠕所侵，西徙葱嶺山中，無城郭，隨畜牧逐水草。太延三年遣使者董琬等使其國，後每使朝貢。

疏勒國，在姑默西，白山南百餘里，漢時舊國也。去代一萬一千一百五十里。高宗末，其王遣使送釋迦牟尼佛袈裟一，長二丈餘〔三〕。高宗以審是佛衣，應有靈異，遂燒之以驗虛實，置於猛火之上，經日不然，觀者莫不悚駭，心形俱肅。其王戴金師子冠。土多稻、粟、麻、麥、銅、鐵、錫、雌黄、錦、綿，每歲常供送於突厥。其都城方五里，國内有大城十二，小城數十。人手足皆六指，産子非六指者即不育。勝兵二千人。南有黄河，西帶葱嶺，東去龜茲千五百里，西去鏺汗國千里，南去朱俱波八九百里，東北至突厥牙帳千餘里，東南去瓜州四千六百里。

悦般國，在烏孫西北，去代一萬九百三十里。其先，匈奴北單于之部落也。爲漢車騎將軍竇憲所逐，北單于度金微山，西走康居，其羸弱不能去者住龜茲北。地方數千里，衆可二十餘萬。涼州人猶謂之「單于王」。其風俗言語與高車同，而其人清潔於胡。俗剪髮齊眉，以醍醐塗之，昱昱然光澤，日三澡漱，然後飲食。其國南界有火山，山傍石皆燋鎔，流地數十里乃凝堅，人取爲藥，即石流黄也。

與蠕蠕結好，其王嘗將數千人入蠕蠕國，欲與大檀相見。入其界百餘里，見其部人不浣衣，不絆髮，不洗手，婦人舌舐器物，王謂其從臣曰：「汝曹誑我入此狗國中！」乃馳還。大檀遣騎追之不及，自是相仇讎，數相征討。真君九年，遣使朝獻。并送幻人，稱能割人喉脉令斷，擊人頭令骨陷，皆血出或數升或盈斗〔二四〕，以草藥内其口中，令嚼咽之，須臾血止，養瘡一月復常，又無痕瘢。世祖疑其虛，乃取死罪囚試之，皆驗。云中國諸名山皆有此草，乃使人受其術而厚遇之。又言其國有大術者，蠕蠕來抄掠，術人能作霖雨狂風大雪及行潦，蠕蠕凍死漂亡者十二三。是歲再遣使朝貢，求與官軍東西齊契討蠕蠕。世祖嘉其意，命中外諸軍戒嚴，以淮南王他爲前鋒，襲蠕蠕。仍詔有司以其鼓舞之節施於樂府。自後每使貢獻。

者至拔國，都者至拔城，在疏勒西，去代一萬一千六百二十里。其國東有潘賀那山，出美鐵及師子。

迷密國，都迷密城，在者至拔西，去代一萬二千六百里。正平元年，遣使獻一峯黑槖駝。其國東有山，名郁悉滿，山出金玉，亦多鐵。

悉萬斤國，都悉萬斤城，在迷密西〔二五〕，去代一萬二千七百二十里。其國南有山，名伽色那，山出師子。每使朝貢。

忸密國，都忸密城，在悉萬斤西，去代二萬二千八百二十八里。

破洛那國〔二六〕，故大宛國也。都貴山城，在疏勒西北，去代萬四千四百五十里。太和三年，遣使獻汗血馬〔二七〕，自此每使朝貢。

粟特國，在葱嶺之西，古之奄蔡，一名温那沙。居於大澤，在康居西北，去代一萬六千里。先是，匈奴殺其王而有其國，至王忽倪已三世矣。其國商人先多詣涼土販貨，及克姑臧，悉見虜。高宗初，粟特王遣使請贖之，詔聽焉。自後無使朝獻〔二八〕。

波斯國，都宿利城，在忸密西，古條支國也。去代二萬四千二百二十八里。城方十里，户十餘萬，河經其城中南流。土地平正，出金、銀、鍮石、珊瑚、琥珀、車渠、馬腦，多大真珠、頗梨、瑠璃、水精、瑟瑟、金剛、火齊、鑌鐵、銅、錫、朱砂、水銀、綾、錦、疊、毼、氍毹、毾㲪、赤麞皮〔二九〕，及薰陸、鬱金、蘇合、青木等香，胡椒、畢撥、石蜜、千年棗、香附子、訶梨勒、無食子、鹽緑、雌黄等物。氣候暑熱，家自藏冰。地多沙磧，引水溉灌。其五穀及鳥獸等與中夏略同，唯無稻及黍、稷。土出名馬、大驢及駝，往往有日行七百里者。富室至有數千頭〔三〇〕。又出白象、師子、大鳥卵。有鳥形如橐駝，有兩翼〔三一〕，飛而不能高，食草與肉，亦能噉火。

其王姓波氏，名斯〔三二〕。坐金羊牀，戴金花冠，衣錦袍、織成帔，飾以真珠寶物。其俗：丈夫剪髮，戴白皮帽，貫頭衫，兩廂近下開之，亦有巾帔，緣以織成；婦女服大衫，披大帔，其髮前爲髻，後披之，飾以金銀花，仍貫五色珠，絡之於膊〔三三〕。王於其國內，別有小牙十餘所，猶中國之離宮也。每年四月出遊處之，十月乃還。王即位以後，擇諸子內賢者，密書其名，封之於庫，諸子及大臣皆莫之知也。王死，衆乃發書視之，其封內有名者，即立以爲王，餘子出各就邊任，兄弟更不相見也。國人號王曰「醫嚈」，妃曰「防步率」，王之諸子曰「殺野」。大官有摸胡壇，掌國內獄訟；泥忽汗，掌庫藏開禁〔三四〕；地卑〔三五〕，掌文書及衆務；次有遏羅訶地，掌王之內事；薛波勃，掌四方兵馬。其下皆有屬官，分統其事。兵有甲稍圓排劍弩弓箭，戰兼乘象，百人隨之。其刑法：重罪懸諸竿上，射殺之；次則繫獄，新王立乃釋之；輕罪則劓刖若髡，或剪半鬢，及繫牌於項，以爲恥辱；犯強盜者，繫之終身；姦貴人妻者，男子流，婦人割其耳鼻。賦稅則準地輸銀錢。

俗事火神、天神。文字與胡書異。多以姊妹爲妻妾，自餘婚合，亦不擇尊卑，諸夷之中最爲醜穢矣。百姓女年十歲以上有姿貌者，王收養之，有功勳人即以分賜。死者多棄屍於山，一月著服。城外有人別居，唯知喪葬之事，號爲不淨人，若入城市，搖鈴自別。以六月爲歲首，尤重七月七日〔三六〕、十二月一日，其日人庶以上各相命召，設會作樂，以極懽娱。又每年正月二十日，各祭其先死者〔三七〕。

神龜中，其國遣使上書貢物，云：「大國天子，天之所生，願日出處常爲漢中天子。波斯國王居和多千萬敬拜。」朝廷嘉納之。自此每使朝獻。

伏盧尼國，都伏盧尼城，在波斯國北，去代二萬七千三百二十里。累石爲城。東有大河南流，中有鳥，其形似人，亦有如槖駝、馬者，皆有翼，常居水中，出水便死。城北有云尼山，出銀、珊瑚、琥珀，多師子。

色知顯國，都色知顯城，在悉萬斤西北，去代一萬二千九百四十里，土平，多五果。

伽色尼國，都伽色尼城，在悉萬斤南，去代一萬二千九百里。土出赤鹽，多五果。

薄知國，都薄知城，在伽色尼南，去代一萬三千三百二十里。多五果。

牟知國，都牟知城，在忸密西南，去代二萬二千九百二十里。土平，禽獸草木類中國。

阿弗太汗國，都阿弗太汗城，在忸密西，去代二萬三千七百二十里。土平，多五果。

呼似密國，都呼似密城，在阿弗太汗西，去代二萬四千七百里。土平，出銀、琥珀，有師子，多五果。

諸色波羅國，都波羅城，在忸密南，去代二萬三千四百二十八里。土平，宜稻麥，多五果。

早伽至國〔三八〕，都早伽至城，在忸密西，去代二萬三千七百二十八里。土平，少田植，取稻麥於隣國，有五果。

伽不單國，都伽不單城，在悉萬斤西北，去代一萬二千七百八十里。土平，宜稻麥，有五果。

者舌國，故康居國，在破洛那西北，去代一萬五千四百五十里。太延三年，遣使朝貢，自是不絕。

伽倍國，故休密翕侯。都和墨城，在莎車西，去代一萬三千里。人居山谷間。

折薛莫孫國，故雙靡翕侯。都雙靡城，在伽倍西，去代一萬三千五百里。人居山谷間。

鉗敦國，故貴霜翕侯。都護澡城，在折薛莫孫西，去代一萬三千五百六十里。人居山谷間。

弗敵沙國，故肹頓翕侯。都薄茅城，在鉗敦西，去代一萬三千六百六十里。居山谷間。

間。

閻浮謁國，故高附翕侯。都高附城，在弗敵沙南，去代一萬三千七百六十里。居山谷間。

大月氏國，都盧監氏城〔三九〕，在弗敵沙西，去代一萬四千五百里。北與蠕蠕接，數爲所侵，遂西徙都薄羅城，去弗敵沙二千一百里。其王寄多羅勇武，遂興師越大山，南侵北天竺，自乾陁羅以北五國盡役屬之。世祖時，其國人商販京師，自云能鑄石爲五色瑠璃，於是採礦山中，於京師鑄之。既成，光澤乃美於西方來者。乃詔爲行殿，容百餘人，光色映徹，觀者見之，莫不驚駭，以爲神明所作。自此中國瑠璃遂賤，人不復珍之。

安息國，在葱嶺西，都蔚搜城。北與康居，西與波斯相接，在大月氏西北，去代二萬一千五百里。

大秦國，一名黎軒，都安都城。從條支西渡海曲一萬里，去代三萬九千四百里。其海傍出，猶勃海也，而東西與勃海相望，蓋自然之理。地方六千里，居兩海之間。其地平正，人居星布。其王都城分爲五城，各方五里，周六十里。王居中城。城置八臣以主四方，而王城亦置八臣，分主四城。若謀國事及四方有不決者，則四城之臣集議王所，王自聽之，然後施行。王三年一出觀風化，人有冤枉詣王訴訟者，當方之臣小則讓責，大則黜退，令其舉賢人以代之。其人端正長大，衣服車旗擬儀中國，故外域謂之大秦。其土宜五穀桑麻，人務蠶田，多璆琳、琅玕、神龜、白馬朱鬣、明珠、夜光璧。東南通交趾，又水道通益州永昌郡多出異物。大秦西海水之西有河，河西南流。河西有南、北山，山西有赤水，西有白玉山。玉山西有西王母山，玉爲堂云。從安息西界循海曲，亦至大秦，回萬餘里〔四〇〕。於彼國觀日月星辰，無異中國，而前史云條支西行百里日入處，失之遠矣。

阿鉤羌國，在莎車西南，去代一萬三千里。國西有縣度山，其間四百里中，往往有棧道，下臨不測之淵，人行以繩索相持而度，因以名之。土有五穀諸果。市用錢爲貨。居止立宮室。有兵器。土出金珠。

波路國〔四一〕，在阿鈎羌西北，去代一萬三千九百里。其地濕熱，有蜀馬，土平。物産國俗與阿鈎羌同。

小月氏國，都富樓沙城。其王本大月氏王寄多羅子也。寄多羅爲匈奴所逐〔四二〕，西徙後令其子守此城，因號小月氏焉。在波路西南，去代一萬六千六百里。先居西平、張掖之間，被服頗與羌同。其俗以金銀錢爲貨。隨畜牧移徙，亦類匈奴。其城東十里有佛塔，周三百五十步，高八十丈。自佛塔初建，計至武定八年，八百四十二年，所謂「百丈佛圖」也。

罽賓國，都善見城，在波路西南，去代一萬四千二百里。居在四山中。其地東西八百里，南北三百里。地平温和。有苜蓿、雜草、奇木、檀、槐、梓、竹。種五穀，糞園田。地下濕，生稻。冬食生菜。其人工巧，雕文、刻鏤、織罽。有金銀銅錫以爲器物。市用錢。他畜與諸國同。每使朝獻。

吐呼羅國，去代一萬二千里。東至范陽國，西至悉萬斤國，中間相去二千里；南至連山，不知名；北至波斯國，中間相去一萬里。國中有薄提城，周帀六十里。城南有西流大水，名漢樓河。土宜五穀，有好馬、駝、騾。其王曾遣使朝貢。

副貨國，去代一萬七千里。東至阿副使且國，西至没誰國，中間相去一千里；南有連山，不知名；北至奇沙國，相去一千五百里。國中有副貨城，周帀七十里。宜五穀、蒱桃，唯有馬、駝、騾。國王有黃金殿，殿下金駝七頭，各高三尺。其王遣使朝貢。

南天竺國，去代三萬一千五百里。有伏醜城，周帀十里，城中出摩尼珠、珊瑚。城東三百里有拔賴城，城中出黄金、白真檀、石蜜、蒲萄。土宜五穀。世宗時，其國王婆羅化遣使獻駿馬、金、銀，自此每使朝貢。

疊伏羅國，去代三萬一千里。國中有勿悉城。城北有鹽奇水，西流。有白象，并有阿末黎，木皮中織作布。土宜五穀。世宗時，其國王伏陀末多遣使獻方物，自是每使朝貢。

拔豆國，去代五萬一千里。東至多勿當國，西至旃那國，中間相去七百五十里；南至罽陵伽國，北至弗那伏且國，中間相去九百里。國中出金、銀、雜寶、白象、水牛、犛牛、蒲萄、五果。土宜五穀。

嚈噠國，大月氏之種類也，亦曰高車之別種，其原出於塞北。自金山而南，在于闐之西，都烏許水南二百餘里〔四三〕，去長安一萬一百里。其王都拔底延城，蓋王舍城也。其城方十里餘，多寺塔，皆飾以金。風俗與突厥略同。其俗兄弟共一妻，夫無兄弟者其妻戴一角帽，若有兄弟者依其多少之數，更加角焉。衣服類加以纓絡〔四四〕。頭皆剪髮。其語與蠕蠕、高車及諸胡不同。衆可十萬。無城邑，依隨水草，以氈爲屋，夏遷涼土，冬逐暖處。分其諸妻，各在別所，相去或二百、三百里。其王巡歷而行，每月一處，冬寒之時，三月不徙。王位不必傳子，子弟堪任，死便授之。其國無車有輿。多駝馬。用刑嚴急，偷盜無多少皆腰斬，盜一責十。死者，富者累石爲藏，貧者掘地而埋，隨身諸物，皆置冢内。其人凶悍，能鬬戰。西域康居、于闐、沙勒、安息及諸小國三十許皆役屬之，號爲大國。與蠕蠕婚姻。自太安以後，每遣使朝貢。正光末，遣使貢師子一，至高平，遇万俟醜奴反，因留之。醜奴平，送京師。永熙以後，朝獻遂絶。其國南去漕國千五百里，東去瓜州六千五百里〔四五〕。

初，熙平中，肅宗遣王伏子統宋雲、沙門法力等使西域〔四六〕，訪求佛經。時有沙門慧生者亦與俱行，正光中還。慧生所經諸國，不能知其本末及山川里數，蓋舉其略云。

朱居國〔四七〕，在于闐西。其人山居。有麥，多林果。咸事佛。語與于闐相類。役屬嚈噠。

渴槃陁國，在葱嶺東，朱駒波西。河經其國，東北流。有高山，夏積霜雪。亦事佛道。附於嚈噠。

鉢和國，在渴槃陁西。其土尤寒，人畜同居，穴地而處。又有大雪山，望若銀峯。其人唯食餅麨，飲麥酒，服氈裘。有二道，一道西行向嚈噠，一道西南趣烏萇。亦爲嚈噠所統。

波知國，在鉢和西南。土狹人貧，依託山谷，其王不能總攝。有三池，傳云大池有龍王，次者有龍婦，小者有龍子，行人經之，設祭乃得過，不祭多遇風雪之困。

賒彌國，在波知之南。山居。不信佛法，專事諸神。亦附嚈噠。東有鉢盧勒國〔四八〕，路嶮，緣鐵鎖而度，下不見底。熙平中，宋雲等竟不能達。

烏萇國，在賒彌南。北有葱嶺，南至天竺。婆羅門胡爲其上族。婆羅門多解天文吉凶之數，其王動則訪決焉。土多林果，引水灌田，豐稻麥。事佛，多諸寺塔，事極華麗。人有爭訴，服之以藥，曲者發狂，直者無恙。爲法不殺，犯死罪唯徙於靈山〔四九〕。西南有檀特山，山上立寺，以驢數頭運食，山下無人控御，自知往來也。

乾陀國〔五〇〕，在烏萇西，本名業波，爲嚈噠所破，因改焉。其王本是敕勒，臨國已二世矣〔五一〕。好征戰，與罽賓鬭，三年不罷，人怨苦之。有鬭象七百頭，十人乘一象，皆執兵仗，象鼻縛刀以戰。所都城東南七里有佛塔，高七十丈，周三百步，即所謂「雀離佛圖」也。

康國者，康居之後也。遷徙無常，不恒故地，自漢以來，相承不絕。其王本姓温，月氏人也。舊居祁連山北昭武城，因被匈奴所破，西踰葱嶺，遂有其國。枝庶各分王，故康國左右諸國，並以昭武爲姓，示不忘本也。王字世夫畢，爲人寬厚，甚得衆心。其妻突厥達度可汗女也。都於薩寶水上阿禄迪城，多人居。大臣三人共掌國事。其王索髮，冠七寶金花，衣綾、羅、錦、繡、白疊；其妻有髻，幪以皂巾。丈夫翦髮，錦袍。名爲𤄔國，西域諸國多歸之。米國、史國、曹國、何國、安國、小安國、那色波國、烏那曷國、穆國皆歸附之。有胡律，置於祆祠，將決罰，則取而斷之。重者族，次罪者死，賊盜截其足。人皆深目、高鼻、多髯。善商賈，諸夷交易多湊其國。有大小鼓、琵琶、五弦箜篌。婚姻喪制與突厥同。國立祖廟，以六月祭之，諸國皆助祭。奉佛，爲胡書。氣候温，宜五穀，勤修園蔬，樹木滋茂。出馬、駝、驢、犎牛、黄金、硇沙〔五二〕、䞐香、阿薛那香、瑟瑟、麞皮、氍毹、錦、疊。多蒲萄酒，富家或致千石〔五三〕，連年不敗。太延中〔五四〕，始遣使貢方物，後遂絶焉。

史臣曰：西域雖通魏氏，而中原始平，天子方以混一爲心，未遑征伐。其信使往來，深得羈縻勿絶之道耳。

校勘記

〔一〕魏書卷一百二　目録此卷注「闕」，卷末有宋人校語云：「魏收書西域傳亡，此卷全寫北史西域傳，而不録安國以後。案隋書西域傳云康國『大業中始遣使貢方物，後遂絶焉』，此改『大業』字爲『太延』，蓋後人妄改。」今按卷中偶有逸出北史卷九七西域傳字句者。又傳述西域各國風土物事，往往成段文字與周書卷五〇異域傳下、隋書卷八三西域傳同，當是北史採周書、隋書成文，補此卷者一併採入，未必魏收書原文。今一仍底本舊規，凡北史避諱改字者，如非文字訛誤歧異，亦俱仍舊，不一一指明。

〔二〕扜泥城　原作「扞泥城」，據殿本、北史卷九七鄯善傳改。按漢書卷九六上西域傳上鄯善傳作「扜泥城」，顔注：「扜，音一胡反。」御覽卷七九二引漢書「扜」字作「杅」，但注「音烏」，與顔注合。知「扞」「杅」皆「扜」之訛。

〔三〕鄯善人頗剽劫之　按此句與上文不相連屬，通志卷一九六此句上有「其後魏遣使使西域道出其國」十二字，與傳序所云鄯善「乃斷塞行路，西域貢獻，歷年不入」語合，疑本北史卷九七鄯善傳脱文。

〔四〕交趾公韓拔　「韓拔」，原作「韓牧」，北史卷九七鄯善傳作「韓杖」。按本書卷四下世祖紀下太平真君九年五月甲戌記此事作「韓拔」，韓拔又見卷七上高祖紀上延興二年正月乙卯、卷一〇五之一天象志一。「牧」「杖」皆「拔」字之形訛，今據改。

〔五〕于闐國在且末西北　「北」，丁謙魏書西域傳地理考證云：「『北』字誤，當作『南』。」

〔六〕南去女國二千里　「二千里」，隋書卷八三于闐傳、北史卷九七于闐傳、通志卷一九六、册府卷九五七並作「三千里」。

〔七〕西去朱俱波千里　「西」字原闕，據隋書卷八三于闐傳、册府卷九五七補。按朱俱波即下文之朱居國，云「在于闐西」，若無「西」字，便似與上女國同在南，且傳記四至，不應西面獨缺。

〔八〕即昔羅漢比丘盧旃爲其王造覆盆浮圖之所　「盧旃」上周書卷五〇于闐傳、隋書卷八三于闐傳有「比」字。按洛陽伽藍記卷五載宋雲行記作「毗盧旃」，疑當有「比」字，然御覽卷七九二引北史已無「比」字。

〔九〕于闐西五百里有比摩寺　「五百里」，原作「五里」，北史卷九七于闐傳、隋書卷八三于闐傳、通志卷一九六作「五百里」。按此卷以北史補，北史此條又採隋書，通志則録北史，皆作「五百里」，知脱「百」字，今據補。

〔一〇〕城東二十里有大水北流號樹枝水　「樹枝」，疑爲「樹拔」之訛。按周書卷五〇于闐傳三朝本、南監本、北監本、汲本作「樹拔」。北史此傳前半當本魏書，記此水爲「于闐城東三十里有首拔河」，此處又採周書，以致複出而方位名稱稍異。通典卷一九二邊防八西戎四于闐注云：「名首拔河，亦名樹拔河。」則「首拔」「樹拔」乃一河之異譯。然北史卷九七于闐傳、册府卷九五七也作「樹枝」。

〔一一〕一名計式水　「計式水」，疑爲「計戍水」之訛。按周書卷五〇于闐傳及龜茲傳並作「計戍水」，北史卷九七于闐傳作「計式水」，龜茲傳却作「計戍水」。通典卷一九二邊防八西戎四于闐云：「首拔河亦名樹拔河，或云即黄河也，北流七百里入計戍水，一名計首水。」「計首」「計戍」，同音異譯，亦證此處「式」字訛，下龜茲傳同訛。又周書、通典均言計戍水乃樹拔水北流所入之水（即今塔里木河），此傳則稱樹拔水即計戍水，不確。

〔一二〕城西五十五里亦有大水　「五十五里」，北史卷九七于闐傳、周書卷五〇于闐傳作「十五里」，疑上「五」字衍。

〔一三〕于闐中于王秋仁輒留之　按語不可解，疑「王」上衍「中于」二字。

〔一四〕在于闐南　丁謙魏書西域傳地理考證云：「『南』字誤，當作『西』。」

〔一五〕其國西南三里有凍凌山　丁謙魏書西域傳地理考證云：「『三』字下當脱『百』字。」

〔一六〕其王號子治呼鞬　丁謙魏書西域傳地理考證云：「其王號曰子不成句。考漢書曰『子合王』，蓋西夜兼轄子合地，故號曰子合王，傳脱『合王』二字。」並云「呼鞬」下「當脱『谷』字」。按漢書卷九六上西域傳上云：「西夜國，王號子合王，治呼鞬谷。」其説疑是，然御覽卷七九六引北史已同今本。

〔一七〕車師王車夷落遣使琢進薛直上書　「車夷落」，本書卷三〇有傳，作「車伊洛」。

〔一八〕輒陳私艱　「私艱」，他本並作「私難」，北史卷九七車師傳、册府卷九九九作「私懇」。

〔一九〕鐃沙　「鐃」字原闕，據周書卷五〇龜茲傳及隋書卷八三龜茲傳補。按通典卷一九一邊防七西戎三龜茲注引隋西域圖稱白山「即是出碙沙之處」。「碙」乃「硇」字之訛，硇沙即鐃沙。

〔二〇〕東南去瓜州三千一百里　「三千一百里」，原作「三百里」，據隋書卷八三龜茲傳改。按上云

「東去焉耆九百里」，焉耆傳云「西去龜茲九百里，皆沙磧；東南去瓜州二千二百里」，合計正得三千一百里。

〔二一〕其東闕城戍　「闕」字原作正文，北史卷九七龜茲傳作「闕」。按「闕」字指「東」下有闕文，本是旁注，誤作正文，北史訛作「關」。今改正。「戍」，文獻通考卷三三六四裔考一三龜茲條引作「屯」。

〔二二〕病人服之皆愈　「病」，北史卷九七龜茲傳、御覽卷七九二引北史、寰宇記卷一八一四夷一〇西戎二、文獻通考卷三三六四裔考一三龜茲條並作「癘」，疑是。

〔二三〕長二丈餘　此句下御覽卷七九三引後魏書有「廣丈餘」三字。

〔二四〕皆血出或數升或盈斗　「血出」下通典卷一九三邊防九西戎五悅般、寰宇記卷一八六四夷一五西戎七、通志卷一九六並有「淋漓」二字，法苑珠林卷六一引後魏書作「淋落」。

〔二五〕迷密　原作「悉密」，據通志卷一九六改。按上條即迷密國。

〔二六〕破洛那國　原作「洛那國」。丁謙魏書西域傳地理考證云：「當作『破洛那』。考武帝紀（本書卷四上世祖紀上）太延三年及五年均書破洛那朝貢，此外並無洛那國名。則『洛』上脫去『破』字無疑。新唐書（卷二二一下西域傳下）：『寧遠者，本拔汗那，或曰鏺汗，元魏時謂之破洛那。』是也。」按本卷傳序及下者舌傳、本書卷五高宗紀和平六年四月並見「破洛那國」，其說是，今據補。

〔二七〕太和三年遣使獻汗血馬　「太和」，疑爲「太延」之訛。按本書卷七上高祖紀上太和三年不記此事，卷四上世祖紀上太延三年十一月甲申記「破洛那、者舌國各遣使朝獻，奉汗血馬」。傳記通使之始，即使太和有此事，也不當敍「太和」而捨「太延」。

〔二八〕自後無使朝獻　「無」，南監本、局本作「每」。

〔二九〕赤麞皮　「麞」，隋書卷八三波斯傳、通典卷一九三邊防九西戎五波斯、通志卷一九六作「麖」，疑是。按「麖」乃大鹿，上龜兹傳記土産亦有「麖皮」，疑此處本作「麖」，後人改作「麞」。下康國傳出産所見「麞皮」，同此。

〔三〇〕往往有日行七百里者富室至有數千頭　「往往」上疑脱一「駝」字。按「數千頭」之「日行七百里」者，承上文，驢可稱「頭」而不善走，只能是駝。御覽卷九一四引後魏書云：「波斯國有鳥，形如橐駝，有羽翼，飛而不能高。食草與肉，亦能啖火。馳走甚疾，一日能七百里也。」疑御覽所引本自魏書，北史置「馳走甚疾，一日能七百里也」一句於此處而稍異其文，則「馳」本當作「駞」，即「駝」。

〔三一〕兩翼　御覽卷九一四引後魏書作「羽翼」。

〔三二〕其王姓波氏名斯　按周書卷五〇波斯傳作「王姓波斯氏」，本已傳訛，北史引據而以中土習慣，將音譯之「波斯」一詞橫加割裂爲姓與名，殊謬。

〔三三〕絡之於膊　「絡」，原作「落」，據周書卷五〇波斯傳、通典卷一九三邊防九西戎五波斯、寰宇記卷一八五四夷一四西戎六改。

〔三四〕掌庫藏開禁　「開」，周書卷五〇波斯傳作「關」，疑是。

〔三五〕地卑　原作「地早」，周書卷五〇波斯傳作「地卑勃」，册府卷九六二作「地卑」。按北史採周書，册府此條出北史，知北史本亦作「卑」，「早」字訛，今據改。

〔三六〕七月七日　册府卷九六一作「七月十七日」。

〔三七〕各祭其先死者　「死」，册府卷九六一無。

〔三八〕早伽至國　「早伽至」，册府卷九五八作「畢伽至」，御覽卷七九七引後魏書作「卑伽至」。按「畢」「卑」音近，疑「早」爲「卑」字之形訛。

〔三九〕大月氏國都盧監氏城　「盧監氏城」，北史卷九七大月氏傳作「賸監氏城」。丁謙魏書西域傳地理考證云：「『賸』當爲衍文，作『盧』亦輾轉傳寫之誤。」按史記卷一二三大宛列傳作「藍市城」，漢書卷九六上大月氏傳作「監氏城」，後漢書卷八八大月氏傳作「藍氏城」，册府卷九五七「大月氏國治監氏城」下注「『監』一作『藍』」，卷九六〇「大月氏國治監氏城」下又注「一作『藍氏城』」。俱不見「賸」或「盧」，疑丁氏所説是。

〔四〇〕從安息西界循海曲亦至大秦回萬餘里　「回」，原作「四」，北史卷九七大秦傳作「迴」。通典卷一九三邊防九西戎五大秦云「從條支西度海曲萬里，去長安蓋四萬里」，則安息西界至大秦只萬餘里，四萬餘里乃大秦去長安里程，知此處「四」字誤。「回」或「迴」意爲迂回，洽於文義，且此傳本源自北史，今據改。

〔四一〕波路國　原作「彼路國」，據三朝本、南監本、北監本、殿本、北史卷九七波路傳改。

〔四二〕寄多羅爲匈奴所逐　按大月氏爲匈奴所逐，遠在西漢初，見漢書卷九六上西域傳上。據上文大月氏傳，寄多羅乃是被「蠕蠕」所侵，才「西徙都薄羅城」。「匈奴」疑當作「蠕蠕」，或是小月氏人以稱「蠕蠕」。

〔四三〕都烏許水南二百餘里　「烏許水」，原作「馬許水」，隋書卷八三挹怛傳、北史卷九七嚈噠傳作「烏滸水」，御覽卷七九三引北史作「烏許水」。「馬」是「烏」字之形訛，今據改。

〔四四〕衣服類加以纓絡　「類」下通典卷一九三邊防九西戎五嚈達有「胡」字，疑是。

〔四五〕其國南去漕國千五百里東去瓜州六千五百里　此句原在下文「及山川里數蓋舉其略云」後，北史卷九七嚈噠傳同。按此句述嚈噠方位，出隋書卷八三挹怛傳。下文「朱居國」等俱是「慧生所經諸國」，此句横隔其間，當是錯簡，今據改。「南」「東」二字原闕，北史也脱「南」字，今據隋書補。

〔四六〕熙平中肅宗遣王伏子統宋雲沙門法力等使西域　「熙平中」，本書卷一一四釋老志作「熙平元年」，洛陽伽藍記卷五作「神龜元年十一月」。「王伏子統」，北史卷九七嚈噠傳作「賸伏子統」，俱不可解，内田吟風魏書西域傳原文考釋疑是「主衣子統」之訛。按隋書卷二七百官志中記北齊門下省主衣局設都統、子統各二人，北齊制度多循後魏，其説疑是。

〔四七〕朱居國　「朱居」，本卷上文于闐傳、疏勒傳作「朱俱波」，下渴槃陁傳作「朱駒波」，本書卷八世宗紀景明三年歲末、永平四年九月甲寅作「朱居槃」。通典卷一九三邊防九西戎五朱俱波云：「朱俱波，後魏時通焉，亦名朱居槃國。」譯音出入，本不足怪，但一篇之中，甚至一行之隔，異名錯出，實由北史採取諸書，未加整齊。「朱居槃」未見省稱「朱居」之例，疑脱「波」或「槃」字。又上文之「悉居半國」，亦即此「朱居槃」之異譯，則前據董琬等所説而此則轉録宋雲行記，以致重出。

〔四八〕東有鉢盧勒國　按「鉢盧勒」即上文之「波路」，此據宋雲行記。

〔四九〕靈山　洛陽伽藍記卷五載宋雲行記作「空山」。

〔五〇〕乾陀國　「乾陀」，本卷上文大月氏國傳作「乾陁羅」，本書卷八世宗紀正始四年十二月丁丑及永平四年三月癸卯、六月乙亥、十月丁丑並作「乾達」。

〔五一〕其王本是敕勒臨國已二世矣　「敕勒」，洛陽伽藍記卷五載宋雲行記作「勑懃」。按「勑懃」，亦作「特勒」、「敕勤」，突厥語以稱可汗之子弟。錢大昕十駕齋養新録卷六特勤當從石刻條謂當以「特勤」爲正，云：「按古人讀『敕』如『忒』，『敕勤』即『特勤』。」此處「勒」疑是「勤」字之訛。「已」，原作「民」，據北史卷九七乾陀傳、洛陽伽藍記卷五載宋雲行記改。

〔五二〕硇沙　原作「硇沙」，北史卷九七康國傳百衲本作「硇沙」，北監本、汲本作「硇沙」。按「硇」「硇」並是「硇」字之訛，今據北史北監本、汲本改。參見本卷校記〔一九〕。

〔五三〕富家或致千石　「千石」，原作「十石」，據南監本、北監本、汲本、殿本、局本、隋書卷八三康國傳、北史卷九七康國傳改。按晉書卷一二二呂光載記云：「胡人奢侈，厚於養生，家有蒲桃酒，或至千斛，經十年不敗。」「千斛」即「千石」，所言雖非康國，然可證「十石」不足爲西域富家之奇。北史康國傳本據隋書，並作「千石」，此傳復補自北史，知「十」爲「千」字之訛。

〔五四〕太延中　北史卷九七康國傳作「大業中」。按此傳全出北史，北史又出隋書卷八三康國傳，「太延」本作「大業」，疑後人以北魏不當有「大業」而誤改作「太延」。宋人校語已指出。參見本卷校記〔一〕。

魏書卷一百三〔一〕

列傳第九十一

蠕蠕　匈奴宇文莫槐　徒何段就六眷　高車

蠕蠕，東胡之苗裔也，姓郁久閭氏。始神元之末，掠騎有得一奴，髮始齊眉，忘本姓名，其主字之曰木骨閭。「木骨閭」者，首禿也。木骨閭與郁久閭聲相近，故後子孫因以爲氏。木骨閭既壯，免奴爲騎卒。穆帝時，坐後期當斬，亡匿廣漠谿谷間，收合逋逃得百餘人，依紇突隣部〔二〕。木骨閭死，子車鹿會雄健，始有部衆，自號柔然，而役屬於國。後世祖以其無知，狀類於蟲，故改其號爲蠕蠕〔三〕。

車鹿會既爲部帥，歲貢馬畜、貂豽皮，冬則徙度漠南，夏則還居漠北。車鹿會死，子吐奴傀立。吐奴傀死，子跋提立。跋提死，子地粟袁立。地粟袁死，其部分爲二，地粟袁長子匹候跋繼父居東邊，次子縕紇提別居西邊。及昭成崩，縕紇提附衞辰而貳於我。登國中討之，蠕蠕移部遁走，追之，及於大磧南牀山下，大破之，虜其半部。匹候跋及部帥屋擊各收餘落遁走，遣長孫嵩及長孫肥追之，渡磧。嵩至平望川，大破屋擊，禽之，斬以徇。肥至涿邪山，及匹候跋，跋舉落請降。獲縕紇提子曷多汗及曷多汗兄誥歸之、社崘、斛律等并宗黨數百人，分配諸部。縕紇提西遁，將歸衞辰，太祖追之，至跋那山，縕紇提復降，太祖撫慰如舊。

九年，曷多汗與社崘率部衆棄其父西走，長孫肥輕騎追之，至上郡跋那山，斬曷多汗，盡殪其衆。社崘與數百人奔匹候跋，匹候跋處之南鄙，去其庭五百里，令其子四人監之。既而社崘率其私屬執匹候跋四子而叛，襲匹候跋。諸子收餘衆，亡依高車斛律部。社崘兇狡有權變，月餘，乃釋匹候跋，歸其諸子，欲聚而殲之。密舉兵襲匹候跋，殺匹候跋。子啓拔、吳頡等十五人歸于太祖。社崘既殺匹候跋，懼王師討之，乃掠五原以西諸部，北度大漠。太祖以拔、頡爲安遠將軍、平棘侯〔四〕。社崘與姚興和親。太祖遣材官將軍和突襲黜弗、素古延諸部，社崘遣騎救素古延，突逆擊破之。

社崘遠遁漠北，侵高車，深入其地，遂并諸部，凶勢益振。北徙弱洛水，始立軍法：千人爲軍，軍置將一人，百人爲幢，幢置帥一人；先登者賜以虜獲，退懦者以石擊首殺之，或臨時捶撻。無文記，將帥以羊屎粗計兵數，後頗知刻木爲記。其西北有匈奴餘種，國尤富彊，部帥曰拔也稽，舉兵擊社崘，社崘逆戰於頞根河，大破之，後盡爲社崘所并。號爲彊盛。隨水草畜牧，其西則焉耆之地，東則朝鮮之地〔五〕，北則渡沙漠，窮瀚海，南則臨大磧。其常所會庭則敦煌、張掖之北。小國皆苦其寇抄，羈縻附之，於是自號丘豆伐可汗。「丘豆伐」猶魏言駕馭開張也，「可汗」猶魏言皇帝也。蠕蠕之俗，君及大臣因其行能即爲稱號，若中國立謚，既死之後，不復追稱。太祖謂尚書崔玄伯曰：「蠕蠕之人，昔來號爲頑嚚，每來抄掠，駕牸牛奔遁，驅犍牛隨之，牸牛伏不能前。異部人有教其以犍牛易之者，蠕蠕曰『其母尚不能行，而況其子』，終於不易，遂爲敵所虜。今社崘學中國，立法置戰陳，卒成邊害。道家言聖人生，大盜起，信矣。」

天興五年，社崘聞太祖征姚興，遂犯塞，入參合陂，南至豺山及善無北澤。時遣常山王遵以萬騎追之，不及。天賜中，社崘從弟悦代、大那等謀殺社崘而立大那，發覺，大那等來奔。以大那爲冠軍將軍、西平侯，悦代爲越騎校尉、易陽子。三年夏，社崘寇邊。永興元年冬，又犯塞。二年，太宗討之，社崘遁走，道死。其子度拔年少，未能御衆，部落立社崘弟斛律，號藹苦蓋可汗，魏言姿質美好也。

斛律北并賀術也骨國，東破譬曆辰部落。三年，斛律宗人悦侯咄觝干等數百人來降〔六〕。斛律畏威自守，不敢南侵，北邊安靜。神瑞元年，與馮跋和親，跋聘斛律女爲妻，將爲交婚。斛律長兄子步鹿真謂斛律曰：「女小遠適，憂思生疾，可遣大臣樹黎、勿地延等女爲媵。」斛律不許。步鹿真出，謂樹黎等曰：「斛律欲令汝女爲媵，遠至他國。」黎遂共結謀，令勇士夜就斛律穹廬，候伺其出執之〔七〕，與女俱嬪于和龍。乃立步鹿真。

步鹿真立，委政樹黎。初，高車叱洛侯者叛其渠帥，導社崘破諸部落，社崘德之，以爲大人。步鹿真與社崘子社拔共至叱洛侯家，淫其少妻。妻告步鹿真〔八〕，叱洛侯欲舉大檀爲主，遺大檀金馬勒爲信。步鹿真聞之，歸發八千騎往圍叱洛侯，叱洛侯焚其珍寶，自刎而死。步鹿真遂掩大檀，大檀發軍執步鹿真及社拔，絞殺之，乃自立。

大檀者，社崘季父僕渾之子，先統別部，鎮於西界，能得衆心，國人推戴之，號牟汗紇升蓋可汗，魏言制勝也。斛律父子既至和龍，馮跋封爲上谷侯〔九〕。大檀率衆南徙犯塞，太宗親討之，大檀懼而遁走。遣山陽侯奚斤等追之，遇寒雪，士衆凍死、墮指者十二三。及太宗崩，世祖即位，大檀聞而大喜，始光元年秋，乃寇雲中。世祖親討之，三日二夜至雲中。大檀騎圍世祖五十餘重，騎逼，馬首相次如堵焉。士卒大懼，世祖顏色自若，衆情乃安。先是，大檀弟大那與社崘爭國，敗而來奔。大檀以大那子於陟斤爲部帥，軍士射於陟斤殺之，大檀恐，乃還。二年，世祖大舉征之，東西五道並進：平陽王長孫翰等從黑漠，汝陰公長孫道生從白黑兩漠間，車駕從中道，東平公娥清次西從栗園，宜城王奚斤、將軍安原等西道從爾寒山。諸軍至漠南，舍輜重，輕騎齎十五日糧，絕漠討之，大檀部落駭驚北走。神䴥元年八月，大檀遣子將騎萬餘人入塞，殺掠邊人而走。附國高車追擊破之。自廣寧還〔一〇〕，追之不及。

二年四月，世祖練兵于南郊，將襲大檀。公卿大臣皆不願行，術士張淵、徐辯以天文說止世祖，世祖從崔浩計而行。會江南使還，稱劉義隆欲犯河南，謂行人曰：「汝疾還告魏主，歸我河南地，即當罷兵，不然盡我將士之力。」世祖聞而大笑，告公卿曰：「龜鼈小豎，自救不暇，何能爲也。就使能來，若不先滅蠕蠕，便更坐待寇至，腹背受敵，非上策也。吾行決矣。」於是車駕出東道向黑山，平陽王長孫翰從西道向大娥山，同會賊庭。五月，次于沙漠南，舍輜重輕襲之，至栗水，大檀衆西奔。弟匹黎先典東落，將赴大檀，遇翰軍，翰縱騎擊之，殺其大人數百。大檀聞之震怖，將其族黨，焚燒廬舍，絕跡西走，莫知所至。於是國落四散，竄伏山谷，畜產布野，無人收視。世祖緣栗水西行，過漢將竇憲故壘。六月，車駕次於兔園水，去平城三千七百里。分軍搜討，東至瀚海，西接張掖水，北渡燕然山，東西五千餘里，南北三千里。高車諸部殺大檀種類，前後歸降三十餘萬，俘獲首虜及戎馬百餘萬匹。八月，世祖聞東部高車屯巳尼陂，人畜甚衆，去官軍千餘里。遂遣左僕射安原等往討之。暨巳尼陂，高車諸部望軍降者數十萬。

大檀部落衰弱，因發疾而死，子吳提立，號敕連可汗，魏言神聖也。四年，遣使朝獻。先是，北鄙候騎獲吳提南偏邏者二十餘人，世祖賜之衣服，遣歸。吳提上下感德，故朝貢焉。世祖厚賓其使而遣之。延和三年二月，以吳提尚西海公主，又遣使人納吳提妹爲夫人，又進爲左昭儀。吳提遣其兄禿鹿傀及左右數百人來朝，獻馬二千匹，世祖大悦，班賜甚厚。至太延二年，乃絶和犯塞。四年，車駕幸五原，遂征之。樂平王丕、河東公賀多羅督十五將出東道，永昌王健、宜都王穆壽督十五將出西道，車駕出中道。至浚稽山，分中道復爲二道，陳留王崇從大澤向涿邪山，車駕從浚稽北向天山。西登白阜，刻石記行，不見蠕蠕而還。時漠北大旱，無水草，軍馬多死。五年，車駕西伐沮渠牧犍，宜都王穆壽輔景穆居守，長樂王嵇敬、建寧王崇二萬人鎮漠南，以備蠕蠕。吳提果犯塞，壽素不設備，賊至七介山，京邑大駭，爭奔中城。司空長孫道生拒之於吐頽山。吳提之寇也，留其兄乞列歸與北鎮諸軍相守，敬、崇等破乞列歸于陰山之北，獲之。乞列歸歎曰：「沮渠陷我也。」獲其伯父他吾無鹿胡及其將帥五百人，斬首萬餘級。吳提聞而遁走，道生追之，至于漠南而還。真君四年，車駕幸漠南，分四道：樂安王範、建寧王崇各統十五將出東道，樂平王督十五將出西道〔一二〕，車駕出中道，中山王辰領十五將爲中軍後繼。車駕至鹿渾谷，與賊將遇，吴提遁走，追至頞根河，擊破之。車駕至石水而還。五年，復幸漠南，欲襲吴提，吴提遠遁，乃還。

吴提死，子吐賀真立，號處可汗，魏言唯也〔一二〕。十年正月，車駕北伐，高涼王那出東道〔一三〕，略陽王羯兒出西道，車駕與景穆自中道出涿邪山。吐賀真別部帥尒綿他拔等率千餘家來降。是時，軍行數千里，吐賀真新立，恐懼遠遁。九月，車駕北伐，高涼王那出東道，略陽王羯兒出中道，與諸軍期會於地弗池。吐賀真悉國精鋭，軍資甚盛，圍那數十重，那掘長圍堅守，相持數日。吐賀真數挑戰，輒不利，以那衆少而固，疑大軍將至，解圍夜遁。那引軍追之，九日九夜，吐賀真益懼，棄輜重，踰穹隆嶺遠遁。那收其輜重，引軍還，與車駕會於廣澤。略陽王羯兒盡收其人户畜産百餘萬。自是吐賀真遂單弱，遠竄，邊疆息警矣。太安四年，車駕北征，騎十萬，車十五萬兩，旌旗千里，遂渡大漠。吐賀真遠遁，其莫弗烏朱駕頽率衆數千落來降，乃刊石記功而還。世祖征伐之後，意存休息〔一四〕，蠕蠕亦怖威北竄，不敢復南。

和平五年，吐賀真死，子予成立，號受羅部真可汗，魏言惠也。自稱永康元年，率部侵塞，北鎮遊軍大破其衆。皇興四年，予成犯塞，車駕北討。京兆王子推、東陽公元丕督諸軍出西道，任城王雲等督軍出東道，汝陰王賜、濟南公羅烏拔督軍爲前鋒，隴西王源賀督諸軍爲後繼。諸將會車駕于女水之濱，顯祖親誓衆，詔諸將曰：「用兵在奇不在衆也，卿等爲朕力戰，方略已在朕心。」乃選精兵五千人挑戰，多設奇兵以惑之。虜衆奔潰，逐北三十餘里，斬首五萬級，降者萬餘人，戎馬器械不可稱計。旬有九日，往返六千餘里，改女水曰武川，遂作北征頌，刊石紀功。

延興五年，予成求通婚娉，有司以予成數犯邊塞，請絶其使，發兵討之。顯祖曰：「蠕蠕譬若禽獸，貪而亡義，朕要當以信誠待物，不可抑絶也。予成知悔前非，遣使請和，求結姻媛〔一五〕，安可孤其款意？」乃詔報曰：「所論婚事，今始一反，尋覽事理，未允厥中。夫男而下女，爻象所明，初婚之吉，敦崇禮娉，君子所以重人倫之本。不敬其初，令終難矣。」予成每懷譎詐，終顯祖世，更不求婚。太和元年四月，遣莫何去汾比拔等來獻良馬、貂裘，比拔等稱：「伏承天朝珍寶華麗甚積，求一觀之。」乃敕有司出御府珍玩金玉、文繡器物，御厩文馬、奇禽、異獸，及人間所宜用者列之京肆，令其歷觀焉。比拔見之，自相謂曰：「大國富麗，一生所未見也。」二年二月，又遣比拔等朝貢，尋復請婚焉。高祖志存招納，許之。予成雖歲貢不絶，而款約不著，婚事亦停。

九年，予成死，子豆崘立，號伏古敦可汗〔一六〕，魏言恒也。自稱太平元年。豆崘性殘暴好殺，其臣侯醫亞石洛候數以忠言諫之，又勸與國通和，勿侵中國。豆崘怒，誣石洛候謀反，殺之，夷其三族。十六年八月，高祖遣陽平王頤、左僕射陸叡並爲都督，領軍斛律桓等十二將七萬騎討豆崘〔一七〕。部内高車阿伏至羅率衆十餘萬落西走，自立爲主。豆崘與叔父那蓋爲二道追之，豆崘出自浚稽山北而西，那蓋出自金山。豆崘頻爲阿伏至羅所敗，那蓋累有勝捷。國人咸以那蓋爲天所助，欲推那蓋爲主。那蓋不從，衆彊之，那蓋曰：「我爲臣不可，焉能爲主！」衆乃殺豆崘母子，以屍示那蓋，那蓋乃襲位。

那蓋號候其伏代庫者可汗，魏言悦樂也。自稱太安元年。那蓋死，子伏圖立，號他汗可汗，魏言緒也。自稱始平元年。正始三年，伏圖遣使紇奚勿六跋朝獻，請求通和。世宗不報其使，詔有司敕勿六跋曰：「蠕蠕遠祖社崘是大魏叛臣，往者包容，暫時通使。今蠕蠕衰微，有損疇日，大魏之德，方隆周漢，跨據中原，指清八表。正以江南未平，權寬北掠，通和之事，未容相許。若脩藩禮，款誠昭著者，當不孤爾也。」永平元年，伏圖又遣勿六跋奉函書一封，并獻貂裘，世宗不納，依前喻遣。

伏圖西征高車，爲高車王彌俄突所殺，子醜奴立，號豆羅伏跋豆伐可汗，魏言彰制也。自稱建昌元年。永平四年九月，醜奴遣沙門洪宣奉獻珠像。延昌三年冬，世宗遣驍騎將軍馬義舒使於醜奴，未發而崩，事遂停寢。醜奴壯健，善用兵。四年，遣使俟斤尉比建朝貢〔一八〕。熙平元年，西征高車大破之，禽其王彌俄突，殺之，盡并叛者，國遂彊盛。二年，又遣俟斤尉比建、紇奚勿六跋、鞏顧禮等朝貢。神龜元年二月，肅宗臨顯陽殿，引顧禮等二十人於殿下，遣中書舍人徐紇宣詔，讓以蠕蠕藩禮不備之意。

初，豆崙之死也，那蓋爲主，伏圖納豆崙之妻候吕陵氏〔九〕，生醜奴、阿那瓌等六人。醜奴立後，忽亡一子，字祖惠，求募不能得。有屋引副升牟妻是豆渾地萬，年二十許，爲醫巫，假託神鬼，先常爲醜奴所信，出入去來，乃言此兒今在天上，我能呼得。醜奴母子欣悦，後歲仲秋，在大澤中施帳屋，齋潔七日，祈請天上。經一宿，祖惠忽在帳中，自云恒在天上。醜奴母子抱之悲喜，大會國人，號地萬爲聖女，納爲可賀敦，授夫副升牟爵位，賜牛馬羊三千頭。地萬既挾左道，亦有姿色，醜奴甚加重愛，信用其言，亂其國政。如是積歲，祖惠年長，其母問之，祖惠言：「我恒在地萬家，不嘗上天，上天者地萬教也。」其母具以狀告醜奴，醜奴言：「地萬懸鑒遠事，不可不信，勿用讒言也。」既而地萬恐懼，譖祖惠於醜奴，醜奴陰殺之。

正光初，醜奴母遣莫何去汾李具列等絞殺地萬，醜奴怒，欲誅具列等。又阿至羅侵醜奴，醜奴擊之，軍敗。還，爲母與其大臣所殺，立醜奴弟阿那瓌。立經十日，其族兄俟力發示發卒衆數萬以伐阿那瓌〔一〇〕，阿那瓌戰敗，將弟乙居伐輕騎南走歸國。阿那瓌母候吕陵氏及其二弟尋爲示發所殺，而阿那瓌未之知也。

九月，阿那瓌將至，肅宗遣兼侍中陸希道爲使主，兼散騎常侍孟威爲使副，迎勞近畿；使司空公、京兆王繼至北中，侍中崔光、黄門郎元纂在近郊，並申宴勞，引至門闕下。十月，肅宗臨顯陽殿，引從五品以上清官、皇宗、藩國使客等列於殿庭，王公以下及阿那瓌等入，就庭中北面。位定，謁者引王公以下升殿，阿那瓌位於藩王之下，又引將命之官及阿那瓌弟并二叔位於羣官之下。遣中書舍人曹道宣詔勞問，阿那瓌啓云：「陛下優隆，命臣弟叔等升殿預會，但臣有從兄，在北之日，官高於二叔，乞命升殿。」詔聽之，乃位於阿那瓌弟之下，二叔之上。宴將罷，阿那瓌執啓立於座後，詔遣舍人常景問所欲言，阿那瓌求詣殿前，詔引之。阿那瓌再拜跽曰：「臣先世源由，出於大魏。」詔曰：「朕已具之。」阿那瓌起而言曰：「臣之先，逐草放牧，遂居漠北。」詔曰：「卿言未盡，可具陳之。」阿那瓌又言曰：「臣先祖以來，世居北土，雖復隔越山津，而乃恭心慕化〔二一〕；未能時宣者，正以高車悖逆，臣國擾攘，不暇遣使以宣遠誠。自頃年以前，漸定高車。及臣兄爲主，故遣翟顧禮等使來大魏，實欲虔脩藩禮，是以曹道芝北使之日，臣與主兄即遣大臣五人拜受詔命。臣兄弟本心未及上徹。但高車從而侵暴，中有姦臣，因亂作逆，殺臣兄，立臣爲主。裁過旬日，臣以陛下恩慈如天，是故倉卒輕身投國，歸命陛下。」詔曰：「具卿所陳，理猶未盡，可更言之。」阿那瓌再拜受詔，起而言曰：「臣以家難，輕來投闕，老母在彼，萬里分張，本國臣民，皆已迸散。陛下隆恩，有過天地，求乞兵馬，還向本國，誅翦叛逆，收集亡散。陛下慈念，賜借兵馬。老母若在，得生相見，以申母子之恩；如其死也，即得報讎，以雪大恥。臣當統臨餘人，奉事陛下，四時之貢，不敢闕絶。陛下聖顔難覩，敢有披陳，但所欲言者口不能盡言，別有辭啓，謹以仰呈，願垂昭覽。」仍以啓付舍人常景，具以奏聞。尋封阿那瓌朔方郡公、蠕蠕王，賜以衣冕，加之軺蓋，禄從〔三二〕、儀衛，同于戚藩。

十二月，肅宗以阿那瓌國無定主，思還綏集，啓請切至，詔議之。時朝臣意有同異，或言聽還，或言不可。領軍元叉爲宰相，阿那瓌私以金百斤貨之，遂歸北。二年正月，阿那瓌等五十四人請辭，肅宗臨西堂，引見阿那瓌及其伯叔兄弟五人，升階賜坐，遣中書舍人穆弼宣勞。阿那瓌等拜辭，詔賜阿那瓌細明光人馬鎧二具，鐵人馬鎧六具；露絲銀纏槊二張并白毦，赤漆槊十張并白毦，黑漆槊十張并幡；露絲弓二張并箭，朱漆柘弓六張并箭，黑漆弓十張并箭；赤漆楯六幡并刀，黑漆楯六幡并刀；赤漆鼓角二十具；五色錦被二領，黄紬被褥三十具；私府繡袍一領并帽，内者緋納襖一領；緋袍二十領并帽，内者雜綵千段；緋納小口袴褶一具，内中宛具；紫納大口袴褶一具，内中宛具；百子帳十八具，黄布幕六張；新乾飯一百石，麥麨八石，榛麨五石；銅烏錥四枚，柔鐵烏錥二枚，各受二斛；黑漆竹榼四枚，各受二升〔三三〕；婢二口；父草馬五百匹，駝百二十頭，牸牛一百頭，羊五千口；朱畫盤器十合；粟二十萬石。至鎮給之。詔侍中崔光、黄門元纂郭外勞遣。

阿那瓌來奔之後，其從父兄俟力發婆羅門率數萬人入討示發，破之。示發走奔地豆于，爲其所殺。推婆羅門爲主，號彌偶可社句可汗，魏言安静也。時安北將軍、懷朔鎮將楊鈞表：「傳聞彼人已立主，是阿那瓌同堂兄弟。夷人獸心，已相君長，恐未肯以殺兄之人，郊迎其弟。輕往虚反，徒損國威，自非廣加兵衆，無以送其入北。」二月，肅宗詔舊經蠕蠕使者牒云具仁，往喻婆羅門迎阿那瓌復藩之意。婆羅門殊自驕慢，無遜避之心，責具仁禮敬，具仁執節不屈。婆羅門遣大官莫何去汾、俟斤丘升頭六人將兵二千隨具仁迎阿那瓌。五月，具仁還鎮，論彼事勢。阿那瓌慮不敢入，表求還京。會婆羅門爲高車所逐，率十部落詣涼州歸降，於是蠕蠕數萬相率迎阿那瓌。七月，阿那瓌啓云：「投化蠕蠕元退社、渾河旃等二人以今月二十六日到鎮，云國土大亂，姓姓别住，迭相抄掠，當今北人鵠望待拯。今乞依前恩，賜給精兵一萬，還令督率送臣磧北，撫定荒人，脱蒙所請，事必克濟。」詔付尚書、門下博議。八月，詔兼散騎常侍王遵業馳馹宣旨慰阿那瓌，并申賜賚。

九月，蠕蠕後主俟匿伐來奔懷朔鎮，阿那瓌兄也，列稱規望乞軍，并請阿那瓌。十月，録尚書事高陽王雍、尚書令李崇、侍中侯剛、尚書左僕射元欽、侍中元叉、侍中安豐王延明、吏部尚書元脩義、尚書李彦、給事黄門侍郎元纂、給事黄門侍郎張烈、給事黄門侍郎盧同等奏曰：「竊聞漢立南、北單于〔二四〕，晉有東、西之稱，皆所以相維禦難，爲國藩籬。今臣等參議以爲懷朔鎮北土名無結山吐若奚泉，敦煌北西海郡即漢晉舊障，二處寬平，原野彌沃。阿那瓌宜置西吐若奚泉〔二五〕，婆羅門宜置西海郡，各令總率部落，收離聚散。其爵號及資給所須，唯恩裁處。彼臣下之官，任其舊俗。阿那瓌所居，既是境外，宜少優遣，以示威刑。請沃野、懷朔、武川鎮各差二百人，令當鎮軍主監率，給其糧仗，送至前所，仍於彼爲其造構，功就聽還。諸於北來，在婆羅門前投化者，令州鎮上佐準程給糧，送詣懷朔阿那瓌，鎮與使人量給食廪。在京館者任其去留。阿那瓌草創，先無儲積，請給朔州麻子乾飯二千斛，官駝運送。婆羅門居於西海，既是境内，資衞不得同之。阿那瓌等新造藩屏，宜各遣使持節馳驛先詣慰喻，并委經略。」肅宗從之。十二月，詔安西將軍、廷尉元洪超兼尚書行臺，詣敦煌安置婆羅門。婆羅門尋與部衆謀叛投嚈噠，嚈噠三妻，皆婆羅門姊妹也。仍爲州軍所討，禽之。

三年十二月，阿那瓌上表乞粟以爲田種，詔給萬石。四年，阿那瓌衆大飢，入塞寇抄，肅宗詔尚書左丞元孚兼行臺尚書持節喻之。孚見阿那瓌，爲其所執，以孚自隨，驅掠良口二千，公私驛馬牛羊數十萬北遁，謝孚放還。詔驃騎大將軍、尚書令李崇等率騎十萬討之，出塞三千餘里，至瀚海，不及而還。俟匿伐至洛陽，肅宗臨西堂，引見之。五年，婆羅門死於洛南之館，詔贈使持節、鎮西將軍、秦州刺史、廣牧公。

是歲，沃野鎮人破六韓拔陵反，諸鎮相應。孝昌元年春，阿那瓌率衆討之，詔遣牒云具仁齎雜物勞賜阿那瓌，阿那瓌拜受詔命，勒衆十萬，從武川鎮西向沃野，頻戰克捷。四月，肅宗又遣兼通直散騎常侍、中書舍人馮儁使阿那瓌，宣勞班賜有差。阿那瓌部落既和，士馬稍盛，乃號敕連頭兵豆伐可汗，魏言把攬也。十月，阿那瓌復遣郁久閭彌娥等朝貢。三年四月，阿那瓌遣使人鞏鳳景等朝貢，及還，肅宗詔之曰：「北鎮羣狄，爲逆不息，蠕蠕主爲國立忠，助加誅討，言念誠心，無忘寢食。今知停在朔垂，與尒朱榮隣接，其嚴勒部曲，勿相暴掠。又近得蠕蠕主啓，更欲爲國東討。但蠕蠕主世居北漠，不宜炎夏，今可且停，聽待後敕。」蓋朝廷慮其反覆也。此後頻使朝貢。

建義初，孝莊詔曰：「夫勳高者賞重，德厚者名隆，蠕蠕主阿那瓌鎮衛北藩，禦侮朔表，遂使陰山息警，弱水無塵，刊跡狼山，銘功瀚海，至誠既篤，勳緒莫酬。故宜標以殊禮，何容格以常式。自今以後，讚拜不言名，上書不稱臣。」太昌元年六月，阿那瓌遣烏句蘭樹什伐等朝貢，并爲長子請尚公主。永熙二年四月，出帝詔以范陽王誨之長女琅邪公主許之，未及婚，帝入關〔二六〕。齊獻武王遣使説之，阿那瓌遣使朝貢，求婚。獻武王方招四遠，以常山王妹樂安公主許之，改爲蘭陵公主。瓌遣奉馬千匹爲娉禮，迎公主，詔宗正元壽送公主往北。自是朝貢相尋。瓌以齊獻武王威德日盛，請致愛女於王，靜帝詔王納之。自此塞外無塵矣。

匈奴宇文莫槐，出於遼東塞外，其先南單于遠屬也，世爲東部大人。其語與鮮卑頗異。人皆翦髮而留其頂上，以爲首飾，長過數寸則截短之。婦女披長襦及足，而無裳焉。秋收烏頭爲毒藥，以射禽獸。

莫槐虐用其民，爲部人所殺，更立其弟普撥爲大人。普撥死，子丘不勤立，尚平帝女〔二七〕。丘不勤死，子莫廆立，本名犯太祖諱。莫廆遣弟屈雲攻慕容廆，廆擊破之；又遣別部素延伐慕容廆於棘城，復爲慕容廆所破。時莫廆部衆彊盛，自稱單于，塞外諸部咸畏憚之。莫廆死，子遜昵延立，率衆攻慕容廆於棘城。廆子翰先戍於外，遜昵延謂其衆曰：「翰素果勇，必爲人患，宜先取之，城不足憂也。」乃分騎數千襲翰。翰聞之〔二八〕，使人詐爲段末波使者，逆謂遜昵延曰：「翰數爲吾患，久思除之，今聞來討，甚善，戒嚴相待，宜兼路早赴。」翰設伏待之，遜昵延以爲信然，長驅不備，至於伏所，爲翰所虜〔二九〕。翰馳使告廆，乘勝遂進，及晨而至。廆亦盡鋭應之。遜昵延見而方嚴，率衆逆戰，前鋒始交，而翰已入其營，縱火燎之，衆乃大潰，遜昵延單馬奔還，悉俘其衆。遜昵延父子世雄漠北，又先得玉璽三紐，自言爲天所相，每自誇大。及此敗也，乃卑辭厚幣，遣使朝獻于昭帝，帝嘉之，以女妻焉。

遜昵延死，子乞得龜立，復伐慕容廆，廆拒之。惠帝三年，乞得龜屯保澆水，固壘不戰，遣其兄悉跋堆襲廆子仁于栢林，仁逆擊，斬悉跋堆。廆又攻乞得龜克之，乞得龜單騎夜奔，悉虜其衆。乘勝長驅，入其國城，收資財億計，徙部民數萬户以歸。先是，海出大龜，枯死於平郭，至是而乞得龜敗。

别部人逸豆歸殺乞得龜而自立，與慕容晃相攻擊，遣其國相莫渾伐晃，而莫渾荒酒縱獵，爲晃所破，死者萬餘人。建國八年，晃伐逸豆歸，逸豆歸拒之，爲晃所敗，殺其驍將涉亦干。逸豆歸遠遁漠北，遂奔高麗。晃徙其部衆五千餘落於昌黎，自此散滅矣。

徒何段就六眷，本出於遼西。其伯祖日陸眷，因亂被賣爲漁陽烏丸大庫辱官家奴〔三〇〕。諸大人集會幽州，皆持唾壺，唯庫辱官獨無，乃唾日陸眷口中。日陸眷因咽之，西向拜天曰：「願使主君之智慧禄相盡移入我腹中。」其後漁陽大飢，庫辱官以日陸眷爲健，使將之詣遼西逐食，招誘亡叛，遂至彊盛。日陸眷死，弟乞珍代立。乞珍死，子務目塵代立，即就六眷父也〔三一〕，據有遼西之地，而臣於晉。其所統三萬餘家，控絃上馬四五萬騎。穆帝時，晉幽州刺史王浚以段氏數爲己用〔三二〕，深德之，乃表封務目塵爲遼西公，假大單于印綬。浚使務目塵率萬餘騎伐石勒於常山封龍山下，大破之。

務目塵死，就六眷立。就六眷與弟匹磾、從弟末波等率五萬餘騎圍石勒於襄國。勒登城望之，見將士皆釋仗寢卧，無警備之意，勒因其懈怠，選募勇健，穿城突出，直衝末波，生禽之。置之座上，與飲宴盡歡，約爲父子，盟誓而遣之。末波既得免，就六眷等遂攝軍而還，不復報浚，歸于遼西。自此以後，末波常不敢南向溲焉，人問其故，末波曰：「吾父在南。」其感勒不害己也如此。

就六眷死，其子幼弱，匹磾與劉琨世子羣奔喪。匹磾陰卷甲而往，欲殺其從叔羽鱗及末波而奪其國。末波等知之，遣軍逆擊匹磾，劉羣爲末波所獲。匹磾走還薊，懼琨禽己，請琨宴會，因執而害之。匹磾既殺劉琨，與羽鱗、末波自相攻擊，部衆乖離。欲擁其衆徙保上谷，阻軍都之險，以拒末波等。平文帝聞之，陰嚴精騎將擊之。匹磾恐懼，南奔樂陵。後石勒遣石虎擊段文鴦于樂陵，破之，生擒文鴦。匹磾遂率其屬及諸塢壁降于石勒。末波自稱幽州刺史，屯遼西。末波死，國人立日陸眷弟護遼爲主〔三三〕，烈帝時，假護遼驃騎大將軍〔二四〕、幽州刺史、大單于、北平公，弟鬱蘭撫軍將軍、冀州刺史、勃海公。建國元年，石虎征護遼於遼西，護遼奔平岡山，遂投慕容晃，晃殺之。鬱蘭奔石虎，以所徙鮮卑五千人配之，使屯令支。鬱蘭死，子龕代之。及冉閔之亂，龕率衆南移，遂據齊地。慕容儁使弟玄恭帥衆伐龕於廣固，執龕送之薊，儁毒其目而殺之，坑其徒三千餘人。

高車，蓋古赤狄之餘種也，初號爲狄歷，北方以爲敕勒，諸夏以爲高車、丁零。其語略與匈奴同而時有小異，或云其先匈奴之甥也。其種有狄氏、袁紇氏〔二五〕、斛律氏、解批氏、護骨氏、異奇斤氏。俗云匈奴單于生二女，姿容甚美，國人皆以爲神。單于曰：「吾有此女，安可配人，將以與天。」乃於國北無人之地，築高臺，置二女其上，曰：「請天自迎之。」經三年，其母欲迎之，單于曰：「不可，未徹之間耳。」復一年，乃有一老狼晝夜守臺嘷呼，因穿臺下爲空穴，經時不去。其小女曰：「吾父處我於此，欲以與天，而今狼來，或是神物，天使之然。」將下就之。其姊大驚曰：「此是畜生，無乃辱父母也！」妹不從，下爲狼妻而產子，後遂滋繁成國，故其人好引聲長歌，又似狼嘷。

無都統大帥，當種各有君長，爲性麤猛，黨類同心，至於寇難，翕然相依。鬬無行陳，頭别衝突，乍出乍入，不能堅戰。其俗蹲倨褻黷，無所忌避。婚姻用牛馬納聘，以多爲榮〔三六〕。結言既定，男黨營車闌馬，令女黨恣取，上馬袒乘出闌，馬主立於闌外，振手驚馬，不墜者即取之，墜則更取，數滿乃止。俗無穀，不作酒，迎婦之日，男女相將，持馬酪熟肉節解。主人延賓亦無行位，穹廬前叢坐，飲宴終日，復留其宿。明日，將婦歸，既而將夫黨還入其家馬羣，極取良馬。父母兄弟雖惜，終無言者。頗諱取寡婦而優憐之。其畜産自有記識，雖闌縱在野，終無妄取。俗不清潔。喜致震霆，每震則叫呼射天而棄之移去。至來歲秋，馬肥，復相率候於震所，埋羖羊，然火，拔刀，女巫祝説，似如中國祓除，而羣隊馳馬旋繞，百帀乃止。人持一束柳桋，回豎之，以乳酪灌焉。婦人以皮裹羊骸，戴之首上，縈屈髮鬢而綴之，有似軒冕〔三七〕。其死亡葬送，掘地作坎，坐屍於中，張臂引弓，佩刀挾稍，無異於生，而露坎不掩。時有震死及疫癘，則爲之祈福。若安全無他，則爲報賽。多殺雜畜，燒骨以燎，走馬遶旋，多者數百帀，男女無小大皆集會，平吉之人則歌舞作樂，死喪之家則悲吟哭泣。其遷徙隨水草，衣皮食肉，牛羊畜産盡與蠕蠕同，唯車輪高大，輻數至多。

後徙於鹿渾海西北百餘里，部落彊大，常與蠕蠕爲敵，亦每侵盜于國家。太祖親襲之，大破其諸部。後太祖復度弱洛水，西行至鹿渾海，停駕簡輕騎，西北行百餘里，襲破之，虜獲生口、馬牛羊二十餘萬。復討其餘種於狼山，大破之。車駕巡幸，分命諸將爲東西二道，太祖親勒六軍從中道，自駮髯水西北，徇略其部，諸軍同時雲合，破其雜種三十餘落〔三八〕。衛王儀别督將從西北絶漠千餘里，復破其遺迸七部。於是高車大懼，諸部震駭。太祖自牛川南引，大校獵，以高車爲圍，騎徒遮列，周七百餘里，聚雜獸於其中。因驅至平城，即以高車衆起鹿苑，南因臺陰，北距長城，東包白登，屬之西山。尋而高車姪利曷莫弗敕力犍率其九百餘落内附，拜敕力犍爲揚威將軍，置司馬、參軍，賜穀二萬斛。後高車解批莫弗幡豆建復率其部三十餘落内附，亦拜爲威遠將軍，置司馬、參軍，賜衣服，歲給廩食。

蠕蠕社崘破敗之後，收拾部落，轉徙廣漠之北，侵入高車之地。斛律部部帥倍侯利患之，曰：「社崘新集，兵貧馬少，易與耳。」乃舉衆掩擊，入其國落。高車昧利，不顧後患，分其廬室，妻其婦女，安息寢卧不起。社崘登高望見，乃招集亡散得千人，晨掩殺之，走而脱者十二三。倍侯利遂來奔，賜爵孟都公。倍侯利質直，勇健過人，奮戈陷陳，有異於衆。北方之人畏嬰兒啼者〔三九〕，語曰「倍侯利來」，便止。處女歌謡云：「求良夫，當如倍侯。」其服衆如此。善用五十蓍筮吉凶，每中，故得親幸，賞賜豐厚，命其少子曷堂内侍。及倍侯利卒，太祖悼惜，葬以國禮，謚曰忠壯王。後詔將軍伊謂帥二萬騎北襲高車餘種袁紇烏頻，破之。太祖時，分散諸部，唯高車以類麤獷，不任使役，故得別爲部落。

後世祖征蠕蠕，破之而還，至漠南，聞高車東部在巳尼陂，人畜甚衆，去官軍千餘里，將遣左僕射安原等討之。司徒長孫翰、尚書令劉潔等諫，世祖不聽，乃遣原等并發新附高車合萬騎，至于巳尼陂，高車諸部望軍而降者數十萬落，獲馬牛羊亦百餘萬，皆徙置漠南千里之地。乘高車，逐水草，畜牧蕃息，數年之後，漸知粒食，歲致獻貢，由是國家馬及牛羊遂至于賤，氈皮委積。高宗時，五部高車合聚祭天，衆至數萬。大會，走馬殺牲，遊遶歌吟忻忻，其俗稱自前世以來無盛於此會。車駕臨幸，莫不忻悅。後高祖召高車之衆隨車駕南討，高車不願南行，遂推袁紇樹者爲主，相率北叛，遊踐金陵，都督宇文福追討，大敗而還。又詔平北將軍、江陽王繼爲都督討之，繼先遣人慰勞樹者。樹者入蠕蠕，尋悔，相率而降。

高車之族，又有十二姓：一曰泣伏利氏，二曰吐盧氏[四〇]，三曰乙旃氏，四曰大連氏，五曰窟賀氏，六曰達薄干氏，七曰阿崘氏，八曰莫允氏，九曰俟分氏，十曰副伏羅氏，十一曰乞袁氏，十二曰右叔沛氏。先是，副伏羅部爲蠕蠕所役屬，豆崘之世，蠕蠕亂離，國部分散，副伏羅阿伏至羅與從弟窮奇俱統領高車之衆十餘萬落。太和十一年，豆崘犯塞，阿伏至羅等固諫不從，怒，率所部之衆西叛，至前部西北，自立爲王，國人號之曰「候婁匐勒」，猶魏言大天子也。窮奇號「候倍」，猶魏言儲主也。二人和穆，分部而立，阿伏至羅居北，窮奇在南。豆崘追討之，頻爲阿伏至羅所敗，乃引衆東徙。十四年，阿伏至羅遣商胡越者至京師，以二箭奉貢，云：「蠕蠕爲天子之賊，臣諫之不從，遂叛來至此而自豎立。當爲天子討除蠕蠕。」高祖未之信也，遣使者于提往觀虛實。阿伏至羅與窮奇遣使者薄頡隨于提來朝，貢其方物。詔員外散騎侍郎可足渾長生復與于提使高車，各賜繡袴褶一具，雜綵百匹。窮奇後爲嚈噠所殺，虜其子彌俄突等，其衆分散，或來奔附，或投蠕蠕。詔遣宣威將軍、羽林監孟威撫納降人，置之高平鎮。阿伏至羅長子蒸阿伏至羅餘妻，謀害阿伏至羅，阿伏至羅殺之。

阿伏至羅又殘暴，大失衆心，衆共殺之，立其宗人跋利延爲主。歲餘，嚈噠伐高車，將納彌俄突，國人殺跋利延，迎彌俄突而立之。彌俄突既立，復遣朝貢，又奉表獻金方一、銀方一、金杖二、馬七匹、駝十頭。詔使者慕容坦賜彌俄突雜綵六十匹。世宗詔之曰〔四一〕：「卿遠據沙外，頻申誠款，覽揖忠志，特所欽嘉。蠕蠕、嚈噠、吐谷渾所以交通者，皆路由高昌，掎角相接。今高昌内附，遣使迎引，蠕蠕往來路絶，姦勢。不得妄令羣小敢有陵犯，擁塞王人〔四二〕，罪在不赦。」彌俄突尋與蠕蠕主伏圖戰於蒲類海北，爲伏圖所敗，西走三百餘里。伏圖次於伊吾北山。先是，高昌王麴嘉表求内徙，世宗遣孟威迎之，至伊吾，蠕蠕見威軍，怖而遁走。彌俄突聞其離駭，追擊大破之，殺伏圖於蒲類海北，割其髮，送於孟威。又遣使獻龍馬五匹、金銀、貂皮及諸方物，詔東城子于亮報之〔四三〕，賜樂器一部，樂工八十人，赤紬十匹，雜綵六十匹。彌俄突遣其莫何去汾屋引叱賀真貢其方物。

肅宗初，彌俄突與蠕蠕主醜奴戰敗被禽，醜奴繫其兩脚於駑馬之上，頓曳殺之，漆其頭爲飲器。其部衆悉入嚈噠。經數年，嚈噠聽彌俄突弟伊匐還國。伊匐既復國，遣使奉表，於是詔遣使者谷楷等拜爲鎮西將軍、西海郡開國公、高車王。伊匐復大破蠕蠕，蠕蠕主婆羅門走投涼州。正光中，伊匐遣使朝貢，因乞朱畫步挽一乘并幔褥，鞦靴一副，繖扇各一枚，青曲蓋五枚，赤漆扇五枚，鼓角十枚。詔給之。伊匐後與蠕蠕戰，敗歸，其弟越居殺伊匐自立。天平中，越居復爲蠕蠕所破，伊匐子比適復殺越居而自立。興和中，比適又爲蠕蠕所破。越居子去賓自蠕蠕來奔，齊獻武王欲招納遠人，上言封去賓爲高車王，拜安北將軍、肆州刺史。既而病死。

初，太祖時，有吐突隣部〔四四〕，在女水上，常與解如部相爲脣齒，不供職事。登國三年，太祖親西征，渡弱洛水，復西行趣其國，至女水上，討解如部落破之。明年春，盡略徙其部落畜產而還。

又有紇突隣，與紇奚世同部落，而各有大人長帥，擁集種類，常爲寇於意辛山。登國五年，太祖勒衆親討焉，慕容驎率師來會，大破之。紇突隣大人屋地鞬、紇奚大人庫寒等皆舉部歸降。皇始二年，車駕伐中山，軍於栢肆，慕容寶夜來攻營，軍人驚走還於國，路由并州，遂反，將攻晉陽，并州刺史元延討平之。紇突隣部帥匿物尼、紇奚部帥叱奴根等復聚黨反於陰館，南安公元順討之不克，死者數千人。太祖聞之，遣安遠將軍庾岳還討匿物尼等，皆殄之。

又有侯呂隣部，衆萬餘口，常依險畜牧。登國中，其大人叱伐爲寇於苦水河。八年夏，太祖大破之，并禽其别帥焉古延等。

薛干部，常屯聚於三城之間。及滅衞辰後，其部帥太悉伏望軍歸順，太祖撫安之。車駕還，衞辰子屈丐奔其部。太祖聞之，使使詔太悉伏執送之。太悉伏出屈丐以示使者曰：「今窮而見投，寧與俱亡，何忍送之。」遂不遣。太祖大怒，車駕親討之。會太悉伏先出擊曹覆寅，官軍乘虚，遂屠其城，獲太悉伏妻子珍寶，徙其人而還。太悉伏來赴不及，遂奔姚興，未幾亡歸嶺北。上郡以西諸鮮卑、雜胡聞而皆應之。天賜五年，屈丐盡劫掠總服之。及平統萬，薛干種類皆得爲編户矣。

而牽屯山鮮卑別種破多蘭部世傳主部落〔四五〕，至木易干有武力壯勇〔四六〕，劫掠左右，西及金城，東侵安定，數年間諸種患之。天興四年，遣常山王遵討之於高平，木易干將數千騎棄國遁走，盡徙其人於京師。餘種分迸，其後爲赫連屈丐所滅。

又黜弗、素古延等諸部，富而不恭，天興五年，材官將軍和突率六千騎襲而獲之。

又越勒倍泥部〔四七〕，永興五年，轉牧跋那山西。七月，遣奚斤討破之，徙其人而還。

史臣曰：周之獫狁，漢之匈奴，其作害中國固亦久矣。魏晉之世，種族瓜分，去來沙漠之陲，窺擾鄣塞之際，猶皆東胡之餘緒，冒頓之枝葉。至如蠕蠕者，匈奴之裔，根本莫尋，逃刑集醜，自小爲大，風馳鳥赴，倏來忽往，代京由之屢駭，戎車所以不寧。是故魏氏祖宗揚威曜武，驅其畜産，收其部落，翦之窮髮之野，逐之無人之鄉，豈好肆兵極鋭，凶器不戢，蓋亦急病除惡，事不得已而然也。

校勘記

〔一〕魏書卷一百三　目録此卷注「闕」，卷末有宋人校語云：「魏收書列傳第九十一亡。」殿本考證云：「魏收書亡，後人所補。」按此卷以北史卷九八蠕蠕傳補，傳末删節東、西魏以及齊、周與柔然和戰事，遠較北史簡略。

〔二〕紇突隣部　「紇突隣」，原作「純突隣」，據本卷下文高車傳末附紇突隣部改。按本書卷二太祖紀登國五年五月及十二月、皇始二年二月見此部，俱作「紇突隣」，此處「純」乃「紇」字之形訛。

〔三〕狀類於蟲故改其號爲蠕蠕　「蟲」，原作「蝨」，據三朝本、南監本、殿本改。又本傳稱此族「自號柔然」，宋書、南齊書稱「芮芮」，北齊書、隋書及出土北朝墓誌中作「茹茹」，與「柔然」俱是同名異譯，此譯作音近之「蠕蠕」，則是拓跋燾有意侮辱。

〔四〕太祖以拔頡爲安遠將軍平棘侯　「拔頡」，當即上文之「啓拔吳頡」，不可能二人同封「平棘侯」，疑「拔」下脱授拔之軍號與爵位。

〔五〕其西則焉耆之地東則朝鮮之地　按通典卷一九六邊防一二北狄三蠕蠕此句云：「其西則焉耆之北，東則朝鮮故地之西。」徵諸此傳所述柔然活動情況，其東、西所届，通典所説更爲準確，疑即出自魏書蠕蠕傳原文，北史蠕蠕傳採録魏書而删削失當。

〔六〕斛律宗人悦侯咄觝干等數百人來降　「咄觝干」，原作「咄觝千」，據汲本、殿本、局本、北史卷九八蠕蠕傳改。按本書卷三太宗紀永興三年十二月作「吐觝于」。「數百人」，本書卷三太宗紀作「百餘人」，北史卷九八蠕蠕傳作「百數十人」。

〔七〕候伺其出執之　「候伺」，北監本、汲本、殿本、局本作「候」，北史卷九八蠕蠕傳「候」作「後」，屬上讀。

〔八〕妻告步鹿真　「妻」上北監本、汲本、殿本、局本、北史卷九八蠕蠕傳並有「少」字。

〔九〕斛律父子既至和龍馮跋封爲上谷侯　通志卷二〇〇作「斛律至和龍燕王馮跋待以客禮」，下復云「斛律請還，跋遣其將萬凌帥騎送之。凌憚遠役，殺之而還」。述斛律事較完備。

〔一〇〕自廣寧還　此句上疑有脱字。按承上，「自廣寧還」似是大檀。本書卷四上世祖紀上神䴥元年八月記拓跋燾「東幸廣寧」，又云「蠕蠕大檀遣子將萬餘騎入塞」，則所謂「自廣寧還」乃指拓跋燾，「自」上當有「世祖」或「帝」字。

〔一一〕樂平王督十五將出西道　「樂平王」下通志卷二〇〇、通鑑卷一二四宋紀六元嘉二十年九月有「丕」字。按前後帶兵諸王俱具名，上文亦見「樂平王丕」，此不應獨異，疑脱「丕」字。

〔一二〕號處可汗魏言唯也　「處可汗」，通鑑卷一二四宋紀六元嘉二十一年九月作「處羅可汗」，胡注：「魏收曰：處羅，魏言唯也。」則司馬光、胡三省所見本有「羅」字。下文記魏與柔然攻戰事，所見吐賀真名，通鑑均記作「處羅可汗」或「處羅」。隋書卷八四西突厥傳記西突厥首領達漫「號泥撅處羅可汗」，又徑稱「處羅可汗」，達漫之可汗稱號當與此吐賀真之可汗稱號意同。

〔三〕高涼王那出東道　「高涼王」，原作「高昌王」，據通鑑卷一二五宋紀七元嘉二十六年九月改。按那附見本書卷一四高涼王孤傳，襲高涼王爵，「驍猛善攻戰」。卷四下世祖紀下記歷次重要戰役，領兵者幾乎都見高涼王那。「昌」字訛。

〔四〕世祖征伐之後意存休息　「世祖」，疑爲「高宗」之訛，或上脱「承」字。按上敍高宗拓跋濬太安四年事，與此句不貫。通志卷二〇〇云「自太武征伐之後」。按本書卷五高宗紀卷末史臣曰：「世祖經略四方，内頗虚耗。既而國釁時艱，朝野楚楚。高宗與時消息，靜以鎮之。」是「意存休息」者乃高宗文成帝，非世祖太武帝。

〔五〕求結姻媛　「姻媛」，三朝本、南監本、殿本、北史卷九八蠕蠕傳作「姻援」。

〔六〕號伏古敦可汗　「伏古敦」，册府卷九九六作「伏名敦」，疑是。按通鑑卷一三六齊紀二永明三年十二月亦作「伏名敦」，胡注：「魏收曰：『伏名敦，魏言恒也。』」似司馬光、胡三省所見魏書、北史此傳即作「伏名敦」，與册府同。

〔七〕「十六年八月」至「討豆崘」　按本書卷七上高祖紀上太和三年七月：「蠕蠕寇敦煌，鎮將樂洛生擊破之，事具蠕蠕傳。」卷七下高祖紀下太和十一年記：「八月壬申，蠕蠕犯塞，遣平原王陸叡討之，事具蠕蠕傳。」此傳只記太和十六年出兵事，當是北史删去，此傳補自北史，因而失載，遂致紀、傳不相照應。

〔一八〕遣使俟斤尉比建朝貢　「俟斤」，原作「侯斤」。按通鑑卷一四八梁紀四天監十六年十二月作「俟斤」，胡注：「俟斤，柔然大臣之號。」下文又見「俟斤丘升頭」，本書卷四四費于傳附費穆傳稱擊斬蠕蠕帥有「俟斤十代」。「侯」乃「俟」字之形訛，今據改。下二年「俟斤尉比建」同改。

〔一九〕候呂陵氏　「候呂」，通志卷二〇〇作「俟呂」。按本卷高車傳附此部作「候呂隣」，本書卷一一三官氏志：「叱呂氏，後改爲呂氏。」姓纂卷六止韻、古今姓氏書辯證卷二二並作「俟呂」。金石萃編卷二七孝文帝弔比干墓文碑陰題名有「俟呂阿倪」。「叱」「俟」音近，「候」或「侯」疑並是「俟」字之訛。

〔二〇〕卒衆數萬　「卒」，南監本、殿本、北史卷九八蠕蠕傳作「率」，疑是。

〔二一〕而乃恭心慕化　「恭」字原闕，據三朝本、北監本、殿本、北史卷九八蠕蠕傳補。

〔二二〕禄從　本書卷九肅宗紀正光元年十一月詔作「禄卹」，通鑑卷一四九梁紀五普通元年十一月作「禄恤」。按「卹」或「恤」，本指爲官員服役之人力，服役者後亦可納資代役，爲其時官員俸禄之一種形式。「禄恤」或「禄卹」，亦稱「禄力」。疑「從」爲「卹」或「恤」字之訛。

〔二三〕黑漆竹樝四枚各受二升　「二升」，三朝本、南監本、北監本、殿本、北史卷九八蠕蠕傳並作「五升」。

〔二四〕竊聞漢立南北單于　按此句上通典卷一九六邊防一二北狄三蠕蠕録元雍等表有如下數句：「蠕蠕代跨絶域，感化來歸，阿那瓌委質于前，婆羅門歸誠于後。何一呼韓，得同今美。」此數句顯是魏書此傳原文，北史删削。惟「代跨」，疑本作「世跨」，杜佑避唐太宗諱改。

〔二五〕西吐若奚泉　「西」，通鑑卷一四九梁紀五普通二年九月無。按上文只稱「吐若奚泉」，疑「西」涉上下文「西海郡」而衍。

〔二六〕未及婚帝入關　此句下北史卷九八蠕蠕傳記東、西魏以至周、齊與「蠕蠕」和戰事，於東魏尤詳，本傳大加删節。按魏書斷限本至東魏末，北史所述不見他書，其東魏事當即出於本傳原文。補此傳者删周、齊時事以就魏書斷限，却連魏書範圍内應有紀載也一併删去，殊謬。

〔二七〕尚平帝女　原作「尚平文女」，據本書卷一序紀改。按北史卷九八匈奴宇文莫槐傳百衲本作「尚平文帝女」，通志卷二〇〇作「娶代王鬱律女」。錢大昕考異卷二八云：「序紀丘不懃妻平帝綽女，非平文帝鬱律女，此傳誤。」

〔二八〕翰聞之　「翰」字原闕，據北史卷九八匈奴宇文莫槐傳補。

〔二九〕爲翰所虜　張森楷云：「據此文似遜昵延已見虜矣，而下稱『遜昵延見而方嚴』，兵敗逃還，又與此相矛盾。詳玩事勢，此蓋説遜昵延之前驅被虜，非謂遜昵延也，屬文殊欠了晰。」「虜」，通志卷二〇〇作「敗」，當是以意改。

〔三〇〕因亂被賣爲漁陽烏丸大庫辱官家奴　「大」，原作「太」，北史卷九八徒何段就六眷傳舊本並作「子大」，通典卷一九六邊防一二北狄三徒河段、通志卷二〇〇作「大人」。按晉書卷三九王沈傳附王浚傳云：「浚又表封務勿塵遼西郡公，其別部大飄滑及其弟渴末、別部大屠甕等皆爲親晉王。」本書卷四下世祖紀下太平真君五年十月見吐谷渾部大崇娥。是鮮卑族首領可單作「大」。三國志卷三〇魏書烏丸傳裴注引魏書稱烏丸數百千落自爲一部，「常推募勇健能理決鬬訟相侵犯者爲大人，邑落各有小帥」，疑統領衆多部落者稱「大人」，邑落小帥即單稱「大」，或稱「子大」。此處「太」必是「大」字之訛，今據改。

〔二一〕務目塵代立即就六眷父也　「就六眷」，原作「就陸眷」，據北監本、汲本、局本、殿本改。按其人傳首作「就六眷」，傳中「就六眷」、「就陸眷」互出，一卷之中不宜有此歧異。又，此傳之「就六眷」、「務目塵」、晉書卷六三段匹磾傳分別作「疾陸眷」、「務勿塵」。「末波」，晉書偶見，大體都作「末柸」。此種時代不同、史源有別所致之譯名用字差異者，不一一比對出校。

〔二二〕穆帝時晉幽州刺史王浚以段氏數爲己用　「穆帝時晉」，原作「晉穆帝」，北監本、殿本及北史卷九八徒何段就六眷傳作「穆帝時」，通志卷二〇〇作「晉惠帝時」。按本書用北魏紀年，例稱西晉皇帝爲帝，書東晉皇帝名，且東晉穆帝即位乃在西晉之王浚爲幽州刺史三十餘年後，通志改作「晉惠帝時」以牽就史實。此穆帝乃指拓跋猗盧，北監本、殿本當是據北史改。然如北史，又似王浚之幽州刺史爲猗盧所命，亦不合事實。今移「晉」字於「穆帝」下，復據北史補「時」字。

〔二三〕國人立日陸眷弟護遼爲主　「弟」，疑當作「孫」。按晉書卷六三段匹磾傳記此事稱：末波死，弟牙立，牙死，其後從祖就陸眷之孫遼（即護遼）立。此傳之「就六眷」，晉書作「疾陸眷」，而晉書之「就陸眷」當即此傳之「日陸眷」，同名異譯而別之。段遼事散見於晉書，如按此傳，日陸眷是末波祖父輩，其弟亦是末波從祖，似不能嗣末波位。

〔二四〕烈帝時假護遼驃騎大將軍　「時」，原作「特」，據三朝本、南監本、北監本、殿本改。又，「假」上疑當有「司馬衍」三字。按「烈帝」翳槐時，拓跋尚處塞北遊牧，受庇於石勒，無成國之制，安得封授段遼。御覽卷七五九及卷七六〇引晉咸康起居注，有詔送段遼鸚鵡杯、琉璃碗事，封授段遼等當亦在此時。咸康爲東晉成帝司馬衍年號。

〔二五〕袁紇氏　原作「表紇氏」，北史卷九八高車傳傳本同，御覽卷八〇一引北史作「袁紇氏」。按下文見「高車餘種袁紇」，又見本書卷二太祖紀登國五年三月。袁紇即隋書卷八四鐵勒傳之韋紇，唐代之迴紇。「表」乃「袁」字之形訛，今據御覽改。下「袁紇樹者」同改。

〔二六〕婚姻用牛馬納聘以多爲榮　「多」字原闕，據御覽卷八〇一引北史、通典卷一九七邊防一三北狄四高車補。按納聘用牛馬，北族常事，不得云「以爲榮」。

〔二七〕婦人以皮裹羊骸戴之首上縈屈髮鬢而綴之有似軒冕　「羊骸」「髮鬢」，御覽卷八〇一引北史、通典卷一九七邊防一三北狄四高車並作「羊骹」「髮髾」。又，「綴」上通典有「反」字。按「骹」指小腿骨或動物趾骨，「髮髾」即髮梢。綴羊細腿骨或趾骨於髮梢，反轉盤之於頭頂，遂如軒冕，疑通典是，否則怪駭難解。

〔三八〕破其雜種三十餘落　「落」，疑是「部」字之訛。按通典卷一九七邊防一三北狄四高車作「部」，通志卷二〇〇作「落」，本書卷二太祖紀天興二年二月記此事作「破高車雜種三十餘部」。北族「部」下爲「落」，「落」如中原「户」而人口稍多。下文衞王儀偏師所破「遺迸」即有七部，亦見太祖紀，拓跋珪主力所獲不當只「三十餘落」。

〔三九〕北方之人畏嬰兒啼者　「畏」下北史卷九八高車傳、御覽卷八〇一引北史、通志卷二〇〇並有「之」字，「嬰兒啼者」單獨成句，疑是。

〔四〇〕吐盧氏　「吐盧氏」，通典卷一九七邊防一三北狄四高車、通志卷二〇〇作「叱盧氏」。按「叱盧氏」見本書卷一一三官氏志，疑「吐」爲「叱」字之訛。然北史卷九八高車傳、御覽卷八〇一引北史、册府卷九五六、寰宇記卷一九四亦作「吐盧氏」。

〔四一〕世宗詔之曰　「世宗」，原作「世祖」，據下文及北史卷九八高車傳改。按北史作「宣武」，即世宗。

〔四二〕蠕蠕往來路絶姦勢不得妄令羣小敢有陵犯擁塞王人　按通典卷一九七邊防一三北狄四高車云：「蠕蠕既與吐谷渾路絶，姦勢亦沮，於卿彼蕃，便有所益，行途經由，宜相供俟（「俟」疑當作「候」），不得令羣小擁塞王人。」此處「姦勢」下應有「亦沮」以下文字。但通典、北史雖皆本魏書，各有删節，不盡相同。

〔四三〕東城子于亮　「于亮」，原作「干亮」，據殿本改。按北史卷九八高車傳、通志卷二〇〇並作

「于亮」，殿本當即依北史改，此傳本以北史補，知「于亮」是。

〔四四〕 吐突隣部　本書卷二太祖紀登國二年四月、卷二六尉古真傳並作「叱突隣部」，疑「吐」字訛。

〔四五〕 而牽屯山鮮卑別種破多蘭部世傳主部落　「牽屯山」，原作「率屯山」，北史卷九八高車傳作「帥屯山」。按本書卷七五尒朱天光傳稱万俟道洛「率衆西依牽屯山」，周書卷一文帝紀、卷一〇邵惠公顥傳附宇文導傳稱導追斬侯莫陳悦於「牽屯山」。通鑑卷一五四梁紀一〇中大通二年六月万俟道洛「帥其衆西入牽屯山」，胡注引杜佑説，牽屯山「在今原州高平縣（今寧夏固原）」。此傳下稱木易干「劫掠左右，西及金城（今甘肅蘭州），東侵安定（今甘肅鎮原）」，地望正合。「牽」訛作「率」，北史又訛作「帥」，今據改。

〔四六〕 至木易干有武力壯勇　「木易干」，本書卷二太祖紀天興四年十二月、通志卷二〇〇作「木易于」，本書卷九五鐵弗劉虎傳、晉書卷一三〇赫連勃勃載記作「没弈于」。參見本書卷二校記〔二七〕。

〔四七〕 越勒倍泥部　「勒」，北史卷九八高車傳作「勤」，疑是。按本書卷三太宗紀永興五年七月見「越勤倍泥部」，又卷二太祖紀天興五年十二月見「越勤莫弗」。

魏書卷一百四〔一〕

列傳第九十二

自序

漢初，魏無知封高良侯，子均，均子恢，恢子彦。彦子歆，字子胡，幼孤有志操，博洽經史，成帝世，位終鉅鹿太守〔二〕，仍家焉。歆子悦〔三〕，字處德，性沉厚有度量，宣城公趙國李孝伯見而重之，以女妻焉。位濟陰太守，以善政稱。

悦子子建，字敬忠。釋褐奉朝請，累遷太尉從事中郎。初，世宗時平氏〔四〕，遂於武興立鎮，尋改爲東益州。其後鎮將、刺史乖失人和，羣氏作梗，遂爲邊患，乃除子建爲東益州刺史。子建布以恩信，風化大行，遠近清静。正光五年，南、北二秦城人莫折念生、韓祖香、張長命相繼構逆，僉以州城之人莫不勁勇，同類悉反，宜先收其器械。子建以爲城人數當行陳，盡皆驍果，安之足以爲用，急之腹背爲憂，乃悉召居城老壯曉示之，并上言諸城人本非罪坐而來者悉求聽免。肅宗優詔從之。子建漸分其父兄子弟外居郡戍，内外相顧，終獲保全。及秦賊乘勝，屯營黑水，子建乃潛使掩襲，前後斬獲甚衆，威名赫然，先反者及此悉降。乃間使上聞，肅宗甚嘉之，詔子建兼尚書爲行臺，刺史如故。於是威震蜀土，其梁、巴、二益、兩秦之事，皆所節度。梁州刺史傅豎眼子敬和中心以爲愧〔五〕，在洛大行貨賄，以圖行臺。先是，子建亦屢求歸京師，至此，乃遣刺史唐永代焉〔六〕，豎眼因爲行臺。子建將還，羣氐慕戀，相率斷道。主簿楊僧覆先行曉喻，諸氐忿曰：「我留刺史，爾送出也！」斫之數創，幾死。子建徐加慰譬，旬日方得前行，吏人贈遺，一無所受。而東益氏、蜀尋反，攻逼唐永，永棄城而走，乃喪一藩矣。初永之走，子建客有沙門曇璨及鉅鹿人耿顯皆没落氐手，及知子建之客，垂泣追衣物還之，送出白馬。遺愛所被如此。自國家開華陽等郡，梁州邢巒、益州傅豎眼及子建爲最。初，子建爲前軍將軍，十年不徙，在洛閑暇，與吏部尚書李韶、韶從弟延寔頗爲弈棊，時人謂爲耽好。子建每曰：「棊於機權廉勇之際，得之深矣。且吾未爲時用，博弈可也。」及一臨邊事，凡經五年，未曾對局。

還洛後，俄拜常侍、衞尉卿。初，元顥内逼，莊帝北幸，子建謂所親盧義僖曰：「北海自絶社稷，稱藩蕭衍，吾老矣，豈能爲陪臣？」遂擕家口居洛南，顥平乃歸。先苦風痺，及此遂甚，以卿任有務，屢上書乞身，特除右光禄大夫。邢杲之平，太傅李延寔子侍中彧爲大使，撫慰東土，時外戚貴盛，送客填門，子建亦往候别。延寔曰：「小兒今行，何以相勖？」子建曰：「益以盈滿爲誡。」延寔悵然久之。及莊帝殺尒朱榮，遇禍於河陰者其家率相弔賀。太尉李虔第二子仁曜，子建之女壻，往亦見害。子建謂姨弟盧道虔曰：「朝廷誅翦權彊，凶徒尚梗，未聞有奇謀異略，恐不可濟。此乃李門禍始，弔賀無乃忽忽？」及永安之後，李氏宗族流離，或遇誅夷〔七〕，如其所慮。後歷左光禄大夫，加散騎常侍、驃騎大將軍。

子建自出爲藩牧，董司山南，居脂膏之中，遇天下多事，正身潔己，不以財利經懷。及歸京師，家人衣食常不周贍，清素之迹，著於終始。性存重慎，不雜交遊，唯與尚書盧義僖、姨弟涇州刺史盧道裕雅相親昵。及疾篤，顧敕二子曰：「死生大分，含氣所同，世有厚葬，吾平生不取，籧篨裸身，又非吾意。氣絶之後，斂以時服。吾生年契闊〔八〕，前後三娶，合葬之事，抑又非古。且汝二母先在舊塋，墳地久固，已有定别。唯汝次母墓在外耳，可遷入兆域，依班而定，行於吾墓之後。如此足矣，不須祔合。當順吾心，勿令吾有遺恨。」永熙二年春，卒于洛陽孝義里舍，時年六十三，贈儀同三司、定州刺史，謚曰文靜。二子，收、祚。

收字伯起，小字佛助。年十五，頗已屬文。及隨父赴邊，值四方多難，好習騎射，欲以武藝自達。滎陽鄭伯調之曰：「魏郎弄戟多少？」收慚，遂折節讀書。夏月坐板牀，隨樹陰諷誦，積年，牀板爲之鋭減，而精力不輟。以文華顯。初以父功除太學博士，及尒朱榮於河陰濫害朝士，收亦在圍中，以日晏獲免。

吏部尚書李神儁重收才學，奏授司徒記室參軍。永安三年，除北主客郎中。前廢帝立，妙簡近侍，詔試收爲封禪書，收下筆便就，不立草藁，文將千言，所改無幾。時黃門郎賈思同侍立，深奇之。帝曰〔九〕：「雖七步之才，無以過此。」遷散騎侍郎，尋敕典起居注，并修國史。俄兼中書侍郎，年二十六。出帝初，又詔收攝本職，文誥填積，事咸稱旨。黃門郎崔㥄從齊獻武王入朝，熏灼於世，收初不詣門。㥄爲帝登祚赦，云「朕託體孝文」，收嗤其率直。正員郎李慎以告之，㥄深忿忌。時前廢帝殂，令收爲詔，㥄乃宣言：「收普泰世出入幃幄，一日造詔，優爲詞旨，然則義旗之士，盡爲逆人；又收父老合解官歸侍。」南臺將加彈劾，賴尚書辛雄爲言於中尉綦儁，乃解。收有賤生弟仲同先未齒録，因此怖懼，上籍，遣還鄉扶侍。出帝嘗大發士卒，狩於嵩少之南，旬有六日，時既寒苦，朝野嗟怨。帝與從官皆胡服而騎，宫人及諸妃主雜其間，奇伎異飾，多非禮度。收欲言則畏懼，欲默不能已，乃上南狩賦以諷焉，年二十七，雖富言淫麗，而終歸雅正。帝手詔報焉，甚見褒美。

鄭伯謂曰：「卿不遇老夫，猶應逐兔。」初，齊獻武王固讓天柱大將軍，帝敕收爲詔，令遂所請，欲加相國，問收相國品秩，收以實對，帝遂止。收既未測主相之意，以前事不安，求解，詔許焉。久之，除帝兄子廣平王贊開府從事中郎，收不敢辭，乃爲庭竹賦以致己意。尋兼中書舍人，與濟陰温子昇、河間邢子才齊譽，世號三才。時出帝猜忌獻武，內有間隙，收遂以疾固辭而免。其舅崔孝芬怪而問之，收曰：「懼有晉陽之甲。」尋而獻武南上，帝西入關。

收兼通直散騎常侍副王昕聘蕭衍，昕風流文辯，收辭藻富逸，衍及其羣臣咸加敬異。先是，南北初和，李諧、盧元明首通使命，二人才器，並爲鄰國所重。至此，衍稱曰：「盧、李命世，王、魏中興，未知後來復何如耳？」文襄啓收兼散騎常侍，修國史。武定二年，除正常侍，領兼中書侍郎，仍修史。帝宴百寮，問何故名人日，皆莫能知。收對曰：「晉議郎董勛答問，稱俗云正月一日爲鷄，二日爲狗，三日爲猪，四日爲羊，五日爲牛，六日爲馬，七日爲人。」時邢卲亦在側，甚恧焉。自南北和好，書下紙每云「想彼境內寧靜，此率土安和」。蕭衍後使，其書乃去「彼」字，自稱猶著「此」，欲示無外之意。收定報書云：「想境內清晏，今萬國安和。」南人復書，依以爲體。後獻武入朝，靜帝授相國，固讓，令收爲啓。啓成呈上，文襄時侍側，獻武指收曰：「此人當復爲崔光。」四年，獻武於西門豹祠宴集，謂司馬子如曰：「魏收爲史官，書吾善惡。聞北伐時，諸貴常餉史官飲食，司馬僕射頗曾餉不？」因共大笑。仍謂收曰：「卿勿見元康等在吾目下趨走，謂吾以爲勤勞，我後世身名在卿手，勿謂我不知。」尋加兼著作郎。

靜帝曾季秋大射，普令賦詩，收詩末云：「尺書徵建鄴，折簡召長安。」文襄壯之，顧謂人曰：「在朝今有魏收，便是國之光采。雅俗文墨，通達縱橫，我亦使子才、子昇時有所作，至於詞氣並不及之。吾或意有所懷，忘而不語，語而不盡，意有未及。及收呈草，皆以周悉。此亦難有。」又敕兼主客郎，接蕭衍使謝珽徐陵。侯景既陷臺城，衍鄱陽王範時爲合州刺史，文襄敕收以書喻之。範得書，乃率部伍西上，□州刺史崔聖念入據其城。文襄謂收曰：「今定一州，卿有其力，猶恨『尺書徵建鄴』未效耳。」

文襄崩，文宣如晉陽，令與黃門郎崔季舒、高德正、吏部郎中尉瑾於北第參掌機密。轉祕書監，兼著作郎，又除定州大中正。時齊將受禪，楊愔奏收置之別館，令撰禪代詔册諸文，遣徐之才守門不聽出。天保元年，除中書令，仍兼著作郎，封富平縣子。

二年，授詔撰魏史，除魏尹，故優以祿力，專在史閣，不知郡事。初，帝令羣臣各言志，收曰：「臣願得直筆東觀，早出魏書。」故帝使收專其任。又詔平原王高隆之總監之，隆之署名而已。帝敕收曰：「好直筆，我終不作魏太武誅史官。」始魏初鄧淵撰代記十餘卷，其後崔浩典史，游雅、高允、程駿、李彪、崔光、李琰之世脩其業。浩爲編年體，彪始分作紀表志傳，書猶未出。世宗時，命邢巒追撰高祖起居注，書至太和十四年，又命崔鴻、王遵業補續焉。下訖肅宗，事甚委悉。濟陰王暉業撰辨宗室録三十卷。收於是與通直常侍房延祐，司空司馬辛元植，國子博士刁柔、裴昂之，尚書郎高孝幹博總斟酌〔一〇〕，以成魏書。辨定名稱，隨條甄舉，又搜採亡遺，綴續後事，備一代史籍，表而上聞。勒成一代大典，凡十二紀、九十二列傳，合一百一十卷，五年三月奏上之。秋，除梁州刺史，收以志未成，奏請終業，許之。十一月，復奏十志：天象四卷，地形三卷，律曆二卷，禮、樂四卷，食貨一卷，刑罰一卷，靈徵二卷，官氏二卷，釋老一卷，凡二十卷，續於紀傳，合一百三十卷，分爲十二帙。其史三十五例，二十五序，九十四論，前後二表一啓焉。

校勘記

〔一〕魏書卷一百四　諸本此卷目録注「闕」，卷後皆無宋人校語，當是脱去。此卷乃删節北史卷五六魏收傳，兼採他書，故有溢出北史字句。

〔二〕成帝世位終鉅鹿太守　錢大昕考異卷二八云：「此『成帝』謂『漢成帝』也。魏歆仕於漢成帝朝，而其子悦乃仕於元魏太武之世，此理之所必無者。伯起亦通人，何至憒憒乃爾。良由魏史自序久亡，後人節取北史補之，而北史又有脱簡，後人無從校正爾。」按「成帝世」三字，北史卷五六魏收傳無，當是補此序者取他書增，姓纂卷八魏氏稱「漢鉅鹿太守歆，居鉅鹿」，錢氏謂成帝爲漢成帝，是。

〔三〕歆子悦　「歆」下疑有脱文。按北史卷五六魏收傳無「歆」字。北魏人魏悦，爲李孝伯壻，魏子建之父，魏收之祖，見本書卷九三恩倖王叡傳附王椿傳、卷九二列女魏溥妻房氏傳，魏歆則漢成帝時人，相去四百餘年，豈得爲父子。新唐書卷七二中宰相世系表二中魏氏下稱歆「二子，愉、悦」，似漢魏歆亦有子名悦，然世系表和姓纂卷八著録者皆愉之後裔，悦之後裔無考。且兄弟名用字取同一偏旁，東漢末以前似不見其例，新唐書謂西漢人魏歆子名愉、悦，亦極可疑。

〔四〕世宗時平氏　「世宗」，原作「世祖」，北史卷五六魏收傳作「宣武」。按事見本書卷八世宗紀正始三年正月壬申、卷七〇傅豎眼傳、卷一〇一氐傳，今據改。

〔五〕梁州刺史傅豎眼子敬和中心以爲愧　「敬和中心以爲愧」，北史卷五六魏收傳作「故中心以爲愧」，通志卷一五〇下作「敬仲心以爲愧」。按本書卷七〇傅豎眼傳，豎眼有子敬紹、敬和、敬仲三人，記敬和悖行事尤詳，疑補此序者以北史「故中」不可通，據傅豎眼傳改作「敬和」，又存「中」字。「中心」雖可通，然疑如通志摘句爲是，此處「敬和」應作「敬仲」，「中」字衍。

〔六〕乃遣刺史唐永代焉　「刺史」上疑脱「南豳州」三字。按刺史上無地名，不知何州刺史，北史卷六七唐永傳但云「行臺蕭寶夤表永爲南豳（原訛「幽」）州刺史」，不載唐永乃由南豳遷東益代魏子建事，當是省略。

〔七〕李氏宗族流離或遇誅夷　「彧」，原作「或」，據北史卷五六魏收傳改。按「彧」即上文之侍中李彧，以莊帝姊壻，主謀誅殺尒朱榮。北史卷一〇〇序傳稱其「孝靜初，陷法見害」。

〔八〕吾生年契闊　「生年」，北史卷五六魏收傳作「平生」。

〔九〕帝曰　「帝」上北史卷五六魏收傳有「白」字。按若無「白」字，則下文云云乃後廢帝元恭語，上文何必書「賈思同侍立」。御覽卷六〇〇引北齊書亦有「白」字，疑此處脱去。

〔一〇〕博總斟酌　「博總」，原作「傳總」，南監本、殿本、局本及北齊書卷三七魏收傳作「專總」，今據册府卷五五六改。按「博總」即「博綜」，廣泛收集之意。「博」訛作「傳」，後人以「傳總」不可解，改作「專」。然修史者六人，不得謂「專總」。